# Terapia do Esquema Emocional

A Artmed é a editora oficial da FBTC

L434t  Leahy, Robert L.
　　　　Terapia do esquema emocional : manual para o terapeuta / Robert L. Leahy ; tradução: Sandra Maria Mallmann da Rosa ; revisão técnica: Ricardo Wainer. – Porto Alegre : Artmed, 2016.
　　　　xvi, 380 p. : il. ; 23 cm.

　　　　ISBN 978-85-8271-328-0

　　　　1. Psicologia. 2. Terapia – Esquemas emocionais. 3. Relações sociais – Emoções. I. Título.

CDU 159.942

Catalogação na publicação: Poliana Sanchez de Araujo – CRB 10/2094

# Terapia do Esquema Emocional

MANUAL PARA O TERAPEUTA

## Robert L. LEAHY

**Tradução**
Sandra Maria Mallmann da Rosa

**Revisão técnica**
Ricardo Wainer
Especialista com treinamento avançado em Terapia do Esquema no New Jersey/
New York Schema Institute. Terapeuta e supervisor credenciado pela
International Society of Schema Therapy.
Mestre em Psicologia Social e da Personalidade e Doutor em Psicologia
pela Pontifícia Universidade Católica do Rio Grande do Sul (PUCRS).
Professor Titular da Faculdade de Psicologia da PUCRS.

Reimpressão 2018

2016

Obra originalmente publicada sob o título *Emotional Schema Therapy*
ISBN 9781462520541

Copyright © 2015 The Guilford Press, a Division of Guilford Publications, Inc.

Gerente editorial
*Letícia Bispo de Lima*

**Colaboraram nesta edição:**
Editora
*Priscila Zigunovas*

Assistente editorial
*Paola Araújo de Oliveira*

Capa
*Márcio Monticelli*

Leitura final
*Antonio Augusto da Roza*

Projeto e editoração
*Bookabout – Roberto Carlos Moreira Vieira*

Reservados todos os direitos de publicação, em língua portuguesa, à
ARTMED EDITORA LTDA., uma empresa do GRUPO A EDUCAÇÃO S.A.
Av. Jerônimo de Ornelas, 670 – Santana
90040-340 Porto Alegre RS
Fone: (51) 3027-7000 – Fax: (51) 3027-7070

SÃO PAULO
Rua Doutor Cesário Mota Jr., 63 – Vila Buarque
01221-020 São Paulo SP
Fone: (11) 3221-9033

SAC 0800 703-3444 – www.grupoa.com.br

É proibida a duplicação ou reprodução deste volume, no todo ou em parte, sob quaisquer formas ou por quaisquer meios (eletrônico, mecânico, gravação, fotocópia, distribuição na Web e outros), sem permissão expressa da Editora.

IMPRESSO NO BRASIL
*PRINTED IN BRAZIL*

# AUTOR

**Robert L. Leahy,** PhD, é Diretor do American Institute for Cognitive Therapy em Nova York e Professor de Psicologia no Departamento de Psiquiatria na Faculdade de Medicina de Weill Cornell. Sua pesquisa se concentra nas diferenças individuais na regulação emocional. O Dr. Leahy é Editor Associado do *International Journal of Cognitive Therapy* e ex-presidente da Association for Behavioral and Cognitive Therapies, da International Association for Cognitive Psychotherapy e da Academy of Cognitive Therapy. Em 2014, recebeu o Prêmio Aaron T. Beck da Academy of Cognitive Therapy. Publicou inúmeros livros, incluindo, mais recentemente, a coautoria de *Bulimia and Binge-Eating Disorder*, *Treatment Plans and Interventions for Depression and Anxiety Disorders*, segunda edição, e *Regulação emocional em psicoterapia*.

*Para Helen*

# AGRADECIMENTOS

Um dos prazeres de escrever um livro é agradecer às muitas pessoas que o tornaram possível. Tive a felicidade de trabalhar em muitos livros com meus colegas da The Guilford Press; sou especialmente grato a Jim Nageotte, meu editor há muitos anos, e a Jane Keislar, Marie Sprayberry e Laura Specht Patchkofsky, que com diligência trabalharam na edição final e foram muito importantes para sua conclusão.

Ao longo dos anos, tive a sorte de ter colegas excelentes no American Institute for Cognitive Therapy, na cidade de Nova York (*www.CognitiveTherapyNYC.com*), com quem compartilhei e revisei muitas das ideias apresentadas neste livro. Em particular, desejo agradecer a Laura Oliff, Dennis Tirch, Jenny Taitz, Mia Sage, Nikki Rubin, Victoria Taylor, Melissa Horowitz, Ame Aldao, Peggilee Wupperman, Maren Westphal e a muitos outros colegas clínicos. Poonam Melwani e Sindhu Shivaji foram incríveis ao trabalhar na bibliografia, auxiliando com a edição e pesquisando materiais para tornar o produto final uma realidade.

Existem muitos outros colegas aos quais sou muito grato, começando por Aaron T. Beck, o fundador da terapia cognitiva. Também Lauren B. Alloy, David H. Barlow, Judith S. Beck, David A. Clark, David M. Clark, Keith S. Dobson, Christopher G. Fairburn, Arthur Freeman, Paul Gilbert, Leslie S. Greenberg, Steven C. Hayes, Stefan G. Hofmann, Stephen J. Holland, Steven D. Hollon, Marsha M. Linehan, Lata K. McGinn, os falecidos Susan Nolen-Hoeksema, Cory F. Newman, Jacqueline B. Persons, Christine Purdon, John H. Riskind, Paul M. Salkovskis, Zindel V. Segal, John Teasdale, Adrian Wells e J. Mark G. Williams. Somos imensamente abençoados por termos tantos terapeutas excepcionais abordando essas importantes questões. Gostaria de agradecer ainda a meu bom amigo e colega Philip Tata, que sempre foi uma grande fonte de apoio e sabedoria, e cuja amizade estimo profundamente. E, finalmente, agradeço à minha amada esposa, Helen, que continua a me inspirar e a me ajudar a atingir o melhor que eu posso esperar. Este livro é dedicado a ela.

# PREFÁCIO

Terapeutas de todas as abordagens estão preocupados em alguma medida com a experiência emocional que os pacientes trazem para a terapia. Aqueles que usam a reestruturação cognitiva têm a expectativa de que novas maneiras de encarar as coisas modifiquem a forma como as pessoas sentem; a terapia comportamental dialética encoraja os pacientes a aprenderem a regular emoções que frequentemente parecem caóticas e assustadoras; a terapia de aceitação e compromisso encoraja a flexibilidade e a tolerância às emoções, buscando uma vida norteada por valores; a terapia metacognitiva foca no papel problemático da tendência a recorrer à preocupação e à ruminação para lidar com as dificuldades; e a ativação comportamental enfatiza a importância do comportamento proativo e gratificante em vez de passividade, isolamento e fuga. Na esfera psicanalítica, a terapia de mentalização enfatiza o valor da ampliação da consciência e da reflexão sobre os estados mentais ou internos do *self* e dos outros, enquanto os modelos psicodinâmicos mais tradicionais se esforçam para ter acesso às emoções e lembranças que estão associadas a dificuldades de longa data. As emoções são o que leva as pessoas a procurar ajuda, independentemente da orientação teórica de escolha, mas pouco foi dito sobre como o paciente pensa a respeito e cria estratégias para regular essas emoções.

Antes de conhecer Aaron Beck e de começar a trabalhar com terapia cognitiva, estive ativamente envolvido no trabalho sobre cognição social – isto é, como as pessoas explicam as causas do comportamento, seu uso dos próprios conceitos na descrição dos outros, se e como reconhecem a variabilidade nos outros e no *self* e os julgamentos de intencionalidade e responsabilidade. A cognição social tem relevância para a terapia cognitivo-comportamental na medida em que as emoções de um indivíduo – e as estratégias que ele usa para regulá-las – podem estar relacionadas à "teoria" que ele tem sobre as emoções. O modelo do esquema emocional propõe que, uma vez que as emoções são ativadas, são comumente geradas interpretações sobre elas. Essas interpretações estão associadas às estratégias que usamos para lidar com as emoções.

Este livro desenvolve um modelo de como as pessoas pensam sobre suas próprias emoções e as dos outros. Ao longo dos capítulos, descrevo inúmeros sentimentos, desejos ou experiências e me refiro a eles como "emoções" – tristeza, ansiedade, raiva, confusão, inveja, ciúme, ressentimento e sentimentos sexuais. Utilizo a expressão "esquemas emocionais" para descrever crenças sobre as causas, a legitimidade, a normalidade, a duração e a tolerância da complexidade da emoção. Depois que é despertada uma emoção – por exemplo, ansiedade –, o indivíduo avalia a natureza dessa emoção: "Esta emoção vai durar indefinidamente?", "As outras pessoas sentem do mesmo jeito que eu?", "Não tem problema ter sentimentos contraditórios?", "Eu posso expressar meus sentimentos?", "Outras pessoas vão me validar?", "Meus sentimentos fazem sentido?" e uma variedade de outras interpretações e avaliações da própria experiência emocional. Será que o indivíduo acredita que algumas emoções, como a raiva, são "legítimas", enquanto outras, como a ansiedade, não são? E, depois que surge uma emoção, que estratégias o indivíduo ativa para lidar com ela? O sujeito procura tranquilização, se afasta dos outros, rumina, culpa outros, evita, se refugia na passividade, abusa de substâncias, interpreta as coisas de modo diferente, se envolve na solução do problema, ativa comportamentos funcionais, tenta se distrair, se automutila, dissocia, tem compulsões, aceita a emoção ou se foca em outras respostas?

Além do mais, esses esquemas emocionais também estão relacionados a como o indivíduo interpreta e responde às emoções dos outros. Por exemplo, quando o parceiro íntimo está incomodado, ele acha que as emoções do parceiro não fazem sentido, patologiza essas emoções e as rotula como "anormais", acha que elas vão durar indefinidamente, desencoraja a sua expressão ou acha que as emoções interferem na racionalidade e na solução do problema? E, com base nessas interpretações, ele critica e ridiculariza essa pessoa, diz ao parceiro que ele está se queixando demais, se afasta e impõe barreiras, ou tenta convencê-lo de que ele não deve ter esses sentimentos?

Neste livro descrevo um modelo de como as pessoas podem teorizar sobre a emoção e como estas "teorias" da emoção contribuem para uma grande variedade de patologias. Ao mesmo tempo em que reconhece a importância de teorias sobre como as interpretações negativas da realidade podem levar à tristeza ou à ansiedade ou como a esquiva e a passividade podem contribuir para a depressão, o modelo focado no esquema emocional procura ampliar nosso entendimento propondo que, depois que uma emoção é despertada, é ativada a teoria implícita do indivíduo da emoção, e isso conduz a estratégias de enfrentamento que podem ajudar ou não. Expressando com mais clareza, "Depois que você se sente triste, o que você pensa sobre essa tristeza e o que você faz a seguir?". Por exemplo, se eu penso que a minha tristeza vai durar indefinidamente ou aumentar mais ainda, posso ficar desesperado para encontrar uma "solução rápida", e acabar abusando de substância ou simplesmente me retraindo. Entretanto, se eu achar que a minha tristeza é temporária e que as minhas emoções dependem do que eu faço e de com quem interajo, posso ativar um comportamento adaptativo. Interpretações levam a estratégias, e estratégias podem piorar as coisas – ou melhorar.

Temos sorte em ter tantas abordagens de terapia cognitivo-comportamental que têm valor, no sentido de empoderar o paciente com conhecimento e habilidades e dar esperança em face do que frequentemente parecem ser obstáculos insuperáveis. A abordagem do esquema emocional procura se somar à ampla gama de conceitualizações e ferramentas à disposição do terapeuta. Assim, aqueles que seguem uma das muitas orientações teóricas em terapia cognitivo-comportamental e até mesmo a psicodinâmica tradicional podem encontrar algum valor nas observações e sugestões aqui apresentadas.

# SUMÁRIO

## Parte I
TEORIA DO ESQUEMA EMOCIONAL

### capítulo 1
A construção social da emoção ..................................................................3

### capítulo 2
Terapia do esquema emocional: considerações gerais ........................19

### capítulo 3
Um modelo dos esquemas emocionais ..................................................38

## Parte II
INICIANDO O TRATAMENTO

### capítulo 4
Avaliação inicial e entrevista ...................................................................63

### capítulo 5
Socialização para o modelo do esquema emocional ...........................90

## Parte III
INTERVENÇÕES ESPECÍFICAS PARA ESQUEMAS EMOCIONAIS

### capítulo 6
A centralidade da validação ...................................................................111

### capítulo 7
Compreensibilidade, duração, controle, culpa/vergonha e aceitação .............143

### capítulo 8
Lidando com a ambivalência .................................................................177

capítulo 9
Associando emoções a valores (e virtudes) ...................................................200

**Parte IV**
EMOÇÕES E RELAÇÕES SOCIAIS

capítulo 10
Ciúme ..................................................................................................225

capítulo 11
Inveja ..................................................................................................246

capítulo 12
Esquemas emocionais nas relações de casal ...................................................272

capítulo 13
Esquemas emocionais e a relação terapêutica ..................................................309

capítulo 14
Conclusões ............................................................................................341

Referências ............................................................................................347
Índice ....................................................................................................363

# Parte I
# TEORIA DO ESQUEMA EMOCIONAL

Capítulo 1

# A CONSTRUÇÃO SOCIAL DA EMOÇÃO

> Frequentemente você pode ser visto sorrir, mas nunca o ouvirão gargalhar enquanto você viver.
>
> – LORD CHESTERFIELD, *Letters to His Son*, 1774

Imagine o seguinte. Ned está namorando Brenda há três meses, e para ele isso tem sido como andar numa montanha-russa. As discussões são seguidas por intensa intimidade sexual e, então, por indiferença por parte de Brenda e suas queixas de ambivalência. Ele agora recebeu uma mensagem de texto da namorada dizendo que o relacionamento está acabado e que ela não quer mais comunicação com ele. Ned está perplexo, já que esta parece ser uma forma insensível de terminar um relacionamento, e sua primeira resposta é de raiva. À medida que pensa mais sobre isso durante o dia, ele começa a se sentir ansioso e a se preocupar com a possibilidade de ficar sozinho para sempre. Então fica triste, se sentindo vazio e confuso. Ele também percebe momentos em que se sente melhor – até mesmo aliviado porque o relacionamento acabou –, mas logo se pergunta se não estará se enganando e se suas emoções irão voltar a inundá-lo com sofrimento. Ned acha que deveria ter somente um sentimento, não toda essa gama. Ele não consegue compreender por que seus sentimentos são tão fortes, já que ficou com Brenda por "apenas" três meses. Afunda em seus sentimentos negativos, sentado sozinho em seu apartamento, bebendo e se empanturrando com porcarias. Ned começa a achar que, se não se livrar desses sentimentos, vai enlouquecer; recorda de como sua tia teve que ir para o hospital quando ele era criança. Com vergonha de contar a seu amigo, Bill, sobre a profundidade dos seus sentimentos, ele se isola e não quer ser um fardo para ninguém. "O que há de errado comigo?", ele pensa enquanto se serve de mais uísque. "Algum dia eu vou me sentir melhor?"

A apenas algumas quadras de distância na cidade, Michael está passando por uma relação similar do tipo montanha-russa com Karen, de quem ele acaba de receber uma mensagem de texto dizendo que o relacionamento acabou. Michael está irritado com a insensibilidade de Karen, e suas emoções durante os dois dias seguintes variam entre momentos de raiva, tristeza, ansiedade, solidão, vazio e confusão, passando por momentos de alívio porque o relacionamento terminou. Agora, Michael está mais reflexivo e aceitando a situação melhor do que Ned; ele consegue refletir sobre suas emoções: "Bem, faz sentido que eu tenha muitos sentimentos diferentes, já que o relacionamento era confuso. De fato, o relacionamento era feito de sentimentos intensos – ele *era* um passeio de montanha-russa. Eu só posso imaginar que muitas outras pessoas poderiam se sentir da mesma forma". Michael procura seu amigo, Juan, que sempre foi um bom ouvinte, e lhe conta sobre a turbulência pela qual está passando. A conversa é um pouco intensa, mas os dois amigos já passaram por muitas coisas juntos. Enquanto ele fala, Juan balança a cabeça demonstrando compreensão. Limitando-se a algumas cervejas, Michael vai para casa e descansa um pouco. Ele pensa: "Eu já passei por momentos difíceis antes. Meus sentimentos são intensos neste momento, mas eu posso lidar com as coisas". Também percebe que o motivo por ter sentimentos tão intensos é que relacionamentos são importantes para ele. Ele quer uma relação séria e não vai desistir disso só porque esta terminou. As emoções são o custo de se importar.

O que distingue nosso infeliz "Ned, o Neurótico" de "Michael, o Humano" é que o primeiro tem uma teoria negativa sobre suas emoções, enquanto o segundo aceita e usa suas emoções de formas mais construtivas. Essas duas abordagens do mesmo evento refletem o que eu chamo de "esquemas emocionais" – ou seja, as teorias individuais sobre a natureza da emoção e como regulá-la. Uma pessoa pode tentar reprimir as emoções porque as encara como incompreensíveis, esmagadoras, intermináveis e até mesmo vergonhosas; outra pode aceitá-las como temporárias, ricas em complexidade e como parte de ser humano, que nos falam sobre nossos valores e necessidades. O modelo terapêutico que descrevo neste livro, "terapia do esquema emocional", foca na identificação da teoria idiossincrática de um indivíduo sobre as suas emoções e as dos outros, examinando as consequências dessas construções emocionais, diferenciando estratégias de regulação funcionais das disfuncionais e ajudando o indivíduo a integrar a experiência emocional a uma vida com significado.

Quase todos já sentiram emoções como tristeza, ansiedade ou raiva, mas nem todos desenvolvem depressão maior, transtorno de ansiedade generalizada ou transtorno de pânico. O que determina a persistência das emoções que, então, se transformam em transtornos psicológicos? Enfatizo durante todo este livro que não é somente a experiência das emoções que importa, mas também suas interpretações e as estratégias empregadas para lidar com elas ou regulá-las. Existem caminhos que vão desde as emoções penosas até a psicopatologia, e diferentes caminhos desde as emoções penosas até estratégias vitais adaptativas. A perspectiva aqui desenvolvida é que as interpretações e respostas do indivíduo a emoções penosas vão determinar se a psicopatologia surge da experiência. Por exemplo, uma pessoa pode sentir uma tristeza intensa sem desenvolver um transtorno depressivo maior.

Existem inúmeras teorias da emoção, e elas variam amplamente. As emoções já foram vistas como respostas programadas de forma inata ao ambiente relevante evolucionário (Darwin, 1872/1965; Nesse & Ellsworth, 2009; Tooby & Cosmides, 1992); como processos eletroquímicos que ocorrem em várias partes do cérebro (Davidson & McEwen, 2012); como consequências de pensamento "irracional" (D. A. Clark & Beck, 2010; Ellis & Harper, 1975); como resultado de avaliações de ameaças ou estressores (Lazarus & Folkman, 1984); como determinantes da capacidade de processar a informação (o modelo de infusão de afeto; Forgas, 1995); como "contendo" informações sobre necessidades e pensamentos que estão relacionados a essas necessidades (o modelo focado na emoção; Greenberg, 2002); ou como primárias – isto é, precedendo a cognição (Zajonc, 1980). Cada um destes modelos – e muitos outros – contribuiu enormemente para nossa compreensão da importância da emoção na vida diária e no desenvolvimento da psicopatologia. O modelo proposto aqui, ao qual me refiro alternativamente como "modelo do esquema emocional" ou como "teoria do esquema emocional", amplia nossa compreensão da emoção, propondo que aspectos essenciais do processo de experiência emocional incluem a interpretação e avaliação das emoções por parte do indivíduo, bem como suas estratégias de controle desses sentimentos. A partir dessa perspectiva, a emoção não é apenas uma experiência; também é um *objeto* da experiência. Embora as emoções tenham se desenvolvido durante a adaptação evolucionária e possam ser experiências universais, as interpretações, avaliações e respostas do indivíduo também são socialmente construídas.

Fritz Heider (1958) propôs que os indivíduos mantêm crenças sobre si mesmos e os outros em relação à natureza das causas do comportamento, intencionalidade e organização do *self*. O autor observou que a pessoa comum é um "psicólogo" por direito próprio, utilizando modelos de atribuição e avaliação e inferindo traços e qualidades pessoais. Essa "psicologia do senso comum", como é chamada, tornou-se a base do campo da "cognição social" (que se modificou para "teoria da mente"). Descrevo a possibilidade de sua ampliação para um modelo de como os indivíduos conceitualizam as emoções em si mesmos e nos outros, e como esses modelos específicos da emoção podem levar a estratégias problemáticas de regulação emocional.

A teoria do esquema emocional é um modelo social-cognitivo das emoções e da regulação emocional. Ela propõe que os indivíduos diferem em sua avaliação da legitimidade e da vergonha da emoção, suas interpretações das causas da emoção, sua necessidade de controlá-la, suas expectativas sobre a duração e o perigo dela e a adequação de exibi-la (Leahy, 2002, 2003b; Leahy, Tirch & Napolitano, 2011). Mesmo que a emoção tenha uma forte determinação biológica, e mesmo que esteja relacionada a estímulos desencadeantes específicos, a *experiência* da emoção é frequentemente seguida de uma interpretação do sentimento: "A minha ansiedade faz sentido?", "Outras pessoas se sentiriam do mesmo jeito?", "Isto vai durar indefinidamente?", "Como eu posso controlar isto?" ou "Eu vou ficar louco?". Essas interpretações, às quais me refiro como "teorias da emoção", são o conteúdo central dos "esquemas emocionais" – ou seja, crenças sobre nossas próprias emoções e as dos outros, e como essas emoções podem ser reguladas. Refiro-me à teoria do esquema emocional como um modelo social-cognitivo porque as emoções são fenômenos pessoais e também sociais que são interpretados por nós e pelos outros; como tal, mudanças nas interpretações (nossas e dos outros) resultarão em mudanças na intensidade e desregulação emocional.

Neste capítulo, examino brevemente como a emoção e a racionalidade têm sido vistas na tradição filosófica ocidental e como as ideias ocidentais sobre as emoções e as exibições emocionais se modificaram nos últimos cem anos, sugerindo que a "construção da emoção" tem estado em fluxo contínuo. Também discuto como os modelos atuais de previsão afetiva sugerem que as teorias "de senso comum" da emoção podem ter impacto na tomada de decisão e na experiência atual da emoção. O que importa não é apenas a nossa experiência da emoção, mas também nossas interpretações da experiência e o que acreditamos que acontecerá a partir disso.

## UMA BREVE HISTÓRIA DA EMOÇÃO NA FILOSOFIA E CULTURA OCIDENTAL

### Primazia do racional

Em *A República*, Platão usa a metáfora do cocheiro que tenta controlar dois cavalos – um que é obediente e outro que é difícil de controlar. O filósofo encarava as emoções como impedimentos ao pensamento racional e produtivo e à ação — e, portanto, como desvios da busca da virtude. Platão (1991) descreve o impacto inicial dos eventos que provocam emoção como "a vibração da alma". Se pensarmos na progressão de uma resposta racional aos eventos, o primeiro movimento pode começar com um abalo ou "vibração da alma". Os movimentos posteriores envolvem recuar e observar o que está acontecendo; depois, considerar a virtude que é relevante (p. ex., "coragem") e, então, considerar as ações e os pensamentos que podem levar a uma resposta virtuosa. Como veremos mais adiante, o modelo de esquema emocional reconhece que a primeira resposta a determinada emoção pode ser caracterizada por uma sensação de "perturbação" ou "surpresa". Esse processo provavelmente também reflete processos automáticos ou inconscientes (Bargh & Morsella, 2008; LeDoux, 2007) – isto é, "a vibração da alma" de Platão. No entanto, os indivíduos também podem recuar e avaliar o que está acontecendo no momento, quais são suas opções, como isso está relacionado a objetivos valorizados e como suas emoções podem aumentar ou diminuir dependendo das suas interpretações e do que eles fazem. Aristóteles via a virtude como o traço de caráter e a prática que representam a "média" ideal entre os dois extremos de uma qualidade pessoal desejada. No modelo do esquema emocional – como no modelo subjacente à terapia de aceitação e compromisso (Hayes, Strosahl, & Wilson, 2012) – existe o reconhecimento de que os valores (ou virtudes) podem determinar como o indivíduo encara as emoções e a capacidade de tolerar o desconforto no contexto da ação valorizada. O objetivo não é simplesmente uma emoção particular, mas o significado, o valor ou a virtude que se deseja alcançar.

Aristóteles (1984, 1995) enfatizou a prosperidade (*eudaimonia*) para buscar "a boa vida" – um sentimento de felicidade ou bem-estar por que o indivíduo está agindo de acordo com as virtudes e os significados valorizados em sua vida. Ele definiu "virtudes" como aquelas qualidades de caráter que alguém admira em outra pessoa; isto é, o objetivo é se tornar quem você admira. A experiência emocional de "felicidade" é resultado da prática diária das virtudes, como temperança, coragem, paciência, modéstia e outras qualidades. Assim, sentir-se "bem" é uma consequência de *buscar* o bem e *praticar* o comportamento – isto é, *virtude*. O modelo de esquema emocional se baseia na visão de Aristóteles de que a prática dos hábitos ou virtudes valorizados pode facilitar maior adaptação e realização.

Os estoicos, como Epíteto, Sêneca e Cícero, viam a racionalidade como superior à emoção e sugeriram que as emoções levam o indivíduo a reagir exageradamente e perder de vista valores importantes; elas, assim, se afastam da virtude e, por fim, escravizam a pessoa (Inwood, 2003). A ênfase entre os estoicos recaía sobre a conduta racional, eliminação do apego excessivo ao mundo externo, disciplina sobre os desejos e liberdade das necessidades material e de aprovação. Os exercícios dos estoicos incluíam praticar fome, desconforto físico e pobreza para aprender que é possível sobreviver sem riquezas materiais; contemplar a eliminação de objetos ou pessoas valorizadas na vida do indivíduo para reconhecer o seu valor; refletir todos os dias sobre o que se fez bem e como se poderia melhorar; afastar-se de uma emoção e considerar o curso de ação racional; reconhecer que os pensamentos são o que torna a vida ruim, não a realidade em si; e iniciar cada dia, como fazia o imperador Marco Aurélio, com o seguinte reconhecimento dos limites da realidade e da importância da aceitação durante a busca da virtude: "Começar cada dia dizendo a você mesmo: hoje eu vou me defrontar com interferências, ingratidão, insolência, deslealdade, má vontade e egoísmo – tudo isso devido à ignorância dos agressores do que é bom ou mau" (Marco Aurélio, 2002).

A primazia da cognição ganhou maior apoio durante o Iluminismo europeu, com crescente ênfase no discurso racional, na razão, na liberdade individual, na ciência e na exploração do desconhecido. Locke, Hume, Voltaire, Bentham, Mill (Gay, 2013) e outros tentaram libertar o pensamento do que eles viam como as limitações da superstição, autoridade e apelos emocionais. Novas descobertas na ciência questionaram a autoridade da doutrina cristã. A ênfase de Kant numa vida racional e virtuosa baseada no imperativo categórico libertou o raciocínio moral dos ditames da Igreja. A teoria do contrato de Lucke localizava a legitimidade nos acordos em vez da autoridade bruta. E a exploração de novos mundos levou a um reconhecimento de que as normas culturais eram possivelmente arranjos arbitrários em vez de verdades eternas. No entanto, em contraste com o *status* privilegiado da racionalidade e da ciência, Hume argumentou que a razão é escrava da emoção, já que a razão não pode nos dizer o que *queremos*; ela só pode nos dizer como *chegar lá*. A emoção, na visão de Hume, desempenha um papel mais central. De acordo com o autor, as emoções nos dizem o que importa, enquanto a racionalidade pode nos ajudar a atingir os objetivos estabelecidos pela emoção.

No século XX, a ênfase na racionalidade, na praticidade e na descoberta de "fatos", em vez da fé, tornou-se central para o pragmatismo, o positivismo lógico, a filosofia da linguagem comum e a área geral da filosofia analítica. Gilbert Ryle (1949), em *O conceito da mente*, rejeitou a ideia de que existe um "fantasma na máquina"; ele criticou a ideia de que almas, mentes, personalidades e outras "entidades inferidas" determinassem alguma coisa. Os positivistas lógicos, como o jovem Wittgenstein (1922/2010), Ayer (1946), Carnap (1967) e outros, propuseram que o único critério da verdade é a verificabilidade, que o conhecimento é derivado da experiência e que os apelos emocionais são enganadores, precisando ser submetidos ao teste do discurso lógico e definição clara. Austin (1975) e Ryle (1949) desenvolveram a ideia de que a filosofia deveria se concentrar no uso comum da linguagem para esclarecer, por meio da análise lógica, os significados das afirmações. A ênfase estava na clarificação, na lógica, no empirismo (em alguns casos) e – se possível – na redução a afirmações matemáticas da lógica. A emoção era vista como ruído.

## Primazia da emoção

Embora racionalidade e lógica tenham sempre constituído uma influência importante na filosofia (e na cultura ocidental em geral), a emoção sempre foi uma contrapartida, servindo a uma função dialética através da história. A ênfase de Platão no pensamento lógico e racional estava em contraste com a grande tradição da tragédia grega. Na verdade, *As Bacantes*, de Eurípedes (1920), representavam a visão trágica de que, se ignorarmos o deus (Dionísio ou Baco) que reúne seguidores na música, dança e um senso de total abandono, então, ironicamente, nos defrontaremos com a completa destruição na loucura. O indivíduo ignora a emoção por seu próprio risco. O modelo de esquema emocional sugere que o objetivo não é "sentir-se bem", mas a capacidade de sentir *tudo*. Não existe "*self*" superior ou inferior nesse modelo; em vez disso, todas as emoções estão incluídas no "*self*". Tal modelo defende a inclusão das emoções – mesmo emoções "depreciadas", como raiva, ressentimento, ciúme e inveja – e a aceitação dessas emoções como parte da complexidade da natureza humana.

A visão trágica reconhece que o sofrimento é inevitável; que o poderoso pode cair; que forças além do nosso controle ou mesmo da imaginação podem destruir; que a injustiça frequentemente é inevitável; e que o sofrimento dos outros nos importa porque exemplifica o que pode acontecer com qualquer um. Todos nós fazemos parte da mesma comunidade de pessoas frágeis, falíveis e mortais. Em contraste com a visão trágica, Platão privilegiou a racionalidade como a forma de poder e controle, e a tragédia como o maior nivelador, por meio do seu apelo à emoção.

No século XIX, Nietzsche (1956) sugeriu que o grande contraste na cultura e filosofia estava entre o apolíneo e o dionisíaco – ou seja, entre a ênfase na estrutura, lógica, racionalidade e controle, e a ênfase na expressão emocional, intensa, individual e selvagem da liberdade total. Esta última estava refletida no movimento Romântico, que incluiu a emoção completamente – enfatizando a intensidade emocional, a experiência individual, o heroico, o pensamento mágico, a metáfora, o mito, o pessoal e o privado, o pensamento revolucionário, o nacionalismo e o amor individual intenso. A natureza recebeu precedência sobre o mundo construído do Iluminismo, com uma ênfase nos instintos naturais, no "nobre selvagem", nas paisagens naturais e na liberdade das restrições. A lógica era vista como uma distração da experiência vivida. Os principais filósofos do Romantismo incluíam Hegel, Schopenhauer e Rousseau; entre os principais poetas estavam Shelley, Byron, Goethe, Wordsworth, Coleridge e Keats. O Romantismo também teve uma influência significativa na música, representada por Wagner, Beethoven, Schubert e Berlioz (Pirie, 1994).

Um elemento do movimento Romântico foi o movimento do sentimentalismo do século XVIII, que enfatizava a intensidade da expressão individual em vez da racionalidade ou normas aceitas, com a expressão intensa representando a autenticidade, sinceridade e força dos sentimentos. De fato, não era incomum que membros da Câmara dos Lordes na Grã-Bretanha defendessem suas posições chorando. O suicídio era a expressão extrema dessa intensidade romântica.

No final do século XIX e no século XX, o existencialismo foi uma reação aos modelos racionalistas britânicos e americanos na filosofia, com os existencialistas enfatizando o papel do propósito individual, da escolha, do reconhecimento da mortalidade, da natureza arbitrária da existência e das emoções. Kiekegaard (1941) descreveu os dilemas existenciais do medo, "a doença até a morte" e a crise da escolha individual. Heidegger (1962) propôs que a filosofia precisava abordar as implicações do "ser lançado" na vida e na história, bem como o dilema do indivíduo na construção de significado. Já Sartre (1956) argumentava que os indivíduos precisam resolver os dilemas que são resultantes da sua dada situação exercendo sua liberdade. O modelo de esquema emocional propõe que os sujeitos podem sofrer com a liberdade de escolha, com frequência tendo dificuldade com o que é "dado" – que é arbitrariamente parte das suas vidas diárias, ao mesmo tempo reconhecendo que as escolhas enfrentadas pelas pessoas em geral envolvem dilemas ou negociações que são emocionalmente difíceis. Escolha, liberdade, arrependimento e até mesmo medo são encarados como componentes essenciais da vida neste modelo, e essas "realidades" não podem ser simplesmente eliminadas por análises do custo-benefício, racionalização ou pragmatismo. Embora a avaliação racional seja importante, toda negociação envolve um custo. E os custos com frequência são desagradáveis e difíceis.

Esta breve revisão não faz justiça à visão dicotomizada da emoção e racionalidade na cultura ocidental (e, é claro, não trata da importância desses fatores em outras culturas). Como sugeriu Nussbaum (2001), cada "esfera" – a racional e a emocional – tem seu valor, e cada uma informa a outra. O modelo do esquema emocional reconhece que as emoções e a racionalidade estão frequentemente numa luta entre si – em uma tensão dialética quanto ao que irá influenciar a escolha. Contudo, ambas são essenciais.

## Fatores culturais e históricos na emoção

O campo emergente na história referido como "emocionologia" rastreia as mudanças na visão das emoções em diferentes sociedades e em diferentes períodos históricos; além disso, investiga como as emoções são socializadas. De fato, o estudo da história da emoção oferece evidências consideráveis sobre a construção social do sentimento – especialmente quais emoções foram valorizadas, quais foram reprimidas e como mudaram as regras para manifestação das emoções. Em 1939, o historiador social austríaco Norbert Elisa escreveu um estudo monumental sobre a emergência da internalização e do autocontrole na sociedade da Europa ocidental (republicado, muitos anos depois, como *O processo civilizatório: investigações sociogenéticas e psicogenéticas*; Elias, 1939/2000). O autor rastreou as mudanças nas regras de conduta referentes ao discurso, alimentação, vestimenta, cumprimentos, conduta sexual, conduta agressiva e outras formas sociais de comportamento desde o século XIII até o início do século XX. Com a consolidação do poder nas mãos do rei e a ascensão da sociedade cortesã em que os cavaleiros viviam parte do ano na corte do rei, as regras de autocontrole se tornaram mais significativas. Elias defendeu que se seguiu maior internalização da emoção e do comportamento. De fato, a palavra "cortesia" é derivada da palavra "corte". Exibições ruidosas de emoção, confrontação e comportamento sexual não eram mais aceitáveis, à medida que essas experiências emocionais foram sendo internalizadas. Além do mais, houve um aumento da ênfase no afeto pessoal e privado; a ascensão de um senso de *self* emocional privado, por meio da disseminação da leitura e do uso de diários pessoais; e um maior sentimento de vergonha e culpa. Max Weber (1930), em *A ética protestante e o espírito do capitalismo*, expandiu ainda mais a ideia de que a internalização da emoção ofereceu condições emocionais para o capitalismo e era um subproduto deste. Assim, o adiamento da gratificação, a ênfase no trabalho e produtividade, o valor do sucesso como um reflexo do mérito individual, a coordenação com as forças do mercado e a relação vendedor-comprador conduziram a um maior controle da emoção. Todos esses desenvolvimentos refletiam a construção social da emoção.

Podemos ver um maior desenvolvimento do controle emocional na cultura puritana da América do Norte dos séculos XVI e XVII, com ênfase no controle da raiva e da paixão, na negação dos prazeres mundanos, na modéstia e sobretudo na vergonha e na culpa. Os séculos XVIII e XIX na América e Grã-Bretanha também viram a ascensão dos "livros de conduta", que tentavam instruir o leitor sobre o comportamento apropriado. Durante esse período, especialmente na América, houve maior ênfase na ideia do empreendedor, junto com a ascensão do comércio; o declínio da aristocracia; e a emergência de uma nova classe de comerciantes, empreendedores, negociantes e profissionais. Presumivelmente, um homem não estava limitado pelo seu *status* de classe e podia ascender no sistema de classes sociais se dominasse a conduta certa. As mulheres, em contrapartida, precisavam depender dos casamentos oportunistas para progredir em seu *status*. O *Almanaque do pobre Ricardo*, de Benjamin Franklin (1759/1914), dava conselhos diários aos leitores sobre o adiamento da gratificação, a importância das economias, os benefícios do trabalho árduo e a importância da reputação. Foi Franklin quem cunhou uma versão inicial da expressão "Sem esforço não há resultados" (*No pain, no gain*), ao propor que todos deveriam se exercitar 45 minutos por dia.

Um futuro presidente norte-americano, John Adams, que aspirava ascender na hierarquia da classe social das colônias do século XVIII, ficava em frente a um espelho observando sua expressão facial e postura, tentando controlar sua expressão para não demonstrar alguma emoção desnecessária. O controle sobre seu rosto, corpo, movimentos das mãos e a entonação da própria voz fazia parte da nova ênfase no autocontrole. Talvez o livro mais influente na defesa do controle de si mesmo tenha sido *Cartas a meu filho*, de Lord Chesterfield (1774/2008), que encorajava os leitores a fazer o seguinte: "Mantenha um senso de reserva", "Não demonstre seus verdadeiros sentimentos", "O riso frequente e alto é a característica de modos insensatos e doentes", "Seja mais esperto do que as outras pessoas, se puder, mas não lhes diga isso". Outros livros aconselhavam as mulheres a ocultar sua sexualidade e verdadeiros sentimentos por trás de uma aparência de indiferença cortês, com ênfase na modéstia. O padrão era ser amigável, mas não coquete, e não demonstrar interesse excessivo por um homem. As mulheres tinham que controlar as paixões masculinas. O rubor era aprovado para as mulheres porque demonstrava embaraço sobre algum conteúdo sexual ou coquete. Mais uma vez, a ênfase era no controle do corpo, da face e da expressão verbal. De forma crescente, nos séculos XVIII e XIX a ênfase era que não se deveria demonstrar qualquer intensidade de emoção e, certamente, não se deveria confiar na emoção.

Christopher Lasch, em *Refúgio num mundo sem coração* (1977), descreve a ascensão de um espaço doméstico centrado no lar para a intimidade emocional durante o período vitoriano e posterior. As emoções foram para trás de portas fechadas, onde a "harmonia" doméstica era enfatizada. O período vitoriano também viu a ascensão da "emoção de gênero" – isto é, tipo de emoção de acordo com o sexo. Os homens ocupavam a esfera "pública" do comércio, enquanto as mulheres passaram a estar confinadas à esfera "privada" de casa. Assim, na esfera pública, os homens podiam ser competitivos, conflitados e ambiciosos, enquanto, em casa, homens e mulheres focavam na afeição, confiança e intimidade. Havia maior ênfase no amor entre os cônjuges, "amor de mãe" e harmonia familiar (a raiva não era tolerada); o ciúme era condenado, já que perturbava a harmonia da vida em família. Nesse mundo dividido, a raiva não era vista como apropriada para a vida doméstica, mas era considerada adequada para aos homens, que a dirigiriam ao exterior a fim de motivá-los. Na socialização dos filhos no século XIX, era visto como apropriado ter medo – mas era dito aos meninos que usassem a coragem para superar o medo. Não se esperava que as meninas tivessem coragem. Também havia uma maior ênfase na culpa em vez da vergonha.

Durante o final do século XIX e início do século XX, as normas emocionais mudaram ainda mais. Com o declínio da mortalidade infantil, os pais podiam esperar que seus bebês vivessem até a idade adulta; isto levou a maiores taxas de natalidade. Um bebê podia receber mais atenção e, assim, desenvolver um laço de amor parental mais forte. Havia também maior ênfase na infância como um estágio distinto da vida, com roupas especialmente criadas para crianças, uma nova ênfase na proteção do seu bem-estar e a perspectiva de que elas não eram simplesmente adultos pequenos (Ariès, 1962; Kessen, 1965). Além disso, a ascensão da economia comercial – em especial a ênfase crescente nos serviços e no comércio – significava que a expressão emocional precisava se adaptar à mudança nas relações comprador-vendedor (Sennett, 1996). Finalmente, no século XX, com a emergência da igualdade dos gêneros, as visões sexistas das mulheres como histéricas, mais fracas ou mais emocionais e menos racionais foram cada vez mais consideradas obsoletas, muito embora ainda persistissem no começo da teoria psicanalítica (Deutsch, 1944-1945).

Entre as décadas de 1920 e 1950, surgiram novas teorias da socialização da emoção, influenciadas tanto pela pesquisa de Watson (1919), que mostrava que os medos eram aprendidos, quanto por meio do argumento psicanalítico, o qual rastreou a neurose até dificuldades na infância. Uma interpretação popular do behaviorismo de Watson era de que a fuga é a melhor estratégia para lidar com o medo. Não havia mais a ênfase no uso da coragem para enfrentar dificuldades ou temores; havia um destaque reduzido na tolerância a sentimentos difíceis; e havia mais ênfase no que poderia ser caracterizado como uma cultura expressiva e reasseguradora. A influência da teoria psicanalítica levou à ênfase em um ambiente "seguro" e reassegurador, conforme exemplificado nos populares escritos do pediatra Benjamin Spock, com suas exortações da tranquilização, de expressões de carinho, mimos e superproteção como formas de lidar com os medos de uma criança (p. ex., Spock, 1957). Uma vez que as emoções se tornaram experiências temidas e objetivava-se proteger as crianças de passar dificuldades, também houve a ascensão da "frieza" na cultura popular – isto é, a ênfase em autocontenção, controle da emoção, ausência de sentimentos ou mesmo indiferença e inatingibilidade (Stearns, 1994). Os heróis populares dos desenhos animados não demonstravam medo (eles eram "frios"); eles não tinham que superar ou enfrentar o medo. Personagens como o Super-Homem pareciam tão invulneráveis que não tinham que demonstrar coragem.

É claro que havia uma contrapartida para toda essa internalização, autocontrole e expressão abafada da emoção, refletida nos costumes da contracultura da autoexpressão, espontaneidade, intensidade da experiência individual e liberdade sexual. Surgiram elementos mais rebeldes na cultura popular: a popularidade do *jazz*, a partir da década de 1920; a era da Lei Seca com inúmeros infratores clandestinos; os *beatniks* da década de 1950; a ascensão do *rock and roll*; os *hippies* da década de 1960; a música de protesto da era do Vietnam; a mensagem de "se ligue, se entregue", da cultura da droga, defendida por Timothy Leary e outros; bem como a eventual emergência do *"gangsta' rap"* e outras expressões individuais intensas que apareceram para celebrar a total emocionalidade e a rejeição do autocontrole.

Assim, a emoção foi repetidamente construída e desconstruída na cultura ocidental durante os últimos três mil anos. A história das emoções reflete essa consciência crescente de como elas são vistas, como a socialização e as normas influenciam a expressão emocional e como algumas emoções deixam de ser usadas (como o ciúme). Todas essas mudanças sugerem que as emoções são, em grande parte, produto da *construção social*. A história da emoção e das escolas filosóficas que privilegiam o sentimento ou a racionalidade sugere que as emoções não são simplesmente fenômenos inatos, espontâneos e universais (embora com certeza exista uma predisposição universal para eles), mas que a avaliação da emoção e as regras para a sua expressão variam consideravelmente dentro da nossa cultura e entre as culturas.

Esta breve visão geral sugere que as interpretações ou avaliações cognitivas da emoção – e a influência das emoções no pensamento – são fenômenos psicológicos importantes em sua essência. Agora, passo a uma breve descrição das abordagens atuais em psicologia social que descrevem vieses comuns na "psicologia de senso comum" da emoção. Essas abordagens refletem a interface entre cognição social e a interpretação e predição do sentimento.

## AVALIAÇÕES COGNITIVAS DAS EMOÇÕES

Considere os exemplos no começo deste capítulo: dois homens, cada um passando por um rompimento em um relacionamento. O mais abalado deles se sente triste e sozinho no momento presente e, se perguntado como prevê que irá se sentir em alguns meses, poderá predizer que vai continuar se sentindo triste – talvez ainda mais do que está agora. Esse é um exemplo de "previsão afetiva", que se refere à predição de que uma emoção será mais extremamente negativa ou positiva do que acaba sendo (Wilson & Gilbert, 2003).

Pesquisas sobre previsões afetivas sugerem inúmeros vieses ou heurísticas que levam à predição exagerada de respostas emocionais. Um desses fatores é o "focalismo" – ou seja, a tendência a focar em uma única característica do evento, em vez de considerar também todas as outras que poderiam mitigar a resposta emocional ao evento (Kahneman, Krueger, Sckade, Schwarz, & Stone, 2996; Wilson, Wheatley, Meyers, Gilbert, & Axsom, 2000). Por exemplo, alguns indivíduos podem acreditar que ao se mudar de um ambiente frio e nublado, como Minnesota, para a ensolarada Califórnia, vão se sentir imensamente felizes por muitos anos. Entretanto, descobrem que, após um breve período se sentindo melhor, sua felicidade volta ao mesmo nível que existia no primeiro Estado. Isso acontece porque eles estão focados em um único fator (luz do sol), ignorando outros aspectos importantes, como suas relações primárias e seu ambiente de trabalho.

Outra característica central da previsão afetiva é o "viés do impacto", o qual se refere à tendência a superestimar os efeitos emocionais dos eventos (Gilbert, Driver-Linn, & Wilson, 2002). Isto é, o indivíduo pode prever que um acontecimento positivo levará a um afeto positivo duradouro, enquanto um evento negativo levará a um afeto negativo duradouro. Por exemplo, um indivíduo pode prever que um rompimento em um relacionamento levará a sentimentos negativos eternos, mas acreditar que o início de um relacionamento levará a sentir-se infinitamente fantástico. Uma dimensão da predição de uma emoção é quanto tempo ela irá durar – o "efeito de durabilidade". Wilson e Gilbert (2003) acabam de incluir o efeito da durabilidade no viés do impacto. Esse efeito reflete a crença de que uma emoção continuará por um longo tempo.

Outro fator que afeta a previsão afetiva é a "negligência imune" – isto é, a tendência a ignorar a própria capacidade de lidar com eventos negativos. Por exemplo, Gilbert e colegas (2002) constataram que os participantes faziam previsões exageradas quanto à duração do afeto negativo após seis situações hipotéticas: o rompimento de um relacionamento romântico, o fracasso em conseguir um mandato, uma derrota eleitoral, *feedback* negativo da personalidade, o relato da morte de uma criança e a rejeição de um empregador potencial. De acordo com Wilson e Gilbert (2005), tais indivíduos frequentemente ignoram ou subestimam sua capacidade de enfrentamento; eles não reconhecem os efeitos poderosos de estratégias de enfrentamento como a "redução da dissonância, raciocínio motivado, atribuições que servem ao seu interesse, autoafirmação e ilusões positivas", as quais mitigam os efeitos dos "eventos vitais negativos" (Gilbert, Pinel, Wilson, Blumberg, & Wheatley, 1998, p. 619). Por exemplo, depois do rompimento com a namorada, um homem pode reduzir o impacto negativo do evento alegando que está melhor sem ela (redução da dissonância), encontrar atribuições negativas sobre a ex-parceira (raciocínio motivado), ver a si mesmo como altamente desejável agora que está solteiro (atribuições que servem ao seu interesse), reforçar sua esperança convencendo a si mesmo e aos outros de que o melhor ainda está por vir (autoafirmação) e predizer que o seu trabalho e sua vida afetiva só podem melhorar (ilusões positivas). Embora se possa argumentar que em cada caso esses ajustamentos envolvem distorções cognitivas ou racionalizações, eles também podem mitigar os efeitos negativos do rompimento. Além do mais, é possível que ocorram eventos positivos imprevistos, e estes também podem levar a um resultado mais positivo.

Além disso, os indivíduos são propensos a superavaliar uma perda *versus* a valorização de um ganho – um fenômeno conhecido como "aversão à perda" (Kahneman & Tversky, 1984). Um adágio comum, "sofremos por nossas perdas mais do que disfrutamos de nossos ganhos", tem apoio na literatura empírica. Em um estudo de respostas às perdas e aos ganhos nos jogos de azar, os indivíduos previram excessivamente afeto negativo após uma perda, não percebendo que poderiam conseguir racionalizar suas perdas e que não era assim tão provável que fossem sofrer tanto quanto previam; isto é, essas pessoas, na verdade, enfrentavam melhor as perdas no jogo do que haviam previsto (Kermer, Driver-Linn, Wilson, & Gilbert, 2006). Em consequência da aversão à perda, os indivíduos frequentemente ficam presos a uma situação desagradável, superestimando o quanto se sentiriam culpados se tivessem desistido.

Outro fator na predição da emoção é a "heurística do afeto" – uma forma de "raciocínio emocional" – em que o indivíduo usa uma emoção atual para predizer uma emoção futura (i. e., usa a emoção atual como uma âncora) ou prediz respostas emocionais futuras com base em como se sente no momento atual (Finucane, Alhakami, Slovic, & Johnson, 2000). A heurística do afeto ajuda a explicar por que se assumem mais riscos por comportamentos que "parecem bons" (Slovic, 2000; Slovic, Finucane, Peters, & MacGregor, 2004). Por exemplo, se sexo sem proteção parece ser bom, então pode ser visto como menos perigoso do que na realidade é (Slovic, 2000; Slovic, Finucane, Peters, & MacGregor, 2004). Também pode explicar a avaliação do valor ou segurança das coisas com base em como o indivíduo se sente (p. ex., "sei que é perigoso porque eu me sinto ansioso").

Além disso, os indivíduos frequentemente estimam suas respostas emocionais futuras com base em suas avaliações atuais da incerteza; ou seja, quanto mais incerteza sentem, maior a negatividade prevista (Bar-Anan, Wilson, & Gilbert, 2009). A intolerância à incerteza é um fator-chave subjacente à preocupação, à ruminação e ao transtorno obsessivo-compulsivo (TOC), sugerindo que a incerteza sobre resultados negativos pode ser uma heurística que sustenta esquemas emocionais. Por exemplo, não saber "com certeza" como vai se sentir, quando está se sentindo mal no momento presente, pode aumentar as predições de afeto negativo posterior.

Por fim, muitos indivíduos ignoram o valor de contar com o tempo como alternativa, tanto é que preferem um ganho menor agora a um ganho maior posteriormente. "Ignorar o tempo" refere-se a uma ênfase nos eventos presentes ou disponibilidade de gratificações, ao mesmo tempo reduzindo o valor da gratificação adiada (Frederick, Loewenstien, & O'Donoghue, 2002; McClure, Ericson, Laibson, Loewenstein, & Cohen, 2007; Read & Read, 2004). Esse viés em relação ao presente pode contribuir para demandas de gratificação imediata, intolerância ao desconforto, dificuldade em persistir em tarefas difíceis e desmoralização sobre o atingimento dos objetivos (O'Donoghe & Rabin, 1999; Thaler & Shefrin, 1981; Zauberman, 2003). Nessa forma extrema, as decisões sobre a regulação da emoção podem ser cegas; ou seja, o indivíduo pode estar tão inteiramente focado na redução imediata de uma emoção desconfortável que escolhe (por fim) alternativas autodestrutivas, como abuso de substância ou comer compulsivo. As gratificações futuras são ignoradas a tal ponto que a única alternativa valorizada é a mais imediata. Uma manifestação da desconsideração cega do tempo é a "armadilha da contingência", em que um indivíduo fica preso às contingências imediatas, desenvolvendo, assim, um hábito autoderrotista. O modelo de armadilhas de contingência foi aplicado ao comportamento aditivo: a abstinência leva à dor imediata, enquanto o uso da substância leva à gratificação imediata, resultando em maior *momentum* para o uso de maior quantidade e uma disposição a pagar preços mais altos quando o indivíduo se adapta a níveis mais elevados da substância (Becker, 1976, 1991; Grossman, Chaloupka, & Sirtalan, 1998).

Avaliações cognitiva e heurística como essas são componentes essenciais dos esquemas emocionais. Elas contribuem para crenças de que as emoções são duradouras, estão fora de controle e precisam ser eliminadas ou suprimidas logo. Ironicamente, as emoções parecem ter uma evanescência. Elas com frequência se dissipam com rapidez em vez de perdurar, durando um período curto até que outra emoção apareça (Wilson, Gilbert, & Centerbar, 2003). As predições sobre quanto tempo o indivíduo ficará sofrendo após um rompimento, a perda de um emprego, algum dano físico ou conflito com um bom amigo tendem a superestimar o quanto as emoções serão extremas. Dados similares sugerem que felicidade ou infelicidade não são duráveis após eventos vitais significativos. De fato, as pesquisas sobre resiliência indicam que uma porcentagem esmagadora de indivíduos voltou à sua linha básica pré-evento um ano depois de acontecimentos vitais negativos importantes, sugerindo que "danos" emocionais são resolvidos por meio de vários processos de enfrentamento (Bonanno & Gupta, 2009). Além do mais, os indivíduos diferem na capacidade de recuperação de um trauma ou perda, em parte como consequência da "flexibilidade regulatória" – isto é, a capacidade de recrutar processos adaptativos para enfrentar as dificuldades que surgem (Bonanno & Burton, 2013). Isso sugere que os processos de enfrentamento podem ser mais importantes do que a experiência momentânea da emoção penosa.

A terapia focada no esquema emocional procura ampliar a abrangência da flexibilidade regulatória, de modo que a ocorrência da emoção não precise resultar em previsão afetiva negativa ou estratégias autodestrutivas de regulação emocional, mas, em vez disso, possa se transformar na oportunidade de recrutar uma ampla gama de interpretações adaptativas e estratégias para enfrentamento. A terapia focada no esquema emocional destaca teorias problemáticas sobre uma emoção atual e mostra como estas estão relacionadas a estilos de enfrentamento disfuncionais que perpetuam ainda mais a disfunção. Os capítulos a seguir examinam uma variedade de técnicas para abordar inúmeras dessas crenças sobre a emoção e sugerem estratégias mais adaptativas para enfrentamento de emoções que parecem preocupantes.

## PLANO DO LIVRO

Este capítulo mostrou como a teoria evolucionária, a construção social e os contextos histórico e cultural podem influenciar as crenças, as estratégias e a aceitabilidade de várias emoções. Os dois próximos capítulos descrevem as considerações essenciais na condução da terapia focada no esquema emocional (Cap. 2) e o modelo geral de esquemas emocionais (Cap. 3). A Parte II (Caps. 4 e 5) examina a avaliação inicial e a socialização do modelo. A Parte III revisa os esquemas emocionais e como abordá-los. O Capítulo 6 descreve crenças problemáticas sobre validação, sua origem e formas de abordar essas crenças na terapia. O Capítulo 7 examina estratégias para modificar vários tipos de esquemas emocionais específicos: aqueles que envolvem as dimensões de compreensibilidade, duração, controle, culpa/vergonha e aceitação. O Capítulo 8 discute a inevitabilidade da ambivalência, examinando como o perfeccionismo emocional e a intolerância à incerteza dificultam que alguns indivíduos convivam com sentimentos contraditórios. O Capítulo 9, capítulo final da Parte III, examina como o modelo do esquema emocional associa emoções desconfortáveis aos valores e às virtudes que podem ajudar os indivíduos a tolerar os desafios necessários para uma vida com mais sentido. Na Parte IV do livro, "Emoções e Relações Sociais", foquei um capítulo no ciúme (Cap. 10) e outro na inveja (Cap. 11), uma vez que essas emoções se tornaram tão problemáticas que as pessoas matam a si e aos outros por elas. Eu poderia ter discutido várias outras emoções (como humilhação, culpa, ressentimento ou raiva), porém ciúme e inveja frequentemente incluem essas outras – e, devido à sua natureza social e suposta relevância evolutiva e cultural, elas parecem mais apropriadas para este modelo. Os dois últimos capítulos (12 e 13) examinam como os esquemas emocionais podem ser relevantes para as relações de casal e para a relação terapêutica, respectivamente.

## RESUMO

Emoção e regulação emocional ganharam maior importância na psicologia durante a última década com os avanços na neurociência da emoção, dos modelos cognitivos, da terapia comportamental dialética, da terapia de aceitação e compromisso, da terapia focada na emoção, da terapia de mentalização e de outras abordagens que variam desde a terapia cognitivo-comportamental até a terapia psicodinâmica. Neste capítulo, apresentei a ideia de que um componente do processo de experimentar uma emoção é a interpretação e avaliação desse sentimento, junto com o uso de estratégias adaptativas ou desadaptativas para sua regulação. Faço referência a esses conceitos e processos como "esquemas emocionais". Nas tradições filosóficas e culturais ocidentais, sempre houve uma contínua dicotomização de emoção e racionalidade – com alguns argumentando que a primeira interfere na ação deliberativa, racional e virtuosa e outros vendo a emoção como uma fonte de significado e conexão interpessoal. Durante os últimos cem anos, os conceitos ocidentais e as estratégias recomendadas para enfrentamento da emoção se modificaram substancialmente, com algumas emoções, como ciúme e coragem, perdendo seu "*status*". Por fim, apresentei a ideia de que a psicologia social da emoção e escolha pode ajudar a lançar luz sobre algumas das fontes de viés nas interpretações do sentimento e na predição da emoção futura. O restante deste livro examina como diferenças individuais nos esquemas emocionais podem explicar a psicopatologia, a esquiva, a desconformidade e outros comportamentos problemáticos; além disso, explora como auxiliar os indivíduos na compreensão e modificação desses esquemas emocionais pode aprofundar suas experiências de terapia e levá-los a confrontar as difíceis experiências necessárias para o crescimento. No próximo capítulo, descrevo algumas das principais premissas da terapia focada no esquema emocional.

Capítulo 2

# TERAPIA DO ESQUEMA EMOCIONAL

## *Considerações gerais*

> Ele tinha visto de tudo, tinha experimentado todas as emoções, da exaltação ao desespero, pôde ter uma visão do grande mistério, de lugares secretos, dos tempos primitivos antes do Dilúvio.
>
> – GILGAMESH, ca. 2500 a.C.

Nos modelos cognitivos tradicionais, a emoção precede, acompanha ou é uma consequência do conteúdo cognitivo (Beck, Emery, & Greenberg, 1985; Beck, Rush, Shaw, & Emery, 1979; D.A. Clark & Beck, 2010). Por exemplo, o modelo cognitivo da depressão sugere que um esquema cognitivo com conteúdo de autonegação (p. ex., "Eu sou um perdedor") resulta em tristeza, impotência ou desesperança. O modelo cognitivo do transtorno de pânico propõe que as interpretações das sensações interoceptivas (p. ex., palpitação cardíaca, tensão muscular, vertigem) resultam numa escalada da ansiedade (D.M. Clark et al., 1999; D.M. Clark, Salkovskis, & Chalkley, 1985; D.M. Clark et al., 1999; Salkovskis, Clark, & Gelder, 1996). O modelo cognitivo do transtorno obsessivo-compulsivo (TOC) sugere que avaliações exageradas da ameaça de crenças específicas (p. ex., "Eu estou contaminado"), junto com crenças sobre responsabilidade pessoal por um pensamento e a necessidade de neutralizar ou eliminar qualquer possibilidade de um evento, resultam em um círculo vicioso de avaliação do pensamento, avaliação da ameaça, intolerância à incerteza e tentativas fracassadas de controle (Salkovskis & Kirk, 1997). E, finalmente, o modelo cognitivo de transtornos da personalidade enfatiza crenças sobre qualidades pessoais do *self* (p. ex., "Eu sou incapaz" ou "Eu sou deficiente") e qualidades dos outros (p. ex., "Eles não inspiram confiança" ou "Eles são rejeitadores"), seguidas de estratégias problemáticas para enfrentamento (esquiva, compensação) (Beck, Freeman, & Davis, 2004).

O modelo do esquema emocional amplia os modelos cognitivos para avaliação das emoções, bem como as estratégias para lidar com elas. Nele, defende-se que as emoções podem constituir *objetos* da cognição; isto é, elas também podem ser encaradas como um *conteúdo* a ser avaliado, controlado ou utilizado por um indivíduo (Leahy, 2002, 2003b, 2009b). Essa abordagem é derivada do campo da cognição social, com sua ênfase nos modelos da psicologia do senso comum de intencionalidade, normalidade, comparação social e processos de atribuição (Alloy, Abramsonm Metalsky, & Hartledge, 1988; Eisenberg & Spinrad, 2004; Leahy, 2002, 2003b; Weiner, 1974, 1986). Heider (1958) e aqueles que o seguiram na cognição social eram particularmente interessados em como os leigos conceitualizavam personalidade, intenções, causas do comportamento e conceitos de responsabilidade. O modelo do esquema emocional segue essa tradição. Se, por um lado, argumentamos que o modelo metacognitivo (veja a seguir) enfatiza os transtornos da teoria da mente, por outro, o modelo do esquema emocional enfatiza os transtornos da teoria da emoção e mente.

Diferentemente da terapia focada no esquema desenvolvida por Young, Klosko e Weishaar (2003), a terapia focada no esquema emocional foca nas *crenças sobre as emoções* e nas *estratégias de controle emocional*. A terapia focada no esquema não é uma teoria de crenças sobre as emoções, mas uma teoria acerca de *atributos pessoais* do *self* e dos outros; ela possui alguma semelhança, nesse aspecto, com o modelo de Beck e Freeman dos esquemas pessoais e transtornos da personalidade (Beck et al., 2004). O modelo de Young e colaboradores propõe que os indivíduos desenvolvem conceitos de si (p. ex., "difícil de amar", "especial", "deficiente") como resultado de experiências precoces (formando esquemas mal-adaptativos precoces), e esses conceitos ou esquemas persistem e são mantidos por meio da esquiva, compensação ou manutenção. O modelo do esquema emocional não é um modelo de personalidade *per se*, mas um modelo de crenças e estratégias para lidar com a *emoção*.

Semelhante ao modelo metacognitivo desenvolvido por Adrian Wells (2009), o modelo do esquema emocional propõe que os indivíduos têm teorias metaexperienciais das suas emoções. Em vez de focar no conteúdo esquemático dos pensamentos intrusivos (p. ex., desafiando o pensamento: "Eu sou um perdedor"), a abordagem metacognitiva propõe que a avaliação e o controle dos pensamentos intrusivos resultam em TOC e outros transtornos psicológicos (Salkovskis, 1989; Salkovskis & Campbell, 1994; Wells, 2009). As avaliações cognitivas da natureza dos pensamentos como *apenas pensamentos*, em vez do seu conteúdo propriamente dito, apoiam o TOC. Comportamentos de segurança, estratégias de supressão do pensamento, automonitoramento, autoconsciência cognitiva e crenças de que os pensamentos estão fora de controle são frequentemente as consequências de avaliações problemáticas. Os transtornos psicológicos são vistos como resultado das *respostas* aos pensamentos, às sensações e às emoções que resultam de avaliações problemáticas da relevância pessoal de um pensamento; responsabilidade pela supressão, neutralização ou ação sobre as implicações de um pensamento; fusão pensamento-ação; intolerância à incerteza; e padrões perfeccionistas (Purdon, Rowa, & Antony, 2005; Rachman, 1997; Wells, 2000; Wilson & Chambless, 1999). O modelo focado no esquema emocional é semelhante ao modelo metacognitivo em sua proposição de que as avaliações das emoções e as estratégias de controle da emoção contribuem para o desenvolvimento e a manutenção da psicopatologia.

A terapia focada no esquema emocional também se apoia na terapia focada na emoção de Greenberg (Greenberg & Paivio, 1997; Greenberg & Watson, 2005) e em sua ênfase na experiência, expressão, avaliação das emoções primárias e secundárias; sua visão das emoções como relacionadas às necessidades e aos valores; e sua asserção de que as emoções também podem "conter" significados (semelhante aos "temas relacionais centrais" de Lazarus [1999]). Contudo, a terapia focada no esquema emocional é especificamente metaemocional (ou metacognitiva) na medida em que avalia diretamente *crenças sobre emoções* e como funcionam as emoções. Assim, a ênfase não é apenas nos processos rogerianos de expressão, validação e consideração positiva incondicional, mas também nas teorias implícitas da emoção do paciente. Esta é semelhante à abordagem assumida por Gottman, Katz e Hoovenn (1997). Por exemplo, um terapeuta focado no esquema emocional pode examinar a crença de que emoções penosas são uma oportunidade de desenvolver emoções mais profundas e significativas, ou a crença contrária de que são um sinal de fraqueza e inferioridade. Um terapeuta focado na emoção utiliza expressão e validação como técnicas terapêuticas centrais – como faria o terapeuta focado no esquema emocional. Entretanto, a terapia focada no esquema emocional encara a validação como um processo que afeta outras *avaliações cognitivas* (ou esquemáticas) *da emoção*. Assim, a validação leva a um reconhecimento de que as emoções do paciente não são únicas, que a expressão da emoção não precisa levar a uma sobrecarga, que existe geralmente menos culpa e vergonha com validação e que esta auxilia o paciente a "dar um sentido" aos sentimentos. Assim, a validação conduz a mudanças nas *crenças* sobre a emoção, o que, por sua vez, pode conduzir a mudanças na própria emoção (Leahy, 2005c).

Existem paralelos entre a terapia focada no esquema emocional e a terapia de aceitação e compromisso (TAC; Hayes, Luoma, Bond, Masuda, & Lillis, 2006; Hayes, Strosal, & Wilson, 2012). Semelhante à TAC, a terapia focada no esquema emocional salienta o papel da esquiva e das tentativas fracassadas de supressão. No entanto, o modelo focado no esquema emocional metacognitivo fornece descrições detalhadas dessas teorias subjacentes da mente e propõe experimentos comportamentais específicos para testar hipóteses explicitamente derivadas dessas proposições sobre a mente e as sensações. É digno de nota que parece haver convergência entre as abordagens metacognitiva e a TAC no uso da consciência e utilização de uma postura de observação em relação aos pensamentos e sensações como intervenções terapêuticas. Igualmente, a terapia focada no esquema emocional também utiliza uma abordagem observacional e independente para detectar e aceitar uma emoção como um "evento", em vez de tentar evitá-la ou suprimi-la. Além do uso da aceitação e consciência, a terapia focada no esquema emocional enfatiza a ligação importante entre emoções e valores – encorajando os pacientes a esclarecer os valores e as virtudes que lhes são importantes, de modo que emoções difíceis possam ser toleradas.

A TAC é um modelo comportamental de psicopatologia, salientando a funcionalidade do comportamento e das crenças, a fuga experiencial, a flexibilidade e a natureza contextual do funcionamento pessoal. Ao mesmo tempo em que reconhece o imenso valor desses conceitos, o modelo focado no esquema emocional busca elucidar as crenças idiossincráticas e as teorias das emoções de um indivíduo e, neste sentido, enfatiza o "conteúdo" – isto é, *o conteúdo dessas teorias da emoção*. Por exemplo, se o paciente possui crenças de que suas emoções vão durar um longo tempo, não fazem sentido ou são vergonhosas, o terapeuta irá colaborar com ele para examinar a utilidade e a validade delas. Além do mais, a fuga emocional – que é um componente importante da TAC e dos modelos de ativação comportamental – é compreendida na terapia focada no esquema emocional como mantendo crenças problemáticas sobre as emoções (i. e., crenças de que as emoções são perigosas, estão fora de controle e precisam ser suprimidas). As experiências no modelo focado no esquema emocional afetam crenças sobre as emoções, como aquelas sobre durabilidade, necessidade de controle e perigo. O modelo da TAC não é especificamente preocupado com o conteúdo dos pensamentos sobre emoção e não explica a teoria da emoção do paciente.

A abordagem da terapia focada no esquema emocional pode ser integrada a uma ampla variedade de modelos cognitivo-comportamentais, incluindo terapia beckiana, TAC, terapia comportamental dialética (TCD), ativação comportamental e outras abordagens – com a ênfase associada nas crenças específicas do paciente sobre emoções e estratégias para lidar com a emoção. Por exemplo, um terapeuta focado no esquema emocional pode usar ativação comportamental e, ao mesmo tempo, também investigar as crenças do paciente sobre quais emoções serão ativadas, sua duração, seu significado e a necessidade de controlá-las.

## TEMAS CENTRAIS DA TERAPIA FOCADA NO ESQUEMA EMOCIONAL

A terapia focada no esquema emocional propõe que os indivíduos possuem teorias implícitas da emoção e sua regulação. Na terapia focada no esquema emocional, a ênfase está na clarificação e modificação da teoria específica da emoção de um paciente, usando avaliações cognitivas ou socráticas, testes experimentais, experimentos comportamentais e outras intervenções para auxiliar na normalização, temporizar, ligar as emoções a valores e encontrar expressão adaptativa e validação. Ao socializar o paciente no modelo de terapia, o terapeuta vai enfatizar que a emoção em si pode não ser o problema; em vez disso, o problema pode ser a avaliação, o medo e a necessidade de fugir do sentimento por meio de estratégias problemáticas de controle emocional. Todos se sentem tristes às vezes, mas apenas alguns ficam deprimidos. Todos se sentem ansiosos, mas somente algumas pessoas desenvolvem transtorno de ansiedade generalizada. Todos têm medos irracionais de contaminação ou de cometer um erro, mas apenas alguns indivíduos desenvolvem TOC.

O modelo focado no esquema emocional destaca os sete temas a seguir:

1. Emoções penosas e difíceis são universais.
2. Essas emoções foram desenvolvidas para nos alertar do perigo e nos falar sobre nossas necessidades.
3. Crenças subjacentes e estratégias (esquemas) sobre emoções determinam o impacto de uma emoção na escalada ou manutenção desta e de outras emoções.
4. Esquemas problemáticos incluem a catastrofização de uma emoção; pensar que os próprios sentimentos não fazem sentido; e ver uma emoção como permanente e fora de controle, vergonhosa, única para o *self* e precisando ser mantida no *self*.
5. Estratégias de controle emocional como tentativas de suprimir, ignorar, neutralizar ou eliminar emoções por meio do abuso de substância e comer compulsivo ajudam a confirmar crenças negativas das emoções como experiências intoleráveis.
6. Expressão e validação são úteis desde que normalizem, universalizem, melhorem a compreensão, diferenciem várias emoções, reduzam a culpa e a vergonha e ajudem a aumentar crenças na tolerabilidade da experiência emocional (Leahy, 2009b).
7. Aprender a reconhecer emoções penosas e a desenvolver tolerância à frustração na terapia focada no esquema emocional pode ser compreendido como parte de um modelo de empoderamento pessoal – ou seja, aumento na autoeficácia e busca por um significado mais completo na vida.

Examinemos cada um desses temas gerais.

## Emoções penosas e difíceis são universais

A terapia focada no esquema emocional encara emoções "difíceis" – como tristeza, ansiedade, raiva, ciúme, ressentimento e inveja – como experiências universais. É difícil imaginar alguém passando pela vida sem experimentar cada um desses sentimentos. A universalidade da emoção sugere que o paciente não está sozinho (todos têm emoções difíceis) e que emoções penosas fazem parte da condição humana e parte de viver uma vida completa. O objetivo da terapia é uma vida mais completa – em que emoções penosas têm seu lugar, são reconhecidas como inerentes do ser humano e podem refletir os valores que são importantes para o indivíduo. Não existem emoções "boas" e "más", assim como não existe fome ou excitação "boa" ou "má". O reconhecimento dessa universalidade serve para normalizar, validar e encorajar a aceitação de uma ampla gama emocional, em vez de julgar, suprimir, escapar ou evitá-las.

A finalidade da terapia focada no esquema emocional não é que o paciente se sinta feliz ou se livre da tristeza ou ansiedade. Isso seria como dizer a uma pessoa com transtorno de ansiedade generalizada ou TOC que o objetivo da terapia é eliminar pensamentos intrusivos. Em vez disso, os objetivos são que o paciente seja capaz de reconhecer emoções penosas e difíceis, aceitá-las como parte da experiência de uma vida completa, avaliá-las de uma forma não pejorativa, evitar a catastrofização, reconhecer que são temporárias e usá-las como um guia para perseguir valores e virtudes que são importantes para o indivíduo. Em vez de encarar a terapia como uma tentativa de "sentir-se bem", o modelo do esquema emocional ajuda o paciente a desenvolver a capacidade de sentir *tudo*.

O reconhecimento de que emoções penosas fazem parte da vida afirma que a vida pode ser difícil às vezes. Isso pode parecer banal ou muito óbvio para ser mencionado. Porém, validar que a vida é difícil, que as coisas podem parecer impossíveis ou que a falta de esperança é uma emoção que quase todos conhecem também sugere que, já que todos terão esses sentimentos, deve haver formas produtivas de enfrentamento. Se quase todos têm emoções penosas, mas quase todos as superam, deve haver uma maneira de passar por elas. Se a vida parece terrível às vezes, isso não quer dizer que ela não tenha significado e esperança.

Uma vantagem de normalizar emoções difíceis – e reconhecer que elas fazem parte da condição humana – é que os pacientes não têm que achar que emoções penosas são um marcador de psicopatologia ou transtorno mental. Emoções não são traços; elas são experiências que vêm e vão. São respostas a uma situação, ou avaliações de uma situação. Assim como a fome não é um traço permanente, uma emoção pode se dissipar se as condições mudam, as perspectivas são modificadas ou a atenção é dirigida para outro lugar. Além do mais, a natureza universal das emoções sugere que em muitos problemas da vida, uma emoção dolorosa é o reconhecimento do problema. Por exemplo, o indivíduo que tem um conflito com um bom amigo pode se sentir com raiva ou triste. Essas podem ser respostas humanas a uma interrupção de um relacionamento de proximidade; significa que alguma coisa *é relevante*. Contudo, o sujeito pode responder à situação exagerando a natureza do conflito – encarando-o como terrível, permanente e uma indicação de fracasso. Porém, são essas respostas "magnificadas" a uma resposta de frustração, raiva ou tristeza que levam a problemas mais duradouros. Um terapeuta focado no esquema emocional pode dizer com frequência a um determinado paciente: "Muitos de nós se sentiriam tristes (irritados, magoados) se isto acontecesse. Você é humano; tem seus sentimentos". Contudo, o profissional também pode perguntar: "Eu entendo que faz sentido se sentir triste, mas estou me perguntando acerca da intensidade dessa tristeza e o que isso significa para você para fazê-lo se sentir tão mal". Esse reenquadramento da tristeza como normal, ao mesmo tempo examinando a intensidade do sentimento, transmite a mensagem de que um pouco de tristeza pode ser aceito como parte do ser humano, mas que a intensidade dela pode estar aberta ao exame e possível modificação. Existe uma diferença entre "Por que você se sente triste?" e "Por que você se sente tão terrivelmente triste?".

Por exemplo, a inveja é uma emoção comum pela qual as pessoas frequentemente se sentem embaraçadas ou culpadas. É difícil para elas reconhecer a sua inveja; em vez disso, preferem focar no indivíduo de quem sentem inveja e nas deficiências dessa pessoa. A inveja é uma emoção depreciada e frequentemente está associada a ruminação, culpa, tristeza e raiva. O modelo do esquema emocional propõe que esse sentimento é uma emoção universal e pode ser usado produtiva ou improdutivamente. O uso improdutivo da inveja envolve evitar a pessoa invejada, criticá-la ou tentar enfraquecê-la. Ruminar, queixar-se e sentir-se culpado também são usos improdutivos dessa emoção. Em contraste, aceitá-la como parte do ser humano e transformá-la em admiração e emulação pode ser motivador e autopotencializador. As emoções sociais problemáticas de ciúme e inveja são discutidas em mais detalhes nos Capítulos 10 e 11, mas, por enquanto, a inveja não é nem boa nem ruim; ela simplesmente faz parte de ser humano.

Os pacientes podem ser auxiliados na universalização das emoções, procurando exemplos de emoção em letras de músicas, poesia, drama, novelas ou nas histórias que ouvem de amigos e da família. Por exemplo, o ciúme – outra emoção depreciada – é o foco de muitas canções, poemas, dramas e histórias, e os leitores e o público são atraídos para esses temas porque se identificam com suas próprias experiências. Na verdade, a capacidade de se identificar com personagens em uma história a torna ainda mais atraente. Ela conta a "nossa história".

## As emoções foram desenvolvidas para nos alertar do perigo e nos falar de nossas necessidades

A terapia focada no esquema emocional está baseada em um modelo evolucionário em que as emoções – e a expressão das emoções – foram desenvolvidas porque ajudaram a proteger os membros das espécies (Cosmides & Tooby, 2002; Ermer, Guerin, Cosmides, Tooby, & Miller, 2006; Tooby & Cosmides,

1992). As emoções não são "psicopatologia" ou "anormalidades" ou sinais de "doença" (Nesse, 1994). Elas são adaptações universais aos desafios, geneticamente determinadas, no ambiente evolucionário relevante (Nesse & Ellsworth, 2009). Por exemplo, o medo de espaços abertos (que é frequentemente característico de pessoas com agorafobia) era adaptativo onde os espaços abertos significavam perigo devido aos predadores. Os ancestrais potenciais que atravessavam espaços abertos sem consideração da ameaça dos predadores tinham maior probabilidade de ser vistos e atacados — e, portanto, eliminados sem transmitir seus genes. A ansiedade de falar em público era adaptativa em um ambiente primitivo no qual assumir um papel dominante em relação a estranhos seria visto como insulto e ameaça e conduziria à retaliação. A tristeza era adaptativa porque dizia a nossos ancestrais que não havia sentido continuar em um curso de ação que tinha encontrado repetidos fracassos. Raiva e agressão eram adaptativas porque levavam à proteção contra coespecíficos que poderiam invadir o território do indivíduo, saquear fontes de alimento e matar os parentes ou ele próprio. O ciúme era adaptativo porque protegia o "investimento parental" do sujeito e afastava os competidores de acesso sexual e procriação.

A terapia focada no esquema emocional frequentemente envolve o exame de como uma emoção poderia fazer sentido segundo um ponto de vista evolucionário. Por exemplo, preocupação e ansiedade sobre a segurança do filho fazem sentido porque os pais que eram mais preocupados e protetores de sua prole tinham maior probabilidade de ter filhos que sobreviviam. Uma pergunta que ajuda a ilustrar isto é: "E se nossos ancestrais não tivessem esta emoção? Haveria alguma consequência negativa?". Por exemplo, os ancestrais pré-históricos que não se preocupavam com sua prole, ou que não respondiam aos gritos dos bebês, tinham maior probabilidade de ter filhos que perambulavam por florestas perigosas, sendo atacados e mortos por predadores e não sobrevivendo o suficiente para procriar. Os ancestrais que eram incapazes de sentir ciúme tinham seus padrões reprodutivos "roubados", não conseguiam reproduzir ou acabavam tendo descendentes que não estavam geneticamente ligados a eles, reduzindo assim a sobrevivência dos seus genes. A emoção da aversão também era adaptativa, na medida em que ajudava os primeiros humanos a evitar contaminação. A aversão à sujeira – tão frequentemente um dos medos das pessoas com TOC – era uma adaptação que levou à fuga de doenças e pode ser vista como outra forma de prontidão (Tybur, Lieberman, Kurzban, & Decioli, 2013).

Além do mais, o modelo evolucionário enfatiza a natureza automática e reflexiva das emoções. O terapeuta pode indicar que faria sentido que um medo de alturas fosse automático e imediato, não dependendo, a princípio, de nenhuma deliberação consciente. Recuar imediatamente diante de um penhasco seria mais adaptativo do que esperar para pensar a respeito. Do mesmo modo, o medo de cobras, manifestado pelo pânico imediato e um salto para se afastar, seria mais adaptativo do que a deliberação mais cognitiva e mais lenta sobre a possibilidade de a serpente ser venenosa. Assim, a primeira resposta de uma pessoa pode ser a resposta "natural", independente de sua inteligência e conhecimento. Encorajar uma resposta rápida: é para isso que as emoções são boas. Elas alertam, motivam, impelem; são caracterizadas pela automaticidade e são independentes do conhecimento consciente (Hassin, Uleman, & Bargh, 2005). Se elas tivessem ação lenta, não teriam sido eficientes em possibilitar que nossos ancestrais evitassem o perigo ou escapassem dos predadores. As emoções são as "primeiras a responder"; elas rapidamente mobilizam salvamento e remoção. Elas estão lá porque salvaram vidas. Podem ser "reações exageradas" na situação atual, mas se desenvolveram porque a sua natureza rápida e dominante foi útil na proteção da espécie.

A mensagem aos pacientes é que suas emoções são as mesmas que sobreviveram a milênios de evolução porque eram adaptativas ao ambiente que existia. O medo de estranhos, de espaços abertos, tristeza com uma perda, desesperança após fracassar, perda de interesse no sexo, raiva por ser menosprezado – todas essas eram respostas emocionais que estavam adaptadas aos problemas em um ambiente evolucionário relevante. Por exemplo, considere uma mulher com bulimia nervosa que alega achar que está "morrendo de fome" quando não comeu por algumas horas. Ela fica ansiosa, em pânico, e, depois, tem um consumo excessivo. Como essa sequência de emoções e comportamento faz sentido segundo uma perspectiva evolucionária? A resposta é que até o século passado, uma maioria esmagadora de humanos vivia próxima do nível de subsistência; fome e desnutrição eram problemas comuns, e o comer compulsivo raramente era visto como um problema, já que o alimento era escasso. Em tal ambiente, os indivíduos que tinham um consumo excessivo após uma privação (e, coincidentemente, também poderiam ter metabolismo mais lento) tinham maior probabilidade de fugir da inanição. Assim, "uma reação exagerada" à fome com pânico de "morrer" em decorrência dela era adaptativa para os indivíduos no ambiente evolucionário, assim como o metabolismo mais lento, já que podiam ser armazenadas calorias, e a inanição, evitada. A pergunta retorna a isso: "Como esta emoção seria adaptativa para nossos ancestrais?" Em outras palavras, "Para que esta emoção é boa?".

As emoções sociais – como humilhação, ciúme e inveja – também podem ser vistas segundo uma perspectiva evolucionária. Humilhar um membro de uma hierarquia de dominância transmitiria a mensagem aos outros membros do grupo de que aquele indivíduo não mais poderia disfrutar dos privilégios de *status* – ou mesmo da afiliação ao grupo. Assim, o medo de humilhação seria um medo natural, uma vez que a subsequente exclusão ou perda do *status* no grupo resultava em perda de recursos e proteção (Gilbert, 1992, 2000b, 2003). A inveja também pode ser vista segundo uma perspectiva evolucionária (Hill & Buss, 2008). Uma vez que nossos ancestrais pertenciam a hierarquias de dominância, a perda do *status* que o indivíduo experimentava em comparação a outro membro que ganhava o *status* reduziria as vantagens que ele poderia ter. Os membros com maior *status* tinham mais acesso a companheiras potenciais, mais acesso a comida, o privilégio de ser servidos por outros membros do grupo e mais recursos para seus descendentes. O *status* conferia vantagens reais. Além do mais, competir pelo *status* (o que é característico de indivíduos invejosos) também seria uma resposta natural, já que a capacidade de ascender conferia as vantagens descritas. Além disso, o *status* mais alto ou privilégios não merecidos poderiam ativar preferências naturais por equidade ou justiça distributiva, conduzindo a tentativas de restaurar a justiça castigando ou rejeitando aqueles vistos como tendo obtido vantagens injustificadas (Boehm, 2001). Assim, em vez de se sentir culpados ou confusos com a inveja, os pacientes em terapia focada no esquema emocional são encorajados a compreender o valor evolucionário dessa emoção, as tendências naturais a se engajar em comportamentos competitivos pela dominância e a possibilidade de que a inveja também possa motivá-los para que se tornem mais eficientes e estratégicos (em vez de ruminar, evitar e se queixar).

O modelo evolucionário das emoções aborda inúmeras crenças problemáticas sobre as emoções (i. e., esquemas emocionais). Se as emoções têm uma origem evolucionária e adaptativa, então isso deve ajudar a normalizá-las, reduzir a culpa, ajudar os indivíduos a entender por que sentem como se sentem, validar que suas emoções fazem sentido e encorajar a aceitação do que são respostas naturais. Contudo, o modelo evolucionário não implica que as pessoas não possam mudar suas respostas emocionais às situações ou modificar tais respostas depois que foram ativadas (Pinker, 2002). Em vez disso, o modelo evolucionário é um primeiro passo para ajudar os pacientes a reconhecer que estão tendo respostas naturais (que podem ser predispostas), mas que, utilizando as muitas técnicas disponíveis na terapia focada no esquema emocional, podem mudar suas reações emocionais.

Por exemplo, considere a resposta emocional de um paciente tímido quando encontra estranhos pela primeira vez. Ele pode relatar que se sente ansioso e inseguro. Uma interpretação evolucionaria é que esses sentimentos de ansiedade e insegurança faziam sentido para nossos ancestrais, quando os estranhos podiam ser homicidas e ameaçadores. As primeiras respostas que nossos antepassados poderiam ter seriam ansiedade, hesitação e desejo de esquiva. Além disso, a ansiedade social pode ser manifestada por comportamentos de "apaziguamento", como voz mais baixa, olhar para baixo, alterações na postura, desculpas e hesitação em "tomar uma posição" (Eibl-Eibesfeldt, 1972). Todos esses comportamentos comunicariam aos estranhos que o indivíduo não é uma ameaça. Essa seria a resposta evolucionária automática inicial. Porém, as perguntas na terapia focada no esquema emocional são estas: como essa resposta evolucionária automática é uma reação exagerada à situação atual? Os membros do grupo que o paciente vai encontrar são ameaçadores? Eles são homicidas? É provável que eles queiram humilhar o indivíduo? As emoções são reais – mas podem estar baseadas em alarmes falsos e perigos reais que nossos ancestrais enfrentaram, mas que não estão mais presentes. Elas funcionaram no passado, mas não estão funcionando de maneira eficiente agora. Podem ser as respostas certas no momento errado. Embora as emoções que detectam ameaça possam estar baseadas em estratégias do tipo "melhor prevenir do que remediar", a sua extensão exagerada pode interferir em experiências produtivas e significativas. O reconhecimento do paciente de que tem uma emoção – e do motivo de ela ter sido evocada – não precisa prendê-lo a ela.

Durante toda a discussão deste livro sobre o modelo do esquema emocional, o foco primário está na tristeza e na ansiedade. Entretanto, conforme observado anteriormente, as emoções sociais – como vergonha, culpa, humilhação, ciúme e inveja – são experiências disseminadas e perturbadoras. Dadas as limitações de espaço, optei por focar os Capítulos 10 e 11 no ciúme e inveja, principalmente porque receberam menos atenção na literatura cognitivo-comportamental – mas também porque são emoções poderosas que podem levar a abuso, homicídio e suicídio: são emoções pelas quais as pessoas matam.

## Crenças e estratégias sobre emoções determinam o impacto de uma emoção

O modelo do esquema emocional propõe que as crenças de um indivíduo sobre a duração, controlabilidade, tolerância, complexidade, compreensibilidade, normalidade e outras dimensões das emoções irão afetar se ele fica ansioso por sentir uma delas ou se é capaz de tolerar determinada emoção e experimentá-la como um fenômeno interno temporário. Esse modelo auxilia os pacientes no reconhecimento de como interpretações e julgamentos específicos sobre a emoção podem precipitar uma sequência de estratégias de enfrentamento mal-adaptativas que, ironicamente, mantêm crenças negativas sobre o sentimento. Cada uma das categorias de esquemas emocionais levará a maior dificuldade em tolerar a experiência emocional. Assim como pessoas ansiosas podem distorcer a detecção de ameaça no ambiente externo (p. ex., "O avião vai cair", "Eu vou ser ridicularizado", "Meu parceiro vai me deixar"), existe um processo semelhante de detecção de ameaça em relação à própria experiência emocional. Para muitas pessoas com ansiedade ou transtornos depressivos, a *experiência* de ansiedade é ameaçadora. Um homem com transtorno de pânico acredita que sua excitação ansiosa é um sinal de que está tendo um ataque cardíaco ou que vai ficar louco. Isso deve ser controlado imediatamente. Uma mulher deprimida, que se sente triste quando está sozinha, acredita que a tristeza é insuportável e uma indicação de que não vale a pena viver. Ela acha que precisa se livrar imediatamente dessa tristeza e, assim, rumina para tentar entender o que está acontecendo. Uma mulher com TOC acredita que sua excitação e seus pensamentos ansiosos quando toca uma superfície "contaminada" são indicações do quanto a ação é intolerável. Em cada caso, a experiência de ansiedade é vista como ameaçadora, terrível e um sinal de perigo crescente. No entanto, a experiência é semelhante a um falso alarme de fumaça: o paciente com esquemas negativos sobre a emoção trata o "alarme de fumaça" como se fosse o próprio "fogo". *O alarme é perigoso*. Essa é uma forma de pensamento – fusão da ação, mas de um tipo particular: é uma fusão de sentimento e realidade. "Se eu me sinto ansioso, deve haver um perigo."

Pode-se alegar que a funcionalidade da ansiedade é que ela motiva um indivíduo a fazer alguma coisa para fugir ou evitar situações que de fato poderiam ser perigosas. No extremo, simplesmente pensar que alguma coisa é ameaçadora pode não acarretar a motivação – o desconforto necessário – para fazer alguma coisa diferente. É como um computador que registra ou nota que existe um míssil a caminho. A menos que exista uma instrução em seu *software* para escapar, o computador é simplesmente uma câmera no mundo. Os esquemas emocionais disfuncionais – que ditam que a ansiedade está aumentando de modo descontrolado e não pode ser aceita – eram adaptativos na medida em que ativavam automaticamente (sem reflexão, sem demora) respostas defensivas ou ofensivas. Sem eles, não teríamos sobrevivido como espécie.

As emoções são respostas em um *contexto*. A tristeza surge quando o indivíduo experimenta uma perda; o medo é uma resposta a uma ameaça mortal; a ansiedade é uma resposta a uma falha possível; e a raiva é uma resposta à humilhação e ao insulto. As emoções estão ligadas aos eventos que as desencadeiam. Existe uma "temacidade" (*aboutness*) com a emoção – uma pessoa está triste *porque* está sozinha, com raiva *porque* foi insultada. Esclarecer o que está bloqueado ou ameaçado pode ajudar um paciente a identificar as questões que são relevantes para uma emoção. Por exemplo, ficar com raiva por causa do trânsito pode esclarecer que o indivíduo está supervalorizando "chegar na hora", enquanto suporta um estado emocional forte e desagradável. Um exame mais detalhado do que é essa raiva pode levar a outros pensamentos problemáticos (p. ex., "Essas pessoas são idiotas" ou "Por que elas estão me impedindo?" ou "Nunca vou conseguir o que eu quero"). As emoções têm alvos, e examinar o propósito ou significado subjacente a uma emoção pode ajudar a modificá-la.

Às vezes, os pacientes podem se superidentificar com uma emoção (p. ex., "Eu sou uma pessoa irritada" ou "Eu sou triste"), em vez de contextualizar a ocorrência dela (p. ex., "Eu fico irritado quando acho que alguém me insultou"). Alguns indivíduos veem suas emoções como traços fixos permanentes. Isso é muito parecido com a maneira que algumas pessoas encaram a habilidade ou o desempenho – como entidades fixas ou como capazes de mudança incremental (Chiu, Hong, & Dweck, 1997; Dweck, 2000).

O valor de contextualizar uma emoção é que isso facilita maior flexibilidade na avaliação e na resposta a ela (Hayes, Jacobson, & Follette, 1994; Hayes et al., 2006, 2012). Como cada um de nós possui uma ampla gama emocional, faria pouco sentido identificar o próprio "*self*" com uma única emoção. Se as emoções não são o "*self*", então deve haver alguma coisa com tal situação – ou a forma pela qual ela é avaliada – que leva a essa resposta. As situações podem mudar, as avaliações podem mudar e as emoções podem mudar. Isso tem relevância direta com a avaliação de uma emoção, já que levanta a questão de sua consistência ao longo do tempo, de sua singularidade em relação a uma situação ou interpretação particular de uma situação e o grau em que pode mudar. A terapia focada no esquema emocional destaca o contexto da emoção, sua variabilidade, as interpretações do contexto, suas interpretações e as estratégias de regulação que são desencadeadas.

## Os esquemas emocionais e as estratégias de regulação emocional são frequentemente o problema, não a solução

Os pacientes podem achar que o problema é a situação ("realidade") ou as emoções que eles estão experimentando. Por exemplo, um homem sentado sozinho em seu apartamento pode achar que "estar sozinho" é o problema, e que "estar sozinho" significa a necessidade de se sentir solitário, triste, vazio e sem esperança. Em consequência, ele tem medo de ter esses sentimentos e evita desesperadamente ficar sozinho, apegando-se a relacionamentos autodestrutivos. Ficar sozinho, em sua mente, automaticamente leva a pensamentos negativos, como "Eu devo estar sozinho porque não sou capaz de ser amado", "Ninguém se importa comigo" ou "Eu vou ficar sozinho para sempre". Nessa situação, a realidade de estar sozinho "deve ser deprimente". Em contraste com a ideia de que a situação deve levar à tristeza e à solidão está a visão de que o que ele está dizendo a si mesmo sobre estar sozinho é o que constitui o problema. Assim, as técnicas de terapia cognitiva mais tradicionais podem ser úteis para direcioná-lo a avaliar a tendência a supergeneralizar, catastrofizar, rotular e se engajar em adivinhar sua sorte. Pode ser que ele não precise mudar a situação (ou evitá-la), apenas desenvolver formas mais adaptativas de encará-la.

Contudo, depois de ativadas as emoções de tristeza, solidão, vazio e falta de esperança, esse homem pode utilizar "soluções" problemáticas para suas emoções, que incluem estratégias como tentativas de suprimir, ignorar, neutralizar ou eliminar tais emoções através do abuso de substância e comer compulsivo. Ou ele pode ruminar visando "entender tudo para resolver este problema sozinho". Por acreditar que essas emoções difíceis devem ser eliminadas imediatamente, ele pensa que tais soluções podem ser a única forma de enfrentamento. No entanto, as soluções agora se tornaram problemas, junto com os esquemas disfuncionais.

Uma vez que as estratégias de controle da emoção desse homem reduzem apenas temporariamente sua intensidade emocional, os sentimentos retornam, "confirmando", assim, que o problema é pior do que o previsto. Ele pode aumentar o uso de estratégias como ruminação ou alcoolismo, mas as emoções ainda retornam. A ideia desse retorno o deixam ainda mais ansioso e amedrontado com relação a seus sentimentos, e sua tristeza, ansiedade e desesperança aumentam.

Em contraste com as estratégias problemáticas de controle da emoção usadas pelo homem que está sozinho em seu apartamento, um terapeuta focado no esquema emocional pode ajudá-lo a examinar uma variedade de outras estratégias que não tentam suprimir uma emoção, mas o capacitam a pensar e a agir de forma adaptativa, ao mesmo tempo em que aceita o sentimento em questão como certo. Por exemplo, o terapeuta pode sugerir que o homem pode aceitar uma emoção como "ruído de fundo" – um som ou música que está tocando ao fundo enquanto ele está fazendo outras coisas. Observá-la – como ele faria com o ruído ao fundo – permite que aceite uma emoção como uma experiência temporária enquanto busca outras experiências. Assim, o paciente pode usar a consciência plena, separando-se da emoção, como faria enquanto acompanhasse uma música que é tocada. Essa separação pode permitir que ele observe a emoção enquanto ela vai e vem. Além disso, podem ser procuradas outras atividades que podem ser gratificantes – como ouvir música, fazer exercícios, ler, contatar amigos ou fazer planos – enquanto a emoção "toca ao fundo". Além do mais, o paciente pode reconhecer que é possível a existência de emoções positivas e negativas no mesmo "espaço vital". Ou seja, enquanto está no apartamento com as emoções penosas ao fundo, ele pode fazer exercícios que ativam emoções positivas, como exercícios de gratidão. Enquanto foca na gratidão, ele não precisa suprimir o sentimento de solidão, mas, em vez disso, reconhecer que sua vida pode ser suficientemente grande para conter todas essas emoções.

## A validação afeta outros esquemas emocionais

A terapia focada no esquema emocional destaca a importância da validação por parte do terapeuta e da autovalidação por parte do paciente. "Validação" é definida aqui como o reconhecimento do elemento de verdade nos pensamentos e sentimentos de uma pessoa – em outras palavras, "Eu entendo por que você pensa isso e por que seus sentimentos fazem sentido". Por exemplo, o paciente que se queixa de sentir-se solitário, triste e sem esperança quando está sozinho em seu apartamento está reportando seus pensamentos e sentimentos sobre essa situação. O terapeuta que o valida pode dizer: "Eu entendo que possa pensar que a sua solidão vai durar indefinidamente, e que isto é muito perturbador para você". Validação não é o mesmo que "concordância". O terapeuta não está dizendo: "A sua solidão vai durar para sempre", mas "Seus pensamentos fazem sentido – e, considerando-se esses pensamentos, também faria sentido sentir-se desencorajado". A validação é uma tentativa de ser um reflexo preciso do que o paciente está pensando e sentindo. Porém, assim como reflete o que está acontecendo dentro do indivíduo, ela também sugere uma janela para a possibilidade de outras experiências, outros significados e outras emoções.

Nossa pesquisa (discutida em mais detalhes no Cap. 3) mostra que a validação está correlacionada com a maioria das outras dimensões dos esquemas emocionais. Os pacientes que acham que são validados também consideram que podem expressar suas emoções, que elas não vão durar indefinidamente, que outras pessoas também as têm, que suas emoções não estão fora do controle, que elas fazem sentido, que eles podem tolerar emoções contraditórias e que podem aceitar as emoções que estão experimentando. Além disso, a validação está relacionada a menos ruminação e menos culpa, bem como a níveis mais baixos de depressão e ansiedade. Por que a validação deve ser uma crença importante sobre as próprias emoções? Não causa surpresa que expressão e validação estejam relacionadas, embora a expressão em si não esteja altamente correlacionada a depressão, ansiedade, ruminação e a maioria dos outros esquemas emocionais. Contrária às teorias da emoção baseadas na catarse, não é simplesmente a *expressão* da emoção que conta, mas também os componentes cognitivos da validação. Por exemplo, um indivíduo que é validado compreende que pode expressar emoções, mas que elas não vão sair do controle nem durar indefinidamente. Isso pode ocorrer porque a expressão sem validação parece ser apenas mais invalidante (e mais frustrante), levando a maior intensidade da expressão. Se o indivíduo expressa emoção, mas os outros ignoram, desprezam ou ridicularizam tal expressão, isso poderá levar a mais depressão, mais ansiedade e mais raiva. *Expressão com validação* ajuda o sujeito a acreditar que suas emoções fazem sentido e que os outros podem sentir da mesma forma. Como a ruminação é frequentemente uma estratégia para compreender a emoção, a validação pode causar um curto-circuito nessa fixação repetitiva em um pensamento ou sentimento; "Se minhas emoções fazem sentido para você, então elas devem fazer sentido". A validação atinge objetivos importantes. Ironicamente, algumas pessoas relutam em validar alguém que está se queixando; elas argumentam que validar vai apenas encorajar queixas constantes. Embora isso faça algum sentido intuitivo, a lógica confunde expressão com validação. Se um indivíduo expressa sentimentos desconfortáveis na esperança de ser validado, e a validação é realizada, então será desnecessária uma maior expressão. Isso não é diferente de um princípio da teoria do apego: choros constantes de um bebê que permanecem sem resposta levam a mais choro. Confortar o bebê quando ele está chorando "completa um sistema", como Bowlby (1969, 1973, 1980) teria defendido. A validação completa um sistema de busca de um significado compartilhado.

No Capítulo 6, examino as crenças problemáticas sobre validação, mas a terapia focada no esquema emocional destaca a validação não somente como um componente valioso da relação terapêutica, mas também como uma ferramenta poderosa para modificação dos esquemas emocionais e prevenção de estratégias problemáticas de regulação emocional. Um terapeuta focado no esquema emocional frequentemente irá comentar que as emoções de um paciente fazem sentido, que suas crenças (se verdadeiras) seriam problemáticas, que outros podem se sentir da mesma forma e que é importante ser ouvido e entendido.

Em alguns casos, os pacientes vão invalidar a si mesmos – frequentemente dizendo que não têm o direito de se sentir como se sentem, que eles estão "só reclamando" ou que são "fracos" e "repulsivos" por ter as emoções que têm (Leahy, 2001, 2009b). Essa autoinvalidação é outra estratégia de controle emocional; ela está baseada na crença de que "se eu ridicularizar meus sentimentos, eles irão embora". Tal autoinvalidação pode ser reminiscente da invalidação que eles receberam dos seus pais que eram desdenhosos ("Isso não é importante"), críticos ("Você está agindo como um bebê") ou se desregulavam ("Eu estou sobrecarregado com meus problemas"). A autoinvalidação não consegue dar um sentido à emoção, não consegue normalizá-la e acrescenta autocrítica e sua consequente depressão e ansiedade à nova mistura de problemas emocionais com os quais lidar. Os indivíduos que se autoinvalidam podem se sentir envergonhados por expor suas emoções e pensamentos; eles podem tentar "se livrar" das emoções, mantendo-as para si, temendo ser humilhados. Um terapeuta focado no esquema emocional está consciente desse problema e irá abordar a relutância que o paciente pode experimentar ao compartilhar pensamentos e sentimentos:

> "Eu entendo que às vezes pode parecer natural guardar suas emoções para si mesmo, esconder seus pensamentos. Poderia haver muitas razões para que as pessoas mantivessem as coisas para si. Você pode não se sentir pronto; talvez leve algum tempo para compreender o que está sentindo e pensando; ou pode estar preocupado com a forma como eu possa reagir. Eu me pergunto se você tem algum pensamento sobre segurar as emoções – sobre manter as coisas para si mesmo."

Essa validação do medo de se expor permite que o paciente reconheça que o terapeuta compreende e aceita a relutância e está aberto à discussão.

## Empoderamento pessoal é o objetivo da terapia focada no esquema emocional

Um elemento-chave de cada modelo cognitivo-comportamental é que o paciente está direcionado para comportamentos e experiências que podem parecer desconfortáveis, são temidos e perturbadores. Isso inclui exposição com prevenção de resposta no tratamento de TOC, tratamento de exposição prolongada no transtorno de estresse pós-traumático (TEPT), ativação comportamental no tratamento da depressão, exposição a estímulos interoceptivos no tratamento do transtorno de pânico e confronto com uma hierarquia de estímulos temidos no tratamento de fobias específicas. Desconforto, frustração e até mesmo aversão (em alguns casos) são meios para se atingir um fim. Ou seja, experiências emocionais desagradáveis são as ferramentas experimentais que fazem um paciente seguir em frente. Muitos indivíduos, no entanto, chegam à terapia com o objetivo de se livrar do desconforto e eliminar a frustração; em consequência, alguns não vão aderir a exercícios de exposição consistentes ou vão abandonar o tratamento precocemente. O modelo do esquema emocional propõe que a terapia pode ser focada de modo mais produtivo nos objetivos de eficácia pessoal, um significado mais completo na vida e o atingimento de objetivos desejados. Refiro-me a esses objetivos coletivamente como "empoderamento pessoal", sugerindo que ajudar os pacientes a adquirir maior controle sobre a capacidade de se engajar em tarefas difíceis vai capacitá-los a alcançar maior significado na vida. Este modelo sugere que o desenvolvimento da capacidade de tolerar emoções difíceis como um meio para se atingir um fim será mais útil do que focar na redução da emoção desagradável. Semelhante à TAC e à TCD, em outras palavras, a terapia focada no esquema emocional sugere que a disposição para fazer coisas difíceis na busca por alcançar objetivos valorizados é uma abordagem mais útil para os pacientes.

O modelo de empoderamento desenvolvido aqui propõe que o paciente possa se fazer três perguntas (Leahy, 2005d, 2013): (1) O que eu quero?; (2) O que eu devo fazer para conseguir?; e (3) Eu estou disposto a fazer isso? Assim, o paciente que quer perder 10 kg (o objetivo) terá que comer menos e se exercitar mais (o que precisa ser feito). A questão é se ele está disposto a fazer o que é necessário. Desconforto emocional, autodisciplina, fazer sacrifícios pessoais e aceitar a frustração são parte da negociação. O terapeuta focado no esquema emocional confronta diretamente a questão da disposição: "Você está disposto a fazer coisas que não quer fazer, de modo que possa obter o que quer?". Na verdade, o profissional pode dizer ao paciente: "O objetivo por enquanto é fazer todos os dias alguma coisa que você não quer fazer, de modo que possa desenvolver a autodisciplina necessária para alcançar o que é importante". O modelo defende a construção da resiliência em vez de visar o conforto. O terapeuta pode fazer da tolerância ao desconforto um objetivo central – um tipo de "músculo mental" –, de forma que o paciente seja estimulado diariamente a valorizar o pensamento: "Eu sou uma pessoa que faz o que é difícil fazer". O profissional pode sugerir que o orgulho autêntico provém da superação dos obstáculos, não de se atingir ou ter alguma coisa: "Pense sobre as coisas que você já fez em sua vida (p. ex., ter um filho, concluir a faculdade, ajudar um amigo ou membro doente da família, aprender uma nova habilidade). Agora, qual delas envolvia desconforto e frustração?". Pode ser que cada uma delas envolvesse desconforto significativo. O terapeuta pode continuar: "O orgulho provém de tolerar o desconforto – de fazer as coisas difíceis – para atingir os propósitos desejados". Dois conceitos são especialmente úteis aqui – "desconforto construtivo" e "imperfeição bem-sucedida" (Leahy, 2003, 2005d). Desconforto construtivo refere-se ao uso de experiências desconfortáveis como um meio para atingir objetivos valorizados. A disposição para experimentar o desconforto do exercício intensivo a fim de ficar em melhor forma é um exemplo. Imperfeição bem-sucedida envolve a disposição para se engajar persistentemente em comportamentos não tão perfeitos como um meio de avançar em direção aos objetivos valorizados. Mais uma vez, a disposição para se exercitar com regularidade – mesmo que isso signifique fazer um exercício incompleto – pode mover o paciente que deseja perder peso em direção ao melhor condicionamento físico possível. Os clientes são encorajados a monitorar suas vivências de experiências desconfortáveis diariamente e a encarar essas experiências como parte de um quadro maior de propósitos e objetivos valorizados. A ênfase é desviada de sentir-se bem, sentir-se confortável ou sentir-se feliz para a capacidade de usar o desconforto de maneira eficaz. O terapeuta pode perguntar: "Se você vai ficar desconfortável de qualquer maneira, por que não atingir alguma coisa?".

A abordagem empoderada envolve o desenvolvimento de um comportamento instrumental efetivo e de autoeficácia. Inclui os seguintes aspectos: orientação para o futuro e para os objetivos; solução de problemas; responsabilidade pessoal; responsabilização pessoal; investimento no desconforto; adiamento da gratificação; persistência; planejamento; exposição a riscos; produtividade; aprendizado e desafio; e orgulho do desempenho. Apresentamos a seguir definições desses aspectos:

*Orientação para o futuro:* trabalha para recompensas futuras.

*Orientação para os objetivos:* estabelece objetivos claros e mantém um foco neles.

*Solução de problemas:* encara a frustração como uma oportunidade de resolver um problema.

*Responsabilidade pessoal:* possui padrões de conduta (i. e., padrões do que é certo ou moral) para si e se responsabiliza pelo desempenho.

*Responsabilização pessoal:* avalia o *self* de acordo com esses padrões e se responsabiliza pelos resultados quando apropriado.

*Investimento no desconforto:* encara o desconforto como um investimento necessário no progresso pessoal.

*Adiamento da gratificação:* está disposto a adiar a gratificação pessoal para obter recompensas mais tarde – em outras palavras, está disposto a "economizar" para o futuro.

Esse modelo de empoderamento pessoal é apresentado na Figura 2.1.

```
Situação          →    Solução de problemas
 atual
   ↓ ↑
 Recursos         →    Planos
           ↙

Comportamento   Investimento no      Objetivo
                 desconforto          final
```

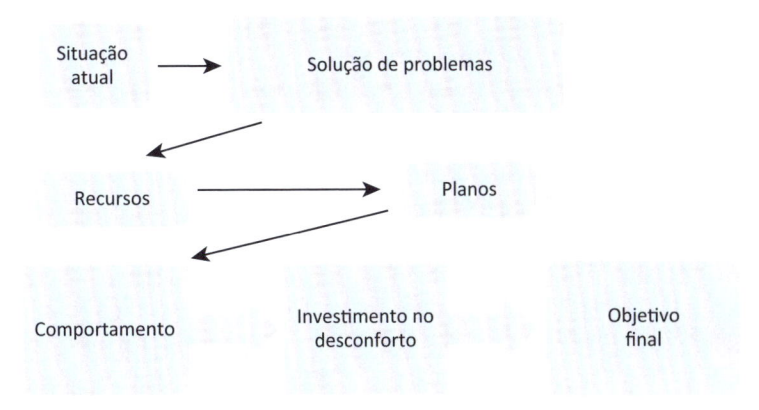

**FIGURA 2.1** Empoderamento e emoção.

## RESUMO

A terapia focada no esquema emocional não é uma terapia que trata de sentir-se bem, ser feliz ou ter a vida ideal. Ela reconhece que uma vida completa traz consigo uma variedade de possibilidades emocionais – algumas podem ser felizes, outras talvez sejam tristes, e outras, ainda, podem simplesmente parecer terríveis. Não existe vínculo sem perda, envolvimento sem a possibilidade de desilusão, esforço sem frustração. A terapia focada no esquema emocional enfatiza a sabedoria do adágio: "Você precisa passar por essa experiência para deixa-la para trás". Ela encoraja cada paciente a se ver como "alguém que faz as coisas difíceis", em vez de "alguém que procura a saída fácil". O modelo focado no esquema emocional inclui conceitos como "desconforto construtivo", "imperfeição bem-sucedida", "resistência mental", "manter seus valores diante de si" e "testemunhar a tragédia" como componentes da resiliência e de viver uma vida completa.

Se os humanos só conseguissem enfrentar ambientes livres de estresse, não estariam vivos hoje. Nossos ancestrais testemunharam mortes diariamente, lutaram por comida, foram atacados por predadores e violentados e assassinados pelos vizinhos. A resiliência deve ter sido um traço comum, do contrário os primeiros humanos teriam perecido. Não foi o que aconteceu. Eles fizeram as coisas difíceis e sobreviveram. Essa é a mensagem da terapia focada no esquema emocional – que as dificuldades da vida são duras de suportar, machucam, levam a desilusão e a uma gama completa de emoções. Reconhecer que isso faz parte de uma vida significativa ajuda o indivíduo a normalizar, a validar e a aceitar o custo de viver.

Capítulo 3

# UM MODELO DOS ESQUEMAS EMOCIONAIS

> As melhores e mais belas coisas no mundo não podem ser vistas ou mesmo tocadas. Elas devem ser sentidas com o coração.
> – HELEN KELLER

Este capítulo descreve como as teorias da emoção podem ser ampliadas por um modelo social-cognitivo das emoções. Após uma breve revisão de outras teorias, examino as dimensões específicas da conceitualização da emoção e as estratégias de regulação emocional, além da sua relação com a psicopatologia.

## O MODELO DO ESQUEMA EMOCIONAL *VERSUS* OUTRAS TEORIAS DA EMOÇÃO

Gross (1998, 2002) propôs que a regulação emocional pode ocorrer em vários pontos numa sequência de eventos. Ele distingue entre estratégias de regulação "focadas no antecedente" e "focadas na resposta" – isto é, aquelas focadas no enfrentamento do problema antes ou depois que a emoção foi evocada. Inicialmente, os indivíduos podem optar por escolher situações menos problemáticas – ou seja, evitar desencadeantes de emoções problemáticas. Por exemplo, um homem que está passando por um rompimento pode evitar lugares onde ele e sua ex-parceira iam. Embora a esquiva possa reduzir a ansiedade ou o estresse, depender dela também reduz a oportunidade de gratificações ou de enfrentamento efetivo dos obstáculos. De modo alternativo, as pessoas podem optar por modificar a situação por meio da solução de problemas ou ativação comportamental, como procurar outro comportamento gratificante ou, no caso do rompimento, sair com novas pessoas. Na verdade, a solução de problemas é uma estratégia de enfrentamento frequentemente utilizada (Aldao & Nolen-Hoeksema, 2010, 2012a, 2012b), mas nem todas as situações estressantes são passíveis de modificação ou solução de problemas. Assim, emoções indesejadas ainda podem surgir.

Depois que emoções foram despertadas, os indivíduos podem optar por se distrair dos estímulos que capazes de lhes causar dificuldades. No entanto, a distração não é uma estratégia geralmente eficaz para enfrentamento das dificuldades da vida. Ou, então, eles podem usar reestruturação cognitiva para reavaliar a situação. No exemplo do rompimento, o homem pode reavaliar as vantagens do rompimento, avaliar a ex-parceira de modo mais negativo ou encarar as alternativas de forma mais favorável. A reestruturação cognitiva é a marca da terapia cognitiva, e existem evidências consideráveis de sua eficácia, embora, mesmo com reestruturação racional, ainda possam surgir emoções difíceis. Finalmente, os indivíduos podem modular ou tentar controlar suas respostas emocionais – por exemplo, por meio da supressão. Assim, o homem que passa pelo rompimento pode suprimir suas emoções abusando de substâncias ou tentando "parar de se sentir tão mal". Gross e John (2003) descobriram que a reavaliação era mais efetiva do que a supressão da emoção; a supressão, na verdade, leva a um aumento na atividade do sistema nervoso simpático.

O modelo de avaliação do estresse desenvolvido por Lazarus propõe que os indivíduos experimentam o estresse como um resultado das suas avaliações das pressões externas (ou estressores) enfrentadas (Lazarus, 1999; Lazarus & Folkman, 1984). Tais avaliações da capacidade de enfrentamento sugerem que existe um componente cognitivo no estresse, mas a ênfase no modelo de Lazarus está nas fontes *externas* da dificuldade. O modelo do esquema emocional propõe que os indivíduos podem diferir em suas avaliações da sua própria experiência de estresse. Por exemplo, eles podem avaliar seu estresse (ansiedade, frustração) junto com várias dimensões, como duração, compreensibilidade e controle. Tais avaliações – que são esquemas emocionais ou conceitos de emoções – podem levar em conta a resposta ao estresse, aumentando ou reduzindo a experiência. Por exemplo, se eu achar que a minha frustração no enfrentamento de uma situação difícil é de curta duração, é compreensível e está dentro do meu controle, não vou ficar mais ansioso. Em contraste, se achar que a minha frustração vai durar semanas, é incompreensível e vai fugir ao controle, então irei passar por um estresse adicional. De fato, posso ficar ainda mais perturbado com esse estresse adicional, desencadeando uma cascata de experiências e avaliações estressantes (Fig. 3.1).

Os esquemas emocionais nesse modelo são diferentes daqueles descritos por Greenberg e seus colegas em seu modelo de terapia focada na emoção (p. ex., Greenberg & Safran, 1987, 1989, 1990). No modelo de Greenberg, as emoções carregam consigo o conteúdo cognitivo que pode ser de valor; isto é, emoções que são ativadas e nos dizem alguma coisa sobre o significado das experiências. Por exemplo, a emoção de tristeza pode "conter" o pensamento "Eu vou ficar sozinho para sempre". O modelo focado no esquema emocional se baseia nas ideias valiosas do modelo de Greenberg, mas define os "esquemas" como conceitos, avaliações e estratégias que os indivíduos empregam *sobre* suas

**Três tipos de avaliações:
estressor, enfrentamento, emoção**

Estressor ⟶ Ameaça ⟶ Emoção

Enfrentamento

Esquema emocional

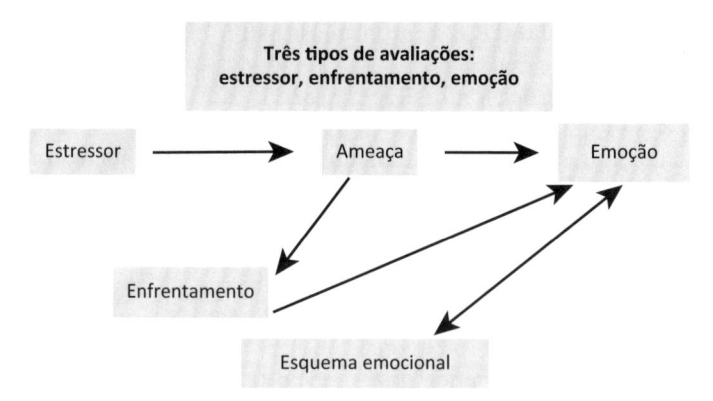

**FIGURA 3.1** Avaliações do estressor, enfrentamento e emoção.

emoções. Embora reconhecendo que a indução de uma emoção frequentemente irá ativar os pensamentos associados a ela (o que também é consistente com o modelo de Beck), o modelo focado no esquema emocional dá um passo a mais para investigar quais são as crenças de um indivíduo sobre a emoção em si. O modelo focado no esquema emocional é um modelo sociocognitivo, em que as emoções são os *objetos* do pensamento, não apenas as *fontes* de pensamentos e imagens. Assim, podemos investigar qual a expectativa do indivíduo sobre a duração, a controlabilidade e a compreensibilidade de uma emoção. Tais conceitualizações sobre emoção são de interesse particular na terapia focada no esquema emocional.

A abordagem focada na emoção de Gottman e colegas identifica "filosofias" de metaemoção que os pais podem ter acerca dos sentimentos dos filhos (Gottman, Katz, & Hooven, 1996). A filosofia mais positiva é a de "*coaching* emocional", que tem cinco componentes: consciência das suas emoções e das dos outros, mesmo que sejam de baixa intensidade; visão da emoção negativa de uma criança como uma oportunidade de se aproximar e de ter importância para ela; validação dos sentimentos da criança; auxílio na nomeação da emoção; e solução de problemas e estabelecimento de objetivos com o infante (Gottman et al., 1996). Gottman identificou outras respostas problemáticas à emoção de uma criança, como "rejeição", "desdenho/críticas" e "sobrecarregadas". O genitor minimiza a emoção do filho quando usa a rejeição ("Não se preocupe. Isso não tem importância"); o cuidador desdenhoso ou crítico rotula o filho como ridículo ou imaturo ("Pare de agir como um bebê"); e o sobrecarregado responde salientando as próprias dificuldades com a emoção ("Eu não posso cuidar disso, já tenho problemas demais"). Pesquisas sobre *coaching* de emoção sugerem que esse recurso facilita processos fisiológicos e a regulação da emoção na criança. Inúmeros estudos indicam que as crenças dos pais sobre emoção têm um efeito significativo nas estratégias de criação dos filhos e nos resultados que estes terão em suas vidas (Dunsmore & Halberstadt, 1997; Eisenberg, Cumberland, & Spinrad, 1998; Halberstadt et al., 2013; McGillicuddy-De Lisi & Sigel, 1995). Halberstadt e colegas (2013) desenvolveram um questionário (Crenças dos Pais sobre as Emoções dos Filhos) que consiste em sete subescalas: Custos da Positividade, Valor da Raiva, Manipulação, Controle, Conhecimento do Pai, Autonomia e Estabilidade. Constatou-se que essas crenças estavam diretamente relacionadas às práticas de socialização parental. O modelo do esquema emocional se baseia no modelo de Gottman das filosofias de metacognição, ampliando-o para dimensões específicas da explicação, avaliação e interpretação, bem como estratégias de crenças sobre emoção e regulação emocional.

O modelo do esquema emocional também se baseia nas "teorias de atribuição" – ou seja, teorias sobre as causas dos eventos e a estabilidade das emoções (Alloy et al., 1988; Jones & Davis, 1965; Kelley, 1973; Weiner, 1986). Assim, existem várias dimensões de interesse dependendo se os indivíduos acreditam que suas emoções são específicas deles (i. e., exibem falta de consenso), são causadas externamente, são invariáveis (são consistentes entre as situações – isto é, traços estáveis) ou estão dentro da possibilidade de controle. Outras dimensões de avaliações incluem se uma emoção "faz sentido" (i. e., se é compreensível), é perigosa ou prejudicial, de longa duração ou vergonhosa. Além disso, os indivíduos têm crenças sobre o valor das expressões das emoções e se os outros irão validá-las (ou desconsiderá-las ou, ainda, humilhá-los). Algumas pessoas acreditam que as emoções são uma perda de tempo e que devem ser racionais o tempo todo – que as emoções "atrapalham". Outras acham que não conseguem tolerar sentimentos contraditórios e devem descobrir como eles "realmente são".

O modelo do esquema emocional reconhece que as emoções evoluíram porque eram adaptativas durante a história da espécie, proporcionando aos indivíduos detecção de ameaças, respostas rápidas e intuitivas e "módulos" para resolver problemas. Por exemplo, a agorafobia, acompanhada de intensa ansiedade e tendência a entrar em colapso, evitar ou escapar, é um módulo adaptativo para se proteger contra ataques por predadores em espaços onde o indivíduo está vulnerável (espaços abertos ou espaços fechados onde a saída está bloqueada). Igualmente, os medos mais comuns – de água, cães, raios, alturas e aranhas – também são adaptativos, já que protegem contra ameaças mortais. O modelo do esquema emocional procura normalizar uma ampla variedade de sentimentos (incluindo ansiedade, tristeza, raiva, ciúme, inveja e vergonha) como heranças que evoluíram e são ativadas automaticamente depois que um estímulo ou situação relevante emergiu para um indivíduo. Conforme descrito no Capítulo 2, esse modelo evolucionário das emoções ajuda a normalizá-las – até mesmo torná-las universais – e a compreendê-las, validando a experiência emocional dos indivíduos, tornando os sentimentos compreensíveis e reduzindo a culpa e a vergonha a seu respeito.

Os modelos evolucionário ou biológico da emoção são às vezes contrastados com aqueles socioconstrutivos : argumenta-se que as emoções são biologicamente determinadas ou cognitiva e culturalmente construídas. O modelo do esquema emocional reconhece o valor das duas abordagens. Ele vê a predisposição biológica e a universalidade da emoção como informações relacionadas a sua compreensibilidade e normalidade; assim, aborda as questões cognitivas de encontrar um sentido e dar legitimidade às emoções do indivíduo. Por exemplo, a inveja (uma emoção frequentemente depreciada) está vinculada no modelo do esquema emocional aos universais biológicos da hierarquia da dominância, competição por *status* e recursos, bem como insistência na distribuição justa. O modelo também relaciona o sentimento de inveja a construções sociais que arbitrariamente o depreciam como uma emoção "vergonhosa". Assim, o indivíduo pode ter construções sociais sobre emoções predispostas biologicamente e seus indutores.

Além disso, muitos endossam um modelo de "perfeccionismo emocional". Ou seja, eles acham que suas emoções devem ser claras, estar sob total controle, ser confortáveis, "boas" e completamente compreensíveis. Esse perfeccionismo emocional está relacionado a um modelo particular de teoria da mente ao qual me refiro como "mente pura". Os indivíduos que endossam uma crença na mente pura acreditam que não devem ter pensamentos indesejáveis e intrusivos, sentimentos "antissociais", fantasias que parecem "impuras" ou "imorais", ou sensações, pensamentos e emoções conflitantes e confusos. O modelo do esquema emocional propõe que as emoções são frequentemente cascatas caóticas de ruído confuso e experiência imprevisível, muito parecido com um caleidoscópio da percepção e sensação, e que as tentativas de ter uma mente pura só levarão à falha em suprimir e controlar o imprevisível. A mente pura é frequentemente um pressuposto por trás da intolerância a sentimentos contraditórios ("Sim, mas eu não sei como eu realmente me sinto"), culpa e vergonha sobre pensamentos e imagens ("O que há de errado comigo para ter esses sentimentos?") e a crença de que as próprias emoções são incompreensíveis ("Eu não consigo entender o que há de errado comigo").

Relacionado à ilusão da mente pura está o "perfeccionismo existencial" – ou seja, a crença do indivíduo de que sua vida deve seguir um curso ideal, que ele deve descobrir "o que deve fazer". Os pressupostos subjacentes são de que existe um determinado "caminho" a ser seguido, que amor e trabalho devem ser ideais, que conflitos nos relacionamentos sempre são ruins e que as escolhas devem fornecer uma direção inequívoca. O perfeccionismo existencial é uma filosofia constante sobre o que deve ser a experiência de vida do indivíduo. Por exemplo, um homem defrontado com uma série de alternativas desejáveis teve grande dificuldade porque achava que deveria encontrar a sua "verdadeira paixão", descobrir o que "deveria fazer" e não ter que fazer negociações. Ele achava que os conflitos com sua parceira significavam que o relacionamento estava condenado – em vez de pensar que fazem parte do relacionamento. Achava que ambivalência é sempre um mau sinal, em vez de pensar que é frequentemente inevitável. Os capítulos posteriores deste livro irão mostrar como o perfeccionismo existencial, o perfeccionismo emocional e a mente pura contribuem para crenças problemáticas sobre emoções específicas que levam a estratégias inúteis de regulação da emoção.

## EXEMPLOS QUE ILUSTRAM O MODELO EM AÇÃO

Considere a seguinte situação hipotética: John recebe a notícia de que está sendo demitido de seu emprego depois de menos de um ano. A companhia está reduzindo o quadro de funcionários, mas sua avaliação recente foi confusa e ele não estava satisfeito há algum tempo. John observa várias sensações físicas (respiração rápida, frequência cardíaca acelerada, "um buraco" no estômago). Ele acha que ser demitido desencadeou uma forte resposta emocional, mas não tem muita certeza de quais emoções está sentindo. Sente-se agitado, como se quisesse jogar alguma coisa longe ou bater em algo. Quer contatar sua ex-chefe, mas acha que isso seria humilhante, e se dá conta de que não sabe bem o que dizer. Gostaria de ligar para seu amigo Ed, mas se sente envergonhado e confuso, bem como acha que estaria sobrecarregando Ed com suas preocupações. Ele observa que está tendo inúmeros pensamentos: "Não acredito que eu fui demitido" e "Eu não acredito que eles fizeram isso sem uma explicação". Também pensa: "Minha chefe era uma narcisista – nada nunca estava suficientemente bem para ela" e "Eu estou melhor sem esse emprego". Mas, então, ele percebe outros pensamentos: "Eu vou ficar sem trabalho e miserável" e "Nada dá certo para mim". Começa a pensar: "Eu estou me sentindo zangado, ansioso e triste. Também estou me sentindo confuso. E, por alguma razão, também me sinto aliviado". Aos olhos de John, essas várias emoções parecem estar em conflito entre si, já que ele possui a crença de que só deve ter um sentimento: "Eu não consigo descobrir como realmente me sinto". Então, começa a cismar e a ruminar suas emoções, tentando descobrir como "de fato se sente". Ele começa a se sentir envergonhado por causa de sua ansiedade, achando que estar ansioso e triste é um sinal de fraqueza. Portanto, está menos inclinado a querer discutir isso com Ed ou seus outros amigos.

John examina seus sentimentos de ansiedade e pensa: "Acho que estou me sentindo ansioso porque não sei o que vai acontecer a seguir". Mas, então, ele se pergunta se não está se sentindo ansioso porque tomou muito café: "Talvez seja a cafeína." Questiona se esses sentimentos ansiosos são causados pelos "eventos externos" ou por "alguma coisa comigo". Ele não está certo sobre o motivo de estar se sentindo ansioso, triste, zangado, confuso e um pouco aliviado: "Não faz sentido. Como posso ter sentimentos tão diferentes? Eu deveria me sentir de um jeito. Isto é muito confuso". Ele começa a ruminar, cismando sobre suas emoções, ainda tentando descobrir como "realmente" se sente: "Estou aliviado por estar sem trabalho porque sou preguiçoso? Eu *queria* ser demitido?".

Ele questiona se a sua ansiedade vai durar indefinidamente: "Eu não posso continuar a cada dia com este nível de ansiedade. Não vou conseguir funcionar". Ele acha que sua ansiedade vai impedi-lo de dormir, digerir a comida, fazer seu trabalho ou se concentrar no que tem que fazer. As ideias de perigo começam a inundar sua imaginação enquanto começa a pensar que vai ficar louco, ser arrastado numa camisa de força.

John pensa agora que precisa ter essas emoções sob controle, mas começa a chorar. Tentando segurar as lágrimas, sente-se ainda mais tenso, com mais medo e mais fora de controle. "Eu não posso deixar isso me atingir", diz, e depois acende um baseado: "Isso vai me acalmar". Ele pensa: "Eu tenho que me acalmar. Tenho que controlar as coisas imediatamente, ou então vou me expor. E quem sabe aonde isso vai levar?".

Quando começa a se preocupar com sua ansiedade e tristeza, pensa que esses sentimentos podem durar para sempre. Ele não consegue se dar conta de que muitos outros eventos podem acontecer. Talvez acorde amanhã e esteja feliz por não ter que ir trabalhar, por não ter que lidar com a estafa de um trabalho sem saída, monótono e com uma chefe crítica. Ele não acha que ficaria aliviado em jantar com Ed ou outro amigo. Não consegue reconhecer que outras experiências terão impacto em seus sentimentos. Não consegue se lembrar de que outros sentimentos infelizes se dissiparam com o tempo e a experiência – que as emoções são fugazes, mudam, evaporam, constantemente indo e vindo. John foca em um único sentimento, em um único momento e em um único detalhe: ser demitido. Ele tem dificuldade de dar um passo atrás e reconhecer que muitos outros sentimentos, momentos e comunicações com outras pessoas vão eclipsar toda essa experiência. Focado em sua emoção nesse exato momento, tem dificuldade em prever que isso também passará. Começa a entrar em pânico, tendo um sentimento de urgência de que tem de se sentir melhor e se livrar da ansiedade terrível imediatamente. Ele vê o mundo por meio dos esquemas negativos dos seus sentimentos ansiosos – esquemas que o prendem ao momento presente e o impedem de ver qualquer possibilidade no futuro.

Como revela essa história ficcional, o pobre John possui uma ampla gama de crenças negativas, ou esquemas, sobre suas emoções. Elas não fazem sentido para ele; não sente que pode expressá-las abertamente ou obter validação; rumina seus sentimentos; sente-se envergonhado; não consegue tolerar seus sentimentos contraditórios; e acredita que eles vão sair do controle e durar indefinidamente. John é um bom exemplo de como avaliações negativas podem levar a estratégias de enfrentamento problemáticas. A Figura 3.2 apresenta um diagrama do modelo do esquema emocional. (No Cap. 5 discuto como esse diagrama pode ser usado na socialização de um paciente com o modelo.)

Examinemos a Figura 3.2, usando John como exemplo. Primeiramente, ele inicia com uma ampla gama de emoções – raiva, ansiedade, tristeza e um sentimento de alívio. Então, percebe as sensações e, de alguma forma, as nomeia. A seguir, as vê como problemáticas: acredita que não faz sentido sentir algumas delas (como alívio), sente-se envergonhado pela sua ansiedade e tristeza, acha que suas emoções vão sair do controle e durar indefinidamente; além

Terapia do Esquema Emocional **45**

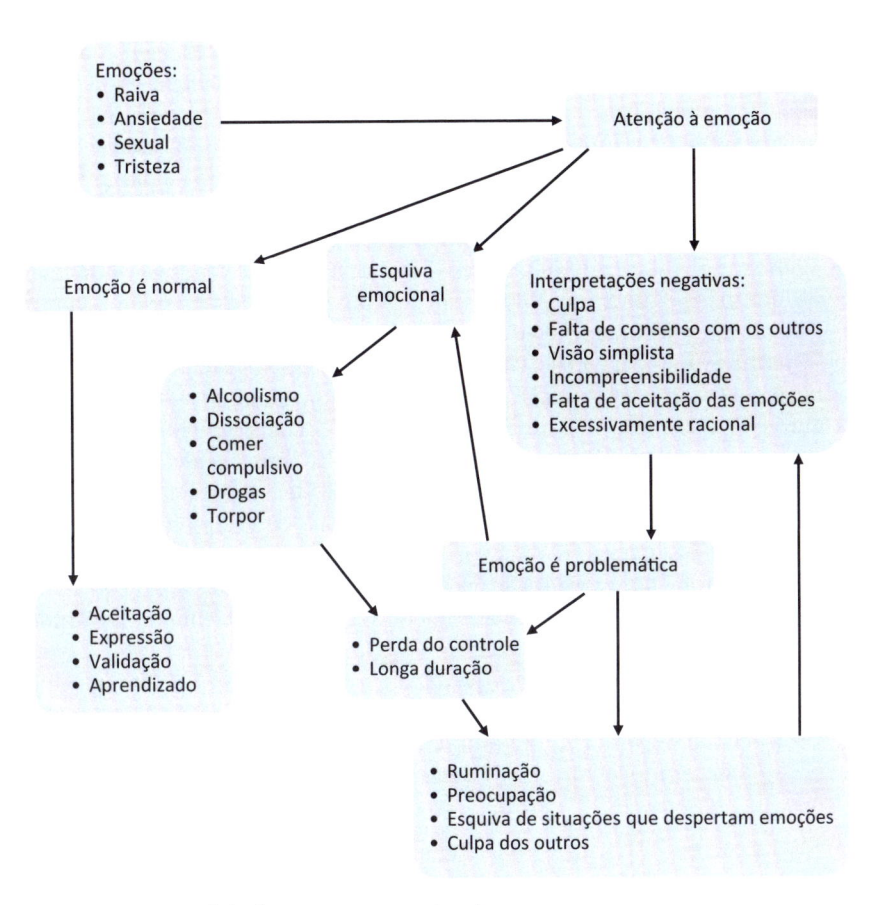

**FIGURA 3.2** Um modelo de esquemas emocionais.

disso, não normaliza essa gama de emoções, não reconhecendo que muitas pessoas possuem sentimentos semelhantes. Ele é intolerante com seus sentimentos contraditórios, ruminando sobre por que se sente dessa maneira e tentando identificar o que "realmente sente". Com as interpretações negativas de suas emoções, ele procura suprimi-las fumando maconha, evitando as pessoas porque tem vergonha e se sente um fardo, culpando sua antiga chefe e a si mesmo, ruminando sobre o que aconteceu para "compreender" e se preocupando com o futuro. John exemplifica o estilo problemático de resposta emocional a um importante evento vital.

Igualmente, imagine Mary, que nota que está se sentindo "desconfortável". Pode ser que ela tenha dificuldades em identificar qual é a emoção que sente; inicialmente apenas reconhece sensações fisiológicas, como seus dedos dormentes, o coração batendo rapidamente e a cabeça tonta. Enquanto reflete sobre essas sensações e sobre o que acabou de acontecer, ela pode reconhecer que atualmente está experimentando tristeza. O primeiro passo em uma sequência problemática de esquemas emocionais é que a tristeza de Mary lhe é confusa, pois ela não entende o que poderia estar fazendo-a se sentir tão triste. Então, faz avaliações negativas da sua tristeza: "Eu não deveria me sentir triste", "Eu não tenho direito de estar triste", "Ninguém mais se sentiria triste nessa situação" e "Ninguém me entenderia". Assim, começa a se sentir impotente em relação a sua tristeza, já que não consegue apontar um motivo. Pensa que essa emoção vai durar indefinidamente, que vai oprimi-la, que não vai conseguir funcionar e vai perder o controle. Ela tenta dizer a si mesma para não se sentir triste, fica brava consigo mesma por se sentir assim — e isso faz ela se sentir ainda mais impotente e mais ansiosa quanto à sua tristeza. Então, decide que seria melhor evitar outros comportamentos que geralmente achava gratificantes, já que está triste e sem energia. Preocupa-se que pode ser uma carga para os outros e pensa desse modo porque se sente triste; nada pode ajudá-la a se sentir melhor: "Se eu me sinto triste agora, vou me sentir triste com meus amigos". Ela se isola e começa a ruminar acerca da sua emoção, o que leva a mais tristeza. Esse círculo vicioso de emoção-avaliação-enfrentamento problemático-emoção (veja a Fig. 3.3) é uma consequência comum de falhas nas estratégias de regulação emocional que surgem de teorias problemáticas sobre os próprios sentimentos.

Contraste esse exemplo de Mary com um que ilustre um modelo mais adaptativo de esquemas emocionais e estratégias mais úteis para enfrentamento da tristeza, como aquele apresentado na Figura 3.4. Nesse modelo, Mary é capaz de nomear a emoção que sente como "tristeza". Além disso, consegue nor-

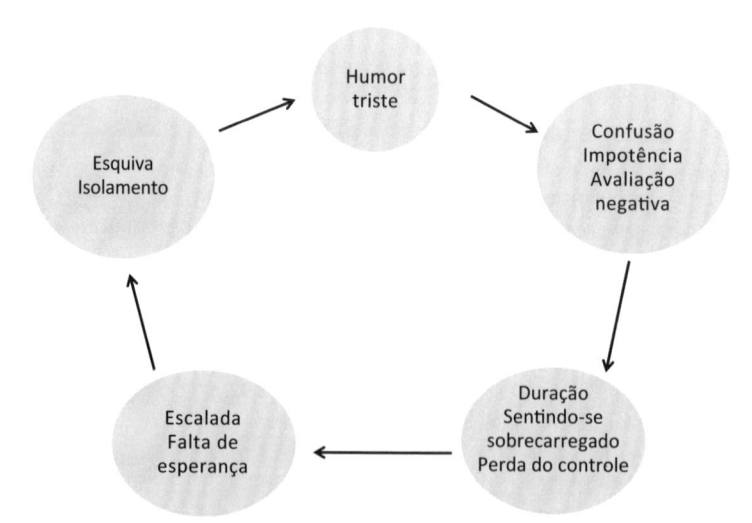

**FIGURA 3.3** Ciclo da emoção e esquemas emocionais negativos para tristeza.

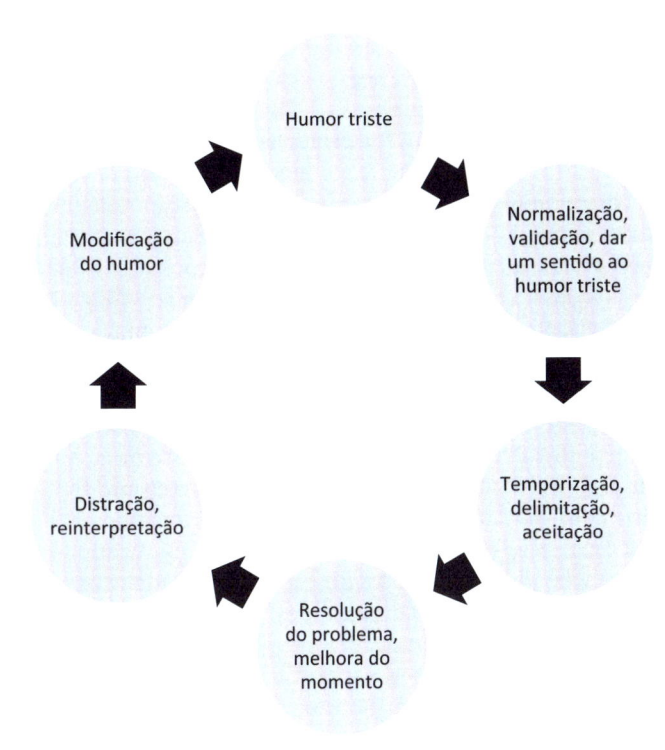

**FIGURA 3.4** Ciclo de enfrentamento da tristeza, usando o modelo adaptativo dos esquemas emocionais.

malizá-la porque faz sentido para ela, consegue obter validação de uma amiga e é capaz de reconhecer que sua tristeza não é uma resposta incomum (outros se sentiriam da mesma maneira). Então, acredita que sua emoção é temporária, tem seus limites e não irá escalar, e ela consegue aceitar que se sente triste por algum tempo. Não há urgência em suprimir a tristeza ou se livrar dela. Mary não está em pânico sobre a sua tristeza. Então, ativa várias estratégias de regulação da emoção que têm uma boa chance de ser úteis. Ela tenta entender se existe um problema a ser resolvido, considera reinterpretar a situação ("Isto não é uma catástrofe"), consegue se distrair com outras atividades e melhorar o momento. Em consequência desses esquemas emocionais mais adaptativos e estratégias de regulação emocional, seu humor melhora.

O modelo do esquema emocional se baseia na visão de que uma emoção segue uma sequência de movimentos, começando com o aparecimento de um evento, seguido por uma experiência emocional (uma perturbação, excitação ou – como observou Platão – um "tremular da alma") (Sorabji, 2000). Isso pode ser seguido por uma avaliação do "que está acontecendo", uma consideração sobre os próprios objetivos e valores relevantes, um exame das ações ou interpretações alternativas, bem como uma decisão de tomar uma atitude. Além disso, a *consciência* de uma emoção pode seguir uma sequência de movimentos: o indivíduo reconhece a emoção, a interpreta, considera valores e objetivos, assim como alternativas para regulá-la. Por exemplo, considere uma versão alternativa da experiência de demissão de John. Ele nota que está se sentindo zangado, triste, ansioso e um pouco aliviado. Considera o que está acontecendo – que ocorreu a perda do seu emprego. Identifica seus objetivos – encontrar um emprego, mas também desfrutar a sua vida enquanto está desempregado. Ele considera interpretações ("De quem foi a culpa?", "Eu vou ficar desempregado para sempre?", "Existem outros trabalhos melhores para procurar?", "Como eu devo passar meu tempo?"). Então, opta por passar um tempo com seus bons amigos, dá a si mesmo um tempo para se curar e se mantém ocupado, enquanto avalia as escolhas que pode fazer no futuro. Igualmente, os movimentos em resposta à emoção podem incluir reconhecer a excitação e as emoções; normalizar, validar e reconhecer a duração, compreensibilidade e natureza dos sentimentos contraditórios; assumir responsabilidade pessoal pela sua vida; adquirir novas habilidades e o prazer pela vida; e ativar planos e comportamentos que oferecerão experiências prazerosas e significativas. O modelo dos movimentos propõe o seguinte: "Quando surge uma emoção, o que você pensa ou faz a seguir?". O modelo do esquema emocional propõe que existem dois padrões de movimento paralelos: um que foca nos pensamentos e nas ações relacionados aos valores e objetivos, e o outro que foca na interpretação, no processamento e no uso da emoção – também relacionados a valores e objetivos. Uma pessoa pode mudar de uma emoção para a ação e para valores. Assim, por exemplo, um clínico pode perguntar a um paciente sobre a emoção do ressentimento: "Sim, pode fazer sentido que você esteja se sentindo ressentido no momento presente, mas quanto tempo quer ficar com esse ressentimento? Para onde você quer ir e quais valores quer perseguir?". A emoção é um passo – um movimento – nessa sequência.

## DIMENSÕES ESPECÍFICAS DOS ESQUEMAS EMOCIONAIS

Existem 14 dimensões de conceitualização e avaliação de uma emoção, e a resposta a ela, no modelo do esquema emocional. Aqui, examino brevemente cada dimensão, e em capítulos posteriores discuto como elas são avaliadas, bem como as técnicas que podem ser usadas para abordá-las.

### Duração

Quanto tempo as emoções duram? Alguns indivíduos acham que as emoções que experimentam vão durar um longo tempo – possivelmente de modo indefinido. Na prática clínica, meus colegas e eu com frequência ouvimos pacientes com tais crenças dizerem coisas como: "Eu às vezes temo que, se me permitisse ter um sentimento forte, ele não iria embora". Os indivíduos que acreditam na longa duração das emoções não as encaram como temporárias ou situacionais. Em alguns casos, as experiências emocionais podem ser vistas como "traços" (p. ex., "Eu sou uma pessoa triste"). Em vez de encarar as experiências emocionais como fenômenos passageiros, essa dimensão leva o indivíduo a acreditar que emoções penosas podem perdurar e levar ao sofrimento continuado.

## Controle

Alguns pacientes acham que suas emoções estão fora de controle e precisam ser controladas: "Se eu me permitir ter alguns desses sentimentos, tenho medo de perder o controle", "Eu me preocupo em não conseguir controlar meus sentimentos" e "Eu me preocupo que se tiver certos sentimentos, posso ficar louco". Crenças na perda do controle podem ser assustadoras para algumas pessoas, levando-as a acreditar que precisam fazer praticamente qualquer coisa para exercer controle.

## Compreensibilidade

Os indivíduos frequentemente acham que suas emoções não fazem sentido. Eles ficam confusos quanto aos seus sentimentos. Por exemplo, podem dizer: "Existem coisas a meu respeito que eu simplesmente não entendo", "Meus sentimentos não fazem sentido para mim", "Acho que meus sentimentos são estranhos ou esquisitos" ou "Meus sentimentos parecem sair do nada". A dificuldade em compreender a emoção os leva a se sentir confusos acerca da sua experiência e impotentes quanto ao que fazer.

## Consenso

Alguns indivíduos acreditam que suas emoções são específicas deles, resultando em uma crença de que são anormais ou mesmo deficientes. Eles pensam: "Eu frequentemente acho que respondo com sentimentos que outros não teriam", "Sou muito mais sensível do que outras pessoas" ou "Os outros não têm os sentimentos que eu tenho". Ou podem se perguntar: "Os outros têm as mesmas reações emocionais ou experiências que eu tenho, ou existe alguma coisa única ou diferente com as minhas emoções?". Normalizar os sentimentos e as experiências de tais indivíduos é um componente importante do tratamento cognitivo da ansiedade, TEPT e TOC. Por exemplo, ajudar um paciente com TOC a reconhecer que muitas pessoas terão fantasias ou sentimentos similares reduz a rotulação negativa das obsessões (Salkovski & Kirk, 1997). No modelo do esquema emocional, reconhecer que os outros têm sentimentos semelhantes é uma forma de validação – um processo que deve reduzir a depressão e a ansiedade.

## Culpa e vergonha

Até que ponto um indivíduo sente vergonha, culpa ou constrangimento por causa de uma emoção? Essa dimensão alude à crença de que não se deve ter certos sentimentos. Isso está refletido em comentários como: "Alguns sentimentos são errados de se ter" ou "Eu me sinto envergonhado dos meus sentimentos". Os sujeitos que se sentem culpados ou envergonhados podem ser inclinados a se criticar por suas emoções, escondendo-as dos outros e sentindo-se ansiosos ou tristes pelas emoções que têm.

## Racionalidade

Os indivíduos que enfatizam a racionalidade em vez da experiência emocional acreditam que ser lógico ou racional é uma forma superior de funcionamento. Creem que suas emoções devem ser eliminadas ou controladas, de modo que não os impeçam de uma solução dos problemas ou de um funcionamento racional e eficaz. Exemplos de ênfase na racionalidade incluem: "Eu devo ser racional e lógico em tudo" e "Você não pode depender de que seus sentimentos lhe digam o que é bom para você".

## Visão simplista da emoção

Algumas pessoas acreditam que só devem se sentir de uma maneira sobre as coisas, tendo dificuldades com sentimentos contraditórios. Em alguns casos, isso assume a forma de pensamento dicotômico sobre si ("Eu sou inteiramente mau") ou sobre os outros ("Ele é inteiramente mau"). Perspectivas diferenciadas, equilibradas e complexas de si e dos outros incluem a consciência de que uma mesma pessoa pode ter qualidades diferentes e conflitantes, dependendo da situação ou do momento. Assim, o indivíduo e os outros são variáveis. O pensamento mais diferenciado permite aos sujeitos a oportunidade de coordenar sentimentos aparentemente conflitantes, os quais, às vezes, são inevitáveis. Exemplos de visões simplistas de si e dos outros incluem: "Não suporto quando tenho sentimentos contraditórios – como gostar e não gostar da mesma pessoa", "Quando tenho sentimentos conflitantes sobre alguém, fico perturbado ou confuso" e "Eu gosto de ser absolutamente determinado sobre a forma como me sinto *sobre mim mesmo*". Uma visão simplista da emoção reflete uma visão dicotômica da experiência, do tipo tudo ou nada.

## Valores

Os indivíduos que enfatizam os valores acreditam que suas emoções são consequências naturais dos valores que direcionam suas vidas. Assim, seu objetivo pode não ser necessariamente "sentir-se bem", mas "ter uma vida significativa". A ênfase nos valores pode ser derivada de um modelo cognitivo existencial do processamento emocional. Tais indivíduos acreditam que ansiedade, depressão ou raiva podem ajudá-los a clarificar o que "realmente importa", possibilitando, assim, o processamento emocional. A terapia focada no esquema emocional propõe que os valores ajudam a organizar o significado da ação e experiência para ajudar os sujeitos a esclarecer o que "realmente importa" para eles, de modo a dar profundidade e substância às dificuldades inevitáveis da vida. Afirmações que refletem valores incluem: "Existem valores mais elevados que eu aspiro" e "Quando me sinto deprimido ou triste, eu questiono meus valores".

## Expressão

As pessoas que acreditam poder expressar suas emoções estão dispostas a liberá-las com os outros e a comunicar a gama de sentimentos que possuem. A disponibilidade para expressar sentimentos reflete uma aceitação de que as emoções são importantes e, possivelmente, podem melhorar a mudança ou a compreensão. É claro que simplesmente expressar emoções pode não refletir uma crença de que o estilo de expressão daquele indivíduo é útil – apenas que ele está disposto e é capaz de expressá-las. Os seguintes exemplos refletem expressão da emoção: "Eu acho que é importante me permitir chorar para liberar meus sentimentos" e "Eu sinto que posso expressar meus sentimentos abertamente".

## Validação

Algumas pessoas acreditam que existe um público receptivo para suas emoções, ou seja, os outros aceitam, compreendem, valorizam e demonstram empatia por elas. Conforme discutirei no Capítulo 6, a validação afeta inúmeras dimensões do esquema emocional. A validação normaliza a emoção, reduz a culpa e a vergonha, ajuda a diferenciar emoções, auxilia o indivíduo a perceber que a experiência da emoção pode ser aceita e tolerada, bem como mostra que as emoções fazem sentido. Exemplos de graus variados de crença (ou expectativa) na validação incluem: "Os outros compreendem e aceitam meus sentimentos", "Eu não quero que ninguém saiba dos meus sentimentos" e "Ninguém realmente se importa com os meus sentimentos".

## Aceitação

Alguns indivíduos se permitem ter seus sentimentos; eles gastam pouca energia tentando inibi-los. A aceitação é simplesmente a compreensão de que o que é, é. Ela permite ao indivíduo experimentar o mundo, incluindo as emoções como uma determinada parte da realidade. A "aceitação ideal" é sem julgamento, controle ou medo, e marca o ponto inicial a partir do qual o indivíduo pode ou não tomar uma atitude. Aceitação é algo como "deixe assim" ou "deixe estar". Exemplos de comentários que indicam graus variados de aceitação são: "Eu aceito meus sentimentos" e "Eu não quero admitir ter certos sentimentos – mas sei que os tenho".

## Culpa

Uma resposta comum às emoções negativas é culpar outras pessoas pelos seus sentimentos. Os indivíduos podem se sentir provocados, tratados de modo injusto, explorados, ignorados, abusados ou simplesmente mal compreendidos – mas em cada caso a "razão" por se sentirem como se sentem é que alguém os *fez ter esses sentimentos*. Itens que refletem culpa incluem: "Se as outras pessoas mudassem, eu me sentiria muito melhor" e "As outras pessoas fazem eu ter sentimentos desagradáveis".

## Entorpecimento

Alguns indivíduos têm dificuldade em experimentar emoções; com frequência alegam que se sentem entorpecidos, não sentem nada ou se sentem afastados da realidade. O modelo do esquema emocional vê o entorpecimento como uma consequência da esquiva emocional que inibe o processamento emocional da experiência. Sem acesso à experiência direta da emoção, esses sujeitos não conseguem aprender que as emoções podem ser toleradas, que elas não sobrecarregam ou incapacitam e que não duram para sempre. Pacientes que experimentam entorpecimento com frequência dizem coisas como: "Eu seguidamente me sinto entorpecido do ponto de vista emocional – como se não tivesse sentimentos".

## Ruminação

Os indivíduos às vezes ficam "presos" a uma emoção – fixando-se no fato de que estão tendo um sentimento desagradável, fazendo-se perguntas irrespondíveis (p. ex., "O que há de errado comigo?") e focando repetidamente em sua experiência negativa. A ruminação pode ser vista como um estilo de enfrentamento problemático de pensamentos e emoções indesejados. As pessoas que ruminam em geral acreditam que não conseguem se desprender de uma emoção ou pensamento, que têm de resolver as coisas e que não conseguem aceitar que um pensamento é simplesmente um pensamento e uma emoção é temporária (Wells, 1995). O modelo do esquema emocional defende que a ruminação é uma estratégia de enfrentamento problemática de uma emoção desagradável ou indesejada, já que leva um indivíduo a ficar preso a uma experiência emocional ou lembrança, evocando mais negatividade da emoção e afastando-o do funcionamento produtivo. Exemplos de comentários de pacientes ruminativos incluem: "Quando me sinto deprimido, sento sozinho e penso muito sobre o quanto me sinto mal", "Eu frequentemente digo a mim mesmo: 'O que há de errado comigo?'" e "Eu me foco muito nos meus sentimentos ou em minhas sensações físicas".

## As dimensões em relação a outros modelos cognitivo-comportamentais

Muitas das dimensões anteriormente citadas são relevantes para o interesse de outros modelos terapêuticos. Por exemplo, a ênfase excessiva na racionalidade e lógica – ou "antiemocionalidade" – é vista como problemática pelos modelos de catarse e focados na emoção, mas não tem uma implicação clara para um modelo cognitivo. O modelo focado na emoção sugere que a racionalidade excessiva pode inibir a expressão, validação, aceitação e autocompreensão decorrentes da permissão de experiências emocionais. O modelo TAC (Hayes et al., 2012) encara a ênfase na racionalidade como uma forma de esquiva experiencial – colocando o idioma e a lógica como barreiras para a riqueza e o significado da experiência direta. A capacidade de entender que o indivíduo pode ter sentimentos conflitantes e complicados é um sinal de funcionamento egoico de nível superior, diferenciação cognitiva e complexidade cognitiva no modelo de desenvolvimento do ego (Loevinger, 1976), e também faz parte da dialética do pensamento, que é um componente central da TCD (Linehan, 1993, 2015). Do mesmo modo, a TAC propôs que a clarificação dos valores de um indivíduo é um componente essencial na terapia, especialmente porque a ação valorizada pode proporcionar motivação e justificação para experiências emocionais difíceis. A ênfase está em uma vida com propósito ou uma vida que valha a pena ser vivida – uma visão que foi desenvolvida também na TCD.

A ênfase na expressão da emoção possui uma longa história, remontando à catarse do modelo desenvolvido por Freud. No entanto, os indivíduos diferem consideravelmente a esse respeito. Um modelo cognitivo não enfatiza a expressão *per se* como um fator na redução da depressão ou ansiedade, enquanto os modelos de catarse e focados na emoção destacam a importância da expressão na redução do afeto negativo e, no caso da teoria focada na emoção, aumentando a compreensão e a aceitação. Pennebaker e colaboradores argumentaram que a escrita expressiva pode ter efeitos positivos significativos na emoção e bem-estar (p. ex., Pennebaker & Chung, 2011). A teoria interpessoal de Joiner sugere que estilos problemáticos de expressão podem alienar outras pessoas, especialmente a expressão de afeto negativo seguida pela rejeição de conselhos (p. ex., Joiner, Brown, & Kistner, 2006).

A TAC enfatiza o papel da aceitação e da flexibilidade psicológica numa ampla gama de psicopatologias (Blackledge & Hayes, 2001; Hayes, 2002, 2004; Hayes et al., 2005, 2012) e a TCD propõe que, em muitos casos, a aceitação radical é o ponto de partida para a mudança efetiva (Linehan, 1993, 2015). Pesquisas sobre o choro indicam que pessoas que tentam inibi-lo experimentam estresse (Labott & Teleha, 1996). Do mesmo modo, achados de pesquisa sobre os efeitos paradoxais da supressão do pensamento – ou seja, tentativas de suprimir pensamentos e sentimentos indesejados levam a um aumento posterior nessas experiências – sugerem que a aceitação dos sentimentos deve reduzir a depressão e a ansiedade (Purdon & Clark, 1994; Wegner & Zanakos, 1994). Teorias focadas na emoção e na catarse também predizem que a aceitação dos sentimentos leva à resolução mais rápida da depressão e de ansiedade.

O modelo do esquema emocional vê a culpa como um estilo problemático de enfrentamento da emoção negativa, já que toma a responsabilidade da emoção e a desloca para outra pessoa, sobre quem o indivíduo não tem controle. Assim, culpar os outros por uma emoção seria visto como se tornar impotente para lidar com ela. Além disso, culpar alguém pela emoção pode facilmente conduzir a outros esquemas negativos, como ruminação, ver as próprias emoções como tendo uma longa duração e não se sentir compreendido ou validado pelos outros. O modelo focado na emoção não sugere que culpar os outros será um antídoto útil para depressão ou ansiedade, mas o modelo da catarse vê a culpa como um deslocamento ou projeção de sentimentos negativos sobre si, levando, assim, à predição de uma relação inversa entre depressão ou ansiedade e culpa. Os modelos cognitivos não endossam o modelo da catarse; ao contrário, segundo essa perspectiva, poderíamos argumentar que culpar os outros é uma forma de foco no "julgamento" (em que os julgamentos negativos podem ser aplicados tanto a si mesmo quanto aos outros).

Entorpecimento pode ser a experiência extrema da falta de aceitação ou "esquiva experiencial" da emoção (Hayes et al., 2012). Um estilo de enfrentamento repressivo, às vezes caracterizado por alexitimia, foi relacionado à disforia, transtornos alimentares e somatização (Taylor, Bagby, & Parker, 1991; Weinberger, 1995). A abordagem da terapia focada na emoção destaca a importância de evocar emoções para acessar os significados, as necessidades e as estratégias de enfrentamento problemáticas de um indivíduo (Greenberg & Watson, 2005). A TCD também reconhece que o entorpecimento emocional é o oposto da aceitação radical e é frequentemente outra forma de esquiva problemática. Modelos comportamentais de medo e ansiedade defendem que a ativação do "esquema do medo" é um componente essencial da modificação do medo (p. ex., Foa & Kozak, 1986).

Nolen-Hoeksema (2000) e Papageorgiou e Wells (2001a) demonstraram que a ruminação está relacionada a maior depressão e ansiedade, com os indivíduos que a apresentam frequentemente acreditando que sua ruminação os prepara para o pior e os ajuda a encontrar uma solução para seus problemas. A TAC encara a ruminação como uma forma de inflexibilidade e esquiva experiencial que leva os indivíduos a ficar "com a cabeça martelando" (Hayes et al., 2004, 2012; Hayes, Wilson, Gifford, Follette, & Strosahl, 1996).

Conforme observado anteriormente e na elaboração do modelo mais adiante, a proposta do esquema emocional aborda muitas das questões que foram elementos-chave de outras teorias. Por exemplo, a esquiva experiencial ou emocional é uma característica da TAC; os valores também são um componente importante da TAC; validação é um elemento importante da TCD; e a consciência metacognitiva da preocupação possui semelhança com as crenças sobre a natureza da emoção. Entretanto, o modelo do esquema emocional difere daqueles anteriormente citados na medida em que tem um viés sociocognitivo sobre a teoria da emoção e regulação emocional de um indivíduo. Ou seja, o modelo procura descrever o conteúdo do pensamento, as crenças e os pressupostos, os esquemas e modos que caracterizam a interpretação da emoção e crenças de uma pessoa sobre a sua regulação. De fato, o modelo do esquema emocional tem alguma semelhança com aquele do esquema geral que Beck e seus colegas desenvolveram, mas, nesse modelo proposto, os esquemas são sobre a natureza da emoção. Além disso, o modelo do esquema emocional pode traçar suas origens até a proposta dos processos sociocognitivos descritos por Heider (1958) em sua teoria de como os indivíduos explicam fenômenos mentais e interpessoais. Como tal, o modelo do esquema emocional pode ser visto como um modelo *sociocognitivo* da experiência emocional.

## PESQUISA SOBRE ESQUEMAS EMOCIONAIS

Existe apoio empírico para o modelo do esquema emocional e sua relação com a ansiedade, depressão e outras formas de psicopatologia. Das 14 dimensões do esquema emocional, 12 estão significativamente correlacionadas ao Inventário de Depressão de Beck-II (BDI-II) e ao Inventário de Ansiedade de Beck (BAI) (Leahy, 2002). Em um estudo separado, uma análise de regressão múltipla em etapas indicou que culpa/vergonha, ruminação, controle e invalidação eram os melhores preditores de depressão no BDI-II (Leahy, Tirch, & Melwani, 2012). Em outro estudo da relação entre ansiedade, flexibilidade psicológica e esquemas emocionais, a análise de regressão múltipla indicou que a ansiedade era mais bem prevista por crenças sobre autocontrole, flexibilidade psicológica e duração (Tirch, Leahy, Silberstein, & Melwani, 2012).

A teoria metacognitiva propõe que a preocupação é ativada e mantida pela "síndrome atencional cognitiva", caracterizada pelo monitoramento da ameaça e estratégias de controle mental problemáticas (Wells, 2005a, 2005b, 2005c, 2009). Os indivíduos preocupados acreditam que a preocupação os prepara e impede resultados negativos, que deve haver um foco contínuo no conteúdo mental (consciência cognitiva), bem como que a preocupação está fora de controle e deve ser suprimida. Assim, estão presos a um dilema de crenças positivas e negativas acerca da preocupação. Um modelo alternativo da preocupação é a teoria de esquiva da emoção de Borkovec e colegas, em que a preocupação como uma estratégia cognitiva suprime temporariamente ou evita a experiência da excitação ansiosa (Borkovec, 1994; Borkovec, Alcaine, & Behar, 2004; Borkovec, Lyonfields, Wiser, & Deihl, 1993). O modelo do esquema emocional fornece uma ponte entre os modelos metacognitivo e de esquiva da emoção, propondo que crenças negativas sobre emoção possam resultar na ativação de estratégias metacognitivas de preocupação específicas. Em um estudo da relação entre uma medida derivada de crenças negativas sobre emoção (somando as dimensões da Escala dos Esquemas Emocionais de Leahy [LESS]), cada um dos fatores metacognitivos no Questionário Wells de Metacognições-30 (MCQ-30) estava significativamente correlacionado a crenças negativas sobre emoções, somando-se à validade do construto da LESS (Leahy, 2011b). Esses achados sobre a relação entre a LESS, MCQ-30 e depressão sugerem que fatores metacognitivos de preocupação podem ser parcialmente ativados devido a crenças negativas sobre emoção. O padrão dos preditores em uma regressão múltipla gradual sobre ansiedade (conforme medida pelo BAI) também refletem este modelo integrativo metaemoção-metacognição. Assim, os melhores preditores de ansiedade eram crenças sobre controle da emoção (LESS), incontrolabilidade e perigo da preocupação (MCQ-30), preocupação positiva (MCQ-30), autoconsciência cognitiva (MCQ-30), crenças de que as emoções são incompreensíveis (LESS), baixa expressão emocional (LESS) e crenças de que as emoções não são validadas (LESS).

Em um estudo da satisfação em relacionamentos íntimos, foi desenvolvido um questionário de 14 itens para avaliar como um participante vê a resposta do seu parceiro às suas emoções (Escala do Esquema Emocional no Relacionamento ou RESS; Leahy, 2010b). Em outras palavras, a medida avalia a percepção de um indivíduo das crenças emocionais de seu parceiro. Cada um dos 14 escores da RESS estava significativamente correlacionado à satisfação conjugal (conforme medido pela Escala de Ajustamento Diádico ou DAS) (Leahy, 2012a). Outra vez, a análise de regressão múltipla refletiu achados intrigantes, em especial sobre a importância da validação. A ordem gradual dos preditores da LESS de satisfação conjugal na DAS era a seguinte: validação mais alta, menos culpa, valores mais altos, visão menos simplista da emoção, compreensibilidade mais alta e maior aceitação dos sentimentos (Leahy, 2011a). Esses dados sugerem que a validação pode modificar outros esquemas emocionais, auxiliando, assim, na regulação emocional. Isso pode ocorrer porque os pacientes que são sobrecarregados emocionalmente procuram validação.

O maior apoio para a importância da validação está refletido nos dados dos preditores graduais da LESS na escala para dependência de álcool no Inventário Multiaxial Clínico de Millon-III (MCMI-III). Os melhores preditores da LESS de dependência de álcool no MCMI-III eram validação, valores, visão simplista da emoção, culpa, consenso e entorpecimento (Leahy, 2010a). Esses achados sugerem que indivíduos com história de dependência de álcool acreditam que suas emoções não são validadas, não estão relacionadas aos seus valores, têm dificuldade de tolerar sentimentos contraditórios, culpam os outros e acreditam sentir-se de modo diferente, bem como, frequentemente, experimentam entorpecimento emocional. Talvez tais indivíduos possam encontrar validação, relação com valores, diferenciação das emoções complexas, culpa reduzida e consenso a partir de reuniões de grupos como os Alcoólicos Anônimos.

Um exame dos preditores de escores mais elevados na dimensão da personalidade *borderline* no MCMI-III revelou os seguintes preditores: compreensibilidade, ruminação, validação, entorpecimento, culpa, visão simplista da emoção, controle, valores e racionalidade (mais baixa). Assim, os indivíduos com escore mais elevado em personalidade *borderline* achavam que suas emoções não faziam sentido; eles ruminavam; experimentavam menos validação; se sentiam entorpecidos; culpavam os outros por seus sentimentos; tinham dificuldade em tolerar sentimentos contraditórios; acreditavam que suas emoções estavam fora de controle; acreditavam que suas emoções não estavam relacionadas aos seus valores; e colocavam menos ênfase na racionalidade. Esses dados são em grande parte consistentes com o modelo TCD de transtorno da personalidade *borderline*, o que sugere que "mitos sobre emoção" constituem uma característica central do transtorno, que a invalidação é a vulnerabilidade central e que a desregulação da emoção é fundamental. Além disso, dados do esquema emocional oferecem descrições mais específicas desses "mitos".

Os esquemas emocionais estão diferencialmente relacionados a uma ampla gama de transtornos da personalidade. Pacientes adultos preencheram a LESS e as dimensões de transtorno da personalidade do MCMI-III (Leahy, 2011a). Os indivíduos com escore mais elevado em personalidade evitativa, dependente e *borderline* tinham visões negativas das suas emoções, enquanto aqueles com escore mais elevado em personalidade narcisista ou histriônica tiveram visões demasiadamente positivas das suas emoções. De modo surpreendente, os sujeitos com escore mais elevado em personalidade compulsiva tinham visões positivas de suas emoções. Esse último achado pode refletir a possibilidade de que indivíduos compulsivos não distinguem entre pensamentos e emoções nessa medida, acreditando que aquilo que pensam ou sentem faz sentido. Contraste esses resultados com os achados de regressão múltipla para pessoas com escore mais elevado em personalidade narcisista: culpa/vergonha mais baixa, expressão e ruminação e valores mais altos. Tais dados sugerem que os narcisistas têm menos culpa em relação a suas emoções, acreditam que podem expressar seus sentimentos, ruminam menos sobre como se sentem e acreditam que suas emoções estão relacionadas aos seus valores. Assim como podem idealizar suas próprias identidades, eles também parecem idealizar suas emoções.

## O PAPEL DOS ESQUEMAS EMOCIONAIS NA PSICOPATOLOGIA

A pesquisa descrita anteriormente indica que os esquemas emocionais estão correlacionados a uma ampla gama de psicopatologias – depressão, ansiedade, preocupação crônica, dependência de substância, disfunção no relacionamento e transtornos da personalidade. O modelo do esquema emocional propõe que, depois que uma emoção é despertada ou provocada, as interpretações, reações e estratégias de sua regulação determinam se ela será mantida, vai escalar ou diminuir. É claro que análises correlacionais não podem responder definitivamente a pergunta da direção causal, mas o grande número de achados significativos sugere que os esquemas emocionais são uma parte importante da experiência de processamento da emoção.

Certos esquemas emocionais parecem ser mais preditivos de determinados transtornos do que outros. Por exemplo, culpa/vergonha, ruminação, controle e validação eram os melhores preditores de depressão no BDI-II (Leahy, Tirch, & Melwani, 2012). Não causa surpresa que a culpa preveja depressão no BDI-II, já que o BDI-II contém inúmeros itens que refletem pensamento autocrítico e de arrependimento. Consistente com o trabalho de outros pesquisadores, a ruminação estava altamente correlacionada com depressão, uma vez que a ruminação é frequentemente uma estratégia de enfrentamento para depressão (Nolen-Hoeksema, 1991, 2000; Papageorgiou & Wells, 2004, 2009; Wells & Papageorgiou, 2004). Controle era um preditor importante de depressão, sugerindo que os indivíduos que se sentem impotentes acerca da modificação do seu humor negativo têm maior probabilidade de ser deprimidos. Isso é consistente com teorias da depressão que falam de impotência e desesperança, o que sugere que crenças sobre a eficácia na produção de resultados desejáveis e a esquiva de resultados negativos são determinantes significativos do início e da manutenção da depressão (Abramson, Metalsky, & Alloy, 1989; Alloy et al, 1988; Panzarella, Alloy, & Whitehouse, 2006). No estudo de Leahy, Tirch e Melwani (2012), crenças negativas sobre o controle das emoções estavam altamente correlacionadas à aversão ao risco e à flexibilidade psicológica, sugerindo que os indivíduos têm menos probabilidade de arriscar uma mudança se acreditam que suas emoções não podem ser reguladas, e menos probabilidade de responder flexivelmente em diferentes contextos se acreditam que não podem controlar seus sentimentos.

O achado de que a validação é um preditor importante de depressão apoia a visão de que essa doença abrange um componente interpessoal de falta de apoio e conectividade. Isso está de acordo com várias teorias da depressão, incluindo a teoria subjacente à psicoterapia interpessoal (Klerman, Weissman, Rousaville, & Chevron, 1984), teoria interpessoal da depressão de Joiner (Joiner et al., 2006; Joiner, Van Orden, Witte, & Rudd, 2009), teoria do apego (Bowlby, 1969, 1973, 1980), teoria da mentalização (Bateman & Fonagy, 2006; Fonagy & Target, 2006), teoria das relações objetais (Rogers, 1951; Rogers & Associação Americana de Psicologia, 1985) e TCD (Linehan, 1993, 2015). Mas como funciona a validação? Os escores de validação na LESS estavam significativamente correlacionados a escores em cada um dos outros 13 esquemas emocionais, exceto racionalidade (Leahy, estudo não publicado, 2013). Uma análise de regressão múltipla gradual indicou que os melhores preditores de invalidação eram culpa, maior duração e menor compreensibilidade. Assim, os pacientes que se sentiam validados tinham menos probabilidade de acusar os outros, acreditavam que suas emoções não durariam indefinidamente e que elas faziam sentido. É instrutivo que a validação seja um esquema emocional central, relacionado a quase todos os outros esquemas, e tão altamente preditivo de depressão, culpa, duração e compreensibilidade. Nos capítulos seguintes, enfatizo a importância da validação e autoinvalidação na prática da terapia focada no esquema emocional.

Do mesmo modo, as múltiplas regressões dos esquemas emocionais para ansiedade (no BAI) também indicaram que controle, flexibilidade psicológica e crenças sobre a duração eram os melhores preditores de ansiedade (Tirch et al., 2012). A ansiedade é frequentemente experimentada como um desvendar ou perda do controle sobre o perigo de uma situação, ou sobre o perigo das emoções que o indivíduo experimenta (Barlow, 2002; D.M. Clark, 1999; Hayes, 2002; Heimberg, Turk, & Mennin, 2004; Hofmann, Alpers, & Pauli, 2009; Mennin, Heimberg, Turk, & Fresco, 2002; Rapee & Heimberg, 1997; Wells, 2009; Wells & Papageorgiou, 2001). Por exemplo, o transtorno de pânico reflete uma crença de que a experiência de ansiedade do indivíduo irá se revelar, levar à insanidade ou ao perigo médico; o transtorno de ansiedade social (anteriormente fobia social) reflete a crença de que o sujeito vai perder o controle das sensações ansiosas e será humilhado; e TEPT (que era classificado como um transtorno de ansiedade até recentemente) reflete a crença de que um perigo incontrolável está acontecendo no momento. Além do mais, crenças de que o controle é necessário, já que a perda do controle conduzirá à catástrofe maior, estão subjacentes ao paradoxo da maioria dos transtornos de ansiedade: que a pessoa precisa estar no controle das sensações e emoções, que ela não consegue controlá-las e que, portanto, é necessário maior controle. Os indivíduos ficam mais ansiosos porque acreditam que a perda do controle é necessariamente perigosa. Na verdade, abordagens conscientes e de aceitação se direcionam para essas preocupações, fazendo os pacientes abandonar as tentativas de controle de pensamentos ansiosos, sensações e emoções, e, em vez disso, assumir uma postura não julgadora e observadora em relação a essas experiências fenomenológicas (Hayes et al., 2006, 2012; Roemer & Orsillo, 2009).

Dadas as contribuições multifacetadas das crenças negativas sobre as emoções e os esquemas emocionais específicos para a apresentação de uma gama de problemas psicológicos, o objetivo da terapia focada no esquema emocional é avaliar as teorias idiossincráticas que os pacientes têm das próprias emoções e das alheias, bem como examinar como possíveis modificações dessas "teorias ingênuas" podem afetar o funcionamento. A terapia focada no esquema emocional utiliza uma ampla gama de técnicas e conceitualizações para abordar avaliações negativas que os pacientes têm da emoção e das estratégias de regulação problemáticas (p. ex., esquiva, supressão, abuso de substância, entorpecimento, escalada, retaliação raivosa).

## RESUMO

O modelo do esquema emocional é um modelo cognitivo da avaliação das emoções no *self* e nos outros. Nele, os "esquemas" representam interpretações, avaliações, atribuições e outras avaliações cognitivas da emoção, bem como estratégias de regulação emocional que podem se revelar funcionais ou disfuncionais. Ele reflete múltiplas influências: a teoria cognitiva de Beck, a teoria metacognitiva de Well, a teoria focada na emoção de Greenberg, os modelos de consciência, o modelo de Gottman, TAC e TCD. Contudo, diferentemente dessas propostas, o modelo do esquema emocional tem um viés *sociocognitivo* das avaliações da emoção (em vez de pensamentos ou comportamentos). Trata-se de um modelo da teoria da emoção que caracteriza como os indivíduos respondem quando eles (ou os outros) experimentam ou expressam emoção. Os terapeutas focados no esquema emocional avaliam os esquemas emocionais dos pacientes usando a LESS ou sua sucessora, a LESS II (veja o Cap. 4). Cada escala consiste em 14 dimensões que refletem crenças sobre duração, controle, compreensibilidade, consenso, culpa/vergonha e outras avaliações e interpretações. Pesquisas sobre os esquemas emocionais apoiam a visão de que essas crenças estão relacionadas a uma ampla gama de psicopatologias, incluindo depressão, ansiedade, abuso de substâncias, atrito no relacionamento e transtornos da personalidade.

# Parte II
# INICIANDO O TRATAMENTO

Capítulo 4

# AVALIAÇÃO INICIAL E ENTREVISTA

> Todo o conhecimento que possuo qualquer pessoa pode adquirir, mas meu coração é todo meu.
> – JOHANN WOLFGANG VON GOETHE

As primeiras sessões com um paciente podem fornecer ao terapeuta informações significativas sobre as emoções específicas que estão perturbando o cliente; suas crenças acerca dessas emoções; a história de como as emoções foram manejadas na família de origem; as formas como as relações atuais do indivíduo com as pessoas funcionam emocionalmente; as estratégias problemáticas para lidar com a emoção; e as tentativas passadas de enfrentar emoções perturbadoras. Além dessas informações, o terapeuta deve observar como os tópicos emocionais são discutidos; como são a entonação e a natureza não verbal dessa expressão; como o paciente pode mudar de um tópico emocional para um tópico não relacionado; e se (e, em caso positivo, como) ele tenta suprimir a emoção ou, ao contrário, esta escala depois que é ativada. Às vezes, crenças implícitas sobre emoção estão refletidas no que o paciente procura na terapia: "Eu quero parar de me sentir triste", "Eu não suporto como a minha esposa me trata" ou "Eu entendo que esta terapia é de curta duração". Objetivos emocionais que refletem crenças sobre a emoção e "sentir-se bem" podem ser desejáveis, mas também mascarar intolerância à experiência emocional. Como ocorre com qualquer avaliação psicológica ou psiquiátrica, o terapeuta estará interessado em determinar a natureza do diagnóstico psiquiátrico (atualmente e no passado) e vai avaliar estilos e vieses cognitivos, déficits e excessos comportamentais, perdas e conflitos interpessoais, pontos fortes e habilidades sociais e motivação para mudança (Morrison, 2014).

A terapia focada no esquema emocional inicia na primeira sessão, ou, no caso de pacientes que preenchem formulários antes de entrar em terapia, nas avaliações iniciais com formulários de autorrelato. No American Institute for Cognitive Therapy, solicitamos que o paciente preencha um pacote abrangente de autorrelato que inclui informações gerais (p. ex., história de terapia, história de uso de substância, medicações atuais e passadas, queixas atuais), além de uma ampla variedade de questionários de autorrelato. Os pacientes preenchem os seguintes formulários:

1. Escala de Depressão de Beck II (BDI-II; Beck, Steer, & Brown, 1996)
2. Escala de Ansiedade de Beck (BAI; Beck & Steer, 1993)
3. Escala de Esquemas Emocionais de Leahy II (LESS II; Leahy, 2012b)
4. Escala de Afeto Positivo e Afeto Negativo (PANAS; Watson, Clark, & Tellegen, 1988)
5. Questionário de Metacognições 30 (MCQ-30; Welles & Cartwright-Hatton, 2004)
6. Questionário sobre Estratégias de Regulação Emocional (ERSQ; Aldao & Nolen-Hoeksema, 2012a)
7. Questionário de Aceitação e Ação-II (AAQ-II; Bond et al., 2011)
8. Escala de Ajustamento Diádico (DAS; Spanier, 1976)
9. Escala de Esquemas Emocionais no Relacionamento (RESS; Leahy, 2010b)
10. Medida de Estilos Parentais (MOPS; Parker et al., 1997)
11. Experiências em Relações de Proximidade – Revisado (ECR-R; Fraley, Waller, & Brennan, 2000)
12. Escala de Autocomparação – Forma Curta (SCS-SF; Raes, Pommier, Neff, & Van Gucht, 2011)
13. Inventário Clínico Multiaxial de Millon-II (MCMI-III; Millon, Millon, Davis, & Grossman, 1994)

A bateria de formulários de autorrelato é enviada por *e-mail* ao paciente antes do primeiro encontro, de modo que o clínico possa ter acesso a uma ampla variedade de informações acerca dos doenças psiquiátricas (incluindo transtornos da personalidade), gravidade dos sintomas, satisfação nos relacionamentos, estratégias de regulação emocional, fatores metacognitivos na preocupação, temas de apego, experiências de socialização, flexibilidade psicológica e outras questões. De particular interesse na terapia focada no sistema emocional são as estratégias problemáticas de regulação emocional, a conceitualização de emoção do paciente, a história de socialização emocional e os efeitos desses processos no bem-estar psicológico. Neste capítulo, examino primeiramente o conteúdo específico da maioria desses formulários de autorrelato e, depois, descrevo os objetivos de uma entrevista sobre o esquema emocional durante a avaliação inicial. Finalmente, as informações obtidas por meio da entrevista são associadas ao estabelecimento de objetivos na terapia e ao desenvolvimento de uma conceituação de caso que pode orientar o tratamento.

## AVALIAÇÃO COM AUTORRELATO

Inicialmente, é aplicada a LESS II – um questionário com 28 itens que mede 14 dimensões dos esquemas emocionais –, a qual avalia como o paciente pensa e responde quando se sente "pra baixo". Contudo, podem ser aplicados outros questionários baseados na LESS II, dependendo da emoção de interesse. Por exemplo, a LESS-Anxiety e LESS-Anger abrangem as mesmas dimensões que a LESS II, mas são focadas em como o paciente pensa e responde a essas emoções particulares (ansiedade e raiva). Alguns indivíduos podem ter esquemas problemáticos sobre tristeza ou ansiedade, mas acreditar que sua raiva é justificada, compreensível e que eles estão no controle. Mesmo que isso possa ser interpretado como um sinal de que não têm uma visão problemática da raiva, é de interesse do clínico avaliar se a visão positiva que esse paciente tem da sua emoção é disfuncional para relações interpessoais. Isso não é incomum com pessoas cuja raiva interferiu nas relações ou no trabalho; seus esquemas emocionais podem ser excessivamente positivos. Conforme indicado no Capítulo 3, nossa pesquisa demonstra que indivíduos com escore mais elevado em traços narcisistas e histriônicos possuem visões especialmente positivas das suas emoções. As 14 dimensões da LESS II são apresentadas na Figura 4.1 (note que algumas delas são, na verdade, versões invertidas das dimensões, conforme descrito no Cap. 3).

Examinemos mais detalhadamente cada dimensão da LESS II. A primeira delas, Invalidação, se refere à crença do indivíduo de que os outros não o compreendem ou não se importam com suas emoções. Esse é um componente central da TCD e um fator importante em como as pessoas aprendem que suas emoções importam, têm sentido e são valorizadas pelos outros. A segunda dimensão, Incompreensibilidade, se refere à ideia de que as emoções fazem sentido – que elas não são caóticas ou desprovidas de significado, tampouco surgem do nada. De fato, uma característica central do modelo do esquema emocional é a psicoeducação do paciente, que o ajuda a entender seu pânico, sua depressão, sua ansiedade social ou outros problemas. A terceira dimensão, Culpa e Vergonha, se refere à crença do indivíduo de que não deve ter as emoções que está tendo – que elas são um reflexo de uma falha de caráter, fraqueza ou qualidades pessoais indesejáveis. Por exemplo, um sujeito pode se tornar autocrítico por estar ansioso ou deprimido, o que só exacerba o problema. A quarta dimensão é a Visão Simplista da Emoção, que se refere à intolerância de sentimentos contraditórios ou de ambivalência emocional. A quinta, Desvalor, reflete a crença de que as emoções não estão relacionadas aos valores pessoais. Por exemplo, um homem que alega sentir-se triste porque sente saudade da sua parceira pode não aceitar a emoção de tristeza como um componente necessário da valorização da intimidade e do compromisso. É possível que se possa tolerar e aceitar emoções difíceis se elas fizerem parte de uma vida valorizada.

A sexta dimensão da LESS II, Perda do Controle, se refere à crença do indivíduo de que suas emoções precisam ser controladas – em alguns casos, suprimidas – e que permitir-se ficar ansioso ou triste levará ao transbordamento da emoção. A sétima dimensão é Entorpecimento, que se refere à crença do indivíduo de que não se deve vivenciar emoções intensas ou fortes e que sua experiência emocional carece de força ou impacto. A oitava dimensão, Excessiva-

Nota: **R = Escore invertido** (1 = 6; 2 = 5; 3 = 4; 4 = 3; 5 = 2; 6 = 1)

**Invalidação** = (item 06R + Item 12) / 2
  Item 6. Os outros entendem e aceitam meus sentimentos. **(Escore invertido)**
  Item 12. Ninguém se importa realmente com meus sentimentos.

**Incompreensibilidade** = (Item 03 + Item 07) / 2
  Item 3. Existem coisas sobre mim que eu não entendo.
  Item 7. Meus sentimentos não fazem sentido para mim.

**Culpa** = (Item 02 + Item 10) / 2
  Item 2. Alguns sentimentos são errados de se ter.
  Item 10. Eu sinto vergonha dos meus sentimentos.

**Visão Simplista da Emoção** = (Item 23 + Item 28) / 2
  Item 23. Eu gosto de ser absolutamente determinado sobre a forma como me sinto sobre outras pessoas.
  Item 28. Eu gosto de ser absolutamente determinado sobre a forma como me sinto sobre mim mesmo.

**Desvalorizado** = (Item 14R + Item 26R) / 2
  Item 14. Quando me sinto deprimido, tento pensar nas coisas mais importantes da vida – o que eu valorizo. **(Escore invertido)**
  Item 26. Existem valores mais elevados que eu aspiro. **(Escore invertido)**

**Perda do Controle** = (Item 05 + Item 17) / 2
  Item 5. Se eu me permitir algum destes sentimentos, tenho medo de perder o controle.
  Item 17. Eu me preocupo se conseguirei controlar meus sentimentos.

**Entorpecimento** = (Item 11 + Item 20) / 2
  Item 11. Coisas que incomodam outras pessoas não me incomodam.
  Item 20. Frequentemente me sinto "entorpecido" emocionalmente – como se eu não tivesse sentimentos.

**Excessivamente Racional** = (Item 13 + Item 27) / 2
  Item 13. É importante para mim ser racional e prático em vez de sensível e aberto aos meus sentimentos.
  Item 27. Acho importante ser racional e lógico em quase tudo.

**Duração** = (Item 09 + Item 19R) / 2
  Item 9. Às vezes temo que se eu me permitir ter um sentimento forte, ele não vai desaparecer.
  Item 19. Sentimentos fortes duram apenas um curto período de tempo. **(Escore invertido)**

**Baixo Consenso** = (Item 01 + Item 25R) / 2
  Item 1. Frequentemente acho que reajo com sentimentos que outras pessoas não teriam.
  Item 25. Acho que eu tenho os mesmos sentimentos que as outras pessoas têm.

**Não Aceitação dos Sentimentos** = (Item 24R + Item 18) / 2
  Item 24. Eu aceito meus sentimentos. **(Escore invertido)**
  Item 18. Você tem que se proteger de certos sentimentos.

**Ruminação** = (Item 22 + Item 16) / 2
  Item 22. Quando me sinto deprimido, eu fico sozinho e penso muito sobre o quanto me sinto mal.
  Item 16. Frequentemente eu me pergunto: "O que há de errado comigo?"

**Baixa Expressão** = (Item 04R + Item 15R) / 2
  Item 4. Acho importante me permitir chorar para deixar meus sentimentos "saírem". **(Escore invertido)**
  Item 15. Acho que consigo expressar meus sentimentos abertamente. **(Escore invertido)**

**Culpa** = (Item 08 + Item 21) / 2
  Item 8. Se as outras pessoas mudassem, eu me sentiria muito melhor.
  Item 21. As outras pessoas fazem com que eu tenha sentimentos desagradáveis.

**FIGURA 4.1** Catorze dimensões da Escala de Esquemas Emocionais de Leahy II (LESS II). De Leahy (2012a). Copyright 2012, Robert L. Leahy. Todos os direitos reservados. (Reprodução proibida.)

mente Racional, reflete a crença do paciente de que ele deve ser racional, não emocional, e que a emocionalidade é algo a ser evitado e substituído pelo pensamento racional ou lógico. A nona dimensão, Duração, refere-se à crença do indivíduo de que suas emoções vão durar indefinidamente e persistirão de uma forma que poderá não ser tolerável. Por exemplo, uma mulher que se sente triste pode acreditar que sua tristeza vai continuar por um longo período de tempo ou talvez para sempre, e isso pode se somar aos seus sentimentos de desesperança.

A 10ª dimensão da LESS II, Baixo Consenso, reflete a crença do indivíduo de que as outras pessoas não compartilham suas emoções, ou que existe algo de único ou diferente nas suas vivências emocionais; em consequência, pode se sentir sozinho no mundo e errado por ter tais experiências. A 11ª dimensão é Ruminação, que reflete a crença do indivíduo de que ele deve se apegar às crenças negativas e focar no seu significado ou falta de significado, frequentemente de forma repetitiva e interminável. Por exemplo, uma pessoa que se sente triste foca na experiência de tristeza perguntando "O que há de errado comigo?" ou "Por que isso está acontecendo?" de forma repetitiva, sem que nenhuma resposta pareça suficiente. A Não Aceitação dos Sentimentos é a 12ª dimensão, que reflete a crença do paciente de que não pode permitir que emoções de certos tipos sejam experimentadas e que estas precisam ser evitadas ou eliminadas. A 13ª dimensão, Baixa Expressão, reflete a crença do indivíduo de que não pode expressar emoções abertamente, como falar sobre elas, compartilhá-las ou exibi-las não verbalmente (p. ex., chorando). Essa dimensão é diferente daquela referente à Invalidação, que diz respeito à crença de que os outros não entendem e não se preocupam com a emoção: o sujeito é capaz de expressar emoção, mas se sente invalidado. A 14ª dimensão é Culpa, ou a crença do indivíduo de que as emoções que está tendo se devem à ação ou inação de outras pessoas. Por exemplo, um homem pode dizer que sua raiva se deve ao comportamento da sua esposa, em vez de refletir que essa emoção também pode ser parcialmente devida à forma como ele vê as coisas.

Além disso, utilizamos o formulário de autorrelato que avalia como o indivíduo encara a resposta do seu parceiro às suas emoções – a RESS, que tem o subtítulo de "Como Meu Parceiro Lida Com as Minhas Emoções", para uso do paciente. A RESS é apresentada na Figura 4.2.

O terapeuta também pode utilizar outras escalas de esquema emocional para se "adequar" à preocupação emocional central do paciente. Por exemplo, a LESS II pode ser modificada para avaliar esquemas sobre solidão, inveja, ciúme, desesperança e qualquer outra emoção. O profissional também pode avaliar esquemas emocionais sobre impulsos, como o comer compulsivo, purgação, verificação ou outro comportamento compulsivo. Embora não existam normas para a população geral, escores mais elevados na LESS original estão relacionados a depressão, ansiedade, dependência de substância e transtornos da personalidade. As outras 11 formas de autorrelato que usamos foram listadas anteriormente, e as descrições da maioria dessas escalas podem ser encontradas no Apêndice 4.1.

## COMO MEU PARCEIRO LIDA COM AS MINHAS EMOÇÕES

Estamos interessados em como você pensa que o seu parceiro responde quando você tem emoções penosas e difíceis. Use a escala a seguir e coloque ao lado da afirmação o número que melhor descreve como você vê a resposta do seu parceiro às suas emoções. Preencha este questionário somente se você tiver um parceiro.

| 1 = Totalmente falso | 2 = Um pouco falso | 3 = Ligeiramente falso |
|---|---|---|
| 4 = Ligeiramente verdadeiro | 5 = Um pouco verdadeiro | 6 = Totalmente verdadeiro |

1. Compreensibilidade — Meu parceiro me ajuda a entender minhas emoções. \_\_\_\_\_
2. Validação — Meu parceiro me ajuda a me sentir compreendido e cuidado quando falo sobre meus sentimentos. \_\_\_\_\_
3. Culpa/Vergonha — Meu parceiro me critica e tenta fazer com que eu me sinta envergonhado e culpado sobre como me sinto. \_\_\_\_\_
4. Diferenciação — Meu parceiro me ajuda a entender que não tem problema que eu tenha sentimentos contraditórios. \_\_\_\_\_
5. Valores — Meu parceiro relaciona meus sentimentos penosos a valores importantes. \_\_\_\_\_
6. Controle — Meu parceiro acha que eu estou sem controle dos meus sentimentos. \_\_\_\_\_
7. Entorpecimento — Meu parceiro parece estar entorpecido e indiferente quando eu falo sobre meus sentimentos. \_\_\_\_\_
8. Racionalidade — Meu parceiro acha que eu sou irracional boa parte do tempo. \_\_\_\_\_
9. Duração — Meu parceiro acha que meus sentimentos penosos continuam indefinidamente. \_\_\_\_\_
10. Consenso — Meu parceiro me ajuda a perceber que muitas pessoas também se sentem como eu. \_\_\_\_\_
11. Aceitação — Meu parceiro aceita e tolera meus sentimentos penosos e não tenta me forçar a mudar. \_\_\_\_\_
12. Ruminação — Meu parceiro parece pensar repetidamente e parece se deter em por que eu me sinto da forma como sinto. \_\_\_\_\_
13. Expressão — Meu parceiro me encoraja a expressar meus sentimentos e a falar sobre como me sinto. \_\_\_\_\_
14. Culpa — Meu parceiro me culpa por me sentir tão perturbado. \_\_\_\_\_

Agora examine estas 14 afirmações e responda às seguintes perguntas:
Quais são as três piores formas como seu parceiro responde a você? \_\_\_\_ \_\_\_\_ \_\_\_\_
Quais são as três melhores respostas que seu parceiro lhe dá? \_\_\_\_ \_\_\_\_ \_\_\_\_

**FIGURA 4.2** Escala de Esquemas Emocionais no Relacionamento (RESS). Copyright 2010, Robert L. Leahy. Todos os direitos reservados. (Reprodução proibida.)

Obviamente, os clínicos podem decidir usar somente alguns (ou nenhum) desses formulários, porém, nossa experiência é que essa avaliação inicial abrangente fornece ao paciente e ao clínico informações significativas relevantes para desenvolver uma conceitualização de caso e plano de tratamento. Por exemplo, a LESS II fornece informações sobre crenças problemáticas específicas sobre as emoções, o ERSQ provê dados sobre as estratégias preferidas de regulação emocional; a PANAS indica o equilíbrio ou proporção das emoções positivas e negativas; o AAQ-II fornece informações sobre flexibilidade psicológica que pode estar relacionada a respostas de emoções problemáticas; o MCQ-3- fornece informações sobre crenças acerca de pensamentos intrusivos que serão diretamente relevantes para crenças sobre emoções problemáticas; a DAS indica quais áreas das relações íntimas primárias são problemáticas; a RESS identifica como o paciente pensa que seu parceiro íntimo responde à sua emoção; a MOPS fornece informações sobre experiências problemáticas com os pais durante a infância; o ECR-R, sobre ansiedade e esquiva nos relacionamentos íntimos; e o MCMI-III fornece uma ampla gama de escores normalizados para transtornos da personalidade e outras dimensões da psicopatologia. Com essa avaliação inicial abrangente, o clínico terá um excelente começo na compreensão de áreas problemáticas específicas, crenças sobre emoção, experiência de socialização e regulação emocional do paciente.

## ENTREVISTA INICIAL

A entrevista inicial pode durar duas ou mais sessões e, preferencialmente, o clínico terá acesso a todos os formulários de admissão. Junto com a avaliação da presença de transtornos do humor e de ansiedade, transtorno de uso de substância, transtornos da personalidade e outras categorias diagnósticas, o terapeuta focado no esquema emocional estará particularmente interessado nas emoções que mais preocupam o paciente, as formas como elas são expressas hoje na interação com o terapeuta, suas crenças sobre emoção, a história atual e passada de tentativas de regulação emocional, a natureza da socialização emocional durante a infância do paciente e as dimensões específicas dos esquemas emocionais que exibe.

### Preocupação emocional primária

Os pacientes frequentemente chegam à terapia focando em uma única emoção – ou apenas em algumas emoções. Por exemplo, uma mulher casada descreveu sua preocupação primária como sua ansiedade quanto à possibilidade de ter ataques de pânico, bem como seu temor de perda do controle e humilhação devido a esses ataques. No curso da sua entrevista inicial, ela descreveu seu marido em termos ideais – "perfeitamente compreensivo" e "maravilhoso". O diagnóstico inicial foi transtorno de pânico com agorafobia. No entanto, sessões posteriores revelaram uma quantidade considerável de raiva dirigida ao marido, a quem ela via como desdenhoso e indisponível. Assim, ela parecia querer projetar um relacionamento harmônico com seu marido, ao mesmo tempo criticando sua própria "fraqueza" por ter transtorno de pânico. Outro paciente, um homem casado, inicialmente se queixou de medo de ataques de pânico ao atravessar túneis. Ele descreveu apenas de modo breve seus conflitos com sua esposa e duas filhas. Uma investigação mais detalhada constatou que a emoção que mais o estava influenciando era sua raiva considerável – até mesmo desprezo – em relação a sua esposa e, secundariamente, a sua filha mais velha; ele acreditava que elas não lhe demonstravam respeito suficiente. A emoção atual pode, portanto, não ser o único aspecto importante para paciente e terapeuta abordarem. Quando a queixa atual e as questões de desregulação emocional subjacentes são incongruentes, como nos dois exemplos supracitados, o clínico estará interessado em por que certas emoções são vistas como de maior interesse do que outras. Por exemplo, pode ser menos egodistônico para um homem que tem dificuldade no controle da raiva focar na preocupação "ilegítima" da sua esposa sobre a emoção dele do que em suas ansiedades pela possibilidade de ser "humilhado" ou "controlado".

## Expressão da emoção

Os pacientes diferem em sua expressão da emoção nas sessões iniciais e posteriores. Alguns são abertamente expressivos (chorando, mostrando uma expressão triste, abaixando os olhos), enquanto outros podem se apresentar como brandos, indiferentes ou distantes. Em alguns casos, um paciente pode não exibir verbalmente emoções que são inconsistentes com o conteúdo do que está sendo dito. O terapeuta deve observar a entonação vocal, expressão facial, contato visual, postura corporal, hesitações ao falar, tentativas de evitar o choro ou mudar de assunto ao discutir tópicos difíceis, gesticulação com as mãos, movimentos corporais e outros sinais não verbais de emoção. O conteúdo do que está sendo dito é congruente com a expressão não verbal que está sendo observada?

Uma jovem contou ao terapeuta que o motivo de estar procurando terapia cognitivo-comportamental era sua dificuldade para dormir: "Se você puder me ensinar alguns truques, seria muito útil para mim". No entanto, sua história era de psicopatologia significativa, incluindo episódios de depressão maior, transtornos alimentares, automutilação, uma tentativa de suicídio, abuso de múltiplas substâncias (atual e passado), relações autodestrutivas com os homens e ansiedade generalizada. Enquanto descrevia sua história, tinha um sorriso inadequado no rosto, frequentemente brincando e minimizando o que estava dizendo (p. ex., "Aquilo foi engraçado na época"). Ocorreu o seguinte diálogo:

Terapeuta: Você está descrevendo algumas dificuldades e tragédias reais em sua vida, mas está falando como se tudo fosse uma piada – algo que não deveríamos levar a sério. Eu me pergunto por que você agiria assim – fazendo de conta que suas emoções e experiências são simplesmente uma brincadeira superficial.

Paciente: Eu não quero parecer uma chorona. Não quero fazer um bicho-de-sete-cabeças das coisas que aconteceram comigo. Tudo o que quero é alguns truques que me ajudem a dormir.

Terapeuta: Isto soa como se não devêssemos levar as suas emoções a sério. É assim que você se relaciona com as pessoas – como alguém que não deve ser levada a sério?
Paciente: Eu sou a garota da festa. Eu sou aquela que sobe no balcão do bar e dança. Eu sou aquela que faz as pessoas rirem.
Terapeuta: E se elas a levassem a sério e conhecessem você?
Paciente: Eu não deixo ninguém me conhecer.

Isto conduziu a uma discussão de como seus pais respondiam à sua emoção quando ela era mais moça.

Paciente: Eu me recordo de quando tinha 16 anos e estava viajando pela Europa, e meu namorado me disse que estava rompendo comigo. Quando voltei para casa, tentei uma *overdose*. Minha mãe me levou ao hospital e disse: "Isto deve ser por causa da mudança de fuso horário". Ela não achou que eu precisasse de terapia. Nós somos a família que aparenta estar bem; nós pertencemos ao *country club*. Não falamos de problemas.

Embora essa paciente tenha tentado enfrentar os problemas projetando uma imagem de uma pessoa superficial, a "garota da festa", seu sofrimento era vivido como incompreensível e incontrolável. Tendo sido marginalizada e invalidada por seus pais, ela recorreu à autoinvalidação e a tentativas de minimizar seus problemas. Além do mais, ter "emoções difíceis" era visto como "falha perante a família", levando-a a não confiar em si mesma – nem no terapeuta: "Eu não vou deixar você me ver chorar".

Outras expressões não verbais de emoção incluem a aparência geral e os movimentos do paciente. Por exemplo, o indivíduo está trajado de forma descuidada ou provocativa? Seus movimentos são lentos e calculados? Ele está agitado fisicamente (p. ex., gesticulando quando se sente emocional)? Mantém contato visual? Seu tom de voz é baixo, monótono, não emocional? O paciente sorri inadequadamente? Existem outros fatores não verbais? Especialmente relevante é se a expressão não verbal é congruente com o conteúdo daquilo que está sendo dito. O paciente está descrevendo eventos perturbadores ou mesmo traumáticos de forma monótona, sem emoção ou até mesmo com um sorriso incongruente? Como as emoções subjacentes à história e à experiência se expressam na apresentação do indivíduo?

## Crenças sobre emoção

O terapeuta focado no esquema emocional está particularmente interessado nas crenças do paciente sobre emoção. Estas incluem crenças sobre "boas" e "más" emoções; vergonha de que os outros conheçam suas emoções; crenças sobre a duração e necessidade de controle; tolerância a sentimentos contraditórios; crenças quanto à possibilidade de outras pessoas terem as mesmas emoções; e crenças sobre a necessidade de expressar emoções. Discuto em consideráveis detalhes cada uma dessas dimensões ao longo deste livro, mas, na entrevista inicial, o terapeuta pode começar a coletar informações sobre esses esquemas emocionais. A LESS II pode ajudar a identificar algumas dessas crenças, e o terapeuta pode usar seus resultados como base para investigação mais detalhada.

Terapeuta: Eu observei no questionário [LESS II] que você acha que outras pessoas não conseguiriam entender suas emoções. Quais emoções você acha que os outros não entenderiam?
Paciente: Bem, o fato de eu estar deprimida. Eu mesma não entendo. Afinal de contas, tenho uma ótima família, meu marido é muito apoiador; quais motivos eu tenho para estar deprimida? Devia estar feliz.
Terapeuta: Quando você fala sobre a sua depressão, o que seu marido diz?
Paciente: Diz que eu não tenho nenhum motivo para me sentir mal. Ele me diz que existem muitas pessoas que têm dificuldades reais e não estão deprimidas, que eu deveria me sentir agradecida.
Terapeuta: Isto soa como se ele dissesse que você não tem o direito de estar deprimida. Como você se sente quando ele diz isso?
Paciente: Isto me deixa ainda mais deprimida porque eu sinto – bem – não tenho direito a ter esses sentimentos, e penso que sou egoísta. E então me pergunto se estou falhando com ele por estar deprimida.
Terapeuta: Existem outros sentimentos que você tem quando ele diz isso?
Paciente: Acho que fico com raiva. Eu sei que não deveria. Ele só está tentando me ajudar.
Terapeuta: Então parece que você acha que a sua depressão e sua raiva não fazem sentido para você, que não tem o direito de ter esses sentimentos e que ninguém – incluindo você mesma – compreende isso. Portanto, deve ser difícil – ter sentimentos que não fazem sentido, que ninguém compreende, e você se sente culpada a respeito.
Paciente: É, é como um círculo vicioso.

Outro paciente indicou que a razão de estar procurando terapia era que sua esposa achava que ele tinha um "problema com a raiva". Ele reconhecia que às vezes perdia a paciência, mas tinha melhorado nas últimas semanas. Observou que sua esposa não prestava atenção ao que ele estava dizendo, que ela frequentemente se esquecia do que ele havia lhe pedido e que não era tão prática como deveria na solução de problemas. "Não suporto quando as pessoas dizem: 'Eu não consigo'. Isto não faz parte do meu vocabulário. Isso é um pretexto". Ele indicava que sua raiva fazia sentido, que era sua esposa quem o estava deixando irritado e que trabalhava duro para sustentar sua família, mas não se sentia reconhecido. "Se ao menos ela escutasse o que digo, nós não teríamos problemas". Nesse caso, ele tinha crenças problemáticas sobre as emoções e as necessidades de sua esposa. Achava que ela deveria estar em sintonia com tudo o que dizia, fazer tudo segundo suas condições, não se opor a ele e reconhecer todas as coisas boas que fazia. No entanto, observava que não conseguia entender por que ficava tão irritado quando ela não o "escutava". Isso levou a uma discussão de como seus pais respondiam às suas emoções durante a sua infância. Ele descreveu sua mãe como intimidada por seu pai, que era irritado e controlador, e observou que ela frequentemente tentava "ficar em paz" ou pelo menos ficar fora do caminho dele. Também descreveu como seu pai era "apoiador".

Terapeuta: Então, como seu pai respondia às suas emoções quando você era criança?
Paciente: Deixe que eu lhe dê um exemplo de alguns anos atrás. Eu lhe telefonei e ele me perguntou: "Como vão as coisas?", e eu disse: "Ótimas". E ele: "Isso é o que eu quero ouvir – 'Ótimas'. Isso é o que eu quero ouvir". Mas você sabe, é exatamente isso. Ele não quer ouvir mais nada. Apenas que as coisas vão bem. Quando eu era criança e outro menino me provocava, ele dizia: "Tudo vai ficar bem. Não se preocupe. Apenas vá em frente". Ele nunca tinha tempo para mim.
Terapeuta: Parece que ele ignorava seus sentimentos e você se sentia obrigado a lhe dizer que estava bem o tempo todo.
Paciente: Oh, ele era um bom pai. (*Hesitante.*) Eu não quero falar mal dele.
Terapeuta: Você acha que está sendo desleal ao falar sobre isso?
Paciente: Talvez. Um pouco. Ele se esforçava.

Nesse caso, o paciente ficava sensibilizado à invalidação da sua esposa com base em sua história anterior de invalidação e desdém por parte do pai. Além disso, achava que sua mulher deveria concordar com ele da mesma maneira que sua mãe fazia com seu pai. Investigando melhor, o paciente descreveu vários períodos de depressão maior, quando não tinha ideia de por que estava deprimido e tinha que tirar uma licença no trabalho. Achava que ninguém o entendia, incluindo ele mesmo: "Eu não tenho a mínima ideia de por que me senti tão deprimido". Esquemas emocionais problemáticos – especialmente aqueles relacionados à invalidação e à autoinvalidação – com frequência refletem falta de *insight*. Nesse caso, o indivíduo relatou que não compreendia por que se sentia daquela maneira, enquanto continuava a defender seu pai como "gente boa". Na verdade, para ele, suas emoções eram um sinal tanto de que estava falhando com seu pai como de desonra. Ironicamente, ele via as emoções de sua esposa nos mesmos termos – com queixas injustificadas e não tendo gratidão.

Este paciente tinha crenças específicas acerca da expressão e da validação da sua emoção. Ele achava que precisava expressar sua raiva direta e energicamente, e que tinha o direito de fazer isso de maneira hostil. Também acreditava que sua esposa deveria validar seus sentimentos e desejos, concordando imediatamente, e que, se ela se esquecesse, isso era um sinal de que não o respeitava. O ambiente invalidante da sua infância e sua situação atual de sentir-se invalidado por seu pai contribuíam para sua crença de que ninguém e fato se importava com seus sentimentos e que era preciso guardá-los para si ou expressá-los dramaticamente com sua esposa e filha.

Uma mulher, cujo marido havia morrido vários anos antes da terapia, se descreveu saindo do escritório, caminhando até sua casa bebericando uísque de uma garrafa numa bolsa e chegando em casa intoxicada. Na LESS II, ela indicou que suas emoções não faziam sentido; que não deveria ter os sentimentos que tinha; que ninguém podia entender seus sentimentos; que se ela se permitisse expressá-los, perderia o controle; e que se sentia culpada e envergonhada por suas emoções.

Terapeuta: O que aconteceria se você chegasse em casa e não tivesse nada para beber? E se não estivesse alta, como você se sentiria e o que pensaria?
Paciente: Eu me sentiria muito sozinha, triste. Não tem ninguém me esperando lá, ninguém para encontrar em casa. Eu me sentiria vazia. Eu não sei, seria difícil. (*Chorando.*)
Terapeuta: Então teria sentimentos de tristeza, solidão e vazio. Você indicou no questionário que não compreende seus sentimentos. Quais sentimentos não fazem sentido?
Paciente: Todos estes sentimentos. Quer dizer, tenho um bom emprego. Por que eu deveria me sentir triste às vezes? Não sei o que está errado comigo.
Terapeuta: Pode ser que se sinta triste e solitária porque sente falta do seu marido que morreu?
Paciente: Eu sei que sinto. Mas por que não consigo superar isso?
Terapeuta: Então ainda sente falta dele e se pergunta o que está errado com você por ter esses sentimentos. E parece achar que não consegue tolerar esses sentimentos quando chega em casa, portanto, tenta se livrar deles antes de chegar.
Paciente: Sim. Eu acho muito doloroso.
Terapeuta: E você também disse que acha que ninguém pode entender como se sente. Então você conta para alguém?
Paciente: Só para você, por enquanto.

## Socialização emocional

As crenças acerca das próprias emoções e sobre as dos outros são frequentemente estabelecidas na infância por meio das respostas dos pais à expressão emocional. O terapeuta pode perguntar ao paciente: "Quando você era criança, a quem você recorria se estava perturbado, e como essa pessoa respondia?". Baseado no modelo de Gottman da socialização emocional na família, o terapeuta irá observar se o genitor (ou outra pessoa) ignorava, ficava desregulado, sobrecarregado ou desdenhava – ou então fazia "*coaching* emocional", investigando, validando, expandindo e ajudando na solução do problema (Gottman et al., 1996, 1997; Katz, Gottman, & Hooven, 1996). Com frequência, indivíduos que vivenciaram respostas desdenhosas dos seus pais (p. ex., "Isso não tem importância. As coisas vão melhorar") dirão: "Minha mãe [ou pai] era apoiadora", em vez de caracterizar a resposta como minimizando ou sendo indiferente. No entanto, investigando melhor, o terapeuta consegue determinar precisamente o que foi dito e perguntar ao paciente: "Se você estivesse passando por dificuldades agora, essa resposta pareceria apoiadora ou seca e indiferente?". Outras áreas podem, então, ser exploradas: Os pais tinham tempo suficiente para emoções? Estas eram ao menos discutidas em casa? Certas emoções ou sentimentos eram vistos como problemáticos, imaturos ou ruins? Os pais eram desregulados e sobrecarregados com suas próprias emoções? Havia um irmão que fosse tão perturbado que a família não tinha tempo para as emoções do paciente? Considere os seguintes exemplos de socialização emocional problemática:

> Uma mulher descreveu como sua mãe a ridicularizava quando chorava e lhe rotulava como "mimada". Ela tentava obter a aprovação da mãe "se vestindo bem", sendo "bonita", mas nada parecia ser suficiente. Quando adulta, achava que suas emoções não faziam sentido e que a única forma pela qual conseguia ser ouvida por alguém era tratando todos os eventos negativos como crises e chorando intensamente.

> Um homem alexitímico indicou que sua família, com alto grau de instrução e orientada para resultados, tinha discussões "racionais" e "informativas" sobre política e negócios, e que considerava-se que as emoções interfeririam na produtividade e na maturidade. Quando adulto, tinha grande dificuldade em identificar suas emoções ou de lembrar como se sentia, além da dificuldade considerável para tomar decisões. Achava que seria imprudente exibir emoções para os amigos, membros da família ou sua namorada atual para que eles não usassem sua "fraqueza" contra ele.

> Um jovem bastante "macho", com uma camiseta sem mangas e músculos salientes, assumiu uma postura hostil e provocativa em relação ao terapeuta na primeira sessão. Embora o paciente fosse de classe média alta, ele tentava se parecer com um *gangster* durão. O ambiente competitivo de resultados e *status* que havia experimentado enquanto crescia o fez se sentir ansioso e triste, mas essas emoções "afeminadas" eram depreciadas. Seu pai alternava entre críticas e tentativas vãs de recuperá-lo, enquanto o paciente carregava sua máscara de provocativo e durão.

Uma mulher descreveu como queria o apoio de sua mãe quando era criança, mas não podia confiar nela. Fazia beicinho, chorava e por fim gritava para conseguir a atenção da genitora, que oscilava entre indiferença, desdém e falsas tentativas de aproximação. Ela relembrou uma ocasião em que sua mãe abriu os braços e se ofereceu para perdoá-la, e quando se aproximou para ser abraçada, ela a esbofeteou. Quando adulta, teve bulimia nervosa, com frequência tinha medo das suas emoções e achava que não podia confiar em ninguém.

É claro que socialização emocional inclui comportamento, além da emoção. Inclui tocar, abraçar, acariciar e pegar no colo. Os pais e outros membros da família tocavam ou acariciavam a criança, brincavam com ela fisicamente? Qual era a resposta da criança a isso? Como o paciente adulto responde ao toque? Ele se sente confortável tocando as pessoas? Um jovem com ansiedade social descreveu seu sentimento incômodo ao tocar uma mulher em um encontro: "Não é um pouco afoito tocá-la ou beijá-la? Ela não vai ficar ofendida?". Ele se apresentou na terapia de uma maneira excessivamente formal e intelectualizada, excepcionalmente polido e respeitoso. O terapeuta lhe perguntou como ele se sentia quando seus amigos o tocavam; sua resposta: "As pessoas me veem como intocável. Quando eu estava na universidade, minha namorada rompeu comigo – acho que eu não era suficientemente afetivo e carinhoso. Eu estava conversando com o meu colega de quarto e lhe disse que precisava de um abraço, e ele me disse: 'Mas pensei que você fosse intocável'".

Outro jovem indicou que seu pai tinha sido frio e indiferente, com frequência condescendente e crítico. Seu genitor, um homem altamente intelectualizado, tinha exercido poder sobre o paciente quando esta era criança e ainda fazia isso. A mãe tinha respeito pelo pai, cujo narcisismo parecia governar a família. O paciente indicou que quando criança, a maior afeição que havia recebido foi de uma babá que brincava com ele, lhe dava colo e o tocava. Quando adulto, não se sentia merecedor de intimidade e amor por parte de uma mulher que fosse inteligente e bem-sucedida, e frequentemente procurava prostitutas que sabia que nunca o rejeitariam. Relatou uma repulsa pelo seu corpo, o que acabou se desenvolvendo para um transtorno dismórfico corporal. Nenhum dos pais era visto como uma fonte de conforto emocional durante a infância, e o paciente reconhecia que suas crises de birra eram a única forma como conseguia receber atenção.

## Estratégias problemáticas de regulação emocional

Na entrevista inicial – e durante a terapia – o clínico deve avaliar como o paciente respondeu a suas emoções desde a sua infância e quais estratégias de regulação ele usou. Que emoções foram difíceis de tolerar? Que pensamentos surgiram quando essas emoções ocorreram? Como o paciente, quando criança ou adolescente, lidou com essas emoções? O terapeuta deve investigar diretamente sobre estratégias específicas, incluindo evitar situações que despertavam emoções ("Havia coisas que você evitava fazer porque levavam a certas emoções?"), atuação no âmbito sexual, escalada na intensidade das queixas, gritos, birras, abuso de substância, restrição alimentar, comer compulsivo ou busca de reasseguramento.

Terapeuta: Então quando você era criança e se sentia perturbada, o que fazia para lidar com essas emoções?
Paciente: Recorrer aos meus pais era perda de tempo. Meu pai geralmente estava chapado com erva ou bêbado, e minha mãe tomava uns drinques e simplesmente não estava ali. E, você sabe, nós não falávamos sobre emoções. Eu ficava sozinha com o que sentia.
Terapeuta: Então o que fazia para acalmar suas emoções?
Paciente: Eu fumava muita erva. Apenas saía fora do ar. Isto me acalmava. Eu conseguia esquecer.
Terapeuta: Mais alguma coisa?
Paciente: Descobri que era atraente quando alguns dos meninos se aproximavam de mim. Então eles queriam ter sexo, e, para me enquadrar, topava. Isso fazia eu me sentir bonita. A minha aparência mudou, então agora eu era o que eles queriam, e dava isso a eles.
Terapeuta: E como é agora? Como você lida com seus sentimentos?
Paciente: Eu tento me divertir, fumar um pouco de erva – fico chapada todas as noites. E bebo. Eu usei cocaína por algum tempo. Aquilo saiu do meu controle. E se um rapaz me quer, eu penso, por que não? Pelo menos posso fazer isso.
Terapeuta: Você às vezes compartilha o que realmente sente?
Paciente: Não, essa não sou eu. Não sou fraca. Isto é o que vocês psicólogos querem que eu faça, mas de que adianta?
Terapeuta: Se eu conhecesse quem você é, o que aconteceria?
Paciente: Você não iria gostar de mim.

Outra jovem descreveu sua adolescência como uma época em que não conseguia obter a atenção da sua mãe para a forma como se sentia. Ela se sentia deprimida, ansiosa e não amada, tinha vergonha da sua aparência e procurava o apoio da sua mãe. Sua mãe era uma pediatra que lhe dizia: "Você acha que tem problemas? Eu lido com crianças que estão doentes e morrendo. Você é muito mimada". A paciente continuou: "Quando tinha 13 anos, fiquei anoréxica, faminta, me recusava a comer, perdi peso. Achei que ia conseguir a atenção da minha mãe. Mas nada funcionou". Essa paciente se queixava de que seu marido distante nunca parecia se conectar com ela emocionalmente, mas tinha um amante (um homem casado) que era alguém com quem ela podia conversar. Em suas primeiras sessões na terapia, ela se perguntou em voz alta se não era muito carente e emocional – ecoando a voz da sua mãe crítica, que a havia ignorado emocionalmente.

Um homem relatou que, quando era adolescente, era com frequência provocado por outras crianças; lhe colocavam apelidos e o ridicularizavam pela sua baixa estatura. Ele indicou que decidiu que não demonstraria qualquer sentimento e que simplesmente os trataria de uma maneira "lógica", reconhecendo que aquilo "tinha a ver com eles", não "comigo". Isso soava excepcionalmente racional e estoico para um adolescente. Também descreveu como sempre quis se tornar um cientista, já que era atraído pelo rigor e pela precisão da ciência e da matemática. Observou que sua mãe era um tanto desarticulada para emoções e que seu pai, um cientista amador, se preocupava com suas "invenções". O motivo pelo qual estava procurando terapia era que sua esposa dizia que ele era insensível e condescendente e não se conectava com ela emocionalmente.

Terapeuta: O que ela quer dizer com a ideia de que você é insensível?
Paciente: Acho que eu digo coisas que ferem seus sentimentos. Mas na verdade eu não estou consciente disso no momento. (O paciente descreve, então, um exemplo de um comentário condescendente e indulgente que fez para sua esposa.)
Terapeuta: Como você acha que ela se sentiu quando você disse isso?
Paciente: Acho que ela ficou zangada. Ela me disse que estava zangada.
Terapeuta: Qual foi sua intenção ao dizer isso?
Paciente: Eu só queria lhe dar a informação correta. Mas, você sabe, eu frequentemente digo coisas assim – corrigindo as pessoas, dizendo a elas quais são os fatos.
Terapeuta: Parece que você geralmente acha que os fatos são mais importantes que os sentimentos.
Paciente: Eu me importo com os sentimentos dela, quando penso a respeito. Eu me sinto um pouco culpado. Mas acho que não estou pensando nos sentimentos dela quando digo essas coisas.

Esse indivíduo, quando era adolescente, havia lidado com as emoções através da intelectualização em relação ao *bullying*, acreditando que poderia "desfazer em pensamento" seus sentimentos feridos. Em consequência, se tornou menos consciente dos próprios sentimentos e despreocupado com os sentimentos e as intenções dos outros. Como cientista, ele tinha sucesso em seu trabalho, mas apresentava dificuldades em ler as próprias emoções e as dos outros. Suas intenções não eram nefastas, como sua esposa supunha; em vez disso, ele involuntariamente ignorava e usava os fatos e a lógica como uma forma de obter "controle" sobre o ambiente ameaçador da sua adolescência. Como era muito inteligente, recebeu reforço considerável para isso em sua vida profissional, porém, a qualidade do relacionamento com sua esposa estava se deteriorando.

Alguns pacientes recorrem aos outros para regularem suas emoções, em vez de se basear em sua própria habilidade de se acalmar. Por exemplo, uma paciente com transtorno da personalidade *borderline* indicou que quando se sentia emocionalmente desconfortável ligava para sua mãe (a qualquer hora do dia ou da noite), chorava ao telefone e se queixava do quanto sua vida era terrível. Quando a mãe sugeria que usasse as técnicas que havia aprendido em TCD, a paciente gritava com ela: "Não tente ser minha terapeuta!". Ela e a genitora compartilhavam uma crença semelhante sobre as emoções da jovem mulher – que era incapaz de regular suas emoções sozinha e que a mãe era responsável por ajudá-la a se sentir melhor. Essa dependência dual na busca de tranquilização, associada à rejeição de ajuda, levavam a mais conflitos entre mãe e filha, o que ajudava a confirmar sua crença conjunta de que a filha era incapaz de regular a própria emoção. O terapeuta pode reconhecer o valor do apoio e da validação social, mas pode investigar acerca das crenças dos pacientes de que os outros são necessários para regular seus sentimentos.

Terapeuta: Como isso funciona quando você recorre à sua mãe para acalmar seus sentimentos?
Paciente: Eu sei que ela me ama, mas nós acabamos discutindo.
Terapeuta: Talvez você esteja lhe pedindo para fazer uma coisa que ela não é capaz de fazer: regular a forma como você se sente.
Paciente: Se ela se importasse comigo, me ajudaria.
Terapeuta: Mas isso parece deixar implícito que você não tem as ferramentas para usar em suas emoções. Você me disse que tem ido a um grupo de TCD há alguns meses. Não existem algumas ferramentas lá?
Paciente: Sim, mas acho que não consigo usá-las quando estou abalada.
Terapeuta: Se não tenta usá-las quando está abalada e tenta apelar para que sua mãe a acalme – e ela não consegue –, isso deve ser assustador e ainda mais perturbador.
Paciente: E é mesmo.
Terapeuta: Mas talvez se você tiver a posse da sua emoção (é sua emoção), também terá a solução – as ferramentas que você tem.
Paciente: Eu sei que você está certo. Mas é difícil.
Terapeuta: Sim, é difícil. Mas você já fez muitas coisas que são difíceis. E pode descobrir que as ferramentas são úteis se usá-las. Talvez possamos antecipar que você vai se sentir realmente mal em algum momento durante esta semana e fazer um plano sobre as ferramentas que poderia usar.

## Dimensões específicas dos esquemas emocionais

O terapeuta focado nos esquemas emocionais está interessado nas crenças específicas do paciente sobre duração, controle, aceitação e outras dimensões dos esquemas emocionais apresentadas no Capítulo 3 e avaliadas (algumas de forma invertida) pela LESS II. Os capítulos posteriores discutem em mais detalhes como o clínico pode abordar essas crenças, usando uma ampla variedade de técnicas, mas, na entrevista inicial, ele pode fazer perguntas dirigidas a essas dimensões.

- *Validação.* "Você acha que outras pessoas compreendem e se importam com os seus sentimentos?" Por exemplo, uma jovem com transtorno da personalidade *borderline* indicou que seus pais não a compreendiam e que ela não conseguia os fazer ver as coisas à sua maneira. Acreditava que, quando lhe davam conselhos ou tentavam colocar as coisas em perspectiva, eles não se importavam com os sentimentos dela e só queriam as coisas do jeito deles.
- *Duração.* "Quando você se sente abalado, quanto tempo lhe parece que isso vai durar? Parece ser um sentimento passageiro ou algo que vai continuar para sempre?" Por exemplo, uma mulher temia que sua tristeza continuasse indefinidamente e que ela sempre estaria deprimida. De maneira semelhante a muitos pacientes com esquemas emocionais sobre duração, ela via uma emoção como um traço duradouro em vez de um sentimento temporário.
- *Controle.* "Você teme que a emoção saia de controle? Especificamente, o que você teme que aconteça se ela sair de controle? Pode me dizer qual o pior resultado possível que antevê? Existe uma imagem visual que você poderia dar sobre como seria estar fora de controle com esse sentimento?" Por exemplo, um paciente achava que a sua ansiedade escalaria e sairia de controle quando ele estivesse viajando de avião, e tinha medo de se levantar, gritar, correr para a porta e esmurrá-la. Nada disso jamais aconteceu, mas ele considerava essa imagem de perda do controle como o sinal de que realmente *estava* perdendo o controle.
- *Culpa/Vergonha.* "Existem algumas emoções sobre as quais você se sente culpado? Qual é a razão para achar que não deveria ter uma emoção?" Por exemplo, um homem casado se sentia culpado por ter achado outras mulheres sexualmente atraentes e temia que sua fantasia com elas o levasse à perda do controle e à destruição do seu casamento. "Existem algumas emoções que o deixam embaraçado? Você tem medo de que outras pessoas possam descobrir? O que significaria para você se elas descobrissem que se sentiu assim? Tem medo que existam coisas sobre você que eu possa saber, mas que o deixariam embaraçado?" Por exemplo, um homem religioso descreveu como tinha sentimentos de exci-

tação sexual por outros homens jovens na aula de hebraico, e disse que seu desejo seria humilhante se outras pessoas descobrissem. Ele também temia que, se confiasse no terapeuta, haveria o risco de que outras pessoas na sua comunidade descobrissem que ele estava em terapia e que seria excluído como consequência.

- *Visão simplista das emoções.* "Quando tem sentimentos contraditórios sobre alguém – incluindo você mesmo –, isso é difícil para você? Como você maneja esses sentimentos contraditórios (p. ex., buscando tranquilização, coletando informações, indecisão, ruminação, procrastinação, crítica)? Por que lhe incomoda o fato de ter sentimentos contraditórios?" Por exemplo, um homem descreveu sentimentos contraditórios por sua namorada e estava relutante em lhe dizer que a amava e que estava disposto a assumir um compromisso. Ele procurou o reasseguramento dos amigos, tentou provar a si mesmo que o casamento era uma situação ruim, independentemente da parceira, e ruminava sobre sua indecisão. Acreditava que seus sentimentos deveriam ser puros e absolutos.
- *Expressão.* "Existem sentimentos que são difíceis de expressar? Quais? O que você teme que poderia acontecer se os expressasse? Se está preocupado em expressar um sentimento, como lida com isso?" Por exemplo, uma mulher solteira que havia batalhado recentemente para ficar grávida temia que suas emoções "vazassem" em "momentos inapropriados" (na igreja, numa cerimônia de casamento, enquanto lesse uma história delicada durante uma viagem de avião). Ela indicou que tinha medo de que se começasse a expressar seus sentimentos, fosse chorar, e isso seria humilhante na terapia.
- *Compreensibilidade.* "Existem sentimentos que não fazem sentido para você? Quais? Quando seu sentimento não faz sentido, o que você pensa ou faz a seguir?" Por exemplo, a viúva descrita anteriormente neste capítulo indicou que não conseguia compreender por que se sentia tão abalada quando voltava para seu apartamento vazio após um longo dia de trabalho. Prevendo que ficaria abalada, ela bebia enquanto andava até sua casa.
- *Valores.* "Seus sentimentos de tristeza, ansiedade, raiva ou solidão estão relacionados a coisas que você valoriza?" Por exemplo, uma mulher solteira, depois de um rompimento, chorava enquanto descrevia o quanto estava se sentindo solitária desde então. Inicialmente se perguntando por que "tinha de se sentir tão mal", ela observou que valorizava intimidade, amor e compromisso, e, portanto, seus sentimentos de tristeza e solidão eram consequências desses valores.
- *Entorpecimento.* "Existem momentos em que você se sente entorpecido? Existem momentos em que percebe que as coisas que incomodam outras pessoas não o incomodam? Como você pensa ou se sente acerca deste entorpecimento?" Por exemplo, um homem alexitímico obser-

vou que frequentemente não sentia nada quando via ou ouvia coisas que poderiam abalar outras pessoas. Quando sua namorada chorava, ele vacilava entre a indiferença e uma frustração menor. Indicou, de maneira desdenhosa: "Eu não sou emotivo. Acho que emoções são uma perda de tempo. De qualquer forma, as pessoas vão usar as suas emoções contra você".

- *Consenso (semelhança com os outros).* "Os seus sentimentos são diferentes daqueles das demais pessoas? Quais sentimentos você tem que parecem fora do comum? O que significa para você ter sentimentos que acha que outras pessoas não têm?" Por exemplo, a mulher descrita anteriormente que bebia enquanto andava do trabalho até sua casa indicou que seus sentimentos de tristeza, vazio e solidão eram diferentes daqueles que outras pessoas tinham. Ela se sentia confusa, embaraçada e preocupada por ter uma gama de emoções que pareciam ser unicamente dela. Em consequência da sua crença de que era "perturbada de uma forma singular", relutava em compartilhar seus sentimentos com os outros.
- *Racionalidade.* "Você acha que deveria ser racional e lógico em quase tudo? Você acha que as emoções atrapalham?" Por exemplo, o homem alexitímico descrito anteriormente era especificamente focado na racionalidade, encarava as emoções como uma perda de tempo e interferindo no pensamento racional e efetivo. Ele se criticava por ser emocional e achava que sua família o veria como fora de controle se descrevesse sua depressão.
- *Aceitação.* "É difícil simplesmente aceitar que você tem um sentimento quando o tem? Quais sentimentos são mais difíceis de aceitar? Por quê? O que você teme que aconteceria se simplesmente aceitasse um sentimento no momento?" Por exemplo, um homem que sofria de transtorno de pânico achava que não podia aceitar as sensações de ansiedade ou sua preocupação sobre esta, pois acreditava que, se a aceitasse, iria baixar a guarda e sair do controle.
- *Ruminação.* "Você frequentemente se fixa em seus sentimentos negativos e fica preocupado com seus pensamentos e emoções?" Por exemplo, um homem solteiro descreveu seus sentimentos de vazio e falta de objetivo; não conseguia entender por que estava tão infeliz, considerando os sinais objetivos do seu sucesso. Ele ruminava esses pensamentos e achava que tinha um problema arraigado com o qual ninguém poderia ajudá-lo.
- *Culpa.* "Você culpa as pessoas pelos seus sentimentos e acha que se sentiria muito melhor se as outras pessoas mudassem?" Por exemplo, o homem casado descrito anteriormente, cuja esposa insistia em que ele visse um terapeuta para sua irritação, indicou que a razão por que se sentia irritado era que sua esposa não o escutava nem fazia o que ele queria que ela fizesse.

Além dessas 14 dimensões, o clínico pode investigar sobre a noção de *urgência de tempo* do paciente quando surgem as emoções: "Quando tem uma emoção, existe uma noção de que você precisa fazer alguma coisa imediatamente para 'lidar com ela'?". Alguns indivíduos acreditam que uma emoção intensa irá escalar a menos que uma atitude seja tomada com rapidez. Essa crença pode levar a comportamento impulsivo que serve à função de gratificação imediata por meio da redução temporária da emoção. Por exemplo, uma mulher que tinha sentimentos de tristeza e vazio quanto ao seu relacionamento conflituoso com seu parceiro acreditava que precisava se livrar desses sentimentos imediatamente, o que a levava ao comer compulsivo. Isso resultava em sentimentos imediatos de alguma gratificação, mas, posteriormente, resultava em pensamentos autocríticos e à crença de que ela estava fora de controle. Outras crenças emocionais que podem ser avaliadas incluem aquelas sobre a inconstância de uma emoção – por exemplo, "Quais podem ser alguns fatores que poderiam levá-lo a sentir uma emoção diferente e mais desejável?". Conforme indicado no Capítulo 3, predições sobre emoções futuras com base nas atuais com frequência ignoram eventos e estratégias de enfrentamento que podem mudar o curso de uma emoção. O paciente acredita na fugacidade ou na transitoriedade dos sentimentos, ou a emoção atual é vista como um traço fixo que independe de eventos ou outro comportamento? Finalmente, os objetivos emocionais podem ser explorados, tais como o desejo de serenidade, satisfação, amor, apreciação e compaixão. Poderá ser necessário que o terapeuta introduza a ideia de que as emoções também podem ser objetivas, assim como os sentimentos atuais, e que o paciente pode imaginar o desenvolvimento de um plano de vida e uma prática de comportamento, pensando, correndo riscos e se relacionando, que podem engendrar um conjunto de emoções novas e "mais desejáveis". Em vez de pensar nas emoções como "apenas acontecendo para mim", o paciente pode examinar com quais emoções ele gostaria de crescer. Algumas dessas ideias sobre objetivos emocionais serão discutidas no Capítulo 9.

## DESENVOLVENDO UMA CONCEITUALIZAÇÃO DE CASO

Após a avaliação e a entrevista inicial, o clínico pode começar a trabalhar com o paciente para desenvolver uma conceitualização de caso segundo a perspectiva da terapia focada no esquema emocional. Embora reconhecendo a importância de um trabalho diagnóstico padrão, o clínico irá avaliar como as crenças e as estratégias problemáticas de regulação emocional contribuem para essas categorias diagnósticas padrão. Por exemplo, como crenças sobre duração e controle da emoção contribuem para um transtorno por uso de substância? Como crenças sobre a incapacidade de obter validação, a incontrolabilidade da emoção e a intolerância a sentimentos contraditórios contribuem para o transtorno da personalidade *borderline*? Para ilustrar como uma conceitualização de caso pode ser desenvolvida, comecemos com o caso da "garota da festa" descrito anteriormente neste capítulo – uma jovem mulher que apresentava abuso de maconha e de álcool, história de abuso de cocaína, bulimia nervosa atual, transtorno depressivo maior, transtorno de ansiedade generalizada, insônia, história passada de automutilação, tentativa passada de suicídio, transtorno da personalidade *borderline* e relacionamentos autodestrutivos com os homens. A descrição geral a seguir pode ser usada no desenvolvimento da conceitualização de um caso para esse indivíduo, e a Figura 4.3 pode ser usada como um guia geral.

1. *Quais emoções são problemáticas segundo a perspectiva do paciente?* Raiva, ansiedade, solidão, tristeza.
2. *Esquemas emocionais predominantes.* As emoções são incompreensíveis, duram indefinidamente, são diferentes das emoções alheias, precisam ser suprimidas ou eliminadas de imediato, são diferentes das alheias, são sinais de fraqueza, são vergonhosas e não podem ser expressas ou validadas.
3. *Socialização emocional.* História inicial e atual de invalidação pela mãe e pelo pai; humilhada e ignorada devido aos seus sentimentos de tristeza e solidão; levada a se sentir desleal para com a família por ser "ego-

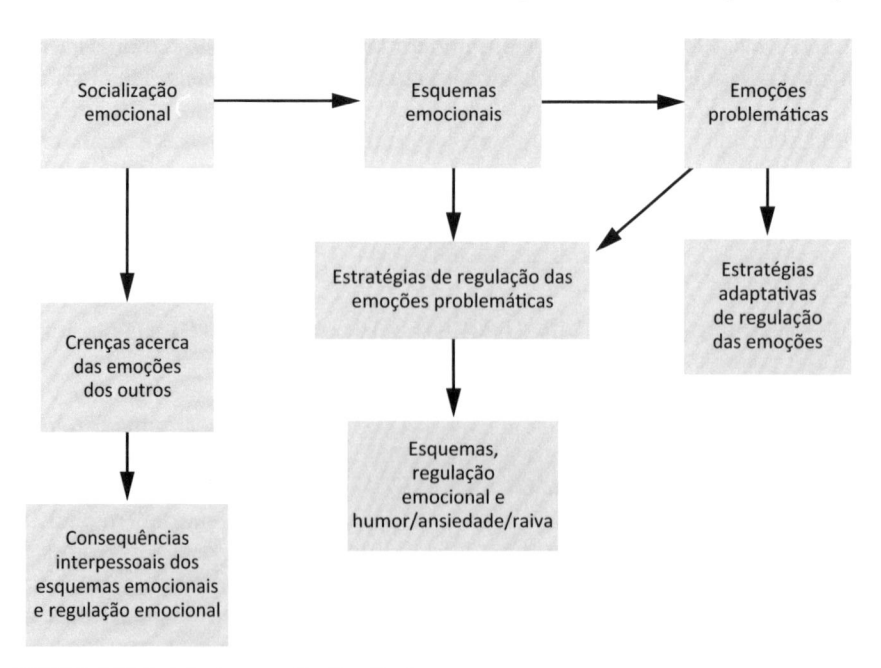

**FIGURA 4.3** Modelo de conceitualização de caso.

ísta" com suas emoções; modelo de pais que "manejam" suas emoções por meio de abuso de drogas e álcool; ênfase em transmitir uma boa imagem em vez de ser autêntica; ênfase na aparência física em vez de personalidade e caráter.
4. *Estratégias problemáticas de regulação emocional.* Esquiva; tentar parecer entusiasmada; cedendo às necessidades dos outros; abuso de maconha, álcool e cocaína; comportamento sexual de atuação; automutilação; ruminação, preocupação e ignorando a necessidade de ajuda.
5. *Estratégias adaptativas de regulação das emoções.* Capaz de usar a solução de problemas para formar aliança com profissionais de saúde mental; procurando terapia e medicação.
6. *Crenças acerca das emoções nas outras pessoas.* Idealizando as capacidades dos outros (eles são vistos como "tendo tudo", não precisando de ajuda, felizes com suas vidas); crença de que ela deve suavizar e acalmar as emoções da sua mãe e de seu pai; crença de que é obrigada a agradar um homem para que ele se sinta bem, para evitar rejeição. Foca menos nas possíveis vulnerabilidades dos outros, esperando que sejam fortes e perfeitos ou ignorando-os por considerá-los fracos e inferiores. Ela se vê como alguém que "agrada as pessoas"; é focada de modo especial em ser sexualmente provocativa com homens estranhos para "provar que eu posso tê-los". Tem pouca percepção das emoções da sua mãe e pai ou dos homens com quem se encontra.
7. *Relação dos esquemas emocionais, regulação emocional e depressão, ansiedade, raiva.* Já que acredita que suas emoções irão durar indefinidamente e escalar, recorre à maconha, ao álcool e à cocaína, bem como purga para eliminar sentimentos e pensamentos desconfortáveis. Acreditando que suas emoções não fazem sentido, são vergonhosas e sinais de fraqueza, bem como que os outros não compartilham dos seus sentimentos, é relutante em expressar emoção, demonstrar emoção não verbalmente ou em procurar validação. Ela vê a validação como uma fraqueza patética. Teme expressar raiva porque não se sente no direito de ter sentimentos de raiva e teme que expressá-la leve à rejeição completa. Isolada dos outros com suas dificuldades emocionais, rumina sobre o que há de errado consigo ou se automedica com drogas e álcool.
8. *Consequências interpessoais dos esquemas emocionais e regulação emocional.* Uma vez que acredita ser fundamentalmente imperfeita e difícil de ser amada, não compartilha seus sentimentos com os outros. Temendo se apegar e confiar caso fique com um "cara legal", vê os "caras legais" como "perdedores" – mas seu medo é confirmado, já que ela sabe que os "caras maus" nunca dariam certo, portanto, já antecipa a rejeição e o abandono. Tornar-se emocionalmente próxima de um "cara legal" é assustador, uma vez que ser rejeitada por ele seria ainda mais doloroso. Assim, evita esses homens ou então os provoca para que

a rejeitem. Procura manter as relações em um nível superficial, já que vê a si mesma como uma "garota da festa" que não quer "nada sério". Alega ter medo de abrir uma "caixa de Pandora" com as outras pessoas – ou com suas próprias emoções. Encara as relações de proximidade como "perigosas" porque "as pessoas podem acabar tomando conhecimento de como você realmente é".

## RESUMO

Os objetivos nos encontros iniciais com um paciente são elaborar sua teoria das emoções e regulação emocional; associar isso à história de socialização emocional do paciente; examinar como tais crenças são mantidas nas relações interpessoais atuais; avaliar as consequências da regulação emocional problemática ou estratégias de esquiva; e desenvolver uma compreensão de como as crenças e as estratégias de enfrentamento da emoção do paciente mantêm ou exacerbam a depressão, a ansiedade, o abuso de substância e as dificuldades de relacionamento. Compartilhar a conceitualização de caso – na verdade, usar o diagrama na Figura 4.3 – pode proporcionar pela primeira vez ao paciente uma compreensão de como suas crenças sobre as emoções se desenvolveram e como elas podem estar na essência da esquiva, baixa tolerância à frustração e outras estratégias disfuncionais do indivíduo.

O plano de tratamento para o paciente já começou com a avaliação (e irá continuar com a avaliação progressiva). Ele também vai incluir a socialização do cliente para o modelo de tratamento; identificar dimensões problemáticas específicas dos esquemas emocionais; identificar os desencadeantes das emoções; examinar as estratégias de regulação emocional funcionais e disfuncionais utilizadas; clarificar os valores do paciente e determinar os objetivos que gostaria de atingir; examinar o papel da passividade e isolamento; engajar o cliente em ativação comportamental e exposição quando indicado; e auxiliá-lo no desenvolvimento de uma ampla gama de habilidades para regulação emocional (p. ex., reestruturação cognitiva, desenvolvimento de tolerância ao desconforto, superação da esquiva da experiência, praticar o medo e o desapego consciente). Os próximos capítulos apresentam intervenções específicas que abordam uma ampla gama de questões relativas a crenças problemáticas sobre emoções em si e nos outros, e também descrevem como o clínico pode auxiliar o paciente na busca de objetivos valorizados.

Apêndice 4.1

# DESCRIÇÃO DAS MEDIDAS NA ADMISSÃO

A Escala de Afeto Positivo e Afeto Negativo (PANAS) produz dois fatores gerais, Afeto Positivo e Afeto Negativo. Os indivíduos podem ter escores altos ou baixos em cada um dos fatores. Os escores na PANAS são estáveis por um período de dois meses e estão relacionados a outras medidas da emocionalidade e personalidade. O clínico deve observar quais emoções positivas e negativas são mais comumente experimentadas, bem como a proporção entre essas polaridades. É de particular interesse se o paciente relata ausência de emoções positivas, mas um alto endosso das negativas. A terapia pode focar no aumento da frequência de emoções positivas. Alguns clientes podem relatar baixa frequência de cada tipo de emoção, sugerindo anedonia ou alexitimia. Para um paciente com escore alto em Afeto Negativo, as emoções específicas podem ser identificadas, junto com crenças sobre elas e as estratégias de regulação emocional que são obtidas.

O Questionário de Estratégias de Regulação Emocional (ERSQ) avalia 10 respostas diferentes às emoções, algumas das quais podem ser problemáticas (p. ex., ignorar ou esconder sentimentos, preocupação, criticar-se), enquanto outras, úteis (p. ex., tentar pensar nas coisas de modo diferente, aceitar, resolver problemas). Esse questionário será de grande valor na avaliação de como os esquemas emocionais do paciente estão relacionados a estratégias problemáticas específicas para enfrentamento da emoção, e seus resultados podem ser úteis na explicação dessas relações para o paciente, conforme descrito no Capítulo 5. Essa escala é apresentada na Figura 5.1 do Capítulo 5.

O Questionário de Metacognições-30 (MCQ-30) avalia cinco fatores subjacentes à preocupação, com base no modelo metacognitivo de Wells: Crenças Positivas sobre Preocupação, Crenças Negativas sobre Preocupação, Confiança Cognitiva, Necessidade de Controle e Autoconsciência Cognitiva. Esses fatores não apontam apenas como os indivíduos pensam ou respondem aos seus pensamentos intrusivos (i. e., preocupações), mas também indicam como pensam sobre a sua emoção. Por exemplo, crenças negativas sobre emoção e necessidade de controlá-la possuem paralelos diretos em dois dos fatores no MCQ-30. Além disso, é provável que indivíduos continuamente focados em sua emoção apresentem escores mais altos em Autoconsciência Cognitiva. Presume-se que essas pessoas tenham dificuldade em "deixar de ser autocentrados". Esses fatores metacognitivos estão de fato relacionados a esquemas emocionais problemáticos, com indivíduos que endossam crenças negativas sobre suas emoções tendo maior probabilidade de endossar também crenças positivas sobre a função da preocupação, enquanto, simultaneamente, acreditam que esta precisa ser controlada.

O Questionário de Aceitação e Ação-II (AAQ-II) está baseado no modelo de flexibilidade psicológica, consciência e aceitação desenvolvido por Hayes e seus colegas. Indivíduos com esquemas emocionais negativos têm maior probabilidade de ter baixa flexibilidade psicológica, dificuldade em aceitar seus pensamentos e emoções, bem como problemas em se afastar deles. Os conceitos e as técnicas da TAC podem ser muito úteis na facilitação da maior aceitação e menor emaranhamento com emoções momentâneas, ao mesmo tempo focando em objetivos valorizados.

A Escala de Ajustamento Diádico (DAS) é uma medida amplamente utilizada de satisfação no relacionamento, avaliando áreas de conflito entre os parceiros. Escores mais altos estão associados a maior satisfação no relacionamento. Nossa pesquisa indica uma forte relação entre os escores na DAS e a percepção do paciente de como seu parceiro encara as suas emoções.

A Medida dos Estilos Parentais (MOPS) abrange três dimensões para recordações de como a mãe e o pai respondiam ao paciente quando criança: Indiferença, Abuso e Controle Excessivo. É esperado que indivíduos que experimentaram indiferença, abuso ou controle excessivo de um dos pais tenham crenças negativas sobre as próprias emoções, dificuldade em confiar nos outros e dificuldade em experimentar validação.

As respostas na escala Experiências em Relacionamentos Íntimos – Revisada (ECR-R) são de interesse para a terapia focada nos esquemas emocionais, na medida em que alguns indivíduos podem se tornar desregulados nos relacionamentos íntimos devido ao seu apego ansioso ou se afastar devido a seus temores de emaranhamento, controle ou rejeição. Essa escala mede estilos de apego ansioso e evitativo nos relacionamentos íntimos adultos. O exame dos itens individuais oferece ao clínico informações sobre os desencadeantes nos relacionamentos íntimos que podem provocar ansiedade, ciúme, raiva ou tristeza.

A Escala de Autocompaixão – Forma Curta (SCS-SF) é um questionário de 12 itens que avalia como o indivíduo responde a emoções negativas. A escala avalia seis dimensões (Autocompreensão, Autocrítica, Humanidade Comum, Isolamento, Consciência e Superidentificação). A autocompaixão está relacionada a uma ampla gama de medidas de psicopatologia (Neff, 2012). A SCS-SF oferece ao clínico informações sobre como o paciente pode se autoacalmar ou regular suas emoções – seja demonstrando compreensão com o *self*, normalizando a emoção ao encontrar humanidade comum ou criticando o *self* ou se superidentificando com uma emoção.

Por fim, o Inventário Clínico Multiaxial de Millon-III (MCMI-III) é um formulário de autorrelato padronizado e amplamente utilizado que produz escores fatoriais em 10 síndromes clínicas e 14 transtornos da personalidade. O MCMI-III é de valor particular para a avaliação de áreas de funcionamento como depressão, ansiedade, TEPT, abuso de substância e uma ampla gama de dimensões de transtornos da personalidade com base no modelo de Millon.

Capítulo 5

# SOCIALIZAÇÃO PARA O MODELO DO ESQUEMA EMOCIONAL

> É preciso ter paciência com o próprio coração, pois se o deixamos livre, logo perdemos o controle da cabeça, também.
>
> – FRIEDRICH NIETZSCHE

Depois que a avaliação e a entrevista iniciais foram concluídas, o primeiro estágio da terapia propriamente dita foca na ajuda ao paciente para compreender o que são esquemas emocionais; como afetam a manutenção da ansiedade, da depressão e de outros transtornos psiquiátricos; como crenças sobre emoção conduzem a estratégias problemáticas de enfrentamento; como elas foram aprendidas; e como sua modificação, bem como a das estratégias subjacentes, pode afetar positivamente o funcionamento do paciente. A compreensão do paciente da sua teoria das emoções é um componente essencial da terapia focada no esquema emocional. Reconhecendo os esquemas emocionais como "teorias" ou "construções individuais", o paciente pode vir a compreender que algumas teorias não se adaptam necessariamente à realidade e que novas teorias podem ser mais adaptativas.

## ENSINANDO O PACIENTE SOBRE EMOÇÕES E ESQUEMAS EMOCIONAIS

O primeiro passo na socialização do paciente para o modelo de esquema emocional é ajudá-lo a identificar o que são as emoções e em que diferem de pensamentos, comportamentos e realidade.

Terapeuta: Nós vamos falar muito sobre os seus pensamentos, suas emoções e seu comportamento. Todos eles estão interligados, mas são diferentes. Por exemplo, vamos imaginar que você ache que tem trabalho demais para fazer e que o seu chefe vai ficar muito irritado. Esses são seus pensamentos sobre o que vai acontecer. Mas, então, você percebe que o seu coração está acelerado, está se sentindo ansioso e um pouco irritado com seu superior; além disso, está pensando que ele é injusto com você. Agora, suas sensações – seu coração acelerado e sua sensação de ansiedade – são suas emoções. Mas você também pode ver que suas emoções podem envolver pensamentos sobre o seu chefe. E pode se comportar de modo diferente. Pode fazer hora extra ou se queixar aos seus colegas. Portanto, as emoções têm sensações, e uma consciência de como você está se sentindo. Você pode ter pensamentos sobre alguma coisa e pode se relacionar com as pessoas de forma diferente. Sua emoção é ansiedade, e ela envolve sensações, sua consciência de como está se sentindo, seus pensamentos de que o seu chefe pode ficar incomodado e a maneira como você se relaciona com as pessoas quando está ansioso. Isso faz sentido?

Paciente: Em que as emoções são diferentes dos pensamentos?

Terapeuta: Bem, pensamentos são afirmações como "Meu chefe é sempre difícil" ou "Eu nunca vou acabar isso". O interessante em relação a esses pensamentos é que podemos testá-los contra as evidências. Podemos colher evidências para saber se o seu chefe é sempre difícil ou se você vai conseguir acabar o trabalho. De certa forma, os pensamentos podem ser verdadeiros ou falsos, ou algo intermediário. Mas se você diz que está se sentindo ansioso e seu coração está acelerado, não perguntamos se isso é verdade. Presumimos que você está certo a respeito disso, pois conhece suas emoções quando as está experimentando. Mas poderíamos perguntar *sobre* o que você está ansioso.

Paciente: Como isso vai me ajudar?

Terapeuta: Boa pergunta. Poderíamos examinar seus pensamentos ou investir na mudança em seu comportamento. Isso seria útil. Mas também sabemos que, às vezes, você pode ter dificuldade com suas emoções. Então, podemos querer ver o que faz ou o que pensa quando está se sentindo ansioso ou triste.

Paciente: O que eu poderia estar pensando?

Terapeuta: Você poderia ter pensamentos sobre a sua ansiedade. Por exemplo, pode achar que ela não faz sentido, ou que pode durar um longo tempo, ou que é perigosa. E esses pensamentos sobre sua ansiedade podem deixá-lo ainda mais ansioso.

Paciente: Então eu posso ficar ansioso por estar ansioso?

Terapeuta: Possivelmente. Isso pode ser verdade. Teremos que ver.

Depois dessa introdução ao que é emoção, o terapeuta apresenta ao paciente uma visão geral dos princípios da terapia focada no esquema emocional. Os resultados da LESS II na avaliação (veja o Cap. 4) fornecem ao profissional alvos para discussão – isto é, as crenças específicas do paciente sobre durabilidade, controle, compreensibilidade e outras dimensões dos esquemas emocionais.

Terapeuta: Observei no formulário [da LESS II] que você acredita que as suas emoções irão durar um longo tempo. Quais emoções você acha que irão durar um longo tempo?
Paciente: Acho que a minha tristeza. Quando estou me sentindo para baixo, penso que isso vai durar para sempre, que eu simplesmente não vou conseguir sair disso.
Terapeuta: Então você tem uma crença sobre a duração da sua tristeza – que ela será de longa duração. Isso lhe faz se sentir sem esperança às vezes?
Paciente: Sim, acho que sim. Acho que nunca vou conseguir sair daquele estado.
Terapeuta: Então quando você acha que não há esperança e que a sua tristeza vai durar para sempre, o que você faz?
Paciente: Acho que eu sento e fico me questionando sobre isso. Fico pensando: "Por que eu me sinto assim? O que há de errado comigo?".
Terapeuta: Então podemos ver aqui que se sente triste; depois, acha que isso vai durar para sempre, o que faz sentir-se sem esperança; você, então, rumina e se detém nisso. Como se sente quando está ruminando?
Paciente: Triste.

Nesse exemplo, o terapeuta consegue associar uma crença sobre durabilidade a outra emoção (desesperança) e, depois, conecta isso à ruminação, que, por sua vez, mantém a tristeza. Essa ilustração de um processo de esquema emocional autoafirmador e autorrealizador é o primeiro passo na ligação das crenças sobre emoção às estratégias de enfrentamento problemáticas e à depressão. A investigação começa com um foco na emoção, o que o indivíduo pensa sobre a emoção e a estratégia de enfrentamento problemática que é ativada. As crenças sobre a emoção são associadas ao seu enfrentamento.

Terapeuta: Vamos dar outra olhada no que você diz sobre suas emoções. Em um dos itens, disse que suas emoções não fazem sentido para você. Em outras palavras, elas parecem incompreensíveis. Qual emoção parece incompreensível?
Paciente: Bem, eu não entendo por que me sinto tão triste. Tenho um bom emprego e um bom casamento, e sou saudável. Qual seria a razão para estar tão triste?
Terapeuta: Ok, quando você pensa que seus sentimentos são incompreensíveis, o que faz a seguir?

Paciente: Eu fico perguntando à minha esposa se eu vou ficar bem. Ela me dá apoio às vezes, mas eu consigo ver que isso pode estar afastando-a. E isso me chateia também.
Terapeuta: Então parece que você acha que seus sentimentos não fazem sentido; depois, repetidamente pede reafirmação e, então, se preocupa que pode estar afastando sua esposa?
Paciente: Sim, isso me deixa triste, também.
Terapeuta: Então, o que nós estamos vendo é que você tem crenças sobre suas emoções – que estas vão durar para sempre e que não fazem sentido –, e elas fazem você se sentir ainda mais triste e sem esperança. Depois, você rumina e busca reafirmação; isso também pode deixá-lo frustrado e triste. Então, se forma um círculo vicioso, com suas crenças levando a formas problemáticas de enfrentamento das emoções. Isso faz sentido para você?
Paciente: Sim, parece que estou fazendo isso.

O terapeuta está pronto para introduzir o modelo do esquema emocional depois de ilustrar as conexões descritas. Esse modelo será a base para a conceitualização do caso e planejamento do tratamento.

Terapeuta: Todos nós temos crenças sobre nossas emoções. Às vezes, quando nos sentimos tristes, pensamos que isso faz sentido – por exemplo, nos sentimos tristes depois que morre alguém de quem gostamos. Nossa tristeza faz sentido. Também podemos achar que nossa tristeza irá diminuir com o tempo, à medida que passamos por um processo de elaboração. Achamos que nossa tristeza é normal. Podemos acreditar que outras pessoas irão validar o fato de que faz sentido estarmos tristes. Todas essas são nossas crenças sobre a tristeza nessa situação: ela faz sentido; não vai durar para sempre; outras pessoas se sentiriam da mesma maneira; podemos obter validação. Porém, digamos que você tivesse outras crenças sobre a sua emoção. Por exemplo, pode achar que a sua tristeza não faz sentido – que ela vai durar para sempre, que outras pessoas não se sentiriam da mesma maneira, que ninguém poderia entendê-lo. E pode temer que a sua tristeza aumente e o sobrecarregue, e que você perca o controle. Então você fica confuso e com medo da sua tristeza. Esses dois exemplos ilustram como crenças sobre emoção o afetam de formas diferentes.
Paciente: Acho que tenho muitas crenças negativas sobre os meus sentimentos – especialmente a ideia de que eles vão durar para sempre e vão sair do controle.
Terapeuta: Sim, e essas crenças são chamadas de "esquemas emocionais". O que isso significa é simplesmente que você tem sua própria teo-

ria sobre a sua tristeza, por exemplo. Então isso leva a várias perguntas. Primeiro, a sua teoria o deixa mais triste? Por exemplo, se você acha que sua tristeza vai durar indefinidamente, então pode se sentir mais triste e sem esperança. Segundo, a sua teoria o leva a ruminar, se isolar, ficar passivo ou buscar reasseguramento repetidamente? Terceiro, se você tivesse uma teoria diferente sobre sua tristeza – se acreditasse que ela faz sentido, que é temporária, que não está saindo do controle ou que existem coisas que poderia fazer para se voltar às emoções positivas –, essa nova teoria tornaria as coisas diferentes para você?

Paciente: São tantas perguntas.

Terapeuta: Vamos dar uma olhada neste diagrama (*apresentando o diagrama do modelo do esquema emocional, Fig. 3.2, no Cap. 3*). Observe que você pode ter uma gama de sentimentos – tristeza, ansiedade, sexuais – e que pode ou não prestar atenção a eles. Digamos que você normalizou as emoções: achou que seus sentimentos faziam sentido, que outras pessoas se sentiam da mesma maneira e que podia aceitar esses sentimentos. Você também pode compartilhá-los com um amigo próximo que os valida e, então, seguir em frente na sua vida. Esta não seria uma ótima maneira de pensar nas emoções?

Paciente: Sim. Que bom seria se eu conseguisse. Mas não é assim que estou pensando agora.

Terapeuta: Bem, talvez isso possa mudar. Agora vamos examinar o diagrama novamente e ver se algum desses o descreve. Em alguns casos, você pode achar que suas emoções não fazem sentido, que elas vão durar para sempre, que precisam ser controladas – e talvez se sinta culpado ou envergonhado. Pode achar que suas emoções são problemáticas. Alguma dessas se parece com você às vezes?

Paciente: Muitas vezes. Especialmente desde que estou mais deprimido.

Terapeuta: E talvez você possa pensar: "Como eu posso me livrar destas emoções?". Algumas pessoas bebem, comem excessivamente ou usam drogas. Outras se isolam e evitam experiências. Alguma dessas coisas se parece com você?

Paciente: Eu não bebo tanto assim, mas tenho comido mais "porcarias".

Terapeuta: E essas formas problemáticas de enfrentamento podem contribuir para a sua tristeza. Então o ciclo começa novamente: "Eu estou triste","Minha tristeza não faz sentido", ruminando, se isolando, mais tristeza, mais falta de esperança. E assim por diante.

Paciente: Isso se parece comigo. Mas também soa deprimente.

Terapeuta: É, entendo que soe assim. Mas e se você tivesse crenças diferentes sobre as suas emoções e maneiras diferentes de enfrentamento? Como soaria?

Paciente: Acho que eu me sentiria melhor. Mas como se pode fazer isso?
Terapeuta: É nisso que esta terapia pode ajudá-lo.

O terapeuta e o paciente podem examinar como o paciente tem dificuldade em observar, nomear e diferenciar várias emoções. Por exemplo, o cliente pode simplesmente observar que "eu me sinto incomodado", enquanto uma exploração mais detalhada revela que ele se sente frustrado, irritado, ansioso, triste, confuso e com inveja. (Pacientes com alexitimia têm mais dificuldade em reconhecer e nomear emoções, bem como em associá-las a lembranças específicas.) Em vez de normalizar, expressar, aprender com e validar essas emoções, o paciente pode se engajar em esquiva das experiências. Isso está mais relacionado a avaliações negativas da emoção, como a crença de que esses sentimentos vão durar indefinidamente, são únicos do indivíduo, não podem ser controlados e não fazem sentido. Tais interpretações impulsionam ainda mais o ciclo de esquiva, externalização, supressão e ruminação.

Nessa primeira fase da terapia focada no esquema emocional, o paciente aprende como o processo de observar, nomear, diferenciar, avaliar e usar as emoções contribui de modo construtivo ou disfuncional para os problemas para os quais está buscando ajuda. Além disso, nessa fase da terapia, terapeuta e paciente exploram lembranças precoces da socialização emocional que associam estilos de parentalidade desdenhosos ou desorganizados a crenças específicas sobre emoção, as quais examino brevemente.

Ilustrações esquemáticas ligando crenças à regulação emocional ajudam o cliente a entender como a avaliação é usada para compreender os esquemas e as estratégias emocionais que sustentam a psicopatologia. Além disso, o terapeuta pode usar as ilustrações para auxiliar o paciente a diferenciar emoções e níveis emocionais (emoções primárias e secundárias), identificando modelos implícitos do conteúdo e função das emoções, determinando suas causas e identificando os processos de regulação emocional em si e nos outros. Conforme observado, a representação do modelo do esquema emocional apresentada no Capítulo 3 (veja a Fig. 3.2) é útil para pacientes no início da terapia.

## ASSOCIANDO ESQUEMAS EMOCIONAIS A ESTRATÉGIAS DE ENFRENTAMENTO PROBLEMÁTICAS

Conforme ilustrado nas transcrições, crenças sobre duração ou compreensibilidade de uma emoção podem resultar em estratégias de enfrentamento problemáticas, como esquiva, ruminação e procura excessiva de reafirmação. O terapeuta pode identificar quais crenças do esquema emocional o paciente endossou na LESS II ou na entrevista e, depois, examinar suas consequências. Por exemplo, um indivíduo que acredita que "Minhas emoções vão sair do controle" (como a mulher na interação a seguir) vai ativar estratégias para suprimir ou reduzir a intensidade emocional; então, quando elas falharem, ele pode se tornar mais determinado a suprimir a emoção.

Terapeuta: Eu observei no questionário [LESS II] que você indicou que acredita que suas emoções podem sair do controle. Quando você tem esse pensamento sobre suas emoções, o que faz a seguir?
Paciente: Eu me sinto ansiosa. Fico com medo.
Terapeuta: Isso faz sentido. Mas me pergunto se existem formas pelas quais você tenta ter controle, ou coisas que diz ou faz para se sentir menos ansiosa.
Paciente: Às vezes eu como "porcarias". Isso me faz ficar mais calma inicialmente. Posso me empanturrar com comida.
Terapeuta: Ok, então quando você acha que suas emoções vão sair do controle, às vezes come compulsivamente. Entendo. Algo mais que você faça?
Paciente: Eu me preocupo com o que vai acontecer comigo: "Eu vou ficar louca? Isso vai durar para sempre?". Houve vezes em que achei que não conseguiria suportar o sentimento e achei que talvez fosse melhor morrer. Mas não fiz nada. É apenas uma coisa que penso às vezes.
Terapeuta: Entendo que pode ser muito difícil. Então você se preocupa e depois pensa que não existe esperança, e parece que tem que recuar e se afastar desse sentimento.
Paciente: Pode ser que eu ligue para minha amiga Gillian porque, você sabe, ela consegue me acalmar. Ela consegue me ajudar a perceber que tudo vai ficar bem.
Terapeuta: Então Gillian é alguém muito importante para você. É como se você estivesse pensando: "A forma de colocar minhas emoções em ordem é conseguir que alguém me ajude". Você pensa: "Gillian consegue me acalmar". É como se estivesse pensando: "Outra pessoa pode assumir o controle da minha emoção e me ajudar".

Nesse caso, a paciente pode ver que as crenças sobre a emoção resultam em estratégias de enfrentamento problemáticas, e que em alguns casos ela delega o controle das suas emoções a outra pessoa. Em cada caso, existe uma falta de autoeficácia; sente-se sobrecarregada com parte de si mesma e sente a necessidade de fugir. Essa batalha contínua consigo mesma a faz se sentir ainda mais ansiosa e deprimida, e o ciclo começa mais uma vez.

Uma paciente apresentada no Capítulo 4, uma viúva com mais de 50 anos, deixava o trabalho no final do dia e andava até em casa enquanto bebia uísque de uma garrafa que tinha na bolsa. Quando chegava ao seu apartamento, já estava intoxicada. Conforme descrito no Capítulo 4, o terapeuta lhe perguntou: "Como seria se você chegasse ao seu apartamento e não tivesse nada para beber? E se você não estivesse alta?". Ela indicou que temia ser dominada pela solidão e tristeza porque seu apartamento estava vazio. Seu marido havia morrido dois anos antes, e ela sentia saudades dele. O terapeuta então continuou: "E se você realmente se sentisse solitária e triste, o que aconteceria a seguir?". A paciente indicou que não havia refletido sobre isso, mas acreditava que sua tristeza e solidão ficariam piores: "Seria insuportável – isso não teria fim". O terapeuta refletiu que ela parecia achar que precisava evitar esses sentimentos de tristeza e solidão e que beber era a única maneira de evitar que fosse oprimida pelas suas emoções. Se ela não acreditasse que sua tristeza e solidão fossem escalar e oprimi-la, não haveria necessidade de beber. Retornaremos a essa paciente em um capítulo posterior, mas sua experiência indica como crenças sobre emoção podem resultar em formas problemáticas de enfrentamento.

## IDENTIFICANDO COMO OS ESQUEMAS EMOCIONAIS FORAM APRENDIDOS NA FAMÍLIA

Os esquemas emocionais com frequência são experimentados como respostas automáticas sobre as quais o indivíduo não costuma refletir. Por exemplo, até que um paciente seja questionado sobre a crença de que uma emoção irá durar indefinidamente, ele pode ter passado anos com essa crença sem considerar a possibilidade de que não fosse precisa. Conforme já indicado, ganhar distância de uma crença é o primeiro passo na sua modificação. Uma maneira de ganhar distância é entender como as crenças foram ensinadas na família. Se elas foram aprendidas, então será possível desaprendê-las. As crianças aprendem que suas emoções fazem sentido por meio da "conversa sobre emoções" na família. Ou seja, quando são usadas palavras referentes a emoções, o genitor reflete, nomeia e amplia a emoção que o filho está descrevendo, e o auxilia no exame das formas de enfrentamento. Conforme descrito no Capítulo 3, esse "treinamento emocional" se revelou ser um componente importante no desenvolvimento do autocontrole em crianças (Eisenberg & Spinrad, 2004; Gottman et al., 1996; Hanish et al., 2004; Michalik et al., 2007; Rotenberg & Eisenberg, 1997; Sallquist et al., 2009). Gottman e colegas (1996) também identificaram diversas estratégias problemáticas de socialização emocional, descritas no Capítulo 3: estilo desregulado, indiferente e desaprovador. A estratégia indiferente nega o significado das emoções da criança ("Oh, isso não é nada. Não se preocupe. Por que você está fazendo tempestade em copo d'água por causa disso?"); o estilo desaprovador envolve crítica e controle excessivo dos sentimentos do filho ("Pare de agir como um bebê. Por que você não cresce?"); e no estilo desregulado, os pais são oprimidos pelas suas próprias emoções e rejeitam as emoções do filho ("Você não vê que eu tenho os meus próprios problemas? Eu não consigo lidar com a bebedeira do seu pai e a sua loucura. Deixe-me em paz!").

Tais experiências de ser ignorado, criticado, humilhado, desconsiderado ou minimizado quando abalado podem ter um efeito duradouro nas crenças do indivíduo sobre suas emoções e sobre como os outros vão responder. Por exemplo, quando os pacientes ficavam perturbados quando crianças, seus pais os confortavam, os encorajavam a expressar suas opiniões, os ajudavam a entender que suas emoções faziam sentido e os ajudavam a aprender formas de resolver os problemas, davam recompensas alternativas ou negociavam o conflito? Ou os pais diziam aos filhos que eles não tinham motivo para se sentir perturbados, que eram mimados, que estavam agindo como bebês? Em alguns casos, como o sujeito com o "problema com a raiva" identificado com a esposa no Capítulo 4, o paciente pode dizer: "Meu pai me dizia que tudo ia ficar bem. Ele tentava me apoiar". Contudo, com um exame mais detalhado, essa tranquilização também pode ser vista como desdenhosa da emoção, comunicando ao filho: "Suas emoções são desproporcionais em relação ao que está acontecendo. Não há necessidade de falar mais sobre seus sentimentos, e você deve simplesmente superar isso". A questão é se os pais dedicaram um tempo e deram espaço emocional para ouvir os sentimentos do filho. No caso a seguir, a mulher teve um pai desdenhoso e uma mãe sobrecarregada:

Terapeuta: Quando você estava chateada quando criança, a qual dos seus pais achava mais difícil recorrer?
Paciente: Bem, meu pai sempre estava ocupado com o trabalho e, quando chegava em casa, estava sempre cansado e não queria conversar muito. Então, aprendi que não fazia muito sentido conversar com ele.
Terapeuta: Você se lembra de alguma resposta que ele teve aos seus sentimentos?
Paciente: Oh, ele dizia: "Não se preocupe. Você vai superar isso".
Terapeuta: Como você se sentiu quando ele falou isso?
Paciente: Como se ele não tivesse tempo para mim. Como se minhas emoções fossem incômodas para ele.
Terapeuta: E quanto à sua mãe?
Paciente: Ela era deprimida e muito ansiosa, e as coisas não eram tão boas entre ela e meu pai. Então, com frequência ela falava sobre suas próprias dificuldades. Ela era triste e solitária e achava que meu pai estava ocupado demais com o trabalho.
Terapeuta: Então parece que o foco era nos sentimentos dela e que não havia muito tempo para os seus?
Paciente: É. Acho que sim. Ela dizia: "Eu mesma já estou tendo dificuldades suficientes. Seu pai nunca está em casa. Tenho que cuidar de você e de sua irmã. O que está lhe incomodando agora?".
Terapeuta: Então, ela estava sobrecarregada com os sentimentos dela e os seus sentimentos seriam um fardo para ela. Como isso fazia você se sentir?
Paciente: Triste... e culpada. Sim, culpada por estar tornando a vida mais difícil para ela.

Que esquemas emocionais foram aprendidos aqui? Essa paciente aprendeu que não tinha direito aos seus sentimentos, que devia ser censurada, que suas emoções eram um fardo para os demais, que os outros não validariam seus sentimentos ou a encorajariam a expressá-los, e que suas emoções eram ruins. Ela não aprendeu a nomear seus sentimentos, a diferenciá-los, entendê-los ou regulá-los. A mensagem era esta: "Supere sua emoção e não sobrecarregue as pessoas".

O terapeuta pode investigar mais acerca dessas mensagens sobre as emoções que eram aprendidas na família da paciente. Havia emoções que não eram aceitáveis? Por exemplo, não era aceitável ficar irritada, ansiosa ou triste? A mensagem era de que as emoções da filha não faziam sentido, que ela estava reagindo exageradamente, que outras pessoas não se sentiriam assim? Ou os pais validaram as emoções, encorajaram a expressão, normalizaram as emoções e confortaram a filha? A filha foi rotulada como "fora de controle", "egoísta", "louca" ou "ridícula"? Os pais "interpretaram exageradamente" as emoções (p. ex. "Você está tentando me manipular com seu choro. Não vai escapar desta")?

Algumas crianças são colocadas na posição de quem toma conta das emoções dos seus pais – uma forma de "parentalidade invertida". Por exemplo, uma paciente descreveu sua mãe como continuamente ansiosa e preocupada com a própria ansiedade. O pai era irritado, distante e imprevisível. A mãe se voltou para a filha – quando ela tinha 8 anos – como uma fonte de conforto. "Eu me lembro da minha mãe dizendo que estava preocupada pelas dores no peito e se eu poderia lhe dar uma aspirina. Ela dizia: 'Talvez você devesse ficar em casa e não visitar sua amiga'. Eu sentia que tinha que cuidar dela". Quando adulta, a paciente continuamente se questionava se suas emoções faziam sentido, se o terapeuta entenderia e se suas emoções iriam continuar para sempre. A parentalidade invertida experimentada ao cuidar das emoções da sua mãe a fazia sentir que ninguém iria protegê-la ou cuidar dela. Em consequência dessa falta de parentalidade emocional, casou-se com um homem excessivamente controlador que a mimava, mas a encorajava a acreditar que era incapaz de cuidar de si. Quando começou a ter mais sucesso no trabalho, ele a desvalorizava, dizendo que ela era egoísta. Mudou-se de uma casa onde sua mãe a controlava com culpa e medo, para uma na qual seu marido a controlava com a mensagem de que era fraca e incompetente.

Que esquemas emocionais foram aprendidos nesse caso? A criança com parentalidade invertida aprendeu que não podia expressar seus sentimentos, que não seria validada, que suas emoções seriam um fardo para os outros, que precisava cuidar dos outros, que precisava se voltar para o que os outros queriam e cuidar das necessidades deles, que suas emoções não faziam sentido e que ninguém compartilhava seus sentimentos. Sua mãe raramente tentava regular suas emoções, portanto, ela não aprendeu a autorregular seus sentimentos ou a melhorar as coisas por conta própria. Procurou uma figura parental em um parceiro para compensar o que estava faltando quando era criança. Ela esperava que seu marido tomasse conta das suas emoções.

Reconhecer que os esquemas emocionais são aprendidos ajuda o paciente a se distanciar deles, uma vez que consegue entender que suas crenças sobre emoção são em grande parte devidas à parentalidade problemática. O objetivo, no entanto, não é se preocupar em culpar os pais pelas dificuldades do adulto com a emoção, mas ajudá-lo a compreender que as crenças sobre emoções podem variar, dependendo do ambiente de aprendizagem. Além disso, compreender a experiência de socialização emocional auxilia o paciente a entender as emoções e a sentir menos culpa por não ter aprendido crenças mais adaptativas e estratégias de regulação emocional. O terapeuta pode dizer: "Você não pode se culpar por alguma coisa que seus pais nunca lhe ensinaram".

Terapeuta: Então podemos ver como você aprendeu certas crenças sobre emoção quando era criança. Não é sua culpa que seus pais não tenham ajudado nisso. Você pode até se perguntar como eles desenvolveram tais crenças negativas sobre emoção. Talvez tenham sido críticos e desdenhosos com as emoções. É possível?

Paciente: Sim, a mãe da minha mãe era altamente crítica. Ela era o que você chama de "narcisista". Tudo estava relacionado a ela. Ela achava que meu pai não era bom o suficiente para sua filha. E, mesmo hoje, minha mãe parece ter medo dela. Posso afirmar.

Terapeuta: Bem, seus pais tinham limitações no que se refere a ajudá-la a entender e lidar com suas emoções. Talvez essas limitações estejam relacionadas à infância que tiveram. Mas a boa notícia é que você pode aprender novas maneiras de pensar sobre suas emoções e lidar com elas.

Paciente: Isso seria bom. (*Pausa.*) Já está na hora, eu acho.

Terapeuta: Sim, já está. Mas não seria ótimo se você pudesse aprender que suas emoções fazem sentido, que outras pessoas podem ter os mesmos sentimentos e que as suas emoções não vão durar para sempre nem sobrecarregá-la? Não seria ótimo se pudesse aprender a aceitar algumas emoções como experiências que está tendo no momento, ao mesmo tempo percebendo que pode produzir outras emoções positivas em si mesma e viver uma vida que tenha espaço para todas as emoções – as positivas e as negativas?

Paciente: Isso seria maravilhoso. Mas eu nem mesmo sei como isso é possível.

Terapeuta: Bem, nós podemos descobrir. Isso é algo em que podemos trabalhar juntos, se você quiser. Isso é uma coisa que podemos tentar fazer.

O terapeuta pode explorar melhor quais emoções não eram aceitáveis na família. Um exemplo extremo de tais emoções pode ser visto no caso de um ex-jogador semiprofissional que sofria de um transtorno conversivo. Ele não conseguia trabalhar e vivia em casa com sua mãe, com quem vivenciava muita frustração, já que ela regularmente o criticava. Ele se queixava de uma dificuldade em sentar e ficava deitado no piso do consultório do terapeuta. Alegou que tinha uma "raiva impura" e que queria eliminar pensamentos e sentimentos de raiva. Indicou que sua fé religiosa (ele dizia ter "renascido") proibia sentimentos de raiva, embora não conseguisse especificar qual ensinamento em sua fé proibia sentimentos explicitamente. O exame médico indicou que não havia nada de errado com ele fisicamente que justificasse sua necessidade de se deitar no chão. "Eu me sinto mais confortável deitado aqui", disse ele. O terapeuta lhe perguntou sobre a raiva em sua família:

Terapeuta: Durante a sua infância, como era quando você se irritava?
Paciente: Diziam-nos que a ira era um pecado, que você nunca devia ficar irritado com ninguém na família. Que você era mau.
Terapeuta: Então você foi criado para se sentir culpado por ficar com raiva? Diziam-lhe que você era mau?

O terapeuta percebeu, durante várias sessões, que, quando o paciente era questionado sobre sua mãe, começava a se sentir irritado devido ao tratamento crítico que ela tinha para com ele; quando sua raiva aumentava, sentava-se no chão e parecia fisicamente mais forte. Quando o terapeuta fazia essa observação, ele se refugiava deitado no chão e dizia que sua raiva era ruim. Esse é um exemplo dramático de como mensagens que incutem culpa sobre a raiva em uma criança podem resultar em psicopatologia severa.

Outro paciente que parecia alexitímico tinha dificuldade em identificar suas emoções. Estava desempregado e procurando emprego há mais de sete meses. Apresentava pouca expressão facial quando falava sobre questões emocionais. Também comentou que não sabia como realmente se sentia em relação à sua namorada. Quando perguntado se alguma vez já tinha se apaixonado, comentou: "Talvez – alguma vez. Não sei". O terapeuta lhe perguntou se ele conversava com seus pais quando criança sobre seus sentimentos.

Paciente: Eles não querem ouvir sobre seus sentimentos. Eles estão completamente interessados em conquistar coisas – entrar nas escolas certas, ser um sucesso. Não, falar sobre sentimentos seria uma perda de tempo.
Terapeuta: E como é agora?
Paciente: Se eu lhes dissesse como me sinto, se lhes dissesse que este é um momento difícil para mim, eles usariam isso contra mim. Isso é um sinal de fraqueza.

Assim, na família desse paciente as emoções eram proibidas; elas não estavam de acordo com os valores de alcançar realizações e *status*; e as emoções conferiam vulnerabilidade interpessoal.

## ESCLARECENDO COMO A MUDANÇA DOS ESQUEMAS EMOCIONAIS PODE AFETAR A PSICOPATOLOGIA

Para desenvolver motivação para a mudança, o terapeuta pode usar algumas das informações sobre as crenças do paciente quanto às emoções e sobre o enfrentamento problemático das mesmas, a fim de ilustrar que a mudança nas crenças pode ajudar o cliente a abordar suas preocupações atuais. Os pacientes que dependiam de passividade, abuso de substância, ruminação, comer compulsivo e outras estratégias de enfrentamento disfuncionais podem começar a examinar como a mudança das suas crenças sobre as emoções pode tornar essas estratégias desnecessárias. Por exemplo, no caso da viúva que voltava intoxicada para seu apartamento, se ela conseguisse reconhecer que sua tristeza apontava para seus valores elevados de amor e dedicação (alguma coisa da qual sentir orgulho), que sua tristeza e solidão poderiam ser encaradas como lembretes temporários de alguém que ela amou e que esses sentimentos poderiam ir e vir sem oprimi-la, ela teria menos necessidade de álcool como um meio de evitar ou suprimir tais emoções.

O terapeuta pode investigar sobre estratégias específicas de regulação emocional durante a entrevista inicial e aprofundar isso com o uso de questionários. Uma medida que visa uma variedade de estratégias de regulação emocional foi desenvolvida por Aldao e Nolen-Hoeksema (2012a). O Questionário de Estratégias de Regulação Emocional (ERSQ) é apresentado na Figura 5.1. Esse questionário simples avalia rapidamente se os pacientes usam a solução de problemas, o reestruturamento cognitivo, a aceitação, a supressão, a distração ou autocrítica; esconde seus sentimentos dos outros; preocupa-se ou rumina; procura reafirmação; ou "faz outra coisa" (toma um banho, bebe, come, etc.). Além do ERSQ, que pode ser usado na admissão (veja o Cap. 4), o terapeuta pode investigar outros comportamentos que o paciente usa, ampliando a categoria "faz outra coisa". Por exemplo, o cliente se dissocia, fica "perdido" na internet, percorre *sites* de pornografia, se automutila, se engaja em comportamentos compulsivos (p. ex., limpeza compulsiva), faz contato com as pessoas de formas inadequadas, chora, tem crises de birra ou se engaja em comportamentos problemáticos? De particular importância para a depressão é o uso de passividade e esquiva como estratégias de enfrentamento. Por exemplo, quando o indivíduo se sente "para baixo", ele fica na cama por longos períodos de tempo, evita interação com as pessoas, não responde à tentativa de comunicação de outras pessoas, dorme por longos períodos de tempo, rumina e se afasta de um modo geral? Os pacientes podem não considerar isso como "estratégias de enfrentamento" ou como "coisas que eles fazem" – porém, ironicamente, não fazer "nada" pode ser a estratégia de enfrentamento mais comum.

O terapeuta pode identificar as estratégias típicas e, depois, associá-las às crenças sobre emoção. Por exemplo, considere uma mulher que fica deitada na

| VOCÊ TENTOU | Nunca | Um pouco | Bastante | Muito |
|---|---|---|---|---|
| gerar ideias para mudar a situação ou consertar o problema | ○ | ○ | ○ | ○ |
| pensar na situação de forma diferente para mudar como você se sente | ○ | ○ | ○ | ○ |
| permitir ou aceitar seus sentimentos | ○ | ○ | ○ | ○ |
| "abafar" seus sentimentos ou tirá-los da sua mente | ○ | ○ | ○ | ○ |
| fazer alguma coisa para tirar as coisas da cabeça | ○ | ○ | ○ | ○ |
| criticar-se por seus sentimentos | ○ | ○ | ○ | ○ |
| esconder seus sentimentos dos outros | ○ | ○ | ○ | ○ |
| preocupar-se ou ruminar sobre a situação | ○ | ○ | ○ | ○ |
| conversar com outras pessoas | ○ | ○ | ○ | ○ |
| fazer outra coisa (respirou fundo, bebeu álcool, comeu para se sentir melhor) | ○ | ○ | ○ | ○ |

**FIGURA 5.1** Questionário de Estratégias de Regulação Emocional (ERS). De Aldao e Nolan-Hoeksema (2012a). Copyright 2012, Elsevier. Reproduzida com permissão.

cama durante a maior parte do sábado, queixando-se de não ter energia e motivação, bem como descrevendo-se como sentindo-se triste. Os pacientes deprimidos com frequência se queixam de "nenhuma energia" e "nenhuma motivação"; então, "logicamente", concluem que "não podem fazer nada". A crença dela sobre sua energia ou motivação é de que é finita e está esgotada, e que fazer alguma coisa iria exauri-la ainda mais. Ela quer conservar qualquer energia que lhe reste. Também acredita que interagir com as pessoas a deixaria mais triste e frustrada.

A paciente está usando passividade e esquiva como estratégia de enfrentamento. O terapeuta pode lhe perguntar sobre sua tristeza e energia, então investigar o que aconteceria se ela se levantasse da cama, saísse do apartamento, se exercitasse um pouco e visse alguns amigos:

Paciente: Eu ficaria exausta. Eu simplesmente não consigo fazer isso.
Terapeuta: E se você tivesse uma crença diferente sobre a sua motivação? Por exemplo, e se acreditasse que a sua motivação para fazer alguma coisa aumentaria depois que começasse a fazê-la? Por exemplo, e se acreditasse que a sua motivação para se exercitar aumentaria depois que começasse a se exercitar?
Paciente: Eu sairia da cama e me exercitaria, eu acho.

Terapeuta: Então, se você se imaginasse se exercitando, saindo e fazendo alguma coisa, como prediz que iria se sentir?
Paciente: É provável que me sentisse melhor. Mas não tenho energia.
Terapeuta: Qual é a pior coisa que poderia acontecer se você se exercitasse e tivesse pouca energia?
Paciente: Eu me sentiria mais cansada, eu acho.
Terapeuta: Qual é a melhor coisa que poderia acontecer se você se exercitasse, mas começasse com pouca energia?
Paciente: Eu poderia ter mais energia.
Terapeuta: Esta poderia ser uma maneira de começar imediatamente a sair da sua depressão. Você poderia experimentar fazendo alguma coisa ativa quando suas emoções lhe dizem para permanecer passiva e se esquivar.

O terapeuta pode indicar que é possível agir sem motivação.

Muitos pacientes acreditam que têm que estar "prontos" ou motivados para mudar. Eles pensam: "Eu preciso querer fazer isto", como se o desejo precisasse sempre preceder a ação. O terapeuta pode dizer: "E se você me visse caminhando de um lado para outro na frente deste prédio, olhando para o fim da rua como se estivesse esperando que um ônibus aparecesse? Você me perguntaria: 'O que você está fazendo?'. Eu responderia: 'Estou esperando que a minha motivação apareça para que eu possa ir para o trabalho'. O que você pensaria então?". Esse exemplo é muito útil para pacientes que evitam fazer coisas desconfortáveis porque não se sentem motivados ou prontos. Eles acham que precisam ter a energia, o desejo, a motivação. Uma maneira de responder a essa crença é dizer: "Você não faz coisas todos os dias para as quais não está de fato motivado simplesmente porque precisa fazê-las – como, por exemplo, ir para o trabalho?".

Como a ruminação é uma estratégia de regulação emocional mal-adaptativa, o terapeuta pode associar isso a esquemas emocionais problemáticos, como dificuldade em aceitar a emoção ou sentimentos "conflitantes". Por exemplo, um jovem ruminava intensamente após o rompimento com sua namorada: "Eu não consigo entender isso. Não entendo o que deu errado". Ele tinha alta intolerância à incerteza da situação, mas também percebia que não podia aceitar o rompimento e não conseguia "conciliar" seus sentimentos contraditórios sobre ela – ele ainda a amava, mas também estava com raiva da moça e desiludido com ela. Assim, ativou a ruminação como uma estratégia para fazer um encerramento, compreender e evitar problemas semelhantes no futuro. O terapeuta apontou que o que estava impulsionando sua ruminação era sua crença de que não podia aceitar a tristeza que sentia, seus sentimentos contraditórios, tampouco o fato de que poderia não ter percebido alguns sinais sobre o relacionamento. A ruminação, então, se tornou uma estratégia de evitação da aceitação. Isso foi útil para ele ao motivá-lo a examinar o papel da ruminação como uma estratégia que havia falhado.

## USANDO A CONCEITUALIZAÇÃO DE CASOS
## PARA DESENVOLVER UM PLANO DE TRATAMENTO

A conceitualização de casos, discutida no Capítulo 4, e o planejamento do tratamento estão interligados na terapia focada no esquema emocional. Durante o estágio inicial da terapia, profissional e paciente estão coletando informações sobre as crenças do cliente sobre emoção; estratégias de enfrentamento mal-adaptativas típicas; a origem de algumas dessas crenças sobre emoção; e o impacto dessas crenças e estratégias na depressão, ansiedade, raiva, relações interpessoais, motivação e trabalho. Esse é um processo contínuo durante a terapia, pois novos *insights* são obtidos acerca do impacto dos esquemas emocionais e da maneira como são mantidos atualmente. Uma descrição geral de uma conceitualização de caso é apresentada no Capítulo 4, e é fornecido um modelo para conceitualização de caso na Figura 4.3.

Considere o exemplo a seguir de um paciente cujos esquemas emocionais afetavam seu funcionamento interpessoal e autocuidado. Verônica era uma mulher casada com uma longa história de conflito conjugal. Ela temia a intimidade sexual com seu marido, que a traiu em diversas ocasiões e que havia indicado desde o início do matrimônio que achava que não queria estar casado. Suas crenças sobre suas emoções (tristeza, raiva, confusão, ansiedade) eram de que não faziam sentido; que era preciso se livrar desses sentimentos imediatamente, do contrário sairiam do controle; que não tinha o direito e senti-los, já que não era uma "boa esposa"; que ninguém iria entendê-la; que não podia expressar tais emoções, ou nunca pararia de chorar; e que outras pessoas não se sentiriam da mesma maneira. Verônica indicou que sua mãe, uma pediatra, nunca tinha tempo para seus sentimentos e lhe dizia: "Você não devia se queixar de nada. Percebe o tipo de problemas que têm as crianças que eu atendo?". Ela foi ensinada que seus sentimentos eram uma carga para sua mãe, que ela era egoísta e infantil, e que sua mãe se sentia incomodada com a sua "carência". Quando criança, com frequência se sentia sozinha, e durante o início da adolescência desenvolveu anorexia e bulimia nervosa. Achava que sua mãe prestava pouca atenção aos seus transtornos alimentares e ainda alegava: "Você só está tentando chamar minha atenção". Ela descreveu vários anos na universidade durante os quais abusou de drogas e teve inúmeros parceiros sexuais com quem tinha pouca intimidade emocional. Achava que a intimidade sexual lhe daria proximidade emocional, mas isso raramente lhe deu alguma satisfação emocional. Isso só confirmou ainda mais a sua crença de que estava lá para satisfazer as necessidades emocionais dos outros e que ninguém a conhecia de fato. Atualmente, ela ainda estava casada e vivendo com seu marido – mas também estava levando adiante um caso extraconjugal com um homem casado, com quem não via nenhum futuro. Ela ruminava sobre sua situação, mas tinha medo de fazer qualquer mudança, uma vez que "isto é o melhor que eu consigo". Ela era bem vista em seu emprego, mas estava relutante em buscar promoções, achando não ser merecedora. Tinha aprendido que não tinha direito às suas emoções e, portanto, tinha direito a poucas coisas mais na vida.

Depois de várias sessões de terapia e avaliação, o terapeuta desenvolveu uma conceitualização de caso com Verônica, e um diagrama disso é apresentado na Figura 5.2. O diagrama ilustra como ela aprendeu sobre suas emoções enquanto crescia; quais estratégias mal-adaptativas usava quando criança (se isolando, suprimindo seus sentimentos, tendo compulsão alimentar, restringindo a comida, perfeccionismo sobre peso e aparência); e como suas crenças sobre emoção e sua crença de que não era merecedora de amor levaram primeiramente à sua atuação sexual e ao abuso de substância na universidade — e, depois, ao seu sentimento de que estava presa a um casamento sem amor e a um caso extraconjugal impossível. Os objetivos da terapia, então, seriam que ela examinasse essas crenças sobre as emoções, modificasse suas crenças sobre merecer amor e atenção, encontrasse estratégias mais adaptativas para lidar com os problemas do seu casamento, desenvolvesse uma "cartilha de direi-

**Mensagens sobre emoção na família**
Emoções são um fardo; são sinais de infantilidade ou egoísmo; não fazem sentido; não são importantes; estão fora de controle

**Esquemas emocionais atuais**
Emoções são de longa duração; estão fora de controle; não fazem sentido; são embaraçosas, perigosas, confusas; não podem ser validadas

**Estratégias de enfrentamento mal-adaptativas**
Ruminação, esquiva, passividade, abuso de substância, busca de reasseguramento, comer compulsivo, atuação sexual, autocrítica, acusação

**Impacto no funcionamento pessoal**

Raiva, depressão, ansiedade

Relacionamentos (com marido e amante)

Trabalho

Autocuidado

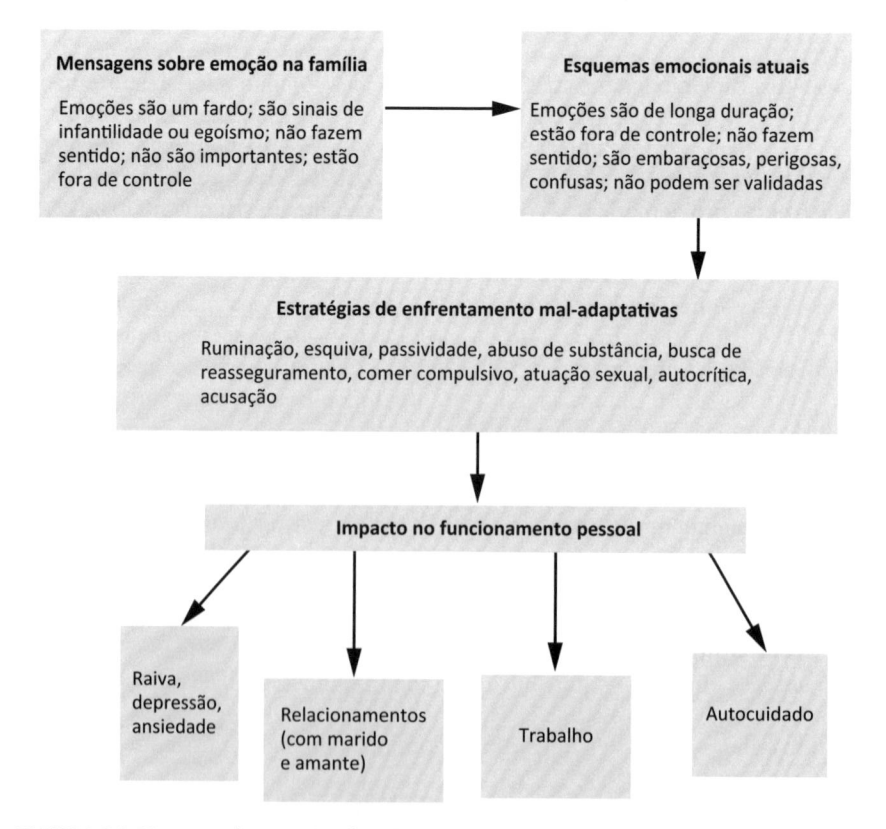

**FIGURA 5.2** Diagrama da conceitualização de caso de Verônica.

tos" e uma lista de necessidades, usasse a solução de problemas para seguir em frente, aprendesse a se aceitar como um ser humano falível, que não precisa ser perfeito, e desenvolvesse estratégias para enfrentar emoções poderosas quando elas ocorrem.

O plano de tratamento é desenvolvido diretamente a partir da conceitualização de caso. Iniciando pela avaliação e socialização do paciente com a terapia, o plano progride com a identificação e modificação dos esquemas emocionais, eliminando estratégias problemáticas de enfrentamento da emoção, desenvolvendo esquemas emocionais e estratégias de enfrentamento mais adaptativas, identificando valores e virtudes para direcionar o comportamento e as escolhas, bem como usando psicologia positiva para desenvolver uma vida mais completa do ponto de vista emocional. Conforme enfatizado ao longo deste livro, o objetivo final não é necessariamente se sentir melhor; é ter uma vida mais completa.

## RESUMO

A socialização do paciente com o modelo do esquema emocional é um processo contínuo, por vezes seguindo durante todas as fases da terapia. A conceitualização de casos é frequentemente a primeira vez que o cliente compreendeu que suas crenças sobre suas emoções foram determinadas por experiências de socialização problemáticas, as quais, então, o colocaram em um curso de estratégias desadaptativas para atender as suas necessidades ou lidar com seus sentimentos. Esses padrões continuaram através das relações, do trabalho, do autocuidado e de outras áreas da vida, e podem ter levado a um senso de desesperança quanto a ter uma vida mais significativa. De fato, a conceitualização de casos pode ser uma das experiências de maior validação que o paciente pode ter: ela pode indicar que mais alguém o compreende, que suas emoções fazem sentido, que ele pode falar sobre seus sentimentos sem descompensar e que existe um plano para mudança.

Na Parte III (Caps. 6 a 9), me concentro em um grupo seleto de dimensões do esquema emocional: validação, duração, controle, culpa, aceitação, visão simplista da emoção (intolerância à ambivalência) e valores. Outras dimensões, como compreensibilidade, entorpecimento, racionalidade, consenso, ruminação, expressão e culpa, são discutidas ao longo do livro nas descrições dos vários problemas apresentados pelos pacientes.

# Parte III
# INTERVENÇÕES ESPECÍFICAS PARA ESQUEMAS EMOCIONAIS

Capítulo 6
# A CENTRALIDADE DA VALIDAÇÃO

Precisamos aprender a chorar pelo flagelo, não simplesmente curá-lo.
– MIGUEL DE UNAMUNO

O conceito de emoção compartilhada e sofrimento faz parte do que o filósofo e novelista espanhol Miguel de Unamuno (1921/1954) descreveu em um livro intitulado *O sentimento trágico da vida*. Contrastando a abordagem da racionalidade e do pragmatismo com a experiência do sofrimento compartilhado – e a inevitabilidade deste na vida –, Unamuno contou a história de um jovem (representando a racionalidade e o pragmatismo) que se confrontava com um homem velho (representando a visão trágica). O velho está sentado à beira da estrada, chorando. O jovem diz: "Velho, por que você chora?". O homem responde: "Meu filho morreu. Eu choro a morte do meu filho". O jovem, em sua racionalidade, responde: "Mas chorar de nada serve. Seu filho está morto". E o velho responde: "Eu choro precisamente porque chorar de nada serve. Precisamos aprender a chorar pelo flagelo, não simplesmente curá-lo". Unamuno acreditava que a vida não se trata apenas de solução de problemas, de utilidade ou simplesmente racionalização do inevitável sofrimento dos seres humanos. Para ele, o "sentimento trágico" é uma visão do mundo que reconhece que coisas terríveis acontecem, que elas podem ser compartilhadas e testemunhadas, que a catarse faz parte de ser uma testemunha das dificuldades que cada um de nós irá experimentar e que existe nobreza nos sentimentos de estranhos. Tragédia, de acordo com Unamuno, não é pessimismo, tampouco é taciturna. É um reconhecimento de que choramos porque as coisas nos importam e que gostamos de saber que não estamos sozinhos.

Validação é o reconhecimento de que, embora seja muito difícil sofrer, é ainda pior sofrer sozinho. Na terapia focada no esquema emocional, o terapeuta reconhece a natureza essencial da validação: na relação terapêutica (e em todas as outras relações significativas), a solução de problemas pode começar com o compartilhamento dos problemas e com o reconhecimento de que a pessoa que sofre também precisa se sentir ouvida, compreendida e, por fim, cuidada. A validação é o meio pelo qual o profissional irá ajudar a desenvolver o sentimento de segurança emocional do paciente. Ou seja, o cliente pode acreditar: "Minha vulnerabilidade está segura aqui. Eu posso confiar a esta pessoa os meus sentimentos. Esta pessoa quer me conhecer, cuidar de mim e até me proteger". A validação é um componente fundamental de todo vínculo. As pessoas que são vulneráveis querem seus problemas resolvidos, mas também procuram segurança e compreensão.

Essa era a intenção de Unamuno ao falar em chorar pelo flagelo, não simplesmente curá-lo. Por certo, ninguém vai ter a expectativa de que um terapeuta literalmente chore por um paciente ou que sofra pelos mesmos sentimentos que este compartilha. Porém, se o cliente estiver falando sobre seus sentimentos, chorando e expressando-os abertamente, então o profissional precisa criar um sentimento de que o que é dito está sendo verdadeiramente ouvido – que as emoções foram registradas por ele, que existe algum espelhamento, um reflexo, alguma conexão. O paciente vai querer acreditar que o terapeuta tem alguma ideia sobre como é sentir o que ele está sentindo, e que esses sentimentos são respeitados. Uma "discussão" rápida ou fácil do conteúdo do que está sendo dito pode comunicar: "Precisamos nos afastar dos nossos sentimentos o mais rápido que pudermos". Mas dar ao paciente tempo e espaço para expressar as emoções, mesmo para organizar o que está sendo sentido – em outras palavras, dar oportunidade para "deixar as emoções acontecerem" – comunica que "Seus sentimentos têm importância. Sua experiência é importante. Eu tenho tempo para você. Eu estou aqui à sua disposição". Ninguém quer ser apressado para expressar seu sofrimento. A pessoa deseja ser ouvida – e cuidada. Compartilhar o próprio sofrimento é confiar na outra pessoa.

Este capítulo examina o que é validação – e o que não é. Examina algumas falsas concepções comuns que pacientes e terapeutas têm sobre o conceito, bem como as formas pelas quais eles podem ficar presos à busca de validação com exclusão da mudança. Assim como a terapia envolve aceitação do que é dado e a possibilidade de mudança, a validação envolve reconhecimento e respeito dos sentimentos e significados do momento presente e a exploração de novas formas de enfrentamento, interpretação e sentimentos. É essa dialética – uma aparente contradição para alguns – que pode conduzir a impasses no processo de mudança.

## O QUE QUEREMOS DIZER COM "VALIDAÇÃO"?

"Validação" (encontrar verdade no que sentimos e pensamos) é o ponto de apoio entre "empatia" (reconhecer o sentimento do outro) e "compaixão" (sentir *com* e *por* outra pessoa, importar-se com o sofrimento dela e estender-lhe sua bondade) (Leahy, 2001, 2005c, 2011b). Muitos anos atrás, Carl Rogers (1951) descreveu as qualidades da "aceitação incondicional positiva" – uma habilidade do terapeuta de refletir compreensão e aceitação dos sentimentos de um paciente, de forma a criar um ambiente emocionalmente seguro para a mudança. No modelo do esquema emocional, validação inclui aceitação positiva incondicional, mas vai mais além: abrange uma consideração do que significa invalidação para um indivíduo, os padrões para validação do sujeito e as consequências de ser invalidado.

Quando tenho empatia com você, sou capaz de identificar o sentimento que está tendo – por exemplo: "Parece que você está se sentindo triste e solitário". Quando eu valido você, não só identifico seu sentimento, mas também comunico que compreendo as razões pelas quais está se sentindo dessa maneira: "Eu posso ver que você está triste e solitário, e entendo que isso faz sentido, dada a perda do relacionamento e o quanto significa para você se conectar com pessoas com quem se importa".

Encontrar a "verdade" nos sentimentos de outras pessoas – mesmo que essa verdade envolva pensamentos "distorcidos" ou conjuntos de regras "tendenciosas", ou mesmo se o sofrimento de outras pessoas resultou do seu próprio orgulho ou ciúme – nos permite, como ouvintes, testemunhar o fato de que o sofrimento de outras pessoas significa alguma coisa para nós. Validação tem a ver com significado, e ninguém jamais quer sentir que é a única pessoa que consegue entender aquele significado. Os significados devem ser compartilhados e compreendidos pelos outros; eles são a base da conversa. É por isso que as pessoas se esforçam para tornar claros os seus significados. É por isso que elas dizem: "Você entende o que eu quero dizer?". Na validação, nós, ouvintes, somos as testemunhas que entendem a "verdade" de quem está falando e somos afetados pelo seu sofrimento. Para as pessoas que estão compartilhando o seu sofrimento, não é suficiente que simplesmente compreendamos o conteúdo do que está sendo dito; não basta parafrasear ou repetir literalmente o que nos contaram. Elas vão querer algo mais: podem querer saber se entendemos "como é estar passando por isso". Validação não é simplesmente um registro dos "fatos" (ou seja, "Isto é o que aconteceu"), mas inclui algum sentimento de que um ouvinte compreende como foi uma experiência, qual foi a sensação e o que significou. Ela transmite a ideia de que o ouvinte consegue imaginar como seria para ele ter tal experiência, ficar no lugar do outro. É uma união temporária de mentes, abolindo a barreira entre o *self* e o outro.

Uma pessoa pode expressar emoções diretamente (falar sobre sentimentos, chorar, reclamar, descrever, se alegrar) –, mas, se essa expressão for ignorada, se não for ouvida, refletida, compreendida, cuidada ou experimentada de alguma forma pelo ouvinte, e receber um significado compartilhado, então ela não levou à conexão que a validação proporciona. A validação não envolve meramente o *registro* de uma expressão ("Eu vejo que você está abalado"). Ela é *responsiva* ao que é ouvido: ouve o sentimento e o significado, respeita o momento em que a pessoa está. A validação é parte do sistema de apego, isto é, compartilha elementos com o processo de um cuidador que pega um bebê no colo quando ele chora. Demonstra conexão; demonstra cuidado. Dá ao indivíduo que fala o sentimento de que "Você me escutou. Entende como eu me sinto". A validação cria um ambiente emocional seguro – onde o sofrimento (ou alegria) daquele que fala é respeitado, o significado é compreendido, e o indivíduo já não se sente mais sozinho.

## TEORIA DO APEGO E VALIDAÇÃO

Bowlby (1969, 1973) e Ainsworth, Blehar, Waters e Wall (1978) propuseram que os bebês têm predisposição inata para formar e manter apego a uma figura única e que interrupções no vínculo de apego ativarão sistemas comportamentais que procuram finalização do ciclo até que o apego esteja garantido. O modelo ecológico de apego de Bowlby destacou as implicações evolutivas do apego no estabelecimento da proximidade com os adultos que podem proteger os bebês, alimentá-los e socializá-los em comportamentos apropriados, assegurando, assim, a sua sobrevivência. Os teóricos do apego elaboraram mais esse modelo para enfatizar a importância que tem, para um bebê ou criança, estabelecer um sentimento de *segurança* no apego – não simplesmente proximidade (Sroufe &Waters, 1977). Essa segurança implica a previsibilidade da responsividade do cuidador à criança.

Bowlby propôs que a segurança (ou insegurança) no apego é estabelecida por meio do desenvolvimento de um "modelo funcional interno", ou representação cognitiva, de uma figura de apego confiável (ou não confiável). De modo específico, um modelo funcional interno para um bebê seguramente apegado inclui a confiança de que o cuidador irá responder ao choro de angústia, será responsivo para acalmá-lo por meio de interações recíprocas e será previsível ao proporcionar interações positivas (em vez de punitivas). Uma maior responsividade do cuidador às necessidades expressas pelo bebê estabelece os fundamentos para uma representação mais segura do funcionamento no mundo (Feeney & Thrush, 2010; Mikulincer et al., 2001). Saber que a figura parental responde com atenção ao sofrimento do bebê é começar a acreditar que o mundo é previsível e seguro. O pressuposto que orienta a teoria do apego é que este modelo funcional interno – estabelecido no início da infância – afetará experiências posteriores de apego com outros indivíduos na vida da pessoa. É esta responsividade, conforme descrita por Bowlby e outros, que marca as bases iniciais dos esquemas de validação.

Ainsworth e seus colegas e sucessores diferenciaram quatro estilos de apego: "seguro", "ansioso", "evitativo" e "desorganizado" (Ainsworth et al., 1978; De Wolff & van IJzendoorn, 1997). Outros sistemas de classificação que foram empregados diferenciam três tipos: "seguro", "evitativo" e "ambivalente" (Troy & Sroufe, 1987; Urban, Carlson, Egeland, & Sroufe, 1991). Pesquisas sobre estilos sugerem que o apego na primeira infância é preditivo do funcionamento social na infância posterior e no início da idade adulta – especificamente, relações com os pares, depressão, agressão, dependência e competência social (Ainsworth et al., 1978; Arend, Gove, & Sroufe, 1979; Cassidy, 1995; De Wolff & van IJzendoorn, 1997;

Elicker, Englund, & Sroufe, 1992; Englund, Kuo, Puig, & Collins, 2012; Kerns, 1994; Urban et al., 1991). Os adultos que se classificam como "seguros" descrevem sua experiência precoce com seus cuidadores como de responsividade às emoções (Hazan & Shaver, 1987). Embora experiências de apego possam ter implicações de longo prazo, também é possível que haja diferenças genéticas nos estilos de apego relacionados a traços de personalidade herdados (Donnellan, Burt, Levendosky, & Klump, 2008). A importância da experiência de apego e responsividade é um componente central da teoria da mentalização conforme desenvolvida por Fonagy, Bateman e outros (p. ex., Bateman & Fonagy, 2004; Fonagy, 1989).

A capacidade de representar os estados mentais do *self* e dos outros é um processo recíproco de reflexão e aprendizagem, de acordo com a teoria da mentalização, e é um componente importante da autorregulação. Essas dinâmicas do apego precoce são vistas pelos teóricos da mentalização como centrais para a emergência do transtorno da personalidade *borderline* e outras formas de psicopatologia.

Argumenta-se aqui que a validação em relações significativas é reflexo de questões de apego. Primeiro, no processo de formação e manutenção do apego durante o início da infância, os rudimentos da validação incluem uma responsividade do cuidador à angústia da criança, o que reforça suas representações mentais de que "Meus sentimentos fazem sentido para os outros" e "Os outros me escutam". Se a criança possui um modelo funcional de que "Minha figura de apego não é confiável, rejeita ou é indiferente", então os esquemas problemáticos se desenvolverão sobre validação e invalidação. Por exemplo, o modelo operacional "Meus sentimentos não têm importância para os outros" levará a um sentimento continuado de que "As pessoas vão me invalidar", "Todos vão ser indiferentes comigo" e "Meus sentimentos são experimentados sozinhos e sem o apoio de outros".

Segundo, a resposta reconfortante dos sentimentos da criança por parte do cuidador a encoraja a acreditar: "Meus sentimentos de angústia podem ser acalmados". De início, esse reconforto ocorre por meio da atenção e do reasseguramento do cuidador, mas é posteriormente internalizado pela criança em autotranquilizações e autoafirmações otimistas. Tais afirmações acabam se tornando um modelo funcional interno – uma representação interna de que "Meus sentimentos fazem sentido e podem ser acalmados". Entretanto, se o modelo funcional interno é que "Meus sentimentos não serão acalmados", então esquemas emocionais negativos podem ser criados e ativados: "Meus sentimentos vão durar indefinidamente", "Meus sentimentos estão fora de controle" ou "Meus sentimentos são perigosos".

Terceiro, a comunicação dos sentimentos da criança aos cuidadores se torna uma oportunidade não só para expressar sentimentos, mas para o cuidador associar estados emocionais a eventos externos que "causam" os sentimentos (p. ex., "Você está incomodado porque seu irmão lhe bateu"). Essa tentativa por parte do cuidador de compreender a causa dos sentimentos da criança e compartilhar isso com ela também pode auxiliá-la na diferenciação desses sentimentos ("Parece que você está irritado e magoado") e na construção de uma teoria da mente que possa ser aplicada a si e aos outros. De fato, sem uma teoria adequada da mente, a criança será prejudicada na demonstração de empatia, validação e compaixão com os outros – e será incapaz de acalmar os sentimentos de outras pessoas. Além disso, sem uma teoria adequada da sua própria mente e emoções, o indivíduo será prejudicado no reconhecimento, na diferenciação e no controle dessas emoções.

Os pacientes em terapia entram na relação terapêutica com diferentes estilos de apego adulto – seguro, ansioso, evitativo e desorganizado, na tipologia de Ainsworth e seus seguidores. O estilo de apego ansioso, caracterizado por comportamento grudento e necessidade de reasseguramento, pode resultar de temores, bem como causá-los, de que não será obtida validação. Indivíduos com estilo de apego ansioso podem ter crenças idiossincráticas sobre validação (p. ex., "Você tem que sentir o que eu sinto para me compreender") e temer que o terapeuta seja crítico ou se retraia. No entanto, indivíduos ansiosos ainda irão procurar validação e eventual apego ao terapeuta. Em contraste, o estilo de apego evitativo será refletido na desconfiança e distância; esses pacientes evitam o contato mais próximo e a abertura na relação terapêutica – como fazem em outras relações. Tais indivíduos podem evitar decepções tendo menos expectativas e evitar a rejeição compartilhando menos. Os pacientes com um estilo de apego desorganizado podem ter dificuldade em identificar necessidades – ou podem acentuar a expressão delas por medo de não serem ouvidos e, portanto, as necessidades nunca serão atendidas. Conflitos nas primeiras experiências de apego podem resultar em indecisão entre a busca de validação (frequentemente por meio da escalada das demandas, queixas ou expressão emocional) e a desconfiança da validação (já que a figura de apego é vista como imprevisível).

## METAEMOÇÃO E VALIDAÇÃO

Conforme mencionado em capítulos anteriores, John Gottman e seus colegas propuseram que os pais diferem em suas crenças e seus valores quanto à experiência e à expressão emocional, o que os autores descrevem como "filosofias de metaemoção" (p. ex., Gottman et al., 1996). Por exemplo, alguns pais veem a experiência e a expressão de emoções "desagradáveis" de seus filhos – como raiva, tristeza ou ansiedade – como eventos negativos que devem ser evitados. Tais emoções devem ser suprimidas ou evitadas, e somente aquelas positivas ou neutras são toleradas. Essas visões emocionais negativas são comunicadas por meio de interações nas quais um dos pais é indiferente, crítico ou sobrecarregado pelas emoções do filho. Por exemplo, um pai indiferente pode dizer: "Isto não é grande coisa. Você vai superar"; um genitor crítico pode dizer: "Você está agindo como um bebê grande. Cresça"; e um pai sobrecarregado pode dizer: "Eu já tenho meus próprios problemas, então não posso cuidar dos seus". Em qualquer um destes casos, as emoções do filho são invalidadas, ignoradas e marginalizadas.

Em contraste com tais estilos problemáticos de socialização emocional, Gottmann e colegas (1996) identificaram um estilo de *"coaching* emocional" que implica a capacidade de reconhecer mesmo baixos níveis de intensidade emocional, de usar até mesmo emoções "desagradáveis" como oportunidades para intimidade e apoio, auxiliar uma criança a nomear e a diferenciar emoções e se engajar na solução de problemas com a criança. O genitor que faz *coaching* emocional se parece muito com o genitor que usa a abordagem centrada no cliente de Rogers, com aceitação incondicional positiva, aceitação e exploração; acrescentada a essa escuta reflexiva e empática, contudo, está a disposição para diferenciar e nomear várias emoções, ao mesmo tempo também sugerindo que a criança possa utilizar a solução de problemas para enfrentar dificuldades. Os pais que adotam o estilo de *coaching* emocional têm maior probabilidade de ter filhos que serão capazes de acalmar as próprias emoções. Ou seja, o *coaching* emocional auxilia na autorregulação emocional.

Além do mais, filhos de pais que usam *coaching* emocional são mais eficazes nas interações com seus pares, mesmo quando o comportamento apropriado envolve a inibição da expressão emocional. Assim, esses filhos são mais desenvolvidos na "inteligência emocional" – sabendo quando se expressar e quando inibir a expressão, bem como sabendo como processar e regular as próprias emoções (Eisenberg et al., 199; Eisenberg & Fabes, 1994; Mayer & Salovey, 1997; Michalik et al., 2007). O *coaching* emocional não reforça simplesmente um estilo catártico nas crianças; ao contrário, lhes permite identificar, diferenciar, validar, se autoacalmar e resolver problemas. Auxilia na teoria da mente relativa à emoção. Um terapeuta com foco no esquema emocional ajuda o paciente a identificar experiências de invalidação atuais e passadas, ao mesmo tempo auxiliando-o a experimentar validação na relação terapêutica. Entretanto, como muitos pacientes (se não a maioria) experimentaram respostas de indiferença, punitivas e desdenhosas quando buscaram validação dos outros, o terapeuta ajudará o paciente a focar no que a experiência de invalidação significou no passado (p. ex., "Minhas emoções são um fardo") e por que as tentativas de validação na relação terapêutica atual podem parecer fracassar (p. ex., "Você está ficando do lado deles").

## POR QUE A VALIDAÇÃO É IMPORTANTE?

Conforme indicado no Capítulo 3, nossa pesquisa indicou que a invalidação foi um preditor importante de depressão (Leahy, Tirch, & Melwani, 2012) e que, entre as 14 dimensões do esquema emocional, baixa validação foi o melhor preditor de atrito conjugal. Também foi o principal preditor de abuso de álcool e outras substâncias, e foi o terceiro melhor preditor de personalidade *borderline*. A validação estava relacionada a 12 das outras 13 dimensões dos esquemas emocionais. Uma análise de regressão múltipla indicou que os melhores preditores de validação entre as outras dimensões eram culpa, duração e incompreensibilidade. Isto é, as pessoas que achavam que eram validadas tinham menos probabilidade de culpar os outros, bem como de acreditar que suas emoções iriam durar indefinidamente e eram incompreensíveis. Assim, a validação parece ser um componente central dos esquemas emocionais, da psicopatologia e das relações interpessoais.

Minha própria experiência como terapeuta reflete a importância da validação – e do seu fracasso. Alguns anos atrás, armado das minhas técnicas de terapia cognitiva, me encontrei em um impasse ao trabalhar com um homem muito inibido que estava tentando imaginar o que fazer com seu trabalho e suas relações íntimas. Enquanto usava uma técnica após a outra para identificar seus pensamentos automáticos, classificá-los, examinar os custos e benefícios e considerar as evidências, descobri que ele se retraía cada vez mais com relação a nossa interação. Minha resposta inicial, é claro, foi pensar que ele era "resistente" e (ingenuamente de minha parte) tentar vencer essa "resistência"; inevitavelmente, isso levou a maior retraimento. Eu não estava chegando a lugar algum – e, o que é mais importante, ele também não estava. Então lhe perguntei: "Parece que você está se afastando das nossas discussões. O que está acontecendo?". Ele olhou para mim, um tanto confuso (já que esse tipo de afirmação não era meu costume), e observou: "Você parece não estar ouvindo o que eu estou dizendo. Só está usando suas técnicas".

Ele estava certo. Eu estava muito apegado às técnicas.

Quando discutimos como era a experiência para ele, comentou que se sentia totalmente sozinho na sala, como se ninguém pudesse ouvi-lo. Exploramos como essa experiência era parecida com as outras que ele havia tido. Ele se deu conta de que sua mãe era muito dominante e crítica e que ela considerava seu próprio ponto de vista como o único ponto de vista válido. Ele também disse que tinha dificuldades em classificar seus sentimentos e pensamentos, que se sentia ansioso e ficava bloqueado, e que as técnicas de terapia cognitiva faziam se lembrar das críticas da sua mãe. Ele observou, ainda, que sua namorada também parecia bastante dominadora, o que lhe tornava mais difícil se conectar com ela.

Eu gostaria de dizer a esse homem o quanto sou grato por me redirecionar. Ele me mudou como terapeuta. Percebi – como ele deixou claro para mim – que, para que eu fosse ouvido, ele tinha que ser ouvido. Seus sentimentos, seus pensamentos, sua confusão e sua inibição eram tudo o que importava em nossas discussões. Tive que aprender a me controlar e a lhe dar tempo e espaço para descobrir o que estava sentindo. Tive que deixar de lado a agenda, as técnicas, entrar no mundo dele e aceitar sua confusão; precisava reconhecer que o caminho de um ponto a outro nem sempre era uma linha reta e que eu não era o único a traçar o caminho. Eu o segui. Ele agora podia falar porque eu estava mais disposto a ouvir.

Devo confessar que essa não foi a única vez em que me dei conta de que podia estar invalidando. De fato, mesmo quando eu tentava validar, me percebia invalidando. Mas o que aprendi com minhas interações com esse paciente e com outros é que explorar a invalidação, reconhecê-la, admiti-la, compartilhá-la e até mesmo reconhecer meus próprios pontos cegos é validar. E depois que esses clientes acreditaram que eu os validaria, eles conseguiram confiar em mim.

## OS AMBIENTES DE VALIDAÇÃO PASSADOS E ATUAIS DO PACIENTE

### Invalidação na infância

O modelo do esquema emocional reconhece a importância das experiências precoces da socialização emocional. Ele compartilha com a teoria por trás da TCD (Linehan, Bohus, & Lynch, 2007), com a teoria da mentalização (Fonagy, 2002) e com o modelo subjacente à terapia focada na compaixão (Gilbert, 2009) o reconhecimento da importância da invalidação emocional, a falta de responsividade e a falta de compaixão na emergência de crenças problemáticas sobre si e os outros. Embora essas outras abordagens destaquem com clareza a importância de ambientes que invalidam, o modelo do esquema emocional é particularmente focado nas crenças sobre emoções e outras que são ativadas como resultado dessas experiências – ou seja, no conteúdo cognitivo-social da invalidação. Por exemplo, depois que o terapeuta identificou as visões negativas problemáticas das emoções (p. ex., "Não posso ser validado", "Minhas emoções são vergonhosas", "Minhas emoções não são parecidas com as dos outros"), terapeuta e paciente podem refletir sobre como tais crenças sobre emoção foram aprendidas durante a infância. O profissional pode perguntar: "Quando você era criança, como sua mãe [seu pai] respondia quando você ficava perturbado?" e "Se ficava perturbado, você recorria a sua mãe ou a seu pai?". Os pacientes que relatam esquemas emocionais negativos frequentemente descrevem ambientes emocionais que invalidam. As respostas a seguir são típicas:

> "Meu pai era distante – nunca estava por perto, parece – e, quando ele estava, era frio, como se não tivesse interesse em nós."
> "Minha mãe estava sempre falando ao telefone ou saindo para ver seus amigos. Ela fazia eu me sentir como se a estivesse interrompendo."
> "Eu estava sempre preocupado com a minha mãe, que tinha muitos problemas com meu pai, que estava sempre zangado. Não havia espaço para as minhas emoções porque eu tinha que acalmá-la."

"Minha mãe era pediatra, e quando eu falava sobre meus problemas, ela fazia eu me sentir culpada. Ela dizia; 'Você não percebe que os seus problemas não se comparam aos das crianças que eu estou ajudando no trabalho?'"

Para os pacientes, ainda é doloroso lembrar tais comentários invalidantes e indiferentes.

O terapeuta pode, então, investigar: "Considerando o que você descreve como comentários invalidantes e indiferentes do seu pai, o que isso o faz pensar ou sentir?". O paciente com o pai frio e ausente pensava: "Ninguém está interessado em meus sentimentos – ou em mim". O cliente cuja mãe estava sempre ao telefone pensava: "As pessoas não se importam comigo a menos que eu lhes diga que isso é realmente terrível. Eu tenho que me fazer ouvido". Verônica, a paciente com a mãe pediatra indiferente (veja o Cap. 5), pensava: "Eu devo ser egoísta e mimada por ter as necessidades que tenho". A variação dos sentimentos também é importante – desde raiva, ansiedade, vergonha, culpa, tristeza e impotência até indiferença, resignação e confusão. Tais pacientes nunca dizem que se sentem melhor.

Além da experiência de interações indiferentes, invalidantes e críticas, o terapeuta pode investigar sobre o que o paciente fez para ser ouvido ou para ter suas emoções validadas. Alguns clientes com pais indiferentes (que estavam muito ocupados para as suas emoções) descrevem como tentavam ser ouvidos se queixando de sintomas físicos, criando emergências, tendo crises de birra ou se metendo em problemas. Uma paciente, que parecia intensificar suas emoções frequentemente, descreveu como tentava ser "a boa menina" – vestindo-se da "maneira correta", tendo boas maneiras e tentando agradar sua mãe. Quando isso não funcionava, ela criava emergências – agindo como se estivesse extremamente perturbada, chorando ou se queixando de modo ruidoso. Outra descreveu que se afastava voltando-se para as bonecas, a fantasia e lendo livros em que "as coisas eram seguras". Havia um cliente que canalizava seus esforços sendo um bom aluno e tendo o reconhecimento dos seus professores. Finalmente, um paciente que era ignorado pelo pai e provocado pelos seus pares, descreveu como assumiu uma postura filosófica não emocional, quase se parecendo com um pequeno estoico praticando a indiferença. Na terapia, ele parecia racional e cordial, mas não particularmente emocional, enquanto descrevia como sua esposa se queixava de que ele estava fora do alcance com a sua emocionalidade.

### Compensações para ambientes invalidantes

As compensações para ambientes invalidantes (os da infância, descritos anteriormente, ou os atuais, descritos a seguir) se enquadram em várias categorias: (1) procurar fontes alternativas de validação, como o outro genitor, um parente ou um amigo; (2) tentar agradar e impressionar o genitor invalidante para ser aceito; (3) acentuar a expressão da emoção; (4) somatizar para obter reasseguramento; (5) retirar-se para a fantasia; (6) engajar-se em comportamentos promíscuos para se sentir cuidado e desejado; (7) intelectualizar e negar as necessidades emocionais; (8) abusar de álcool ou drogas para se autoacalmar; e (9) inverter os papéis de apego cuidando dos outros, especialmente do genitor invalidante (parentalidade invertida). Cada uma dessas "adaptações" possui implicações para a psicopatologia, como dependência, desregulação emocional, exibições excessivamente dramáticas de emoção, ansiedade pela saúde, estilo emocional repressivo, alexitimina, transtornos devidos ao abuso de substância e relacionamentos autodestrutivos.

Consideremos essas várias compensações para a invalidação. Primeiro, o indivíduo pode procurar outras fontes de validação. Algumas crianças podem reconhecer cedo que seus pais não são bons em validação, mas que um avô ou amigo pode ser útil. Elas transferem seus interesses de apego para essas pessoas. Pode ser útil que o paciente identifique as pessoas durante a infância (ou atualmente) que foram (ou são) procuradas para apoio emocional. Ter fontes alternativas de validação pode ajudar o paciente a perceber que a invalidação era distintiva de um dos pais e não pode ser generalizada para todas as outras pessoas. Além disso, identificar figuras validantes e compassivas na vida do cliente pode ser útil para invocar uma representação compassiva – um processo discutido posteriormente. Contudo, as figuras "validantes" na vida do paciente também podem ser figuras problemáticas. Por exemplo, uma mulher descreveu como seu pai tinha explosões de raiva e sua mãe era autocentrada com sua própria ansiedade pela saúde. Quando jovem, ela encontrou e acabou se casando com um homem que era muito apoiador, "protetor" e fisicamente afetivo. Ela acreditava que por meio dele poderia ter suas necessidades de apego atendidas. Contudo, ele também se tornou alcoolista, controlador, possessivo e exigente, fazendo ela se sentir encurralada em seu apego desesperado à "única pessoa que me entendeu". Nem todas as figuras "validantes" são escolhas úteis.

Segundo, uma criança pode se esforçar para tentar agradar o genitor para ser validada. Por exemplo, uma mulher descreveu como sua mãe narcisista e preocupada consigo mesma era indiferente e desdenhosa das suas necessidades emocionais. Reconhecendo que sua genitora não a validaria, tentava impressioná-la se vestindo com roupas de "menina bonita", tirando boas notas na escola e tentando se adequar ao círculo social que sua mãe valorizava. Em vez de ser validada por suas emoções ou sua identidade individual, ela percebeu que só poderia ser validada refletindo os ideais narcísicos da genitora. Quando adulta, se tornou vulnerável a agradar pessoas exploradoras e narcisistas, incluindo seu primeiro marido e outros membros da família. O terapeuta pode ajudar a identificar tais compensações para a invalidação, perguntando ao paciente: "Se acreditasse que não poderia ser validada pela forma como se sentia, você tentava obter aprovação para outras qualidades ou comportamentos? Como isso funcionou?". Além disso, o profissional pode investigar se existem, no momento, formas similares pelas quais o paciente busca validação.

Uma terceira resposta comum à invalidação para muitas crianças (e adultos) é acentuar a intensidade da expressão. Crises de birra, gritos, ameaçar, roubar, desobedecer e outros comportamentos problemáticos são frequentemente respostas à crença: "Eu não estou sendo ouvido". Por exemplo, um jovem descreveu sua infância como uma tentativa infrutífera de obter validação – ou atenção – de seu pai, que era preocupado com seus objetivos nos negócios. Em consequência desse fracasso em ser reconhecido, o menino tinha crises de birra, "em parte para punir meu pai e em parte para receber alguma atenção". O terapeuta lhe perguntou: "Qual é a lembrança mais positiva que você tem do seu pai durante seu crescimento?". Ele respondeu: "Eu me lembro de quando tinha 5 anos e entrei no quarto dos meus pais e meu pai me pegou no colo na cama e ficou me atirando para o alto". Quando adulto, ele alterou sua tentativa de validação, procurando corresponder aos sonhos do seu pai em relação ao trabalho se tornando um acadêmico, mas só constatou, mais uma vez, que seu pai tinha uma capacidade limitada de reconhecer e valorizar a individualidade do seu filho. Como muitas pessoas que não conseguem obter validação dos pais, achava que a deficiência residia nele mesmo (não atraente, não interessante, sem valor), em vez de na outra pessoa. Passou a acreditar que lhe faltava validade para validação; ele não era suficientemente bom.

A escalada da busca de validação é um problema comum para pacientes que com frequência são descritos como "emocionalmente desregulados". Gritar é, com frequência, a resposta à crença: "Você não me ouve". Infelizmente, as pessoas que exageram em seus gritos são em geral ignoradas como "irracionais" ou nem mesmo "dignas de ser ouvidas", reforçando ainda mais a sua crença de que não podem ser validadas. O terapeuta pode perguntar ao paciente que escala a intensidade da busca de validação:

> "Eu posso perceber que você acha que as pessoas não o escutam ou não se importam com como você se sente. É possível que você tenha se sentido assim muitas vezes no passado – por exemplo, quando criança? Já se sentiu assim em outros relacionamentos? Você às vezes também se sente assim comigo?"

Ou:

> "Talvez você grite porque acredita que esta é a única maneira de ser ouvido, a única forma de ser levado a sério. Quando grita, as pessoas o validam ou se afastam? Algumas pessoas respondem com gritos? Você perdeu amigos por causa disso? Se nós conseguíssemos encontrar uma forma mais efetiva de ser ouvido, você gostaria de fazer isso?"

Outro estilo problemático de intensificar a busca de validação é tentar repetidamente se conectar com pessoas que demonstraram indiferença. Por exemplo, uma jovem mulher mandava repetidamente mensagens de texto para amigos que ela havia afastado, fazendo eles se sentirem perseguidos por ela. Outros indivíduos podem mandar *e-mails* ou mensagens de texto enfurecidas ou com obscenidades. Tais estilos problemáticos de busca de validação levam a ainda mais rejeição, maior depressão, maior isolamento – e, ironicamente, à escalada do mesmo comportamento para buscar validação.

Quarto, alguns indivíduos focam em queixas somáticas, sejam elas reais ou imaginadas. Ausência frequente à escola na infância, queixas físicas vagas ou doenças "não diagnosticadas" refletem tentativas indiretas de procurar apego e tranquilização emocional. Por exemplo, um homem idoso com uma longa história de hipocondria descreveu como sua esposa era indiferente a qualquer expressão emocional: "Ela sempre foi fria, um pouco formal, até mesmo com os filhos. Ela não tem interesse pelos netos". Inicialmente, ele buscou o apoio emocional da sua esposa para suas queixas físicas vagas e preocupações com a saúde, mas ela era indiferente e desdenhava dele com frequência. O paciente descreveu que frequentemente sentia que visitar médicos para exames era uma forma pela qual socializava: "É como se me convidassem para almoçar. Eles se importam comigo. Esta é uma maneira de obter os cuidados atenciosos que não tenho em casa". Buscar atenção para queixas físicas pode resultar em algum apoio e validação, mas é provável que resulte que os parceiros e amigos ignorem as preocupações médicas como "mais um alarme falso". Além do mais, ruminação e preocupação acerca de problemas físicos só vão se somar à ansiedade e à depressão que o paciente experimenta. É útil validar a necessidade de atenção e "cuidados atenciosos", ao mesmo tempo sugerindo que a preocupação com questões físicas só vai aumentar os problemas. A necessidade de atenção pode ser prevenida encorajando a autovalidação e a autocompaixão, conforme discutido mais adiante.

Quinto, alguns pacientes substituem a validação dos outros por fantasias sobre um mundo ideal ou excitante. Isso, é claro, é menos ameaçador, já que não é provável que o indivíduo seja rejeitado em um mundo de fantasia. Uma paciente descreveu como ela inventou um alter ego imaginário quando era menina, para substituir a necessidade de receber validação da sua mãe crítica e abusiva. Esse alter ego – uma plateia imaginária para ela – se transformou num repositório para conforto. Ela também podia conversar com suas bonecas, já que sentia que tinha uma conexão especial com elas. Quando adolescente, substituiu tais plateias pelo seu gato. O terapeuta perguntou: "Quando você era adolescente, achava que havia alguém com quem pudesse conversar, compartilhar seus sentimentos?". A paciente respondeu: "Definitivamente, minha gata. Eu voltava para casa e conversava com ela e sentia que me compreendia. Eu vou ficar melhor quando tiver um gato". Um homem com transtorno da personalidade evitativa descreveu como achava que poderia ficar perdido nos livros de ficção, especialmente naqueles de aventura: "Eu acho que posso assumir uma personalidade diferente nesses livros, me imaginando como parte da aventura.

Eu me sinto respeitado e valorizado nessas fantasias". Ele descreveu como tinha durante horas devaneios sobre fuga. Sua relação com sua esposa era de parceria paralela – nunca tendo sexo, raramente conversando sobre alguma coisa importante, apenas agindo como se eles fossem um casal feliz – embora ele tivesse um caso com outra mulher.

O comportamento promíscuo é um sexto meio pelo qual algumas pessoas procuram uma substituição para a validação. O homem que descreveu sua esposa como indiferente e manipuladora procurava regularmente prostitutas para massagens e sexo. Alegava que elas entendiam suas necessidades e não lhe criavam dificuldades. Quando não estava visitando prostitutas, ele via sua "namorada", a "quem ajudava financeiramente", pagando seu aluguel. Justificava que ela era alguém com quem podia conversar sem ser rejeitado. Outro homem, que era ostensivamente religioso, contratou uma prostituta para uma conversa em vez de sexo; ele se organizava para ter o jantar entregue em um quarto de hotel, onde conversava com ela e tentava impressioná-la com sua inteligência. Uma mulher cujos pais bebiam demais e eram indiferentes quanto aos seus sentimentos indicou que procurava encontros anônimos com homens para se sentir desejada e atraente. Ela sabia que essas relações não tinham futuro: "É mais fácil assim; eu não vou me magoar".

Um sétimo tipo de compensação para invalidação é intelectualizar e negar necessidades emocionais. Esses indivíduos acreditam que suas emoções nunca serão aceitas ou compreendidas pelos outros, ou que os demais não irão se importar com elas; em consequência, adaptam-se a uma posição de autonegação, excessivamente racional em relação aos sentimentos. Por exemplo, uma mulher cujo marido alcoolista não estava disposto a fazer sexo devido à sua disfunção erétil começou a terapia cognitiva alegando que deveria ser carente demais: "Afinal de contas, nós estamos casados há quase 25 anos, e as pessoas em nossa idade não fazem sexo. Talvez eu seja carente demais". Essa intelectualização de autonegação impedia que ela legitimasse a sua frustração e a mantinha presa a um relacionamento autodestrutivo. Quando posteriormente validou suas necessidades de sexo e afeição, começou a se afirmar, o que, por fim, levou a mudanças significativas no hábito de beber do seu marido e melhora em seu relacionamento íntimo. Um homem, descrito anteriormente, que se queixava da falta de apoio dos seus pais para a sua dificuldade de encontrar um emprego, se retirou para uma estratégia excessivamente racional: "Sei que devo ser irracional em pensar que preciso de compreensão e apoio. Eu deveria ser capaz de sobreviver sem isso". Quando lhe foi perguntado o que achava de compartilhar suas emoções ou de senti-las, ele respondeu: "Emoções são uma perda de tempo. Elas não te levam a lugar nenhum". E acrescentou: "Quando as pessoas veem que você é emotivo, elas se aproveitam". Esse refúgio numa posição antiemocional e excessivamente racional não é incomum e pode ser uma razão por que alguns desses indivíduos procuram terapia cognitivo-comportamental. Um paciente ficou surpreso por eu estar falando sobre emoções e validação: "Eu achei que esta era uma abordagem racional. Eu não achava que iríamos perder nosso tempo com emoções".

A resposta antiemocional, excessivamente racional a uma história de invalidação, pode ser uma barreira difícil à terapia, já que os pacientes podem tentar usar a terapia cognitiva contra qualquer experiência emocional. Por exemplo, os pacientes podem dizer: "Sei que eu não preciso disso; eu só *prefiro* alguma coisa", como se os humanos não tivessem desejos e necessidades que são universais. "Eu sei que não deveria me incomodar com o fato de o meu marido não estar interessado em sexo. Estou sendo emocional demais, carente demais". O terapeuta focado no esquema emocional pode reestruturar os objetivos da terapia como "saber do que você precisa e atender às suas necessidades", e destacar que "as emoções podem nos dizer do que precisamos, o que está faltando, o que reivindicar". A terapia não é um exercício de reorganização de afirmações verdadeiras e falsas em uma "tabela de verdade" lógica. Ela é o processo dos pacientes de descoberta da verdade sobre quem são, do que precisam e de onde conseguir que essas necessidades sejam satisfeitas. Ao hiperestimar a racionalidade, o indivíduo corre o risco de ignorar as necessidades às quais as emoções dão voz. O terapeuta pode dizer: "Você não poderá ter suas necessidades satisfeitas se não se permitir sentir a sua ausência".

A oitava resposta à invalidação é a dependência de drogas, álcool ou alimentos para se autoacalmar. Nossas pesquisas sobre esquemas emocionais indicaram que os melhores preditores de história de dependência de álcool em uma regressão linear eram validação, controle e culpa (Leahy, 2010b). Assim, os indivíduos que acreditavam que suas emoções não eram validadas ou estavam fora do controle, ou que acusavam os outros, tinham maior probabilidade de relatar história de dependência de álcool. No contexto atual de compensação para a invalidação, alguns indivíduos irão se apoiar no abuso de substância ou comer compulsivo para se autoacalmar, já que acreditam que são incapazes de obter aceitação dos outros. Pesquisas sobre fatores de risco para abuso de substância entre adolescentes indicam que as conectividades familiar, social e escolar (escore invertido) são preditores (Sale, Sambrano, Springer, & Turner, 2003). Na verdade, a importância da validação e da conectividade social no tratamento de abuso de álcool e droga pode ser uma das razões por que muitos desses pacientes podem se beneficiar com terapia de grupo ou programas de Doze Passos, que enfatizam o compartilhamento de experiências, reduzindo um sentimento de isolamento e validando as dificuldades envolvidas. O comportamento afiliativo aumenta os níveis de oxitocina, e o aumento nos níveis de oxitocina reduz a vulnerabilidade ao abuso de álcool e drogas (McGregor & Bowen, 2012). Os indivíduos que se autoacalmam com álcool, drogas ou comer compulsivo podem estar satisfazendo necessidades que não foram atendidas por meio da validação, ativando os níveis de oxitocina.

Por fim, uma nona resposta à invalidação é o cuidado compulsivo de outras pessoas, especialmente a parentalidade invertida. Bowlby (1969, 1973) propôs, há muitos anos, que perturbações no apego inicial podem levar ao cuidado compulsivo de outras pessoas. Indivíduos com apego inseguro podem se adaptar direcionando seu comportamento de apego ao cuidado de outras pessoas – incluindo parentalidade invertida (os filhos cuidando dos pais) e cuidados compulsivos de terceiros (esposo/parceiro, filhos, estranhos ou até mesmo animais). Esse comportamento afiliativo redirecionado pode proporcionar os efeitos calmantes da conectividade social que estão ausentes pela falta de validação, mas também podem servir à função de reafirmação da dependência que outras pessoas têm do indivíduo – e, portanto, "assegurando" que outros não vão abandoná-lo. Além disso, o foco nas necessidades dos outros pode obscurecer a capacidade de focar nas próprias necessidades. Uma mulher que vivenciou anos de invalidação por parte do seu pai, e posteriormente do seu marido, focava muito na tentativa de aliviar qualquer humor negativo que a filha com transtorno da personalidade *borderline* expressava. Ela acreditava que ser uma boa mãe significava que tinha que tomar conta de todas as necessidades que sua filha tivesse, e que seria catastrófico se esta fosse infeliz. A abordagem do esquema emocional foi afastá-la de uma visão dicotômica das necessidades da sua filha e das suas necessidades, bem como ajudá-la a equilibrar seus autocuidados com uma atenção razoável à menina, ao mesmo tempo estabelecendo fronteiras funcionais. Reconheceu que achava que era egoísta quando estabelecia fronteiras ou trabalhava em suas próprias necessidades, e que esta era a mensagem que sua mãe lhe transmitia quando ela era uma criança que pedia o apoio da sua mãe.

## O ambiente invalidante atual

O ambiente invalidante atual também é relevante, uma vez que pode reforçar visões negativas da emoção. Conforme indicado em um estudo descrito no Capítulo 3, parceiros em relações conjugais e em coabitação descreveram as respostas negativas dos seus parceiros em relação às suas emoções. Tais respostas negativas percebidas dos parceiros representavam quase 50% da variância em satisfação no relacionamento e também eram altamente preditivas de depressão. O terapeuta pode usar o RESS (veja o Cap. 4, Fig. 4.2) para investigar sobre as interações emocionais atuais que o paciente está experimentando: "Quando está abalado, como o seu parceiro lhe responde? O seu parceiro faz você se sentir culpado sobre suas emoções? Ele o ajuda a entender que os outros se sentiriam da mesma maneira?" e outras perguntas relacionadas às dimensões específicas dos esquemas emocionais. Por exemplo, o homem idoso hipocondríaco descrito anteriormente contou que sua esposa lhe dizia que ele nunca iria mudar, que estava sendo um tolo, que deveria "superar isto" e que ele era "bizarro" por se sentir como se sentia. Outra paciente descreveu seu marido como verbalmente abusivo, desdenhando das suas emoções; ele dizia: "Você está sendo uma criança grande. Não tem do que se queixar". Outra paciente disse, inicialmente, que seu marido era apoiador e encorajador, mas, na investigação mais detalhada, observou que ele dizia: "Não se preocupe, isso não é grande coisa, você vai superar". Até examinar isso, ela não havia percebido que na verdade sentia que ele estava sendo indiferente e um tanto condescendente, mesmo que suas interações fossem positivas.

O terapeuta pode investigar sobre a natureza do apoio social: "Quando você está se sentindo 'para baixo', a quem recorre como apoio? Como essa pessoa responde? Como você se sente em relação à resposta? O que fica faltando? O que gostaria que essa pessoa dissesse?". Além disso, o terapeuta pode investigar sobre indivíduos significativos na vida do paciente que não o validam: "Existe alguém na sua vida com quem você ficaria relutante em buscar validação e apoio? Como essa pessoa já respondeu? Como isso fez você se sentir?". Às vezes, os pacientes podem buscar apoio de indivíduos que são continuamente críticos, indiferentes e punitivos – e, infelizmente, com frequência estes podem incluir seus cônjuges ou parceiros. A princípio, o terapeuta pode sugerir que os pacientes se abstenham de procurar a validação de pessoas críticas e busquem daqueles que são apoiadores ou validam a si mesmos. Entretanto, o terapeuta também pode sugerir que o trabalho do casal – focado nos esquemas emocionais e respostas do outro parceiro – ajude no desenvolvimento de um ambiente mais validante. Por exemplo, uma paciente se queixava de que seu marido era distante, excessivamente intelectualizado e indiferente. Na terapia de casal, ele indicou que queria ser apoiador da sua esposa, mas achava que ouvir as queixas dela só reforçava sua atitude queixosa. O esquema emocional dele era de que falar sobre sentimentos era uma perda de tempo. O terapeuta conseguiu que marido e esposa fizessem uma dramatização de escuta e validação; para surpresa do marido, ele descobriu que valorizava muito ter seus sentimentos validados. Isso levou a uma maior motivação e disposição de sua parte para usar a escuta ativa e a validação com sua esposa.

## Reconciliação com o ambiente invalidante passado

Depois de discutidas e clarificadas invalidações passadas e presentes, o terapeuta pode perguntar ao paciente o que ele gostaria que os pais tivessem dito ou feito quando estava perturbado. Verônica, a paciente com a mãe pediatra insensível, comentou: "Queria que minha mãe tivesse se sentado comigo e conversado sobre como me sentia. Eu me sentia sozinha. Quando era adolescente desenvolvi um transtorno alimentar, mas minha mãe ainda não parecia ter tempo para mim". O terapeuta perguntou: "O que você gostaria que ela tivesse dito ou feito?". Verônica respondeu: "Teria feito eu me sentir muito melhor se ela simplesmente dissesse: 'Seus sentimentos são importantes para mim. Eu tenho estado muito ocupada no trabalho. Vamos conversar sobre como você se sente e o que está acontecendo. Você é importante para mim'". Outro paciente disse: "Eu gostaria que meu pai simplesmente tivesse me dado um abraço e me dissesse o quanto eu era especial". Vários pacientes dizem: "Eu gostaria que minha mãe [pai] tivesse dito: 'Eu sinto muito'".

Alguns pacientes com experiências invalidantes dizem que, em consequência disso, tiveram dificuldades para compreender suas emoções, expressá-las e aceitá-las. A falta de validação os levou a acreditar que suas emoções eram um fardo para os outros e/ou uma perda de tempo, que suas emoções não eram iguais às dos outros, que eram egoístas por ter tais sentimentos e que só conseguiriam ser ouvidos se acentuassem suas emoções. Outros aprenderam que era melhor suprimir os sentimentos (talvez se concentrando na aparência superficial ou no rendimento escolar) ou "simplesmente superá-los". Uma mulher disse: "Era mais fácil parecer bonita do que conseguir que alguém se importasse com os meus sentimentos".

Alguns clientes se queixam de que seus pais com frequência "interpretavam" suas emoções para eles: "Eles me diziam como eu realmente me sentia". Talvez como resultado da influência do pensamento psicanalítico, alguns pais acreditavam que os relatos que seus filhos faziam dos seus sentimentos eram apenas uma fachada para sentimentos e intenções mais profundos, sendo frequentemente patologizados pelos genitores. Verônica (a filha da pediatra) disse: "Quando eu ficava perturbada porque minha mãe não tinha tempo suficiente para mim, ela dizia: 'Você quer ser o centro de tudo. Como as coisas não são o tempo todo do jeito que você quer, deseja me punir'". Isso fazia Verônica se sentir com raiva, culpada e confusa, e a levou a acreditar que de fato não conhecia os próprios sentimentos. Outra paciente observou que sua mãe tentava fazê-la se sentir culpada se quisesse visitar seus amigos: "Você realmente não se importa comigo. Não se importa se eu ficar doente e morrer. Certo, saia e vá se encontrar com seus amigos e me deixe aqui sozinha. Você realmente não se importa comigo". Alguns pacientes descrevem como seus pais interpretavam seu choro como manipulação: "Você não vai fazer eu me sentir culpado com seu choro. Pare de tentar me manipular. Quanto mais você chorar, mais eu vou lhe ignorar". O *feedback* ou interpretações parentais de "como você de fato se sente" com frequência levam os pacientes a sentir que não podem confiar nas percepções dos próprios sentimentos e têm que depender de outras pessoas para interpretá-los. De fato, alguns clientes acabam desenvolvendo dependência considerável de reafirmação alheia quanto a decisões, sentimentos e percepções. Por exemplo, um paciente cuja mãe interpretava seus sentimentos e lhe dizia o que ele de fato sentia se tornou obsessivamente indeciso: "O que você acha que eu deveria fazer?".

Os ambientes invalidantes têm contato com cada dimensão dos esquemas emocionais. Por exemplo, os pais (e parceiros) transmitem mensagens sobre duração ("Você vai continuar para sempre com o seu choro"), falta de consenso ("Outras crianças não agem assim"), culpa/vergonha ("Você só está sendo mimado"), falta de aceitação ("Você vai ter que mudar a maneira como se sente", "Eu não consigo suportar isso"), controle ("Você não tem nenhum controle sobre os seus sentimentos. Você tem que sair dessa agora!") e incompreensibilidade ("Você não está fazendo sentido nenhum. Eu não tenho a mínima ideia do que você está falando"). Essas mensagens sobre emoção são internalizadas, e as crianças passam a ver suas emoções da maneira que seus pais as ensinaram. Um homem descreveu que sua mãe, ocupada ao telefone enquanto o ignorava quando tentava receber sua atenção, o fez acreditar que seus sentimentos não tinham importância. Na terapia, ele reencenou essa resposta irritada quando era desconsiderado, interpretando de forma equivocada as intenções do terapeuta: "Você é como todos os outros. Não me escuta". Descreveu como se queixava continuamente no emprego da sua carga de trabalho e do que ele percebia como uma compensação injusta, não se dando conta de que estava fragilizando a si mesmo no emprego. Suas tentativas de fazer as pessoas levarem a sério os seus sentimentos incluíam queixas, insultos explosões de raiva e se mostrando amuado de forma passivo-agressiva.

Descobri que é útil pedir que o paciente preencha a LESS II da forma como acredita que cada um dos pais (ou cônjuge/parceiro) preencheria, por exemplo: "Se a sua mãe estivesse preenchendo isso em termos de como ela pensa sobre as suas emoções, o que você acha que ela diria?". Isso frequentemente leva ao *insight* imediato dos esquemas emocionais negativos do genitor (ou do parceiro) – revelando que a outra pessoa achava que as emoções do paciente não faziam sentido, que ele não tinha direito aos seus sentimentos, que estes iriam durar para sempre ou que o cliente deveria ter emoções diferentes. O paciente pode então preencher da forma como ele gostaria que a outra pessoa tivesse pensado sobre as suas emoções. Por exemplo, um paciente disse: "Eu queria que a minha mãe tivesse me encorajado a falar sobre os meus sentimentos e me dissesse que ela entendia por que eu me sentia daquele jeito. Gostaria que tivesse me dito que outras crianças também se sentiam assim". Quando o paciente se dá conta de que internalizou a teoria da emoção problemática da outra pessoa, pode ser obtido maior *insight* e distância desse sistema de crenças. "Não sou eu – ela apenas não sabia como ser uma mãe", observou um paciente.

## OS CINCO PASSOS NA VALIDAÇÃO

Como é a validação ideal? Eu sugeriria que inclui quatro passos: reformular, enfatizar, encontrar a verdade e explorar. Reformular o que o outro disse implica o ouvinte repetir para o interlocutor o que ele ouviu, sem interferir ou interpretar: Por exemplo, "Então o que está dizendo é que o seu chefe não está lhe tratando com justiça e você acha que está fazendo um bom trabalho e deveria receber um pagamento melhor do que está recebendo". Reformular também requer *feedback* para determinar se o ouvinte de fato entendeu a mensagem correta – ou seja, "Eu lhe escutei corretamente?".

Enfatizar envolve identificar as emoções que o interlocutor está comunicando – não fazendo inferências, mas refletindo o que as emoções são explicitamente: "Parece que você está se sentindo frustrado e com raiva sobre a situação". O validador ideal não infere outras emoções (p. ex., "Você deve estar se sentindo triste, também"), já que este não é um reflexo do que está sendo ouvido. Os ouvintes terapeutas devem ter em mente que alguns indivíduos que experimentaram pais ou parceiros invalidantes com frequência escutam dos outros o que eles "realmente" sentem – e isso é invalidante. Permanecer com a informação que o interlocutor dá é importante. Mais uma vez, também, o ouvinte deve pedir um *feedback*: "Eu entendi corretamente quais são seus sentimentos ou deixei passar alguma coisa?".

A seguir, validação implica encontrar a verdade no direito a ter esses sentimentos, dados os eventos e a interpretação que o interlocutor faz deles: "Eu entendo que isso o deixe com raiva e frustrado, uma vez que você acha que está investindo muito tempo e esforço e não vê sua recompensa refletindo isso. Então fica incomodado porque isto lhe parece injusto". Mais uma vez, o ouvinte não deve ir além do que o interlocutor está dizendo. Interpretações ou inferências como "Sim, isto se parece com a sua mãe em relação a você, e é por isso que você está tão zangado", devem ser evitadas. Essas interpretações gratuitas podem soar desdenhosas e condescendentes, sugerindo ao interlocutor: "Você não tem um sentimento válido aqui porque está reagindo com exagero à sua má experiência com a sua mãe". Tais interpretações podem ser exploradas posteriormente, depois que ocorreu a validação, mas, se feitas muito precocemente, elas invalidam e alienam o interlocutor.

Finalmente, o ouvinte pode explorar outros pensamentos, sentimentos e lembranças que o interlocutor tem para revelar a sua experiência: "Existem outros pensamentos e sentimentos que você tem sobre isso?" ou "Pode me contar mais sobre a experiência que você teve?". Tais perguntas exploratórias de "abertura" ou "convidativas" preparam o terreno para o interlocutor compartilhar sua experiência com um ouvinte que está representando um papel não julgador e não diretivo ao escutar e aceitar o que está sendo ouvido.

Na validação, o interlocutor não tenta mudar o ouvinte ou ensinar-lhe melhores formas de enfrentamento. Isso pode ocorrer posteriormente – *ou não ocorrer nunca*. Alguns terapeutas podem intervir de modo muito precoce, sem ajudar seus pacientes a se sentir ouvidos, aceitos e compreendidos. Por exemplo, se o terapeuta na situação anterior começasse interpretando a raiva – "Você não está com raiva do seu chefe; está com raiva da sua mãe" –, o paciente experimentaria isso como outra resposta crítica ou desdenhosa por parte de um provável ouvinte. Na verdade, o ouvinte se pareceria com a mãe do paciente. Ou, se o terapeuta se apressar em ter uma "discussão racional" – "Quais são as evidências a favor e contra a ideia de que você está sendo tratado injustamente?" ou "É possível que você esteja personalizando e tentando fazer leitura da mente?"

– o paciente pode acreditar que o terapeuta está dominando, criticando e controlando. Essa crença muito provavelmente irá alienar ainda mais o indivíduo.

O objetivo da validação em terapia é estabelecer um *ambiente emocional seguro* para que o paciente confie ao terapeuta a sua vulnerabilidade. O cliente que descreveu experiências anteriores de invalidação, ou cujo parceiro é crítico e invalidante, ou, ainda, cujas respostas na LESS II indicam visões negativas da emoção – especialmente a crença de que não pode expressar emoções ou não é validado –, é um bom candidato para ênfase mais direta na validação. Além disso, a validação não está limitada às primeiras sessões ou ao processo de conhecimento do paciente; ela faz parte do processo contínuo de estabelecimento e manutenção da confiança.

## MICRO-HABILIDADES

"Micro-habilidades" são aspectos essenciais da validação, mas não bastam para validação. Esses comportamentos terapêuticos gerais incluem dar atenção, questionar, focar, confrontar, refletir e outras habilidades que facilitam a escuta ativa e uma melhor aliança terapêutica (Ridley, Mollen, & Kelly, 2011a, 2011b). Ritmo adequado, escuta reflexiva, atenção ao comportamento não verbal, questionamento com final em aberto e reflexão empática e resumo são todos úteis na preparação do terreno para uma validação efetiva. O ouvinte validante comunica verbal e não verbalmente um estilo acolhedor, de aceitação e sem crítica. Conforme indicado, as micro-habilidades com frequência fazem parte da resposta validante. O terapeuta pode comunicar essa resposta confiável e acolhedora, imprimindo um ritmo à interação para evitar apressar o paciente durante a discussão; permitindo silêncio e pausas para que o indivíduo possa agregar seus pensamentos e sentimentos; usando uma voz suave, acolhedora e com entonação apropriada de ênfase nas palavras que importam para o paciente ("Parece que você realmente não se sentia *respeitado*"); e mantendo uma postura corporal apropriada (aberto, relaxado), contato visual (direto, mas não fixo) e expressão facial (refletindo as emoções que o paciente pode ter – por exemplo, se o cliente está expressando medo, o rosto do terapeuta expressa interesse e compreensão).

Além das micro-habilidades descritas, o terapeuta habilidoso pode praticar uma abordagem "terapêutica de Sherlock Holmes" ao observar o paciente. Frequentemente as experiências emocionais do cliente e suas maneiras de se relacionar com os outros são observáveis por meio da forma como ele "aparece" na terapia. O terapeuta observador pode notar a maneira como o paciente está vestido e arrumado (excessivamente meticuloso, desalinhado, anedônico, provocante); sua entonação de voz; a expressão do rosto; alguma tendência do paciente em olhar para baixo ou para longe; e hesitações na fala, postura corporal, riso inadequado, suspiros profundos ou outros sinais. Por exemplo, um homem que está vestido de maneira meticulosa também pode ser excessivamente preocupado sobre como aparece para os outros, preocupado de que a sua aparência deve ser perfeita para que seja aceito. Uma cliente sexualmente provocadora pode acreditar que, ao se relacionar de maneira sexual, outras vulnerabilidades podem ser ocultadas, e ela pode ser aceita como um objeto sexual ou obter controle seduzindo, controlando ou assediando os outros. Abaixar os olhos pode sugerir que o paciente se sente embaraçado (ou pelo menos desconfortável) ao falar de determinados assuntos. A entonação de voz do cliente pode sugerir que um tema está sendo menosprezado ou enfatizado. Em qualquer um dos casos, o profissional não pode saber o que está acontecendo emocionalmente com o paciente a menos que pergunte.

Terapeuta: Eu observei que a sua voz ficou mais baixa quando você começou a falar sobre a sua mãe e como ela parecia não se importar. Por que a sua voz ficou mais baixa?

Paciente: Acho que eu estava me sentindo culpado. Estava me sentindo, você sabe, como se não devesse criticá-la.

Terapeuta: Então parece que você quase se colocou no modo "mudo" quando começou a reconhecer como sua mãe era distante. Você se sentia como se estivesse no modo "mudo" quando tentava conseguir a atenção dela?

Paciente: Acho que nunca pensei nisso dessa forma – mas, sim, parece que era assim.

Terapeuta: E você acha que eu poderia ser como sua mãe e não ouvi-lo, não me importar?

Paciente: Eu não estava realmente pensando enquanto estava falando, estava começando a me distanciar. Talvez eu achasse que é difícil estar aqui e falar sobre essas coisas.

Terapeuta: Então se você se afasta quando está falando sobre lembranças e sentimentos difíceis, pode escapar por um momento, sobretudo se acha que ninguém consegue ouvir a dor que está sentindo.

## USO DA EMOÇÃO DO TERAPEUTA PARA VALIDAR

O terapeuta focado no esquema emocional reconhece que suas emoções são uma fonte de informação sobre a experiência do paciente. Isso pode assumir duas formas: "O que eu estou sentindo enquanto escuto isto" ou "Se eu fosse esta pessoa, o que eu sentiria?". Reconheço que tenho uma variedade de sentimentos ao ouvir meus pacientes descreverem as dificuldades que eles experimentaram. Tais sentimentos incluem tristeza, preocupação, raiva e desejo de protegê-los ou defendê-los. Obviamente, isso pode refletir minhas respostas idiossincráticas, mas também me informa sobre o que os pacientes podem estar sentindo como ausente nos outros. Por exemplo, uma mulher expôs na terapia que tinha sido violentada no baile da escola. Quando contou aos seus pais, eles a acusaram de ficar bêbada e andar em "más companhias". Ela se sentiu envergonhada, abandonada e traída, e achava que ninguém iria defendê-la ou protegê-la. Ironicamente, ela recorreu ao agressor como protetor, já que ele era forte e confiante, e se tornou sua namorada por algum tempo. Suas escolhas de parceiros masculinos depois disso foram de homens que ela percebia que não eram confiáveis; isso possibilitava que ela ignorasse qualquer necessidade de confiar neles, e era continuamente infiel a cada homem que vinha a ser seu parceiro. Já que não havia sido defendida e protegida por seus pais, sempre mantinha parte de si separada, escolhendo homens com quem sabia que só poderia ter relacionamentos sem futuro. Como seu terapeuta, senti um desejo de protegê-la e raiva pelo agressor e seus pais, ao mesmo tempo reconhecendo que isso era exatamente o que estava faltando na experiência da paciente com seus pais. Ser acusada pela sua própria vitimização a fez se questionar se merecia ser tratada mal e se seu único valor era como um objeto sexual. Eu lhe perguntei sobre quais sentimentos desejava que seus pais lhe tivessem comunicado, e ela respondeu: "Eu queria que eles tivessem visto que não foi minha culpa. Queria que eles tivessem me defendido em vez de me acusar". Perguntei-lhe como isso pode ter afetado a forma como se sentia sobre relacionamentos – se evitava compromissos porque não podia confiar que alguém estivesse completamente disponível para ela. Ela percebeu que não podia confiar nos homens, já que eles a deixariam, a trairiam ou encontrariam defeitos nela. Quando estava num relacionamento, ela procurava problemas – pequenas falhas, decepções ou imperfeições que lhe dariam permissão para olhar para outro. Disse que percebeu que sabia que sempre poderia sair de um relacionamento porque sempre haveria outro homem que a acharia atraente. Ela continuamente se garantia para compensar as perdas. Embora alegasse que seu objetivo era uma relação conjugal permanente, o objetivo mais importante era evitar se apegar demais a uma pessoa.

De fato, seu sentimento de vergonha acerca da vitimização anterior se refletia no fato de que levou meses para me contar sobre o estupro. Ela teve que ter certeza de que eu estava do seu lado, que não iria julgá-la e que poderia confiar em mim. Observou que sentia que deveria ser acusada – em parte porque sua mãe tinha dito que ela havia se vestido de forma provocante e bebido demais: "O que você espera?". Colocando-me no lugar dela, percebi que a indução à culpa e à vergonha que seus pais (especialmente sua mãe) lhe direcionaram teria feito eu me sentir marginalizado e desconfiado. Portanto, sentir-se desconfiada sobre a vulnerabilidade era uma consequência natural para ela. Fazia sentido não confiar em mim porque eu poderia ser como todas as outras pessoas em quem ela havia confiado antes.

Alguns terapeutas gostam de acreditar que a terapia se trata simplesmente de respostas racionais, de comportamentos "certos" ou da solução de problemas. Isso, às vezes, é verdadeiro para terapeutas menos experientes que criaram uma lealdade a uma escola de terapia e se tornaram "crentes verdadeiros". Mas as histórias de vida que os pacientes nos contam não são reparadas nem colocadas em perspectiva tão facilmente. Teorias, categorias diagnósticas e técnicas não são a mesma coisa que entender outro indivíduo. Na verdade, eu diria que nós nunca entendemos *completamente* outra pessoa; nunca podemos de fato saber como as coisas são para ela. Nossa validação e nosso entendimento são sempre incompletos, sempre uma possível decepção para o outro. Conhecer nossas imperfeições como ouvintes pode ser o primeiro passo na validação da dificuldade que nossos pacientes têm de se sentirem compreendidos, já que tudo o que nós, como ouvintes, podemos realmente fazer é tentar. Criar um ambiente emocional seguro para um paciente não é a mesma coisa que resolver um problema. Resolver um problema é importante – talvez até mesmo essencial. Mas a relação terapêutica tem mais a ver com cuidar, valorizar, aceitar e até mesmo nutrir os pacientes. Trata-se de necessidades de apego, especialmente para aqueles que foram invalidados ou abusados. Quando nossos clientes choram, é importante que sejam ouvidos.

## RESPEITO PELO SOFRIMENTO E O MOMENTO ATUAL

As pessoas procuram terapia porque, em algum nível, estão sofrendo ou sofreram. As experiências que tiveram e suas dificuldades para enfrentá-las levaram a tristeza, ansiedade, raiva, impotência e desesperança. O respeito aos sentimentos que refletem sofrimento comunica que, às vezes, sofrer faz sentido; às vezes, é inevitável; às vezes, os momentos atuais parecem simplesmente terríveis. Isso não significa que um terapeuta não possa ajudar um paciente a enfrentar de forma mais eficiente e, com algum esforço, colocar um fim no sofrimento. Porém, sugere que, no momento presente, "Você está sofrendo, e eu compreendo o quanto isso é difícil". *Antes que possa resolver a dor, o terapeuta precisa ouvir o som dela*. O profissional pode dizer alguma coisa assim:

> "Eu vejo que você está sofrendo com esse rompimento. Está me dizendo o quanto ela significava para você, como ambos estavam planejando sua vida inteira juntos e como este rompimento é devastador. A sua dor me diz que as coisas têm importância para você, que você tem profundidade em seus sentimentos e que é difícil passar por isso. É difícil porque perder um relacionamento com alguém que você ama é complicado. Reservar um tempo para reconhecer que está sofrendo é, neste momento, a coisa mais honesta a se fazer. Isto lhe diz onde você está neste momento."

Nesses comentários, o terapeuta está comunicando respeito pelo momento atual – que é de sofrimento. Assim como o sábio autor do Eclesiastes 3:1-4, terapeuta e paciente podem, juntos, se tornar testemunhas do reconhecimento de que a vida nos brinda com uma ampla gama de experiências, e cada uma tem o seu tempo para ser vivida: "Para cada coisa existe uma razão e um tempo para cada propósito debaixo do céu: um tempo de nascer e um tempo de morrer; um tempo de plantar e um tempo de colher o que é plantado; um tempo de matar e um tempo de curar; um tempo de derrubar e um tempo de construir; um tempo de chorar e um tempo de sorrir; um tempo de lamentar e um tempo de dançar". Respeitar o momento transmite a ideia de que existe um tempo para cada emoção e cada experiência, mas que eles vêm e vão, e que essas experiências e emoções podem mudar. Essa ideia de respeito pelo momento e por sua fluidez é uma característica fundamental da terapia focada no esquema emocional, uma vez que as emoções não têm duração definida, a menos que uma pessoa fique presa a elas.

Terapeuta: E, sabendo que está sofrendo, você pode dizer a si mesmo: "Neste momento eu estou muito infeliz. Estou sofrendo. Neste exato momento é como eu me sinto. Este é o sentimento que estou tendo no momento presente". Sim, reconhecer seu sentimento neste momento, respeitá-lo; ouvi-lo; reconhecer que você é a pessoa com o sentimento. E que os momentos mudam, mas cada um tem sua validade, cada um faz parte da sua vida.
Paciente: É tão difícil, tão difícil.
Terapeuta: Sim, posso ver o quanto é difícil para você neste momento. Podemos falar sobre os seus sentimentos e o que isso significa para você, bem como tentar algumas técnicas e tentar fazer algumas coisas. Porém, neste exato momento, existe a dor, e algumas das coisas que eu disser podem não ser tão úteis para você agora. Talvez mais tarde, mas neste exato momento você está onde está.

Essa validação do momento atual – "Você está onde está" – comunica aceitação dos sentimentos do paciente no momento presente, ao mesmo tempo sugerindo que pode haver maneiras de mudá-los. Paradoxalmente, quando o terapeuta compartilha com o paciente respeito e aceitação pelos sentimentos penosos, o cliente pode ter mais confiança nas sugestões de mudança do terapeuta. Dizer "Pode ser que não ajude muito neste exato momento" dá ao paciente duas possibilidades: isto ajuda agora (o que pode impulsionar o paciente para a mudança) ou não (que é o que o terapeuta na verdade está sugerindo). Contudo, se não ajuda no exato momento, o indivíduo pode concluir que o terapeuta reconhece as dificuldades temporárias na mudança e se mantém com a esperança de que as coisas podem mudar. Em contraste, imagine o que aconteceria se o profissional dissesse: "Se você pensasse dessa maneira, tudo mudaria". Esse tipo de afirmação da mudança soaria indiferente com o momento atual, minimizaria o sofrimento que é a experiência atual do cliente e, assim, seria improvável que produzisse mudança – somando-se à falta de esperança que o indivíduo pode sentir. A mudança é uma "opção" para a abordagem focada no esquema emocional, uma vez que ela precisa ser equilibrada com o respeito e a aceitação do momento atual. Para o paciente que procura validação, demonstrar aceitação e respeito pelo momento atual pode ser o primeiro passo na busca da mudança a partir de agora.

## TRABALHANDO COM FALHAS NA VALIDAÇÃO

### Falhas empáticas inevitáveis

Kohut (1971/ 197) reconheceu que uma parte inevitável da relação terapêutica é que o paciente irá reconhecer que o terapeuta não pode empatizar ou validar completamente o que ele está sentindo. Kohut se referiu a isso como uma "falha empática" e sugeriu que abordar tais falhas inevitáveis é uma parte essencial da terapia. Do mesmo modo, descrevi como muitos pacientes irão achar que o profissional não entende ou não se importa o suficiente com as suas dificuldades – em parte porque alguns podem ter crenças idiossincráticas sobre o que constitui validação, e em parte porque não existem duas pessoas que consigam entender completamente a outra, já que a maioria das experiências é particular e muitas podem não ser articuladas adequadamente (Leahy, 2001, no prelo; Leahy, Tirch, & Napolitano, 2011). Para um paciente que tem uma longa história de experimentar invalidação, novas experiências de invalidação com um terapeuta podem contribuir para um sentimento de desesperança e, por fim, levar a um término prematuro da terapia.

O profissional pode dizer algo assim para antecipar as inevitáveis experiências de incompreensão do cliente:

> "É muito provável que, às vezes, eu possa não entender completamente os seus sentimentos e suas experiências de forma que você se sinta compreendido. Isso pode ocorrer porque quaisquer duas pessoas têm limites para estabelecer uma conexão completa ou por causa de falhas que eu possa ter para realmente entendê-lo. Isso pode ser frustrante. Mas penso que podemos combinar de discutir esses equívocos quando surgirem. Não sei se você estaria disposto a me dizer quando sente que eu não estou realmente lhe entendendo."

Tal antecipação prepara o terreno para a validação de uma frustração futura na conexão entre paciente e terapeuta. O profissional comunica que já conhece as limitações e sabe que isso será frustrante. Podemos chamar isso de "validação antecipatória", porque a ocorrência futura de falhas empáticas já é reconhecida, e o terreno está preparado para a discussão e mediação dessas falhas:

Terapeuta: Eu acho que compreender e respeitar seus sentimentos são uma das coisas mais importantes que posso fazer por você, mas também me pergunto como será quando eu não fizer isso com eficácia. Quero dizer, haverá vezes em que eu não vou validar o que está sentindo – em que eu posso falhar com você. Isso é possível?

Paciente: Oh, não, você está fazendo um bom trabalho. Não precisa se preocupar com isso.

Terapeuta: Agradeço a sua fé em mim, mas também sei que todos nós em algum momento decepcionamos as pessoas, e pode ser que haja certos sentimentos, certas sensibilidades suas com as quais eu não sintonize. Então, se isso acontecer, fico me perguntando qual será a sua resposta.

Paciente: Oh, eu entendo que ninguém é perfeito.

Terapeuta: Sim, você está realmente entendendo, e eu fico grato por isso, mas examinemos as experiências passadas que você teve. Seu pai parecia totalmente envolvido com o trabalho; sua mãe estava ocupada lidando com seus próprios problemas, e você sentia que não havia muito espaço para as suas necessidades. E me contou na semana passada como você achava que sua amiga Lara não a validava, que ela parecia crítica e estava mais interessada em si mesma. Ademais, nisso que estamos fazendo juntos aqui, a validação é muito importante. Então fico satisfeito por você estar me entendendo, mas seria bom se pudesse me dizer quando eu o estiver validando e quando não estiver.

Paciente: Eu acho que sinto neste momento que você está validando as experiências que eu tive.

Terapeuta: Você se sentiria hesitante em me contar coisas quando eu invalidá-la? Lembra que me contou que sua mãe não dava ouvidos a essas preocupações, então eu me pergunto se poderia achar que eu também seria indiferente.

Paciente: Acho que você está certo. Ou eu seguro os meus sentimentos e não digo nada, ou então explodo com uma raiva que parece sair do nada. Ou simplesmente paro de ver a pessoa.

Terapeuta: Sim, esta também é a minha preocupação. Como você acha que eu responderia se me dissesse que eu não estava realmente lhe entendendo ou validando?

Paciente: Acho que eu penso, falando com você agora, que você seria compreensivo.

Terapeuta: É claro, não saberemos até tentar. Ok. Você consegue pensar em algum momento nas últimas semanas em que eu parecia não me conectar com você sobre alguma coisa?

Paciente: (*Fazendo uma pausa*) Bem, eu sei que você está tentando se conectar, mas quando eu lhe falei sobre a minha relação com a minha chefe – e como ela parece não me dar nenhum crédito –, na verdade não me senti validada. Você pareceu mudar de assunto.

Terapeuta: Oh, sim, eu me lembro disso. Sim, você estava achando que está trabalhando com afinco e ela nunca reconhece o seu trabalho árduo. Posso imaginar que esse tipo de coisa seria perturbador e realmente poderia ter explorado mais o assunto, e nós poderíamos ter falado sobre como você se sentia e o que pensava. Na verdade, quando penso nesse tipo de coisa, posso ver que isso seria perturbador para a maioria das pessoas – perceber que o seu trabalho árduo não é reconhecido.

Paciente: Obrigado. Você entende – quero dizer, entendeu.

Falhas empáticas – mal-entendidos – ocorrem em quase todas as relações íntimas. Alguns indivíduos ficam especialmente desolados quando seus cônjuges ou parceiros não os validam – e todos esperam que haja alguma validação em um relacionamento íntimo. Mas, como as discussões posteriores da relação terapêutica e das relações íntimas deixarão claro (veja os Caps. 12 e 13), lidar com as decepções da validação é uma parte essencial do equilíbrio de uma relação entre expectativas irrealistas sobre perfeição emocional e no relacionamento e as realidades da fragilidade humana.

## Examinando o significado da invalidação

Conforme observado, nossa pesquisa demonstra que a percepção de ser validado está correlacionada à maioria das outras dimensões do esquema emocional. Validação e invalidação possuem significados para o paciente. O terapeuta pode explorar tais significados com o cliente investigando o que significam na relação terapêutica ou em algum outro relacionamento quando o indivíduo se sente invalidado. As pessoas têm uma grande variedade de interpretações sobre invalidação:

"Você não se importa."
"Se você não se importa, não pode me ajudar."
"Eu sou apenas mais um paciente para você. Não sou um indivíduo."
"Ninguém se importa comigo."
"Meus sentimentos não têm importância."
"Meus sentimentos não fazem sentido."
"Você está ficando do lado deles. Você acha que eu sou culpado."
"Você precisa entender tudo o que eu estou pensando e sentindo."
"Se você não entender todos os meus sentimentos, nunca irá me ajudar."
"Você é igual à minha mãe [pai, esposa, marido, amigo]."
"Eu estou totalmente sozinho."
"Eu não tenho importância."

O terapeuta pode tomar essas interpretações e examiná-las usando validação, análise do custo-benefício, evidências a favor e contra, a técnica do duplo padrão, dar conselhos a um amigo e outras técnicas de terapia cognitiva. Aqui está um exemplo:

Terapeuta: Vejo que você acha que se eu não entender todos os seus sentimentos, não poderei ajudá-la. Deve ser muito perturbador pensar que eu não posso ajudá-la, já que você está aqui para trabalharmos juntos com esse objetivo, e entender como você se sente é muito importante. Entendo que isso é frustrante, perturbador e até mesmo um pouco assustador.

Paciente: É. Ninguém parece me entender.

Terapeuta: Essa é uma posição difícil de estar, sentindo que ninguém a entende. É como se sentir sozinho no mundo e ninguém se importar.

Paciente: Olhe, eu sei que você se importa, mas às vezes não me deixa concluir.

Terapeuta: Sim, existem muitos sentimentos e pensamentos que você tem, e eu sei que às vezes posso lhe interromper. Entendo que quando faço isso, parece que não me importo.

Paciente: Sei que você se importa, mas é como eu me sinto. É como vejo isso.

Terapeuta: Este é o dilema com o qual todos nós nos defrontamos em nossos relacionamentos. Nós podemos realmente nos importar, mas podemos não ser capazes de compreender todos os sentimentos que a outra pessoa tem. Podemos nos esforçar muito para nos conectar com o que parece ser, no momento, o sentimento mais importante de alguém, mas podemos deixar passar o que é de fato importante para a outra pessoa. Pode ser que isso esteja acontecendo conosco?

Paciente: Sim, eu acho que sim. Mas ainda é doloroso.

Terapeuta: Então vamos pensar sobre isso juntos, ok? Imaginemos que você passa pelos seus relacionamentos com a expectativa de que os outros devem entender tudo o que está sentindo. Qual é a consequência dessa expectativa?

Paciente: Acho que me sinto assim – zangada e desapontada.

Terapeuta: Existe alguma vantagem em conseguir que as pessoas entendam tudo?

Paciente: Sim. Talvez eu finalmente me sinta compreendida.

Terapeuta: Isso seria bom, também, mas eu me pergunto se está funcionando para você? Você está se sentindo entendida em boa parte do tempo?

Paciente: Eu geralmente sinto que as pessoas não me entendem.

Terapeuta: E se você tivesse uma amiga que realmente esperasse que você entendesse todos os sentimentos e os pensamentos dela? Que conselho você lhe daria?

Paciente: Eu lhe diria: "Você nunca vai conseguir o que quer".

Terapeuta: O que você lhe diria para almejar se ela não puder conseguir tudo o que deseja?
Paciente: Eu não sei. Acho que, quando se trata de sentimentos, é importante ser compreendida. Mas eu acho que ela teria que decidir quais sentimentos são os mais importantes, quais não são, e se contentar com isso.

## Autovalidação

Um terapeuta (ou outra pessoa) não pode estar por perto o tempo todo para validar um paciente. Com frequência, muitos clientes que experimentaram ambientes invalidadores tentam suprimir suas emoções ou ruminam sobre o que está errado consigo para que tenham tais sentimentos. Para eles, pode ser extremamente útil recuar e reconhecer que faz sentido se sentir mal quando coisas ruins acontecem. Ter uma emoção, respeitá-la e se dar ao direito de ter um sentimento não significa que ele seja autoindulgente, insano ou esteja fora de controle, tampouco que vai durar para sempre. Mensagens autotranquilizadoras e compassivas para o *self* são antídotos úteis para as experiências invalidantes que um paciente teve (Gilbert, 2009; Neff, 2009). Técnicas de terapia focadas na compaixão podem ser muito úteis para indivíduos que experimentam emoções estressantes (Gilbert, 2009). Um paciente que se sente sozinho e triste pode imaginar o rosto e a voz de uma pessoa compassiva e amorosa, imaginar essa pessoa expressando bondade amorosa e imaginar como essa bondade é suave e calmante para o *self*. A autovalidação também pode incluir autoafirmações sobre como as emoções de um cliente "fazem sentido", como outras pessoas se sentiriam da mesma maneira e como o indivíduo "entende que eu me entendo". Afirmações que os pacientes podem fazer – por exemplo, "Eu sou apenas um ser humano. Estou me sentindo sozinho no momento, e isso faz parte de ser humano" – têm a capacidade de ajudar a acalmá-los, dando-lhes um sentimento de que a sua autorreflexão compassiva está sempre com eles e que são sempre capazes de apoiar a si mesmos. A mensagem é que o cliente não tem que se livrar de uma emoção no momento presente, contanto que ele se sinta entendido, cuidado e apoiado pelo *self*.

No entanto, alguns indivíduos podem continuar a acreditar que autovalidar-se – ou expressar compaixão por si mesmos – não é merecido e até mesmo aumenta o risco de que se tornem presunçosos, desdenhando dos outros e, assim, sendo rejeitados pelos outros. Por exemplo, uma mulher com uma longa história de comer compulsivo, problemas com o peso e depressão crônica via a autovalidação como um "absurdo da Nova Era". Ela temia que, caso fizesse isso, se tornaria fraca, teria pena de si mesma e seria mais uma "perdedora". Ela continuamente ignorava qualquer progresso que fazia ("Por que eu deveria ser uma motivadora se isso é o esperado que eu faça?", ela dizia com uma voz sarcástica). O terapeuta examinou seu uso de um duplo padrão: "Por que você é mais gentil com os outros do que consigo mesma?". Ela percebeu que queria pensar em si como uma pessoa tolerante e amorosa, mas que acreditava não merecer dar amor a si mesma.

Terapeuta: Então você acha que não é certo recompensar ou elogiar a si mesma porque não merece essa gentileza? Por que os outros merecem gentileza?
Paciente: Bem, todos merecem. Exceto eu.
Terapeuta: Por que não você?
Paciente: Não sei; é assim que eu sou. Eu deveria ter me saído melhor. Não existe na verdade uma razão para eu estar deprimida
Terapeuta: Bem, pense no seu raciocínio sobre isso: "Eu estou deprimida. Não mereço a minha gentileza. Isso me deixa mais deprimida. Então, não mereço nenhuma gentileza". Parece que você está se punindo por estar deprimida, o que a deixa deprimida.
Paciente: Eu sei. Isso parece ilógico. Mas acho que tenho medo de que se começar a me gabar, isso vai parecer presunção.
Terapeuta: Talvez você possa se gabar de forma a ser a única a ouvir isso.

A autovalidação pode assumir a forma de mensagens autodirecionadas que são compassivas, gentis e apoiadoras:

> "Eu estou tentando, pois realmente preciso me dar o crédito. A vida é dura, e estou trabalhando para tornar as coisas melhores. Quero me amar, me apoiar, ser gentil comigo mesmo. Sentimentos dolorosos fazem parte da vida para todos nós, incluindo eu. Existem muitas coisas boas que posso experimentar. Eu preciso ser meu próprio amigo."

O terapeuta e o paciente podem montar um "experimento" para ver se fazer essas afirmações validantes e compassivas a si mesmo resulta em arrogância e dificuldades com outras pessoas. Além disso, o profissional pode fazer a dramatização de uma "fantasia temida", na qual desempenha o papel de uma voz dizendo que ser gentil consigo mesmo vai levar a resultados terríveis.

Terapeuta: (*Como voz negativa*) Você sabe que quando diz coisas gentis a si mesma você está na verdade se iludindo. Quero dizer, as pequenas coisas que você faz na verdade não têm importância.
Paciente: (*Como quem responde de forma racional*) Cada passo positivo que eu dou pode importar – incluindo ser apoiadora comigo mesmo. Se continuar me recompensando, poderei me sentir melhor.
Terapeuta: Mas você não merece se sentir melhor. As pessoas que são deprimidas merecem se sentir mal.
Paciente: Isso é um absurdo. A depressão é uma doença para muitas pessoas, e todos merecem uma chance.

Terapeuta: Sim, todos exceto você. Se você começar a dizer coisas positivas sobre si mesma, vai ficar convencida, arrogante e se afastar de todos.
Paciente: Isso é loucura. Eu posso, de maneira calma – silenciosa – dizer coisas apoiadoras a mim mesma que provavelmente me deixarão menos deprimida. E se estiver menos deprimida, é provável que tenha mais prazer em me relacionar.

## RESUMO

Este capítulo examinou como a necessidade de validação é básica para a compreensão e a conectividade. Tal necessidade surge do sistema de apego original criança-cuidador, que procura a conclusão ou a realização ao longo de toda a vida. Validação está relacionada a – e pode produzir melhoras em – uma ampla gama de esquemas emocionais, como ajudar o indivíduo a dar um sentido à emoção, reconhecer que outras pessoas têm sentimentos similares, permitir a expressão, reduzir a ruminação e ajudar o indivíduo a perceber que a experiência da emoção não precisa durar indefinidamente e não vai sair do controle. Alguns indivíduos têm crenças problemáticas sobre validação, esperando concordância e reflexão total e completa; tais crenças inevitavelmente levam a falhas empáticas. O terapeuta focado no esquema emocional pode antecipar essas falhas como obstáculos potenciais, levantando a questão, explorando o significado da invalidação quando ela ocorre e desenvolvendo uma aceitação mútua da possibilidade de decepção. Finalmente, a autoinvalidação e a resistência a direcionar compaixão para si mesmo podem ser abordadas com o uso da técnica do duplo padrão e outras técnicas cognitivas, dramatizando a "fantasia temida" e montando experimentos comportamentais para determinar quais são os verdadeiros resultados da autovalidação.

Capítulo 7

# COMPREENSIBILIDADE, DURAÇÃO, CONTROLE, CULPA/ VERGONHA E ACEITAÇÃO

> Seja grato por tudo o que receber,
> porque cada coisa foi enviada
> como um guia do além.
>
> – JALAL AL-DIN RUMI[*]

Depois que o paciente tenha sido avaliado e o terapeuta o tenha psicoeducado sobre o modelo do esquema emocional, cada sessão irá focar na compreensão das emoções específicas que estão perturbando o indivíduo e nas formas pelas quais crenças específicas sobre as emoções e as estratégias de regulação emocional mantêm ou exacerbam o enfrentamento problemático. Semelhante a um modelo da terapia cognitiva que identifica vieses cognitivos, o modelo do esquema emocional encoraja o paciente a considerar as implicações de crenças específicas sobre emoção e determinar como diferentes crenças e estratégias podem ser mais adaptativas. Este capítulo apresenta diretrizes para identificação e modificação de cinco dimensões específicas dos esquemas emocionais: crenças sobre a compreensibilidade, duração e controle das emoções; até que ponto as emoções induzem culpa e vergonha; e o grau em que as emoções são aceitas.

Várias técnicas de terapia cognitiva (p. ex., vantagens e desvantagens de uma crença, evidências a favor e contra a crença, coleta de dados, técnica do duplo padrão), bem como experimentos comportamentais e exercícios experimentais tanto nas sessões como entre elas, são utilizadas para abordar essas cinco dimensões. O terapeuta focado no esquema emocional utiliza indução da imaginação e vivência (Hackmann, 2005; Smucker & Dancu, 1999), consciên-

---

[*] De Rumi (1997). Copyright 1997, Coleman Barks e Michael Green. Reproduzido com permissão de Coleman Barks.

cia independente (Roemer & Orsillo, 2009; Segal, Williams, & Teasdale, 2002), técnicas para melhorar a flexibilidade psicológica (Hayes et al. , 2012), esclarecimento dos valores (vinculando emoções dolorosas a valores mais elevados) (Wilson & Murrell, 2004), técnicas de psicologia positiva (Seligman, 2002), técnicas de TCD (Linehan, 1993, 2015) e técnicas de terapia focadas na compaixão (Gilbert, 2009). O uso dessas técnicas para ajudar a modificar os cinco tipos de crenças problemáticas sobre as emoções irá aumentar a capacidade dos pacientes de tolerar e utilizar a experiência emocional, bem como ajudá-los a interromper as ligações entre esquemas emocionais e estratégias de enfrentamento problemáticas (Leahy, Tirch, & Napolitano, 2011). Assim, uma ampla gama de técnicas pode ser usada para abordar crenças sobre compreensibilidade, duração, controle, culpa/vergonha e aceitação da emoção dentro do modelo de esquema emocional mais abrangente e integrativo.

## COMPREENSIBILIDADE

As emoções parecem "sair do nada" para algumas pessoas: Elas podem dizer: "Eu não sei por que me sinto assim". As consequências da crença de que "Minhas emoções não fazem sentido" são sentimentos de confusão, impotência e desesperança. Se as emoções parecem incompreensíveis, os indivíduos podem temê-las, acreditar que estão perdendo o controle ou ficando loucos, ou, ainda, concluir que não têm controle sobre o que não compreendem. Além disso, aqueles que acreditam que suas emoções não fazem sentido podem ruminar: "Não consigo entender por que eu me sinto assim" ou "O que há de errado comigo?". Entender as emoções é um elemento-chave da terapia focada no esquema emocional.

Alguns pacientes são alexitímicos, ou seja, têm dificuldade de nomear e diferenciar emoções e de recordar eventos associados a várias emoções (Lundh, Johnson, Sundqvist, & Olsson, 2002; Paivio & McCulloch, 2004). Tais indivíduos frequentemente têm dificuldade de compreender por que têm um sentimento negativo. Podem relatar queixas vagas ou difusas ("Eu me sinto pra baixo", "Alguma coisa está errada") e têm dificuldade de encontrar palavras para as emoções, recordar eventos associados a diferentes emoções ou vincular estas aos seus pensamentos. O terapeuta focado no esquema emocional pode auxiliá-los a observar o início e a experiência de várias emoções, associando-as a eventos e pensamentos e dando-lhes um sentido no contexto em que ocorrem.

Primeiramente, a terapia cognitiva tradicional fornece uma forte justificativa para associar emoções a pensamentos automáticos, pressupostos ou crenças centrais específicas. Por exemplo, as emoções de vergonha e tristeza de um paciente fazem sentido se estiverem vinculadas a pensamentos automáticos como "As pessoas acham que eu sou um perdedor" ou "Eu preciso da aprovação de todos para me sentir bem comigo mesmo". Além disso, a terapia cognitiva pode ligar crenças centrais como "Eu sou inadequado" ou "Eu não sou capaz de ser amado" a emoções como tristeza e vergonha. Em segundo lugar, o terapeuta também pode sugerir que a depressão ou a ansiedade pode ter um componente biológico – especialmente se houver evidências de início precoce ou história familiar de psicopatologia. Assim, a psicopatologia baseada na biologia pode justificar uma emoção (p. ex., tristeza) e os vieses cognitivos associados a ela. Terceiro, um modelo comportamental pode ser útil para compreender a emoção. Se a tristeza está associada à passividade, ao isolamento e à esquiva de experiências, então o paciente pode examinar se a tristeza aumenta ou diminui em conexão com esses processos. Ademais, experimentando a ativação comportamental, o cliente pode determinar se a tristeza pode ser modificada simplesmente tomando uma atitude e confrontando as situações temidas ou desconfortáveis. De fato, a ativação comportamental pode abordar outras dimensões dos esquemas emocionais, como durabilidade, controle e crença de que é impotente diante de uma emoção.

Quarto, alguns pacientes alegam não compreender por que se sentem ou pensam de uma forma particular, já que reconhecem num nível "racional" que "Eu não tenho por que me sentir mal". Ou seja, acreditam que seus pensamentos automáticos (p. ex., "Eu sou um fracasso") não possuem base racional, e, portanto, não há "razão" para se sentirem mal. O terapeuta pode indicar a esses pacientes que depressão ou ansiedade podem surgir por uma variedade de razões, que as emoções podem causar pensamentos negativos ou decorrer deles e que a credibilidade dos pensamentos pode mudar com o tempo. Pensamentos associados a emoções negativas não têm que ser verdadeiros para manter essas emoções; eles só têm que ser críveis. Os clientes podem alegar: "Mas eu realmente não acredito nesses pensamentos. Eu sei que são irracionais". O terapeuta pode sugerir que o grau da crença pode mudar com as situações que o paciente encontra. Por exemplo, um homem que passa por um rompimento pode dizer: "Eu sei que vou conseguir encontrar outra pessoa" – mas quando ele se lembra da ex-parceira, é inundado com pensamentos que provocam depressão: "Eu não posso ser feliz sem ela" ou "Eu estraguei tudo". Tais pensamentos podem ser específicos do contexto, sugerindo que a racionalidade dá espaço para a evocação emocional em um contexto específico. Além do mais, podem surgir emoções a partir de desequilíbrios biológicos que não estão claramente relacionados à situação ou a pensamentos automáticos; isto é, podem surgir emoções "espontaneamente" em consequência de uma diátese biológica. Por exemplo, uma mulher com cerca de 30 anos que estava sendo avaliada não conseguia entender a razão para suas variações extremas de humor. O terapeuta sugeriu que ela poderia ter um transtorno bipolar e que isso era em grande parte uma predisposição biológica bastante hereditária. Embora inicialmente cética com tal diagnóstico, ela conseguiu confirmá-lo com a ajuda do seu psiquiatra e com a descrição do seu marido de sua história. Assim, "entender" as amplas variações no humor por meio do diagnóstico apropriado não só pode conferir mais compreensibilidade, como também pode sugerir um curso de tratamento – no caso dessa mulher, uma combinação de terapia cognitivo-comportamental e medicação.

Para abordar a questão da compreensibilidade, o terapeuta pode fazer as seguintes perguntas: "As emoções fazem sentido para você? Quais delas são mais difíceis de entender? Quais são menos difíceis de entender?". Por exemplo, alguns pacientes podem ter pouca dificuldade em identificar seus sentimentos de raiva, mas alguma dificuldade em identificar sentimentos tristes. Eles podem reconhecer mais facilmente que "Eu estou irritado porque alguém me ofendeu" do que entender que "Eu estou triste porque acho que sempre vou me sentir triste". Uma mulher casada não conseguia entender por que sentia tristeza, já que "Eu tenho um bom casamento, uma boa família. Nós temos segurança financeira". Sua depressão provavelmente tinha um componente biológico, mas ela também tinha desistido da sua identidade profissional como advogada para ser mãe em tempo integral. Não percebia que isso era uma perda de parte da sua identidade e do sentimento de competência; ela pensava: "Eu deveria ser mais feliz". Subestimar o impacto de eventos importantes na vida frequentemente deixa os pacientes com um sentimento de que suas emoções atuais são incompreensíveis. O terapeuta pode explorar possíveis razões – vulnerabilidade biológica, experiências na infância, fontes recentes de estresse, perda ou conflito ou lembranças que podem justificar uma emoção. As seguintes perguntas podem ser feitas:

> "Quais poderiam ser algumas razões para que você esteja triste [ansioso, com raiva, etc.]?"
> "Em que você está pensando (que imagens você tem) quando está triste [etc.]?"
> "Que situações desencadeiam estes sentimentos?"
> "Existem dificuldades que possam justificar seu sentimento desta forma?"
> "Você consegue recordar as primeiras lembranças que estão associadas a estas emoções?"

A seguir, na seção sobre duração da emoção, será discutido que entender o porquê de alguém se sentir de determinada maneira pode ser facilitado se identificarmos as situações que desencadeiam a emoção e os pensamentos que a acompanham. Por exemplo, a mãe que deixou de lado a sua carreira como advogada reconheceu que se sentia triste quando seu marido saía de manhã e quando ela tinha notícias dos ex-colegas de escritório. A saída de casa do marido pela manhã desencadeava pensamentos que desvalorizavam seu papel como mãe: "Eu desperdicei toda a minha educação. Eu não tenho nada com que contribuir". Quando ela ouvia falar de seus ex-colegas, seus pensamentos eram: "Eu abandonei uma boa carreira. Eles vão achar que eu sou uma perdedora".

Às vezes, os pacientes têm uma melhor compreensão das suas emoções quando consideram como outras pessoas responderiam ou se sentiriam. O terapeuta pode perguntar: "Se outra pessoa experimentasse isso, que tipos de sentimentos diferentes elas poderiam ter?". Perceber que as emoções fazem sentido segundo a perspectiva de outras pessoas é um elemento-chave para normalizar e encontrar um sentido nesses sentimentos. É menos provável que os indivíduos ruminem, se sintam culpados ou se isolem quando acham que outros poderiam se sentir da mesma maneira que eles. Além de normalizar as emoções, perguntar sobre como outros responderiam pode estimular ideias sobre formas mais adaptativas de enfrentamento. A ex-advogada refletiu: "Eu me lembro de que Sally saiu da firma alguns anos atrás e inicialmente se sentiu ótima ficando em casa, mas depois ela teve muitas dúvidas. Uma das ideias que ela teve foi que iria tentar trabalhar em meio período numa firma local menor depois que seu filho completasse 2 anos. Eu me recordo de que ela se sentiu melhor com esse plano".

As pessoas têm crenças sobre o que significa não compreender suas emoções. Estas são "crenças metaemocionais" e podem conduzir a formas de enfrentamento problemáticas. (Observe a semelhança entre tais crenças e o modelo de terapia metacognitiva desenvolvido por Wells [2009].) O modelo do esquema emocional propõe que existem teorias específicas sobre emoção, assim como existem teorias sobre o papel do pensamento, conforme observado no modelo metacognitivo. Perguntas específicas para abordar crenças sobre a incompreensibilidade da emoção incluem as seguintes: "Se acha que seus sentimentos não fazem sentido neste momento, o que isso faz você pensar? Tem medo de ficar louco ou de perder o controle?". Alguns pacientes que acham que suas emoções não fazem sentido começam a pensar que existe alguma coisa profundamente errada consigo. Por exemplo, pacientes com transtorno de pânico acreditam que possuem alguma vulnerabilidade profunda que deve ser observada e controlada, para que não percam todo o controle e fiquem completamente loucos. Outros pacientes que são desregulados emocionalmente acreditam que existe algum segredo sombrio e profundo que não pode ser revelado, ou que sua desregulação emocional atual é um impedimento permanente do qual nunca irão escapar. Outros acreditam que "a menos que eu tenha uma explicação muito boa que envolva tudo, as minhas emoções não fazem nenhum sentido". Conforme indicam Ingram, Atchley e Segal (2011), diferentes níveis de explicação podem justificar a vulnerabilidade, variando do comportamental e cognitivo até o neurológico e desenvolvimental. "Encontrar um sentido" numa emoção não significa que exista apenas uma maneira de entendê-la, e, na maioria dos casos, não existe segredo sombrio e profundo que precise ser revelado. Os indivíduos que acreditam na existência de tal segredo irão ruminar numa procura pela "verdade" e rejeitar outras interpretações que não tratam o "problema real".

Entretanto, existem casos em que a teoria emocional atual não se relaciona a experiências anteriores, embora estas não sejam necessariamente reprimidas ou segredos a serem descobertos. A compreensão dos pacientes de por que se sentem como se sentem também pode ser facilitada pelo exame de experiências anteriores na infância ou idade adulta: "Aconteceram coisas com você quando criança que poderiam explicar por que se sente assim?". As origens desenvolvimentais das emoções atuais nem sempre são úteis; de fato, elas podem, às vezes, levar à patologização excessiva da experiência emocional atual, já que o paciente pode vir a acreditar que "todo o dano já foi feito". Teorias da causa de uma vulnerabilidade ou uma emoção podem refletir crenças sobre qualidades pessoais como fixas, imutáveis e disseminadas (p. ex., "Minha mãe me fez sentir como se minhas emoções não fossem importantes, então acho que sempre vou pensar que minhas emoções não importam"). Tal crença no "determinismo emocional" é com frequência reforçada pela popularização da psicodinâmica ou modelos da "criança interna ferida", que alguns indivíduos interpretam incorretamente como modelos de incapacidade emocional permanente.

Contudo, para pacientes que acham que suas emoções atuais não fazem sentido, essa linha de investigação pode ser útil. Por exemplo, a ex-advogada mencionada anteriormente lembrou que a carreira profissional de sua mãe foi abreviada pela maternidade, e que isso era motivo de desgosto para ela. De fato, sua mãe tinha muito orgulho das conquistas acadêmicas da sua filha – mas também tinha muito prazer em ser avó. Essas "mensagens confusas" levaram a um sentimento de potencial não cumprido, enquanto ela mesma parecia vacilar (compreensivelmente) entre os papéis de advogada profissional e mãe amorosa.

De modo semelhante, relembrar imagens ou cenas da infância pode despertar mais emoções e pensamentos, ilustrando ainda mais a ligação entre emoções atuais e experiências passadas. A emoção atual – por exemplo, solidão – pode ser "induzida" quando se pede ao paciente que imagine como seria sentir-se de fato sozinho. O cliente pode ser encorajado a fechar seus olhos e repetir suavemente: "Eu sou tão sozinho", ao mesmo tempo observando imagens, lembranças e outras emoções que acompanham o sentimento de solidão; "Observe os sentimentos em seu corpo, os sentimentos no seu peito, a sensação de vazio e perda. Observe a tristeza que você tem porque está sozinho e observe outras emoções que possam surgir. Agora, observe delicadamente qualquer imagem que venha à sua mente. Observe-a e a veja se revelar". Uma paciente começou a chorar enquanto recordava estar deitada na cama quando seus pais estavam fora, sentindo que estava totalmente sozinha. O terapeuta perguntou: "Que pensamentos surgem com esta imagem?". Ela respondeu: "Eles na verdade não se importam comigo. Eu não tenho importância". Sua ansiedade e tristeza atuais foram despertadas pelas viagens a negócios de seu marido. Ela lembrava que, mais que tudo, sentia falta do seu pai quando era criança; ele morreu repentinamente quando ela tinha 12 anos, e foi deixada com uma mãe que ela achava ser ressentida com ela.

Finalmente, mesmo com as tentativas mais minuciosas de ligar as emoções a diáteses biológicas, experiências no início da infância, socialização emocional na família, pensamentos automáticos e esquemas pessoais, alguns pacientes ainda podem achar que suas emoções não fazem sentido. Esses clientes parecem acreditar em "perfeccionismo do *insight*"; isto é, acreditam que devem compreender tudo acerca de suas emoções (ou de si mesmos) para que funcionem efetivamente. Sua noção de que "Eu não consigo entender o que está fazendo eu me sentir assim" com frequência leva à procura ruminativa por "significados reais" e "compreensão total": "A menos que eu consiga realmente chegar ao fundo disso, não sei como poderei tomar alguma decisão sobre como viver minha vida". A regra aparente é que o *insight* completo é uma condição necessária para a mudança, assim como alguns pacientes acham que a motivação completa é uma condição necessária. O terapeuta pode indagar se é sempre necessário entender por que o indivíduo está se sentindo como se sente ou se é mais importante determinar quais objetivos, valores ou comportamentos são produtivos.

A etiologia de uma emoção – ou um esquema emocional – pode ser menos importante do que a maneira como uma emoção atual é interpretada e "regulada". Por exemplo, o paciente cuja tristeza atual pode parecer incompreensível pode concluir: "Se não entender a minha emoção, estarei impotente para mudá-la". Essa crença na necessidade de compreensão pode ser examinada estabelecendo experimentos comportamentais que ilustram quais atividades ou situações específicas estão associadas a emoções mais agradáveis, e que o "*insight*" pode nem sempre ser necessário para mudança. Às vezes, o *insight* pode ser uma vantagem, mas pode não ser uma necessidade. A compreensão pode ser menos importante em determinadas situações do que a eficácia.

## DURAÇÃO

Nossa pesquisa (veja o Cap. 3) indicou que um preditor importante de depressão e ansiedade era a crença de que as emoções vão durar indefinidamente (Leahy, Tirch, & Melwani, 2012; Tirch, Leahy, Silberstein, & Melwani, 2012). Também, a percepção de durabilidade da emoção é um achado consistente em pesquisa sobre "previsão do afeto" (Wilson & Gilbert, 2003). Pesquisas de crenças sobre "taxas de desconto" (i. e., a ênfase em ganhos no curto prazo, ao mesmo tempo ignorando ganhos cumulativos no longo prazo) resultam em gratificação no curto prazo à custa de ganhos de mais longo prazo (Frederick et al., 2002; McClure et al., 2007; Read & Read, 2004). A crença na durabilidade é uma consequência de basear as predições na emoção atual ("Eu me sinto triste agora; vou sempre me sentir triste"); focar em um elemento, com a exclusão de outros fatores atenuantes (p. ex., "Eu não tenho um parceiro agora" – nada mais é considerado); e subestimar fatores atenuantes ou compensatórios que interferem (p. ex., não reconhecer que podem surgir outros relacionamentos e alternativas valorizadas). Além disso, crenças implícitas sobre emoção como algo fixo (teorias da entidade) ou variável (teorias incrementais) estão relacionadas a capacidades de regulação emocional (Castella et al., 2013).

A modificação da crença na duração da emoção é um fator importante no aumento da tolerância ao afeto. Por exemplo, um homem com TOC que tinha medos de contaminação acreditava que, caso se engajasse em exposição e prevenção de resposta, sua ansiedade duraria indefinidamente e escalaria durante todo o dia. Do mesmo modo, pacientes com transtorno de pânico também podem acreditar que sua ansiedade será interminável. A crença na durabilidade dos pensamentos e das emoções pode ser identificada como um elemento-chave subjacente à falta de esperança e à depressão: "Sempre me sinto sem esperança" ou "Eu sempre acho que não vale a pena viver". De fato, entre os princípios centrais do treinamento consciente está o reconhecimento de que os pensamentos, os sentimentos, as sensações – e até mesmo a "realidade" – estão em constante transição, indo e vindo, aumentando e diminuindo. Fluidez e flexibilidade estão em contraste com durabilidade (Hayes et al., 2012; Linehan, 1993, 2015; Roener & Orsillo, 2009; Segal et al., 2002).

Nós damos prioridade em abordar crenças sobre durabilidade, já que elas são tão centrais para outras (p. ex., crença sobre controle e aceitação). Saber que uma emoção difícil é temporária torna mais fácil tolerá-la. A necessidade de controle de uma emoção temporária pode parecer menos urgente; a percepção de perigo e prejuízo deve ser reduzida; e as crenças subjacentes na falta de esperança sobre a emoção devem diminuir. O terapeuta pode levantar a questão da durabilidade perguntando:

> "Eu vejo que você acredita na probabilidade de que as emoções que tem nesse momento irão durar indefinidamente. Esta deve ser uma experiência difícil para você, já que é tão difícil neste momento. Nós com frequência nos vemos mergulhados na forma como nos sentimos, e simplesmente parece que isso vai durar um longo tempo. Na verdade, algumas emoções podem parecer 'engolfar o campo' – elas com frequência nos capturam e nos arrebatam. Vamos dar uma olhada nisso e ver o que podemos encontrar. Quais emoções específicas você acha que vão durar indefinidamente?"

Como os pacientes frequentemente têm uma variedade de emoções – ansiedade, raiva, tristeza, confusão e até mesmo alívio –, é útil iniciar fazendo uma diferenciação entre elas para ver se algumas são menos duráveis que outras. O terapeuta pode investigar como um cliente justificaria por que certas emoções são duráveis, enquanto outras não. Em particular, o profissional pode perguntar se os sentimentos de felicidade são duráveis – e, em caso negativo, por que não. Por que a emoção negativa atual (p. ex., tristeza, falta de esperança, raiva) seria a única durável? As mesmas condições vão se tornar permanentes, ou alguma coisa vai mudar? O paciente vai sempre pensar da mesma maneira? Alguns clientes usam "raciocínio emocional" sobre a durabilidade da sua emoção: "Parece tão terrível, eu não consigo imaginar que isso possa acabar". Essa crença de que a intensidade de uma emoção é igual à sua durabilidade parece ilógica, porém muitos indivíduos que sofrem de dor intensa chegam a tal conclusão. O terapeuta pode perguntar: "Você já teve emoções muito intensas no passado?". Quando o paciente enumera outras experiências emocionais intensas, como tristeza, raiva, ansiedade e ciúme, o profissional pode questionar quanto tempo durou aquela de maior intensidade. Já que cada uma delas terá diminuído em algum momento, o paciente pode começar a considerar que as emoções intensas atuais também podem mudar.

Como ocorre com muitas crenças, a motivação do paciente para mudar precisa ser abordada. O terapeuta pode fazer isso por meio da análise do custo-benefício: "Quais são os custos e os benefícios de acreditar que a sua emoção vai durar indefinidamente?". Alguns pacientes temem criar esperanças quanto à mudança e, portanto, vão defender a permanência de um sentimento negativo. Nesse caso, o terapeuta pode perguntar: "O que mudaria se você passasse a acreditar que estas emoções vão mudar – vão ficar menos intensas, menos incômodas?". Existem consequências para a crença na durabilidade, já que ela se soma a um sentimento de impotência/desesperança, e, em consequência, as predições futuras são baseadas no estado emocional presente. Crenças na durabilidade com frequência também levam a enfrentamento disfuncional, como esquiva, isolamento, inatividade, ruminação, preocupação, comer compulsivo e abuso de substância. Para avaliar tal enfrentamento, o terapeuta pode investigar o que o paciente faz "a seguir" quando ocorre o pensamento de que a emoção vai durar indefinidamente:

> "Quando você pensa que a sua emoção negativa vai durar indefinidamente, isto o leva a fazer certas coisas ou a evitar certas coisas? Por exemplo, você simplesmente desiste, se isola, se torna passivo ou se volta para si? Rumina o mau sentimento? Projeta o quanto o futuro será ruim e então rumina sobre isso? Você tenta se acalmar momentaneamente comendo excessivamente, bebendo, usando drogas ou se perdendo em alguma atividade?"

"Se eu achar que os meus sentimentos negativos são permanentes, então eu tendo a pensar *o que* ou fazer *o quê*?"

Reconhecer o custo da durabilidade das crenças pode aumentar a motivação para mudá-las, embora alguns pacientes vejam tais questões como invalidantes ou criadoras de falsas esperanças. O terapeuta pode abordar a questão da validação observando que os sentimentos e as crenças atuais são muito poderosos e dolorosos e que validar a sua existência não significa que considerar alternativas negue a "realidade da experiência" para o paciente no momento presente:

> "Imagine que você teve uma dor física terrível causada por um fragmento que ficou preso ao seu pé. A médica observa a intensidade da dor que você está sentindo e diz que o fragmento realmente é a causa. Se a médica

perguntasse se concorda em retirar o fragmento, você acharia que ela estava invalidando? Talvez se você deixasse o fragmento no local a dor fosse perdurar por horas. Qual seria o melhor curso de ação?"

Embora a durabilidade possa desencadear o desejo de evitar ou escapar da emoção, o terapeuta pode sugerir que existem momentos em que "Você deve passar por isso para superar isso".

A falta de motivação que se origina de uma crença na durabilidade também pode ser examinada: "Você estaria motivado a agir para melhorar as coisas se tivesse *dúvidas* sobre a durabilidade da sua emoção?". Alguns pacientes podem acreditar que não faz nenhum sentido assumir o risco de fazer mudanças se as suas emoções vão durar indefinidamente. "Por que me importar se não existe esperança?", um homem disse. A crença na durabilidade de uma emoção pode, assim, se tornar uma profecia autorrealizadora. O terapeuta pode assinalar: "Se você acredita que suas emoções não vão mudar, então faz sentido não fazer nada". Além disso, a crença na durabilidade da emoção impede que os pacientes se engajem na exposição para superar seus medos. O homem com TOC mencionou uma crença anterior de que, se ele se expusesse para superar seus medos de contaminação, sua ansiedade duraria indefinidamente. A longa duração (e aumento na intensidade) dessa emoção parecia um alto preço a pagar para "testar uma teoria sobre exposição".

Crenças sobre durabilidade e perigo da emoção são centrais para engajar os pacientes em exercícios de exposição no tratamento de fobia específica, transtorno de ansiedade social, TOC, TEPT e outros transtornos em que a ativação do medo é um componente essencial no tratamento. Por exemplo, foi perguntado a um paciente com medo de contaminação sobre o quanto seria intensa sua ansiedade e quanto tempo ela duraria se ele se expusesse aos objetos "contaminados" em seu apartamento. O sujeito comentou que sua ansiedade escalaria até 100%, ele pioraria completamente, não conseguiria funcionar e sua ansiedade arruinaria a semana inteira. Quando foram pedidas evidências para essas predições a partir da sua experiência passada com exercícios de exposição, ele observou que não tinha feito exposições antes, mas que "achava que seria assim". Exercícios de exposição podem funcionar de inúmeras maneiras – às vezes permitindo habituação à ansiedade, mas frequentemente possibilitando que o paciente teste crenças sobre a disponibilidade para se engajar em exposição e crenças sobre a duração, tolerabilidade e perigo da excitação ansiosa. Nesse caso, a não confirmação das crenças do paciente acerca da excitação emocional (e sobre o prejuízo resultante) o ajudou a se submeter a mais exposições a outras "contaminações".

Para coletar informações sobre durabilidade, o terapeuta pode perguntar o seguinte:

> "Suas emoções mais dolorosas aumentam e diminuem ao longo do dia ou da semana? O que isso lhe diz sobre como as emoções mudam? Elas

mudam porque você está fazendo alguma coisa diferente, porque está pensando de forma diferente ou porque está com outras pessoas?"

Essas crenças podem, então, ser testadas, fazendo o paciente usar um cronograma de atividades (veja Leahy, Holland, & McGinn, 2012, ou veja a seguir) a fim de monitorar ações e emoções associadas a elas para cada hora da semana. Observando que essas emoções aumentam e diminuem de intensidade – variável conforme a situação, o momento do dia e os pensamentos que acompanham a emoção –, o cliente pode observar que a variação, e não a durabilidade, é a regra. Mais evidências contra a durabilidade podem ser obtidas perguntando sobre emoções no passado: "Você já teve uma emoção negativa ou positiva que nunca desapareceu?".

A história pessoal do paciente da fluidez e da natureza transitória das emoções pode ajudar a ilustrar que mesmo emoções dolorosas do passado mudaram.

Outro fator subjacente à previsão do afeto é que as pessoas tendem a ignorar eventos que interferem e que podem amenizar uma emoção atual. Predições sobre emoções futuras que estão ancoradas unicamente a uma emoção atual não levam em consideração novos relacionamentos, experiências gratificantes, oportunidades ou simplesmente o declínio da lembrança sobre um evento passado. O terapeuta pode perguntar: "Pense naquelas emoções penosas que desapareceram no passado. O que aconteceu para fazer que essas emoções diminuíssem de intensidade para você?". É útil rastrear a história do declínio de uma emoção, já que isso pode ilustrar que "Você teve estas crenças sobre durabilidade da emoção no passado – para experiências muito dolorosas –, mas até estas emoções mudaram". Reorientando o foco para eventos e experiências que modificaram emoções difíceis, o paciente pode perceber que todas elas acabam diminuindo porque emergem novas fontes de recompensa, significado e experiência. Uma mulher que acreditava que seus sentimentos atuais de desespero, solidão e falta de esperança durariam indefinidamente recordou que teve as mesmas emoções depois de um rompimento anterior. Ao refletir, deu-se conta de que havia idealizado seu antigo parceiro e que o rompimento anterior (embora difícil) tinha criado oportunidades para novos relacionamentos.

Para melhor examinar as possíveis razões dos motivos pelos quais as emoções não serão duráveis, o terapeuta pode investigar sobre todos os eventos que podem ocorrer na próxima semana, mês, ano e no período de cinco anos. Como o paciente vai se sentir sobre isso? Muitos daqueles com crenças sobre durabilidade são limitados quanto à previsão de afetos, predizendo que sua emoção atual os tem atormentado há dias e continuará indefinidamente. Com frequência, tais pacientes irão focar em uma fonte de recompensa como a razão por que continuarão com a emoção atual: "Perdi meu emprego e não tenho a menor ideia do que fazer" ou "Sem meu parceiro não existe vida para mim". Outras fontes alternativas de recompensas e significados – relacionadas e não relacionadas à perda atual – podem então ser examinadas. O terapeuta pode perguntar: "Quais são algumas fontes de prazer, significado, desafio, crescimento ou recompensa que podem acontecer na próxima semana [mês, ano, cinco anos]?". Por exemplo, um homem que perdeu o emprego percebeu que tinha muitas outras fontes de recompensas independentes do seu emprego atual. Elas incluíam seu filho, sua esposa, sua família estendida, exercícios, *hobbies*, leitura e outras atividades. Além disso, considerou a possibilidade de que um novo emprego, mais próximo de sua casa, poderia ter certos benefícios em relação ao emprego perdido, que exigia um deslocamento diário considerável.

As Figuras 7.1 até 7.3 apresentam orientações para que terapeuta e paciente examinem as crenças deste último sobre a duração das emoções. (Observe

**Instruções:** Por favor, anote suas respostas às perguntas nos espaços fornecidos. Se você mudasse alguma de suas crenças sobre emoção, isto afetaria alguma coisa na sua vida? Você se sentiria mais esperançoso, menos impotente, menos ansioso? Quais seriam algumas formas mais adaptativas de ver suas emoções?

Quais emoções específicas você acha que vão durar indefinidamente?
_____
_____
_____

Quais são os custos e benefícios de achar que sua emoção vai durar indefinidamente? O que mudaria para você se acreditasse que essas emoções vão mudar – ficaria menos intenso, menos incômodo?
_____
_____
_____

Você já teve uma emoção negativa ou positiva que nunca desapareceu?
_____
_____
_____

Pense nas emoções penosas que desapareceram no passado. O que aconteceu que levou essas emoções a reduzirem em intensidade para você?
_____
_____
_____

A sua emoção mais dolorosa aumenta ou diminui durante o curso do dia ou semana? O que isso lhe diz sobre como as emoções mudam? Suas emoções mudam porque você está fazendo alguma coisa diferente, porque você está pensando de forma diferente ou porque você está com outras pessoas?
_____
_____
_____

**FIGURA 7.1** Perguntas para testar crenças sobre quanto tempo duram as emoções. (Não reproduzir.)

**Instruções:** Anote brevemente nos espaços o que você faz e como se sente a cada hora de cada dia. Por exemplo, se você toma café entre 7:00 e 8:00 e se sente triste e sozinho, escreva: "Café da manhã, triste, sozinho". Se você estiver trabalhando entre 10:00 e 11:00 da manhã e se sente desafiado e interessado, escreva: "Trabalhando, desafiado, interessado". Veja se existe um padrão para suas emoções que esteja relacionado ao que você está fazendo, à hora do dia e às pessoas que estão com você.

| | Seg | Ter | Qua | Quin | Sex | Sab | Dom |
|---|---|---|---|---|---|---|---|
| 6:00 | | | | | | | |
| 7:00 | | | | | | | |
| 8:00 | | | | | | | |
| 9:00 | | | | | | | |
| 10:00 | | | | | | | |
| 11:00 | | | | | | | |
| 12:00 | | | | | | | |
| 13:00 | | | | | | | |
| 14:00 | | | | | | | |
| 15:00 | | | | | | | |

**FIGURA 7.2** Rastreando atividades e emoções. (Não reproduzir.) (*Continua*)

| | | | | | | | | | | |
|---|---|---|---|---|---|---|---|---|---|---|
| | | | | | | | | | | |
| | | | | | | | | | | |
| | | | | | | | | | | |
| | | | | | | | | | | |
| | | | | | | | | | | |
| | | | | | | | | | | |
| | | | | | | | | | | |
| 16:00 | 17:00 | 18:00 | 19:00 | 20:00 | 21:00 | 22:00 | 23:00 | 12:00 | 1:00 | 2:00–5:00 |

**FIGURA 7.2** *(Continuação)* Rastreando atividades e emoções. (Não reproduzir.)

Quando a sua emoção negativa é mais intensa?
_____
_____

Quando você se sente melhor?
_____
_____

O que aconteceria se você fizesse mais das atividades associadas a sentir-se melhor?
_____
_____

Você pode determinar estas atividades para si mesmo?
_____
_____

E se você reduzisse as atividades negativas?
_____
_____

Como você pode fazer isso?
_____
_____

Você achava que suas emoções negativas não mudavam. O que o seu cronograma de atividades lhe diz?
_____
_____
_____

Que conclusões você tira deste exercício?
_____
_____
_____

**FIGURA 7.3** Conclusões sobre emoções e atividades.

que as figuras são oferecidas apenas para fins de orientação e não devem ser reproduzidas). A Figura 7.1 é um conjunto de perguntas para testar as crenças do paciente sobre duração. A Figura 7.2 é uma tabela que o indivíduo pode usar para registrar a flutuação diária das emoções em conexão com suas atividades. A Figura 7.3 possibilita que paciente e terapeuta tirem conclusões a partir do cronograma de atividades sobre emoções e atividades.

## CONTROLE

Nossa pesquisa mostra que a percepção de que uma emoção está fora de controle é um fator-chave na ansiedade e está associada a uma ampla gama de psicopatologias (Leahy, Tirch, & Melwani, 2012). De fato, a ideia de "regulação emocional" implica que emoções descontroladas podem ter efeitos negativos significativos no funcionamento adaptativo. Alguns pacientes acreditam que precisam se livrar de um sentimento negativo imediata e completamente. Tal senso de urgência e necessidade de eliminação completa estabelece padrões quase impossíveis para regulação da emoção. Esses padrões levam a um sentimento de futilidade (p. ex., "Eu ainda estou ansioso!"), exacerbando ainda mais a ansiedade e a impotência. Ou os pacientes devem compreender imediatamente o que está errado.

O sentimento de urgência de tempo está ligado a crenças sobre controle, escalação, compreensibilidade e até mesmo intolerância à incerteza (uma visão simplista da emoção). Esses pacientes podem achar que, se não obtiverem controle imediatamente, suas emoções vão se revelar, escalar até níveis intoleráveis e prejudicá-los por completo ou que, se eles não compreenderem imediatamente o que está acontecendo, nunca serão capazes de enfrentar as emoções. A urgência de tempo é semelhante ao conceito de "vulnerabilidade iminente", que Riskind e colegas delinearam em inúmeros estudos, indicando que a ansiedade também pode ser o resultado da crença de que uma ameaça está se aproximando rapidamente e que a habilidade de enfrentá-la e evitá-la está desaparecendo (Riskind, 1997; Riskind & Kleiman, 2012; Riskind, Tzur, Williams, Mann, & Shahar, 2007).

A primeira pergunta a ser feita ao paciente é qual emoção está fora de controle. Mais uma vez, descobrimos que alguns indivíduos "não têm problema" com suas emoções (p. ex., de raiva) que estão fora de controle, mas temem que outras (p. ex., ansiedade, tristeza) possam sair do controle. Nesses casos, o terapeuta pode perguntar por que isso pode acontecer com algumas emoções, enquanto outras não podem ser toleradas. Restringir o foco às emoções fora de controle permite que o paciente examine por que é tão ruim que algumas estejam fora de controle, enquanto outras não. Em segundo lugar, o profissional pode investigar se o cliente realmente experimenta a emoção como descontrolada ou se apenas *teme* que ela saia do controle. Por exemplo, a maioria dos pacientes com transtorno de pânico não relata que sua ansiedade esteja fora de controle; em vez disso, eles temem que a ansiedade, uma vez ativada, escale e saia do controle. Tal percepção de uma "reação em cadeia" ou "reação nuclear" leva alguns pacientes a focar no menor sinal de excitação emocional e a tirar conclusões sobre uma maior escalada. Assim, sensações ou pensamentos indesejados se tornam "sinais" de que comportamentos de esquiva ou segurança "precisam ser ativados" para prevenir uma catástrofe.

Terceiro, o terapeuta pode investigar quais são os sinais de que uma emoção está saindo do controle. Para alguns pacientes, a experiência de uma emoção de menor intensidade significa que ela vai se intensificar e resultar em perda do controle. Por exemplo, aumento no batimento cardíaco, tensão física, respiração mais rápida e sentir-se ansioso ou incomodado se tornam sinais de que a perda total do controle é iminente. Relacionado a isso está o foco exagerado na excitação, que simplesmente a aumenta e resulta em maior percepção de descontrole. O terapeuta pode pedir ao paciente que teste a ideia de que uma emoção vai sair do controle, intensificando de modo intencional a emoção ou as sensações – por exemplo, correndo no lugar, girando, olhando para uma lâmpada, relembrando eventos infelizes ou até mesmo repetindo pensamentos temidos. Encorajar o paciente a manter esse exercício por tempo suficiente para permitir habituação pode dissipar as crenças de que as emoções e as sensações precisam ser eliminadas imediatamente.

Quarto, o terapeuta pode perguntar: "O que você acha que aconteceria se você não conseguisse se livrar desse sentimento inteiramente?". Pacientes com transtorno de pânico podem alegar que vão perder o controle, começar a gritar e se tornar ridículos. Clientes tristes e ansiosos com transtorno da personalidade *borderline* podem dizer que ficarão tão deprimidos e ansiosos que precisarão se ferir para reduzir a tensão. Aqueles com TOC que são chamados a se engajar em exposição aos seus medos podem alegar que a sua ansiedade vai escalar até níveis catastróficos e que vão ficar loucos. A pergunta em cada caso é: "Qual será o prejuízo se você perder o controle?". O terapeuta pode perguntar: "Você tem medo de que ter um sentimento forte seja um sinal de alguma coisa pior? Ficar louco? Perder completamente o controle?".

Quinto, em vez de focar no controle total, o terapeuta pode perguntar quais seriam as vantagens se o paciente visse as emoções ao longo de um *continuum* moderador. Por exemplo, pode-se observar a excitação ansiosa em uma escala de 10 pontos subir para 9, cair para 6, subir para 7, cair para 3 e para 1. Observar que as emoções flutuam em intensidade, e de fato declinam com o tempo, pode sugerir que elas são autorreguladas – muito semelhantes a um termostato. Em vez de encarar o início de uma emoção como um preditor de revelações, o paciente pode aprender a observar que este começo inicia um processo de elevação e queda. Assumir um papel de observação e descrição da emoção pode ser útil:

> "Imagine que você está na praia observando as ondas indo e vindo. Você está sentado na orla, distante da água, mas pode ver as ondas se elevando e caindo. Agora, imagine que as ondas são mais altas por alguns momentos e você as vê quebrando na areia. A água recua e outra onda quebra. Com o tempo, começa a notar que as ondas estão menos intensas – chegam mais calmamente à praia, e assim voltando para a água. Agora, você está observando que a água está mais parada – apenas ondas suaves chegando à praia e voltando suavemente. Agora, pense em suas emoções como ondas que vêm e vão, se elevam e caem, intensas, agora mais calmas, agora

suaves. Mas você permanece na orla e observa e sente a brisa do oceano neste agradável dia de verão."

Imagens da emoção como algo fluido também podem ser úteis se o paciente puder se imaginar como um grande contêiner, sempre em expansão, que tem cada vez mais espaço para conter as emoções, em vez da necessidade de erguer uma parede para manter de fora a emoção fluida. O fluxo e refluxo da emoção também pode conferir a noção de experiência temporária e mutante, em vez de uma noção de durabilidade fixa.

Sexto, o terapeuta pode usar analogias de outras fontes de excitação que aumentam e diminuem – por exemplo, fome ou excitação devido à cafeína:

> "Você parece achar que a sua emoção vai se elevar até níveis incontroláveis e catastróficos. Mas vamos dar uma olhada em algumas outras fontes de excitação. Imaginemos que tenha acabado de tomar duas xícaras de um café muito forte. Você agora está com excitação devido à cafeína. O que acha que vai acontecer se simplesmente esperar para ver se a excitação diminui durante as próximas horas? Você pode dizer a si mesmo: 'Acho que tomei muito café, então vou ficar um pouco excitado por algum tempo. Oh, ok'. Permitir-se aceitar a excitação e apenas esperar pode provocar menos ansiedade do que a demanda de se ver livre da excitação imediatamente. O senso de urgência sobre uma emoção soma-se a ela, o que se soma ao senso de urgência, causando assim um aumento na ansiedade."

Em sétimo lugar, alguns pacientes acham que têm que controlar uma emoção porque ela é "má". Exemplos de emoções rotuladas como "más" incluem ansiedade, tristeza, raiva e sentimentos sexuais. Raramente as pessoas dizem que precisam se livrar de uma emoção "boa", como felicidade, satisfação, esperança, apreciação ou gratidão. O terapeuta pode sugerir que uma emoção não é nem boa nem ruim, mas simplesmente *é*:

> "Todas as nossas emoções estão aí porque elas foram adaptativas para nossos ancestrais e para nós mesmos. Por exemplo, a ansiedade pode ser útil ao sugerir que pode haver alguma coisa errada ou que alguma coisa ruim pode acontecer. Ela é um alarme. A tristeza pode nos dizer que alguma coisa que valorizamos está faltando. Ela relata o que aconteceu. As emoções em si não são nem boas nem más; elas são experiências que temos. São atividades em nossos cérebros. Imagine se você pudesse observar sua atividade cerebral e ver que sua ansiedade é uma corrente que vai de uma célula a outra, atravessando substâncias químicas entre as células. Este é um evento em seu cérebro. Você pode vê-lo. Imagine que observa o evento quando ele se acende e quando reduz sua luminosidade. Ele vem e vai. Não é nem bom nem mau. Ele simplesmente é."

O terapeuta pode sugerir que fazer escolhas sobre possíveis ações constituiria uma questão moral ou ética – não os pensamentos, as imagens ou as emoções que existem independentes da ação. De fato, podemos sentir *tentação* ou o desejo de fazer alguma coisa que é considerada antiética, mas a decisão de não tomar a atitude é o que constitui uma escolha moral ou ética:

> "Podemos não ter uma escolha quanto aos nossos pensamentos, sensações ou emoções, mas realmente temos uma escolha quanto a nossas ações. Imagine que você afirmasse que foi totalmente fiel à sua parceira no ano passado, mas descobrimos que você esteve numa ilha deserta. Nós pensaríamos que você fez uma escolha moral? Em contraste, imagine que havia inúmeras pessoas bonitas e sensuais que demonstraram interesse em você, mas você optou por não abordá-las. Esta seria uma escolha moral ou seria imoral simplesmente porque você teve um desejo e se sentiu tentado?"

Oitavo, alguns pacientes acreditam que um sentimento imediatamente se tornará uma ação. Tal crença é uma variação da fusão pensamento-ação. Como uma emoção ou pensamento precede uma ação, pode parecer natural chegar à conclusão de que a emoção ou o pensamento *resulta* na ação (p. ex., "Eu fiquei ansioso, então corri" ou "Eu fiquei com raiva e então gritei com ele"). Porém, a maioria das emoções e dos pensamentos não leva a ações; eles são simplesmente experimentados como eventos internos. O terapeuta pode perguntar: "Não existe uma diferença entre controlar suas ações e controlar seus sentimentos? Qual é a diferença?". Ou: "Não existem inúmeros sentimentos que você tem que nunca levaram a uma ação? Você sempre come cada vez que tem uma sensação de fome? Sempre ataca alguém quando se sente com raiva? Sempre sai correndo cada vez que se sente ansioso?". O paciente com fusão de emoção-ação teme que o início de uma emoção automaticamente conduza a uma ação indesejada, e assim acredita que a emoção precisa ser controlada de modo absoluto. O terapeuta pode pedir ao indivíduo que rastreie uma emoção negativa (sua ocorrência e intensidade), monitore as atividades ou situações e, depois, liste os comportamentos específicos em que ele se engaja. Isso pode ser ilustrado na sessão:

> "Eu compreendo que você frequentemente pense que se você se sentir ansioso, vai ficar fora de controle. Tomemos a última vez em que esteve em um avião. Você me disse que tem medo de ficar ansioso, saltar da sua poltrona e esmurrar a porta de saída. Ok. Agora, na última vez em que esteve num avião, você me disse que se sentiu ansioso, mas saltou da poltrona e esmurrou a porta de saída? Por que não?"

Pensamentos e emoções são eventos internos, enquanto o comportamento é um evento externo que é escolhido. Nesse exemplo, o paciente se dá conta de que pensamentos e sentimentos ansiosos estão presentes, mas opta por ficar sentado. O monitoramento da ocorrência da ansiedade durante o dia e a semana, junto com o comportamento específico, pode ilustrar que uma emoção não controla o comportamento; *o paciente controla o comportamento*. Mesmo que uma emoção não possa ser controlada, o indivíduo pode controlar o que diz ou faz.

Nono, muitos pacientes que acreditam que não têm controle sobre suas emoções usam estratégias problemáticas de enfrentamento, como comer compulsivo, abuso de substância, ruminação e esquiva. O sentimento de estar fora do controle é ampliado por essas estratégias de enfrentamento, uma vez que elas representam o comportamento "fora de controle": "Eu me sinto fora de controle, e então eu faço mais coisas fora do controle". O terapeuta pode sugerir que a ocorrência de um sentimento não é o problema real, mas as interpretações e as estratégias empregadas:

> "E se você pensasse que as suas emoções cresceriam e diminuiriam por conta própria? Você se sentiria fora do controle? E se pensasse que existem algumas estratégias muito úteis e adaptativas para usar quando se sente abalado? Você se sentiria fora do controle? Talvez o problema não sejam as suas emoções, mas a forma como às vezes lida com elas. Se você usar estratégias disfuncionais, isso só vai se somar àquele sentimento de estar fora do controle e não será efetivo. Talvez possamos identificar algumas estratégias funcionais que você possa usar."

A crença na necessidade de controle também pode ser abordada encorajando o paciente a não fazer absolutamente nada em relação a uma emoção quando ela surgir, apenas observá-la com consciência independente. Isso é semelhante às técnicas defendidas por Wells (2009) em sua abordagem metacognitiva. Sentar-se e não fazer nada pode ser um exercício consciente diário, em que o paciente intencionalmente pratica permanecer parado, passivo e distanciado, ao mesmo tempo se entregando às observações do momento. Enquanto não faz nada, o indivíduo também pode observar a voz interna que lhe diz: "Você deveria estar fazendo alguma coisa – controlando as coisas, se livrando dos pensamentos ou julgando a sua experiência atual". Depois, o terapeuta pode explorar com o cliente se ele tem dificuldade em tolerar não fazer nada – apenas observar, estar no momento ou deixar o tempo passar (Roemer & Orsillo, 2009; Wells, 2009). A necessidade de fazer alguma coisa evoca emoções e as mantêm, já que os objetivos precisam continuamente de conclusão. Além disso, o paciente pode praticar se imaginar desaparecendo por completo, enquanto observa que o mundo continua sem ele – ou se imagina pairando acima de tudo, em uma sacada distante e elevada, enquanto observa outras pessoas vivendo as suas vidas. Desaparecendo, pairando acima ou observando, o cliente pode experimentar o sentimento de afastamento e distância que pode trazer a paz de perder todos os objetivos no momento (Leahy, 2005d). Como as emoções são direcionadas para objetivos, renunciar aos objetivos se abandonando – "desaparecendo" – leva à renúncia da emoção.

A Figura 7.4 delineia algumas das estratégias mal-adaptativas que podem ser usadas na regulação emocional. Elas incluem esquiva, supressão, preocupação/ruminação e abuso de substância ou outras formas de atuação (p. ex., automutilação). Identificamos inúmeras estratégias funcionais que podem ser usadas para substituir as mal-adaptativas (Leahy, Tirch, & Napolitano, 2011), e incluem reestruturação cognitiva, aceitação, modificação de esquemas emocionais, solução de problemas, habilidades em TCD, habilidades de comunicação, relaxamento (e outras técnicas de redução da excitação), ativação comportamental, consciência, técnicas focadas na compaixão, distração (até certo ponto), apoio social e técnicas de terapia focadas na emoção. O terapeuta pode sugerir que o conhecimento de que existem estratégias adaptativas pode reduzir o medo de uma emoção:

> "Se você caísse dentro d'água de 6 m de profundidade e pensasse que não sabia nadar, como se sentiria? Ansioso, aterrorizado? Mas e se caísse na água e soubesse que era um exímio nadador – que poderia ficar flutuando por horas. Como se sentiria? Se tivesse técnicas e ferramentas capazes de acalmá-lo gradualmente e melhorar as coisas, você teria menos medo de perder o controle?"

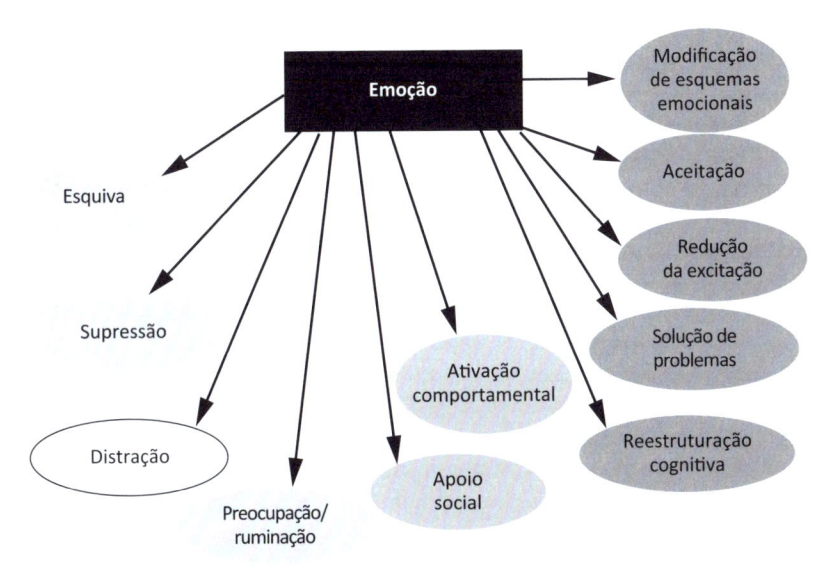

**FIGURA 7.4** Alguns exemplos de estratégias de regulação emocional adaptativas e mal-adaptativas. As mal-adaptativas estão à esquerda, com sombreado leve; as adaptativas estão à direita, em sombreado mais escuro. Baseada em Leahy, Tirch e Napolitano (2011).

## CULPA E VERGONHA

Algumas pessoas se sentem culpadas ou envergonhadas pelos seus pensamentos, sensações, comportamentos ou emoções. Refiro-me a "culpa" como uma crença do indivíduo de que suas qualidades são inconsistentes com uma visão ideal que tem de si. Por exemplo, uma mulher que se vê como pacífica e racional pode se sentir culpada por ter sentimentos de raiva e desejo de vingança. Um marido que ama sua esposa pode se sentir culpado pelas suas fantasias sexuais com outras mulheres. Outros exemplos de pensamentos culposos sobre emoções são: "Eu não deveria me sentir triste; tenho tanto pelo que ser grato" ou "Raiva é uma emoção ruim; significa que sou uma pessoa irada, terrível". "Vergonha" inclui crenças de que seria intolerável que outras pessoas soubessem das emoções do indivíduo e está ligada a embaraço e humilhação, um desejo de ocultar dos outros que tem sentimentos sexuais, sobretudo desejos "não convencionais" (independentemente do que entendam por isso). Pacientes ansiosos podem se sentir envergonhados por estar ansiosos e apreensivos de que os outros possam perceber a sua ansiedade e achar que são fracos. Enquanto vergonha envolve o desejo de ocultar dos outros, culpa envolve uma tendência a se criticar. Na realidade, as pessoas frequentemente se sentem envergonhadas e culpadas pelas suas emoções – embaraçadas porque os outros podem saber e culpadas e autocríticas porque suas emoções entram em conflito com sua visão de si mesmas. (Veja também Angney, Stuewig, & Mashek, 2007, para uma discussão detalhada sobre as diferenças entre culpa e vergonha e suas implicações.) A Figura 7.5 ilustra o processo de culpa sobre uma emoção, e a Figura 7.6 ilustra o da culpa.

**FIGURA 7.5** Processo de culpa por uma emoção.

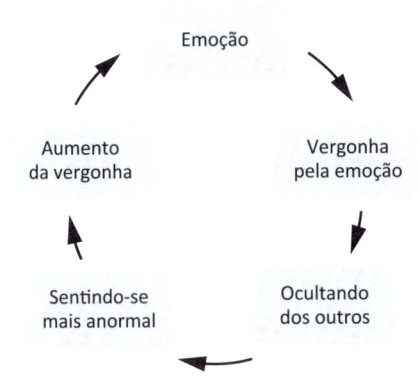

```
            Emoção
           ↗       ↘
  Aumento           Vergonha
  da vergonha       pela emoção
      ↑               ↓
  Sentindo-se       Ocultando
  mais anormal  ←   dos outros
```

**FIGURA 7.6** Processo de vergonha por uma emoção.

É instrutivo saber de quais emoções um paciente sente vergonha ou culpa. Algumas pessoas se envergonham por ter emoções sexuais ou agressivas, mas não por se sentir tristes ou ansiosas. Outras podem ter o padrão inverso – vergonha da tristeza ou da ansiedade, mas não da raiva ou agressão. O terapeuta pode perguntar: "Por que certas emoções são boas e outras ruins? Como você sabe se uma emoção é ruim?". Por exemplo, um homem descrito em capítulos anteriores tinha uma visão ideal de si como competente e racional; ele sentia vergonha de ser triste e ansioso, mas não da sua raiva. Sua autoimagem ideal (força e autocontrole) o levou a ver tristeza e ansiedade como fraquezas. Em nossa investigação sobre por que se sentia envergonhado por estar triste ou ansioso, ele indicou que as pessoas o veriam como fraco e se aproveitariam disso. Ele via seus pais como condescendentes, controladores e julgadores, e disse que o criticavam e humilhavam pela sua "fraqueza". No entanto, acreditava que sua raiva era legítima e justificada pelas condições injustas da sua vida atual. Achava que a raiva mostrava sua força e que precisava se livrar de emoções que demonstravam fraqueza. Ele temia chorar na frente dos outros e que o julgariam como "afeminado". Em consequência, se sentia sozinho com seus sentimentos.

Outro homem acreditava que seus sentimentos sexuais pelas mulheres que via em cafés ou bares indicavam que havia algo de errado consigo e que poderia perder o controle e trair sua esposa. Acreditava que só deveria ter desejo sexual ou fantasias com a sua esposa e que não era um bom marido por causa desses sentimentos. Ele era ambivalente quanto a tais desejos – às vezes se colocando em situações em que poderia interagir com outras mulheres, mas então se sentindo culpado por ter tido tais sentimentos. Monitorava suas fantasias, aumentando assim sua intensidade e reforçando ainda mais sua culpa. A ex-advogada, cuja história foi discutida anteriormente, se sentia culpada por sua depressão porque acreditava que não tinha direito a se sentir assim, já que seu marido lhe "provia" com uma vida de alta qualidade. Sua visão ideal de si era que deveria ser agradecida e satisfeita, e que a sua depressão refletia uma qualidade egoísta e imatura.

Além disso, também sentia vergonha quando falava com ex-colegas ou com outras mulheres com carreiras porque acreditava que a depreciavam.

O terapeuta pode começar a avaliar a culpa e a vergonha do paciente pelas emoções perguntando: "Quais emoções o fazem se sentir culpado? Isto é, quais você se critica por ter? Por quais emoções *não* se sente culpado? Quando se sente culpado, que tipo de pensamentos passam pela sua cabeça?". Conforme indicado, os pacientes podem ter pensamentos autocríticos sobre algumas emoções, mas não sobre outras. Diferenciar as avaliações de uma variedade de emoções pode auxiliá-los a reconhecer que não é pela emoção *per se* que se sentem culpados, mas apenas por emoções específicas. Exemplos de "pensamentos que passam pela sua cabeça quando você tem uma emoção" incluem "Eu não deveria me sentir assim", "Eu devo ser uma má pessoa", "O que há de errado comigo?" ou "Eu devo ser fraco".

O terapeuta pode fazer perguntas parecidas sobre a vergonha: "Existem certas emoções pelas quais sente vergonha? Isto é, você ficaria preocupado que outras pessoas descobrissem que tem esses sentimentos? Quais? Existem outras emoções pelas quais você *não* sente vergonha? Por que sente vergonha de algumas emoções, mas não de outras? Que pensamentos passam pela sua cabeça?". Mais uma vez, conforme discutido anteriormente, alguns pacientes podem se sentir envergonhados por algumas emoções, mas não por outras. Eles podem achar que os outros os depreciariam se soubessem que têm fantasias ou desejos sexuais ou que estavam com raiva. Para outros, o padrão pode ser o inverso.

Conforme discutido em capítulos anteriores, muitas pessoas se apegam a uma crença no "perfeccionismo emocional" ou "mente pura". Isto é, elas anseiam por ter apenas emoções "boas" e somente pensamentos "decentes", "racionais" e "bons". Com base numa ilusão de que a natureza humana deve ser "boa" e que devem se esforçar pela perfeição em seus sentimentos, sentem-se envergonhadas e culpadas por emoções como raiva, ressentimento, ciúme e inveja. O modelo do esquema emocional abrange a universalidade de todas as emoções e as encara como constituindo toda a gama do potencial humano. Isso inclui todas as emoções "imperfeitas", "indesejáveis" ou "más" que alguns acreditam que devem ser relegadas a um monte de cinzas. Em vez de ver a natureza humana como uma condição possivelmente aperfeiçoável, o terapeuta focado no esquema emocional reconhece que somos capazes de quase tudo e que essas fantasias, sensações, pensamentos e emoções podem surgir para qualquer um de nós. Ele vai evitar o papel de "guru" que tenta encorajar os pacientes a acreditar que são capazes da paz emocional perfeita; emoções positivas sob demanda; ou livres de tentação, desejo, ressentimento ou o impulso de vingança. Em vez de relegar ou eliminar essas emoções, o terapeuta pode sugerir:

> "Reconhecer toda a gama da nossa natureza emocional humana nos permite ter a consciência e aceitar os pensamentos e as emoções que temos, de modo que as encaremos como um 'dado' do qual podemos recuar e

considerar a ação valorizada. O fato de você sentir inveja não significa que seja 'uma pessoa invejosa' ou 'uma má pessoa', tampouco que vai tentar destruir aqueles que o superam. Em vez disso, reconhecer a sua inveja possibilita que se dê conta de que – assim como todos nós – você é capaz desses sentimentos, mas que também faz escolhas quanto às suas ações. As emoções são o 'dado' que não pode ser ignorado, julgado ou suprimido. Nenhum de nós é tão bom que não seja capaz de sentir quase nada."

Dessa forma, o terapeuta pode introduzir a ideia de que as emoções podem ser vistas com um "dado" ou uma experiência que "simplesmente é". Assim como fome, sede, dor, prazer ou sensações de vários tipos, uma emoção pode ser vista como uma "experiência" que o indivíduo tem, em vez de um sinal de degradação moral, fraqueza pessoal ou falta de controle.

O terapeuta pode então continuar:

"E se você suspendesse o julgamento da sua emoção e simplesmente a visse como outra experiência que poderia ter? Você poderia dizer a si mesmo: 'Eu estou me sentindo triste neste momento' ou 'Estou sentindo ciúme no momento'. Existe alguma vantagem em julgar suas emoções? Existem desvantagens em julgá-las? Quais seriam os custos e os benefícios de aceitar uma emoção como uma experiência que você está tendo neste momento?"

Alguns pacientes acham que precisam julgar suas emoções para notar seus sentimentos e ser capazes de controlá-los: "Se eu simplesmente aceitasse a minha tristeza neste momento, desistiria e ficaria ainda mais deprimido". O terapeuta pode ilustrar a dificuldade em que o cliente está: "Você está se sentindo triste, e então se critica pela sua tristeza, o que o faz se sentir culpado e, então, mais triste. Você está se sentindo mal por se sentir mal". Além disso, ele pode introduzir a ideia de que aceitar que se tem uma emoção, sem julgá-la, não implica que o indivíduo não faça nada para tornar a vida melhor: "É possível aceitar que você se sente triste, mas ainda é capaz de escolher fazer coisas para tornar sua vida melhor neste momento? Você pode dizer 'Ok, eu me sinto triste, aceito isso; esta é a experiência no momento, mas existem algumas coisas gratificantes que posso fazer para ter outros sentimentos'". A Figura 7.7 ilustra o processo de aceitação de uma emoção como um "dado", focando, em vez disso, em objetivos valorizados.

O terapeuta pode examinar a justificativa do paciente para a vergonha ou a culpa sobre emoções específicas. Essa justificativa pode ser examinada com o uso de técnicas de terapia cognitiva, como análise do custo-benefício, evidências a favor e contra, técnica do duplo padrão e dramatização. O terapeuta pode perguntar: "Quais são as razões para você pensar que as suas emoções não são legítimas? Por que não deve ter o sentimento que tem?". O homem que se sentia culpado pelos seus desejos sexuais por outras mulheres disse: "Um bom marido não deve querer outras mulheres. Se quer, então isso significa que existe alguma coisa errada com ele, e pode perder o controle". Conforme observado anterior-

**FIGURA 7.7** O processo pelo qual aceita-se uma emoção como um "dado" e foca-se, em vez disso, nos objetivos valorizados pode levar ao atingimento de tais metas.

mente, sua culpa pelas suas fantasias o levou a monitorá-las, o que aumentou sua ansiedade, suas fantasias e levou a tentativas fracassadas de suprimir seus desejos. A advogada que está criando sua filha acreditava que uma boa família e um marido apoiador deveriam ser suficientes para atender a todas as necessidades que tivesse. Na verdade, ela achava que não deveria ter uma necessidade, ou desejo, de uma carreira profissional. Novamente, isso estava vinculado à experiência da sua mãe de desistir da sua carreira profissional para criar uma família. Ela achava que deveria estar satisfeita com o arranjo que sua mãe tinha, muito embora, ironicamente, esta não tenha ficado satisfeita com isso.

O terapeuta também pode ajudar a normalizar as experiências do cliente: "É possível que outros possam ter os mesmos sentimentos nessa situação?". Com frequência, os pacientes que se sentem envergonhados de seus sentimentos ou emoções não os compartilham com os outros, contribuindo ainda mais para seu sentimento de que eles não são "legítimos". O homem que tinha fantasias com outras mulheres equacionou o desejo com falhas em seu casamento.

Terapeuta: Você acha que seu desejo por outras mulheres significa que existe algo errado com o seu casamento. Você tem desejo pela sua esposa?
Paciente: Sim, eu a acho muito atraente.
Terapeuta: Poderia ser que o seu desejo por outras mulheres simplesmente signifique que você está vivo, que tem sentimentos fortes e acha as mulheres atraentes – assim como muitos outros homens heterossexuais o tempo todo? Talvez você as ache atraentes porque *elas são atraentes*.
Paciente: Acho que isso é possível.

Terapeuta: Imagine se alguém dissesse: "A única mulher no mundo que eu acho atraente é minha esposa". O que você pensaria?
Paciente: Eu pensaria que ele estava mentindo.

Uma jovem mulher relatou que se sentia culpada e envergonhada por ter ciúme da ex-namorada do seu parceiro, com quem ele recentemente havia jantado: "Eu não quero ser aquela mulher que é louca e insegura". Ela achava que deveria ser sofisticada e flexível e não ter sentimentos de ciúme, uma vez que refletiam sua insegurança. O terapeuta lhe perguntou como suas amigas se sentiriam se seus namorados saíssem para jantar com ex-namoradas, e a paciente acabou fazendo uma pesquisa informal. Quase todas disseram que não gostariam, embora duas delas tenham compartilhado seu pensamento autocrítico: "Eu deveria ser capaz de tolerar isso". Examino o ciúme em mais detalhes no Capítulo 10, mas normalizar emoções como essa pode ajudar a reduzir a vergonha e a culpa por causa delas.

Conforme indicado anteriormente, algumas pessoas equacionam uma emoção ou sensação com uma ação – uma variação da fusão pensamento-ação. O terapeuta pode perguntar aos pacientes: "Você consegue ver que ter um sentimento (p. ex., fantasia sexual) não é o mesmo que agir segundo isso (p. ex., ser infiel)?". O homem que se sentia culpado e ansioso devido aos seus desejos sexuais por outras mulheres temia que suas fantasias levassem rapidamente à ação e que isso destruiria seu casamento e sua vida familiar. O terapeuta observou que o paciente tinha fantasias sexuais por outras mulheres há muitos anos e nunca havia agido segundo elas:

Terapeuta: O que você faz para ter estas fantasias, mas não agir segundo elas?
Paciente: Eu preciso ter muito autocontrole.
Terapeuta: Ok. Vamos analisar isso. Imagine que você agisse segundo tais fantasias e começasse a ir a bares e a fazer sexo com estranhas regularmente. Aonde isso levaria?
Paciente: Isso arruinaria meu casamento. E não estaria coerente com a forma como eu me vejo.
Terapeuta: Você parece pensar que nunca deveria ter qualquer sentimento de tentação. Mas a única maneira de ter uma escolha moral e ética é ter tentações às quais você resiste por opção. De fato, cada vez que você tem uma fantasia, pode dizer a si mesmo: "Sim, eu estou vivo, e isso me faz sentir que tenho desejo, mas posso fazer previsões sobre o que é do meu melhor interesse e escolher não agir segundo o meu desejo."

O paciente posteriormente relatou que, se sentindo menos culpado e ansioso pelas suas fantasias, conseguia se divertir em público e se sentia menos culpado em relação à sua esposa. Também reconheceu que estava tomando decisões conscientes de não agir em função de suas fantasias porque valorizava seu casamento, e não porque havia alguma coisa errada consigo ou com seu relacionamento com sua esposa.

Distinguir entre uma emoção ou um sentimento e uma ação é um passo importante para aliviar a culpa. As ações são prejudiciais aos outros, não as emoções que a pessoa está sentindo. O terapeuta pode perguntar: "Como alguém é prejudicado pelas suas emoções?". Ou ele pode ser mais específico:

> "Imagine que suas emoções são uma dor de cabeça que você está tendo há cerca de 30 minutos. Ela é dolorosa e desagradável. Você pode até pensar que ela nunca vai passar, ou pode ser catastrófico e pensar que tem um tumor cerebral. As outras pessoas deveriam ter medo de que a sua dor de cabeça lhes cause algum dano? As emoções são eventos internos, atividades cerebrais – eventos químicos e elétricos no seu cérebro. Não é uma emoção que prejudica os outros, mas uma ação. Se não há comportamento, não existe dano."

Alguns pacientes não conseguem reconhecer que suas emoções refletem que realmente *existe* alguma coisa errada em suas vidas ou em seus relacionamentos. Eles focam em suas sensações ou sintomas, em vez de nos conflitos interpessoais que estão enfrentando. Pode ser menos ameaçador ficar preocupado com as próprias emoções ou sensações do que sobre seu relacionamento com outra pessoa. Por exemplo, uma mulher se queixava sobre seu medo de ter um ataque de pânico enquanto estivesse dirigindo ou viajando. Sua visão ideal de si mesma era de uma pessoa bem embasada, forte, independente e racional. Em seus encontros iniciais com o terapeuta, declarou que seu marido era muito compreensivo e apoiador e que seu casamento era quase ideal. A abordagem inicial na terapia foi a cognitivo-comportamental tradicional: fornecendo uma conceitualização do pânico como alarmes falsos e interpretações catastróficas; indução do pânico; exposição a situações que provavelmente provocariam pânico; e "descatastrofizando" seus sintomas. Embora tais intervenções fossem efetivas, ela ainda tinha considerável ansiedade antecipatória e preocupação, bem como expressava preocupação pela dificuldade de ser tão independente quanto antes. Sentia-se embaraçada por "precisar" de terapia. Uma investigação mais detalhada indicou que sua relação conjugal não era tão ideal. Seu marido frequentemente voltava tarde para casa, com ausências não explicadas. Ela relatou que não confiava nele, mas estava hesitante em se impor porque temia que a deixasse. Ela foi encorajada a se afirmar mais diretamente com seu marido em relação à sua preocupação com a ausência dele. Por meio de uma amiga, ficou sabendo que ele havia tido um caso com outra mulher. Ela o confrontou com a infidelidade e expressou raiva considerável em relação a ele, que pediu seu perdão. Depois dessa sua asserção direta, ela relatou não ter mais ataques de pânico e nenhuma preocupação em tê-los.

Outro homem jovem se queixava do seu medo de não conseguir manter uma ereção com uma nova parceira. Ele se preocupava se era "afeminado" e que sua ansiedade pudesse sugerir que estava profundamente perturbado. Sua disfunção erétil havia começado durante um relacionamento com uma ex-namorada, a qual alternava entre dizer que o amava e rejeitá-lo, dizendo que queria sua liberdade para procurar outros homens. O terapeuta perguntou como ele se sentia quando ela o rejeitava, e o cliente respondeu que não tinha o direito de se sentir com raiva porque ela tinha muitos problemas psicológicos. Indicou que o seu papel era ser apoiador com ela. O terapeuta sugeriu que o seu pênis estava tentando lhe dizer alguma coisa: "Não é seguro, do ponto de vista emocional, ser vulnerável a ela". O profissional perguntou: "E se você olhasse para os sentimentos e as emoções como experiências que lhe dizem que alguma coisa o está aborrecendo – como um sinal de alerta, um sinal de parada ou uma luz vermelha piscando?". Sua ansiedade e ambivalência emocional em relação a ela eram semelhantes a um sinal de alarme: "Perigo à frente". Contudo, em vez de olhar para frente a fim de verificar o perigo, ele se sentia ansioso por ter um sinal. O terapeuta sugeriu: "Talvez o seu pênis seja mais esperto do que você. O sinal lhe diz que alguma coisa está errada. Seria útil obedecer a ele".

Por fim, culpa ou vergonha por uma emoção frequentemente resulta em estratégias problemáticas de enfrentamento. Uma estratégia comum é a ruminação: "O que há de errado comigo para me sentir assim? O que pode estar acontecendo?". O paciente acredita que a ruminação trará uma resposta que vai "explicar" por que tem uma emoção que é "errado" ter. Outras estratégias incluem evitar desencadeantes da emoção. Por exemplo, a advogada que agora era mãe sentia vergonha da sua depressão e reduziu seu contato com ex-colegas, aumentando ainda mais o seu sentimento de isolamento. Outras estratégias podem incluir o comer compulsivo, o abuso de substância e a hipersonia. A justificativa é que, já que a emoção é "errada" ou "vergonhosa", qualquer situação que a provoque deve ser evitada – ou, melhor ainda, a experiência emocional deve ser abafada. Algumas pessoas acreditam que devem ser punidas pela sua emoção: "Eu não mereço ser feliz. Eu mereço ficar deprimido".

## ACEITAÇÃO

Muitos pacientes que endossam esquemas emocionais negativos acreditam que não podem simplesmente aceitar ter uma emoção. Eles com frequência equacionam aceitação com baixar a guarda, perder o controle, ser derrotado ou subjugado, bem como dar espaço para maior escalada da emoção e prejuízo significativo. De fato, é quase como se esses indivíduos acreditassem que a emoção os está "atacando", derrotando-os ou assumindo o controle, e que a melhor defesa é o ataque. Em contraste com essa recusa em aceitar – ou mesmo o medo de aceitar – a emoção, existem evidências consideráveis de que renunciar a essa luta pode ter efeitos paliativos: frequentemente dá às pessoas maior flexibilidade para tomar uma atitude e disposição para se engajar em comportamentos, *mesmo na presença de emoções desagradáveis* (Hayes et al., 2006, 2012; Linehan et al., 2007). A disponibilidade para aceitar uma emoção (ou sensação), ao mesmo tempo buscando a ação em direção a objetivos valorizados, é uma característica da TAC, terapia de ativação comportamental e TCD (Hayes et al., 2006, 2012; Linehan et al., 2007; Martell, Dimidjian, & Herman-Dunn, 2010). O modelo do esquema emocional se baseia em cada uma dessas abordagens para ajudar a modificar crenças negativas sobre aceitação da emoção.

O modelo do esquema emocional propõe que os indivíduos possuem crenças específicas sobre os significados e as consequências da aceitação de emoções desagradáveis. A modificação dessas crenças por meio de técnicas cognitivas, comportamentais e experienciais pode ajudar a desenvolver crenças mais adaptativas sobre aceitação, o que pode facilitar a ação produtiva e reduzir a credibilidade da crença de que é preciso eliminar imediatamente as emoções indesejadas. O objetivo é poder acreditar neste paradoxo: abdicando temporariamente do controle, o indivíduo se sentirá menos fora de controle. Quando se abre mão do objetivo impossível (controlar tudo), pode-se viver no mundo do possível (o que é).

Primeiramente, o terapeuta pode investigar as crenças do paciente sobre as implicações de aceitar uma emoção: "O que vai acontecer se você se permitir aceitar uma emoção? Você vai atuar sobre ela [fusão sentimento-ação]? Teme que se aceitar uma emoção ela não vai mais desaparecer?". Alguns indivíduos acham que, se aceitarem uma emoção, ela irá escalar em intensidade e oprimi-los. Um cliente descreveu sua crença sobre a ansiedade: "Se simplesmente aceitar a ansiedade, acho que ela vai piorar cada vez mais, e eu vou ter um ataque de pânico". O terapeuta perguntou: "E depois, o que vai acontecer?". Ele respondeu: "Bem, se eu estiver dentro do avião, me vejo perdendo o controle, me levantando, gritando e tentando abrir a porta". Muitos pacientes com ansiedade intensa acreditam que suas emoções irão rapidamente se transformar em ação ("fusão pensamento-ação") e que eles precisam prender a emoção e eliminá-la antes que ela se revele. Técnicas cognitivo-comportamentais padrão, como exposição a estímulos interoceptivos, podem ajudar a dissuadir tais pacientes da crença de que aceitar – ou mesmo permitir – uma emoção descontrolada levará a uma perigosa escalada (Barlow, 2002). Por exemplo, o paciente que temia ter um ataque de pânico no avião conseguia tolerar excitação intensa na sessão que era induzida pela prática da hiperventilação. Técnicas semelhantes dentro da sessão também podem ser usadas, como indução de vertigem (girando numa cadeira e se olhando num espelho), ao mesmo tempo praticando a aceitação da emoção. Isso pode desconfirmar a crença de que o paciente precisa fazer tudo o que for possível para eliminar a excitação para conseguir abatê-la. De fato, o objetivo desse tipo de exercício de exposição é não fazer nada a não ser permitir que as sensações tenham livre trânsito.

Conforme mencionado na seção sobre controle, o paciente também pode testar a crença de que "Eu preciso fazer alguma coisa sobre a emoção", praticando o "afastamento consciente" – ou seja, simplesmente recuando e observando o fato de que está tendo uma emoção, ao mesmo tempo com a intenção de não fazer nada a esse respeito (Wells, 2009). O afastamento consciente também é uma técnica metacognitiva. Outras técnicas desse tipo incluem encarar uma emoção ou pensamento como uma ligação telefônica de telemarketing à qual não se responde, como um trem indo e vindo para a estação ou como uma nuvem que passa no céu (Wells, 2009). Outras técnicas de atenção plena mais "tradicionais", como meditação de escaneamento corporal, consciência da respiração e consciência do ambiente circundante, podem aprimorar esta observação em vez de controlar a relação com uma emoção (Roemer & Orsillo, 2002, 2009). A pergunta do terapeuta focado no esquema emocional é esta: "O que aconteceu com a emoção quando você decidiu assumir a perspectiva de um observador?".

Em segundo lugar, alguns pacientes acreditam que as emoções negativas são importantes para motivá-los a mudar. Essa "teoria motivacional negativa" é uma fonte comum de recusa a se engajar em autogratificação após uma ação produtiva. Por exemplo, uma mulher que se engajava em alguns comportamentos positivos entre as sessões achava que era importante se sentir mal quando não se engajava em tais comportamentos, para que se motivasse a fazer melhor. Sua teoria motivacional negativa também a levou acreditar que sentir-se bem após um comportamento positivo era simplista, superficial e desmerecido: "Eu deveria estar fazendo coisas positivas, e não deveria precisar de motivação para elas". A paciente tinha um cachorro do qual gostava muito. O terapeuta perguntou: "Se quisesse treinar o seu cachorro para fazer alguma coisa, você iria recompensar ou ignorar seu comportamento positivo?". A paciente comentou: "Você quer que eu seja meu próprio cachorro?". O terapeuta respondeu: "Sim. Você poderia se tratar melhor". Então, o profissional sugeriu que ela experimentasse recompensar (por meio do autoelogio) qualquer comportamento positivo em que se engajasse, o rastreasse e simplesmente dissesse a si mesma quando não desse continuidade: "Eu posso me esforçar mais na próxima vez". Quando a cliente retornou para a sessão seguinte, comentou que fez mais coisas e que se sentia um pouco melhor. O terapeuta comentou jocosamente: "Parece que você é um bom cão". Com frequência, o uso do humor pode afastar as intensas emoções que o paciente teme.

Terceiro, tentativas de inibir sentimentos negativos podem ter consequências problemáticas, incluindo o retorno dos pensamentos, maior intensidade das crenças negativas sobre os pensamentos suprimidos e maior estresse (Gross, 2002; Gross & John, 1997; Wegner, 1994; Wegner, Schneider, Carter, & White, 1987; Wegner & Zanakos, 1994; Wenzlaff & Wegner, 2000). De fato, a esquiva emocional é um fator-chave no transtorno de ansiedade generalizada, uma vez que o foco cognitivo na preocupação inibe temporariamente a excitação emocional, reforçando, assim, a preocupação como estratégia; no entanto, a excitação retorna posteriormente (Borkovec et al., 1993; Borkovec, Ray, & Stoeber, 1998; Mennin, Heimberg, Turk, & Fresco, 2002, 2005). Além disso, tentativas de suprimir uma emoção, em vez de aceitá-la como uma experiência temporária, contribuem para uma ampla variedade de estratégias de enfrentamento problemáticas, como abuso de substância, comer compulsivo, automutilação e outros comportamentos autodestrutivos. O terapeuta pode perguntar: "Quais são as consequências negativas de inibir um sentimento por meio do uso excessivo de atenção e energia? Quais comportamentos problemáticos você usa para se livrar de uma emoção? Se não sentisse a necessidade de se livrar de uma emoção – se conseguisse aceitá-la por enquanto –, o que mudaria para melhor?".

Quarto, alguns pacientes acreditam que não podem aceitar uma emoção, já que "é uma má emoção, e eu ficaria mal se a aceitasse". Conforme observado em relação à culpa e à vergonha, esse "perfeccionismo emocional" ou "mente pura" é subjacente a uma quantidade considerável de recusa em se permitir ter uma emoção (ou uma fantasia). De fato, identificar-se com uma emoção ou fantasia ignora toda a complexidade que o indivíduo experimenta. Por exemplo, uma mulher casada descreveu sua preocupação de que ter fantasias com outros homens era equivalente a trair seu marido. Ela descreveu que tinha sentimentos positivos sobre as fantasias, bem como e culpa e medo por causa delas. À medida que tentava suprimi-las, pareciam ficar cada vez mais intensas e intrusivas. O terapeuta sugeriu que a aceitação das fantasias não implica que a pessoa vai agir segundo elas ou que até mesmo deseja tê-las:

> "*A mente tem uma mente própria* – ela é ativa, livre, às vezes caótica, às vezes trazendo à tona coisas que você não gosta, às vezes coisas que você gosta. Você não pode pôr em ordem a sua mente. Pode ouvi-la e então decidir o que vai fazer. Você tem essas fantasias há mais de um ano e não as colocou em prática. Talvez exista uma diferença entre ter uma emoção e escolher se engajar numa ação. E se você simplesmente reconhecesse para si mesma que tem desejos e fantasias, que não tem problema deixar que elas apareçam e se manifestem, que nada vai acontecer como consequência?"

Do mesmo modo, um paciente do sexo masculino descreveu seus impulsos de verificar se suas chaves estavam no bolso, muito embora ele já não se engajasse mais em comportamentos de verificação. Ele achava que deveria estar completamente livre desses impulsos de verificação e indicou que, se não conseguisse eliminá-los, acabaria descompensando em padrões comportamentais de TOC que já havia experimentado por muitos anos antes de começar a terapia comportamental e abandonar o comportamento de verificação. O terapeuta sugeriu que ele poderia ter uma forma de perfeccionismo emocional denominado "mente pura": "Você acha que a sua mente deveria ser completamente livre de qualquer impulso, pensamento, fantasia ou emoções que não faça parte da sua crença e uma mente pura, racional, totalmente no controle". O terapeuta observou que o cérebro compreende milhões de eventos eletroquímicos, dos quais quase todos escapam ao conhecimento consciente. Então, sugeriu que o paciente substituísse a crença na mente pura por outra, mais realista, na "mente ruidosa":

> "Ouça o tráfego da cidade de Nova York que está logo ali fora desse consultório. Você vive há vários anos na cidade e já aceitou o barulho. Na verdade, desde que eu o conheço, você nunca reclamou do barulho, embora nós dois o escutemos. Nós o aceitamos como o preço a pagar por viver nesta cidade. Abrir mão da mente pura pode permitir que você decida quais sons ou mensagens em sua mente valem a pena ser ouvidos e quais são apenas um ruído de fundo que está sempre lá."

Quinto, a relutância em aceitar uma emoção também pode prejudicar a capacidade dos pacientes de usar uma emoção para lhes dizer o que precisam. As emoções podem reportar necessidades, assim como a fome ou o apetite nos dizem que precisamos nos alimentar. Mesmo aquelas negativas, como ansiedade, tristeza, medo, solidão, ciúme e inveja, podem nos falar de perigo, rejeição, erros, necessidade de companhia, desejo de compromisso e desejo de obter êxito. Simplesmente eliminar as emoções privaria nossas vidas de significado, intensidade, paixão e informação sobre o que poderia estar dando errado. Por exemplo, uma mulher que era casada há 28 anos descreveu o relacionamento com seu marido como faltando afeição, sexualidade e intimidade emocional. Deprimida e com raiva, ela comentou: "Talvez eu seja carente demais. Talvez eu esteja esperando demais do meu casamento. Afinal de contas, quando você está casada há tanto tempo, não pode esperar essas coisas". Na verdade, ela havia escolhido a terapia cognitiva porque acreditava que poderia evitar falar sobre suas emoções e, em vez disso, desenvolver uma abordagem "racional" para aceitar não ter necessidades. O terapeuta sugeriu que suas emoções forneceriam informações valiosas sobre o que estava faltando – e sobre aquilo de que ela precisava. Ele perguntou: "Se você negar que alguma coisa a incomoda, como poderá resolver o problema?". Ao aceitar que tais emoções eram "legítimas" e "informativas", ela poderia trabalhar para se defrontar com questões não resolvidas em seu casamento. Quando aceitou suas emoções como lembretes dolorosos de que estavam faltando elementos importantes no seu casamento, conseguiu confrontar seu marido e, por fim, mudar seu relacionamento para uma maior intimidade em todos os níveis. Antes disso, os dois parceiros no casamento estavam praticando a esquiva mútua, vivendo vidas paralelas, raramente se tocando. Aceitar a dor das emoções – e aprender a expressá-las diretamente no casamento – permitiu que eles se conectassem em um nível emocional. Aceitação não significa ignorar ou minimizar. Pode significar usar uma emoção.

## RESUMO

Este capítulo examinou a importância de crenças de que as emoções são incompreensíveis, têm duração indefinida, estão fora de controle, induzem culpa ou vergonha e são inaceitáveis. Cada uma dessas dimensões dos esquemas emocionais é relevante para o medo da experiência emocional, a esquiva, a ruminação, a autocrítica e outras estratégias problemáticas de enfrentamento. A utilização de uma variedade de técnicas cognitivas e comportamentais baseadas numa ampla gama de abordagens (p. ex., terapia cognitiva, ativação comportamental, TAC, TCD, terapia focada na compaixão, terapia focada na emoção) pode ajudar os pacientes a desenvolver uma compreensão mais útil da sua experiência emocional, reconhecer que as emoções podem ser experiências temporárias e toleráveis, usá-las para reconhecer necessidades que podem não estar atendidas e se relacionar com elas com maior aceitação e de maneira mais produtiva.

Capítulo 8

# LIDANDO COM A AMBIVALÊNCIA

> Eu odeio e amo.
> Como eu sei que é verdade?
> Minha dor me diz.
>
> – CATULLUS, ca. 60 a.C.

## DEFININDO AMBIVALÊNCIA E A INTOLERÂNCIA A ELA

"Ambivalência" é geralmente definida como um misto de sentimentos em relação à escolha de uma alternativa; isto é, um indivíduo que se defronta com uma escolha sente-se atraído aparentemente em direções opostas. Ambivalência também inclui a pessoa ter sentimentos mistos sobre aspectos de si mesma e dos demais, bem como reflete crenças sobre a natureza da escolha. Dessa forma, indivíduos que têm dificuldade em tolerar a ambivalência podem achar que não consguirão optar se tiverem sentimentos mistos, que precisam reunir mais informações, que sua incerteza é indesejável e intolerável e que devem esperar até que a ambivalência seja resolvida para tomar uma decisão. Se pararmos para refletir, quase todos experimentam ambivalência com frequência, mas os indivíduos com esquemas emocionais relacionados à ambivalência têm dificuldade em tolerar o misto de sentimentos.

Modelos de comportamento de escolha sugerem que as pessoas consideram as alternativas pensando e comparando os custos e os benefícios de cada uma. O pressuposto na teoria da escolha é que optar por uma alternativa envolve fazer negociações, e que "escolhas racionais" são feitas com o reconhecimento de que não existe alternativa sem um custo. Por exemplo, escolher um restaurante para jantar envolve várias negociações (preço, localização, qualidade da cozinha, ambiente). A indecisão também tem seus custos – principalmente, o "custo de oportunidade" de não aproveitar as alternativas. Por exemplo, se eu escolho colocar todo o meu dinheiro no colchão em vez de investi-lo, pago o custo de oportunidade dos juros perdidos da conta bancária ou lucros perdidos em ações. Os indivíduos intolerantes à ambivalência são frequentemente indecisos, já que acreditam que precisam tomar uma decisão que não tenha desvantagens potenciais. Como isso, em geral, é impossível, com frequência esses sujeitos vão levar um longo tempo para decidir, evitar comportamentos decorrentes do processo decisório, procurar a confirmação dos outros e buscar informações adicionais para apoiar uma decisão ou rejeitá-la.

Além disso, as escolhas são feitas em termos dos objetivos ou valores gerais. Para voltar ao exemplo do restaurante, minha escolha entre peixe ou frango é feita com o objetivo geral (superior) de satisfazer a minha fome. Na verdade, posso ser indiferente quanto ao desejo relativo de comer frango ou peixe, já que ambos satisfazem minha fome. Os indivíduos que tomam decisões se distribuem ao longo de um *continuum*, com aqueles que estão em um dos extremos procurando obter o melhor resultado possível ("maximizadores"), enquanto os que estão no outro extremo procuram simplesmente satisfazer um critério ou objetivo modesto ("satisfeitores") (Simon, 1956). Os maximizadores rejeitam alternativas que não ofereçam benefícios máximos com os mais baixos custos, com frequência permanecendo indecisos, ignorando os custos de oportunidade. Por exemplo, um maximizador extremo em um restaurante pode fazer comparações par a par por uma hora e depois não ter tempo para fazer a refeição. Os maximizadores operam com um pressuposto de que existe uma decisão perfeita a ser tomada e que eles podem coletar todas as informações e considerar todas as permutações. Os "satisfeitores" (do inglês *satisficers*, palavra escocesa usada pela primeira vez por Simon) estão dispostos a sacrificar a solução, reconhecendo que existem limites de tempo e de alternativas, e podem seguir em frente num mundo imperfeito com escolhas imperfeitas (Simon, 1956, 1957, 1979). Os satisfeitores são mais satisfeitos com suas escolhas (o que parece verdadeiro por definição), enquanto os maximizadores têm maior probabilidade de se arrepender de suas opções. Essa distinção na teoria da decisão é um dos componentes centrais da "racionalidade limitada" – isto é, o reconhecimento de que existem limites para a "escolha racional" onde quer que existam limites de informação e tempo (em outras palavras, sempre). Não temos uma quantidade infinita de tempo para escolher e quase nunca podemos ter todas as informações. Os satisfeitores estão dispostos a decidir com incerteza e com restrições de tempo (Kahneman & Tversky, 1984; Kahneman et al., 2006). Em contraste com a superavaliação dos maximizadores da necessidade de mais informações, os responsáveis pelas decisões no "mundo real" com frequência se baseiam em regras básicas, ou "heurísticas", para chegar a decisões com rapidez. De fato, as heurísticas são, em geral, mais precisas do que a procura de informações adicionais (e frequentemente irrelevantes) (Gigerenzer & Selten, 2001).

Os indivíduos que têm dificuldade com a ambivalência frequentemente agem como se não houvesse considerações pragmáticas realistas ao fazer uma escolha. Sua ênfase reside em tomar uma decisão perfeita sem negociações significativas, em vez de uma decisão prática em tempo real. Um indivíduo intolerante à ambivalência é movido pelo pensamento perfeccionista dicotômico. Por exemplo, um homem que estava em um relacionamento com uma mulher reconheceu que não estava completamente feliz com alguns aspectos do comportamento dela. Isso levou ao seguinte encadeamento de pensamentos automáticos: "Existe algo nela que eu não gosto por completo", "Se eu não estou plenamente feliz com tudo, então isso não vai dar certo", "Outras pessoas estão completamente satisfeitas com seus relacionamentos", "Se não funcionar com ela, eu nunca vou ter ninguém" e "Eu vou acabar sozinho". Esse homem idealizou o que ele acreditava que os outros tinham em suas vidas, ao mesmo tempo desconsiderando as excelentes qualidades do seu relacionamento atual. Além disso, muitos indivíduos intolerantes à ambivalência correm um risco significativo de arrependimento e ruminação, já que o pensamento pós-decisão envolve comparar uma escolha a uma alternativa "perfeita". Ao contrário daqueles que resolvem sua ambivalência depois de uma escolha reforçando essa escolha ("redução da dissonância"), os indivíduos ambivalentes redirecionam o foco para as alternativas rejeitadas ou para as alternativas futuras possíveis como muito mais desejáveis do que a escolha que foi feita. Assim, eles retardam as decisões, ruminam sobre as alternativas possíveis, solicitam confirmação, evitam situações em que devem decidir, se arrependem de decisões tomadas, desconsideram os aspectos positivos da alternativa escolhida e ruminam sobre as alternativas rejeitadas.

A intolerância à ambivalência possui semelhanças com a intolerância à incerteza (Dugas, Buhr, & Ladouceur, 2004; Sookman & Pinard, 2002). Em ambos os casos, um indivíduo quer uma alternativa perfeita ou uma previsibilidade perfeita. Além disso, está inclinado a se preocupar ou a ruminar sobre a ausência de perfeição ou certeza, acreditando que esse foco negativo repetitivo produzirá as informações cruciais que possibilitarão uma decisão. Também em ambos os casos, o indivíduo é orientado para o arrependimento – antecipando-o e, depois que uma decisão foi tomada, sentindo-o. Semelhante ao "efeito Zeigarnik", que caracteriza a dificuldade em abandonar uma tarefa incompleta, a intolerância à ambivalência e a intolerância à incerteza envolvem a procura do fechamento completo em vez do caráter incompleto que quase todas as escolhas implicam.

A intolerância à ambivalência também está associada a uma ampla variedade de distorções cognitivas, incluindo o pensamento dicotômico (conforme mencionado anteriormente), rotulagem ("Esta é uma alternativa inaceitável/uma má escolha"), ignorar os aspectos positivos ("Sim, existe esse aspecto positivo, mas também existe esse negativo"), filtragem negativa (focando primariamente nos aspectos negativos da alternativa em questão), adivinhação (antecipando o mau resultado como insuportável), raciocínio emocional ("Como eu estou ambivalente, essa deve ser uma má escolha") e afirmações do tipo "deveria" ("Eu deveria estar completamente feliz com a escolha," "Eu não deveria estar ambivalente").

A intolerância à ambivalência está particularmente associada à filtragem negativa, a qual, conforme observado, envolve um viés de confirmação focado em tudo o que seja menos que perfeito na alternativa que está sendo considerada. Por exemplo, o homem descrito anteriormente com frequência focava em alguma qualidade negativa de sua parceira ou em humores negativos que ele experimentava. E então, interpretava essas observações e experiências como evidências de que ficaria preso à escolha errada. Quando se sentia entediado, interpretava isso como evidência de que deveria haver alguma coisa terrivelmente errada com o relacionamento: "As pessoas que têm bons relacionamentos não se sentem entediadas". Soma-se à força dessa filtragem negativa a crença de que existe um mundo idealizado onde as outras pessoas podem estar vivenciando uma alegria consistente ou que as escolhas que o indivíduo pode fazer levarão à felicidade eterna. Tal idealização faz parte do problema mais amplo do "perfeccionismo emocional", descrito em capítulos anteriores, o qual sugere que, de alguma maneira, o indivíduo deveria se sentir bem ou feliz o tempo todo, e que esse é um objetivo pelo qual vale a pena se esforçar.

## MODIFICANDO A INTOLERÂNCIA À AMBIVALÊNCIA

### Abordando uma visão simplista das emoções

A capacidade de diferenciar uma grande variedade de emoções em si e nos outros é uma consequência do crescente desenvolvimento cognitivo (Saarni, 1999, 2007). Na literatura psicanalítica, o desenvolvimento do ego é caracterizado pela crescente consciência das qualidades do *self* potencialmente conflitantes; com a emergência da "identidade do ego", em que uma qualidade central é identificada, ao mesmo tempo incorporando emoções ou qualidades pessoais diferenciadas (Loevinger, 1975). Assim, uma criança pequena pode ver os outros (e a si mesma) em termos de traços dicotômicos (p. ex., "Ele é desagradável"), enquanto um adulto mais diferenciado é capaz de reconhecer a variabilidade das qualidades pessoais ao longo do tempo em diferentes situações (p. ex., "Às vezes ele é desagradável, mas em outras pode ser amável"). Pesquisas sobre as percepções que a pessoa tem dos indivíduos com transtorno da personalidade *borderline* indicam uma tendência a usar afirmações dicotômicas (Arntz & Haaf, 2012; Veen & Arntz, 2000). O problema com o pensamento dicotômico é que ele leva a atribuições de traços estáveis sobre si e os outros, sem permitir o reconhecimento da variabilidade e flexibilidade situacionais e temporais. Se eu pensar em mim mesmo como uma pessoa triste, a minha narrativa de vida será de memória seletiva, atenção e ênfase em informações que confirmam essa crença – uma forma de viés de confirmação. Se pensar em mim mesmo como capaz de uma ampla variedade de emoções e comportamentos, poderei me imaginar sendo mais flexível – o que é uma visão de mim mesmo muito mais adaptativa. Portanto, abordar uma visão simplista da emoção – que é uma das 14 dimensões dos esquemas emocionais discutidas em capítulos anteriores e avaliada com a LESS II – está entre as primeiras tarefas para aumentar a tolerância à ambivalência em terapia focada no esquema emocional.

    Dissipar o mito do pensamento dicotômico sobre a própria personalidade ou emoções é um elemento-chave para aumentar a aceitação e a flexibilidade, bem como reduzir a ruminação. Ao contrário do personagem de Jack Nicholson no filme *Tratamento de choque*, que provoca continuamente o tímido personagem de Adam Sandler com "Mas como você se sente *realmente*?", o terapeuta focado no esquema emocional abarca e encoraja a aceitação de sentimentos mistos e ambivalência. Alguns pacientes acham que deveriam "descobrir como eu de fato me sinto", questionando a legitimidade das emoções ou "cavando mais fundo" na busca da "emoção subjacente". A ideia de que existe alguma emoção básica, um sentimento verdadeiro ou um segredo subjacente apenas precipita uma série de pensamentos ruminativos na busca de uma "resposta". A verdadeira "resposta" reside na aceitação da complexidade das contradições.

    Por exemplo, o homem descrito anteriormente estava tentando descobrir seus "verdadeiros sentimentos" sobre a sua namorada.

Paciente:   Eu a acho atraente, ela é muito boa para mim – às vezes muito estimulante –, mas às vezes ela diz coisas que me incomodam muito.
Terapeuta:   O que ela diz que lhe incomoda?
Paciente:   Bem, ela não é tão interessada em política quanto eu gostaria que fosse.
Terapeuta:   Ok. Então existe alguma coisa nela que você não gosta. Por que isso o incomoda a ponto de você não se sentir completamente positivo em relação a ela – sobre tudo?
Paciente:   Bem, talvez ela não seja a pessoa certa para mim.

    Este é um típico treino do pensamento para pessoas que estão tentando tomar decisões importantes, mas não conseguem aceitar a ambivalência. Isso reflete perfeccionismo e "mente pura". Nesse caso, o indivíduo estava procurando "perfeccionismo existencial": "Eu não deveria ter certeza antes de me decidir?". Nesse caso particular de "perfeccionismo emocional", as dúvidas do homem sobre sua namorada levaram a um foco excessivo nos aspectos negativos, ruminação, desconsideração dos aspectos positivos, hesitação sobre seu compromisso e distanciamento da parceira. Suas crenças subjacentes eram: "Eu só deveria me sentir de uma forma", "Eu deveria ter certeza do que sinto", "Eu não posso me apaixonar se eu tiver um misto de sentimentos" e "Não posso tomar uma decisão de me comprometer se eu estiver ambivalente". Essa idealização da emoção univalente frequentemente resulta na incapacidade de aprofundar relações íntimas.

    Outro aspecto da intolerância à ambivalência é a crença de que o indivíduo ficará preso ao arrependimento se for tomada a "decisão errada". A procura de uma alternativa perfeita é uma tentativa de evitar esse arrependimento.

Recordo-me, anos atrás, de estar conversando com alguém que tinha um relacionamento problemático. Perguntei-lhe se ele tinha algum arrependimento. Ele tentou parecer completamente racional e respondeu: "Não. Toda a decisão que eu tomei foi minha decisão, portanto, eu assumo a responsabilidade por essas decisões". Isso me pareceu um tanto irrealista, se não ingênuo. Como alguém poderia aprender com os erros, como poderia ter certeza dos seus sentimentos se não havia espaço para o arrependimento? De fato, o arrependimento frequentemente nos diz que deveríamos tomar melhores decisões. E mesmo que esse sentimento seja irrealista, arrepender-se não significa que devemos ficar completamente mergulhados e "atrelados" de modo permanente a esses arrependimentos. Podemos reconhecer momentaneamente: "Eu me arrependo de estar dentro do ônibus na Segunda Avenida pela manhã preso no trânsito", e em seguida descer do transporte. Por fim, o arrependimento pode simplesmente fazer parte de uma decisão difícil, como observou Soren Kierkegaard (1843/1992): "Eu vejo isto com perfeição; existem duas situações possíveis – posso fazer isso ou aquilo. Minha opinião honesta e meu conselho amigo é este: faça ou não – você vai se arrepender de qualquer forma".

### Examinando os custos e os benefícios de tolerar a ambivalência

Assim como ocorre com a maioria dos esquemas e das estratégias emocionais, um elemento-chave na mudança de esquemas relacionados ao medo da ambivalência é examinar a motivação para modificar os esquemas. Sem jogo de palavras, a maioria dos indivíduos intolerantes à ambivalência possuem motivos mistos: existem custos para tal intolerância, e existe a percepção de que existem benefícios. O terapeuta pode perguntar: "Quais são os custos e benefícios de não tolerar a ambivalência?". Muitos pacientes conseguem reconhecer os custos prontamente: insatisfação com suas vidas, ruminação, preocupação com o futuro e incapacidade de desfrutar o momento presente. O profissional pode ajudar esses indivíduos a focar na possibilidade de que tolerar a ambivalência, em vez de eliminá-la, pode resultar numa forma mais adaptativa de viver. Por exemplo, tolerar a ambivalência pode levar à aceitação da realidade como ela é, à capacidade de valorizar o que somos, à redução da ruminação, a lamentar menos e a maior capacidade de tomar decisões.

O terapeuta pode focar nas consequências de procurar a simplicidade ou um sentimento definitivo: "Quando fica se questionando como *realmente se sente* [ou tem dificuldade em aceitar sentimentos mistos], quais são as consequências para você? Quais são as vantagens de não aceitar os sentimentos mistos? Quais são as desvantagens?". As desvantagens podem ser a incapacidade de tomar uma decisão, a ruminação, a esquiva (de situações que evocam sentimentos mistos), a insegurança, a autocrítica ("O que há de errado comigo que eu não sei?"), a busca excessiva de confirmação e a filtragem negativa.

Algumas pessoas acreditam que uma vantagem de rejeitar sentimentos mistos é que não vão tomar uma decisão da qual venham a se arrepender. Outros acreditam que deve haver algum sentimento básico que precisa ser identificado para que possam "saber com certeza". Conforme já observado, essa busca por "como eu realmente me sinto" é uma característica clássica daqueles que não conseguem tolerar a incerteza – "Eu preciso saber com certeza" (Dugas, Freeston, & Ladouceur, 1997; Ladouceur, Gosselin, & Dugas, 2000). A incerteza pode ser equiparada a um mau resultado ("Eu vou acabar tomando a decisão errada" ou "Eu vou me enganar") ou à falta de controle ("Se eu não souber como realmente me sinto, como vou conseguir controlar como as coisas vão ficar?"). Essas crenças podem ser abordadas diretamente. O terapeuta pode perguntar:

> "É possível que você possa saber com certeza que tem pensamentos específicos que sejam diferentes? Por exemplo, pode saber com certeza que sente raiva num momento, está triste em outro momento e feliz em outro momento? Saber como se sente não tem que significar que você sempre se sente da mesma maneira em relação a si mesmo ou a outra pessoa. De fato, é possível dizer: 'Sei com certeza que eu tenho sentimentos mistos'?"

Outra forma de abordar a incerteza é questionar se existe certeza sobre alguma coisa que é complexa: "Você tem um misto de sentimentos sobre o seu emprego?" ou "Você já assistiu um filme de que gostou, mas que continha partes de que não gostou?". Os sentimentos mistos podem ser reestruturados como complexidade, honestidade, consciência e riqueza da experiência, e também sugerem que não existem alternativas perfeitas em um mundo imperfeito, onde as pessoas e os eventos estão em fluxo constante. De fato, reconhecer a ambivalência pode normalizar que as dificuldades, os desafios e as decepções são inevitáveis na vida – e aceitáveis.

Alguns pacientes acreditam que ter uma variedade de sentimentos significa que eles são "contraditórios". Por exemplo: "Tem algumas coisas nele que eu gosto e algumas coisas que não gosto". O pressuposto é que todos os sentimentos devem ser univalentes – ou seja, inteiramente positivos ou negativos. Rotular os sentimentos como contraditórios pode desencadear tanto crenças na necessidade de pensamento linear como crenças sobre exclusão ("Eu não posso ser 'A' e 'não A'"). Esse sistema de crenças binário pode levar à rejeição de uma gama de sentimentos como logicamente contraditórios e, portanto, errados. Uma alternativa é substituir "contraditórios" por "uma gama de sentimentos" – ou, melhor ainda, uma "riqueza de sentimentos." O terapeuta pode dizer:

> "Imagine uma pintura que é uma bela imagem de um campo de flores. Existem flores vermelhas, rosas, amarelas, roxas e brancas, uma grama verde e um céu azul a distância. Essas cores são contraditórias? Como seria a pintura se ela fosse só em preto e branco? Se você conseguisse ver

> todas as cores e apreciar cada uma como algo distinto, vibrante e real, isso seria um problema para você? Ou imagine que está comendo em um bufê. Você prova um prato, e ele tem um pouco de sal; outro prato é condimentado; outro é doce. Você diria que deveria haver apenas um gosto para esses alimentos?"

O imperador José II supostamente disse a Mozart sobre suas óperas: "Notas demais", ao que Mozart teria respondido: "Exatamente, tantas quanto necessário, Vossa Majestade". Esta história também pode ser usada.

O terapeuta pode, ainda, abordar a questão da complexidade e riqueza como uma fonte de percepção e consciência: "Talvez você seja muito complexo e sofisticado em suas percepções de modo que consegue reconhecer a variedade e a riqueza da experiência. Você tem consciência de muitos sentimentos, e isso pode simplesmente refletir sua maior capacidade de ver as coisas com clareza". Uma forma de diferenciar as emoções é reconhecer que existem respostas emocionais diferentes a estímulos diferentes em momentos diferentes:

> "É possível você se sentir triste quando está tendo pensamentos muito negativos e feliz quando está fazendo coisas gratificantes? Se os seus sentimentos mudam dependendo do que está pensando, eles podem simplesmente refletir que diferentes pensamentos e experiências levam a diferentes sentimentos."

## Associando a intolerância à ambivalência a estratégias de enfrentamento problemáticas

Muitos indivíduos com intolerância à ambivalência ativam estratégias problemáticas para lidar com seus sentimentos mistos. Uma estratégia óbvia é a indecisão – a qual frequentemente envolve esperar por mais informações que possam pender a balança. O indivíduo indeciso e ambivalente pode não conseguir levar adiante um relacionamento ou não conseguir tomar uma decisão sobre uma compra importante, abdicando assim da possibilidade de desfrutar de um relacionamento mais satisfatório ou da alternativa. Conforme sugerido, uma maneira de abordar isso é assinalar que, quando a pessoa permanece indecisa, ela sofre o custo de oportunidade das alternativas não aceitas. Outra estratégia de enfrentamento problemática é a ruminação: "Preciso continuar pensando nisso até que eu finalmente me sinta certo a respeito". Outros indivíduos ambivalentes podem enfrentar procurando a confirmação dos outros, repetidamente pedindo conselhos sobre qual deve ser o sentimento certo ou a decisão certa. Em alguns casos, uma pessoa ambivalente pode "testar" outra para descobrir se esta realmente importa ou se, na verdade, tem uma qualidade indesejada. Por fim, alguns indivíduos se sentem culpados pela sua ambivalência e se tornam autocríticos. Eles veem a ambivalência como uma falha pessoal, achando que deveriam estar completamente seguros em meio à complexidade e contradições aparentes.

## Reconhecimento da aceitação da ambivalência atual

Em muitos casos, um indivíduo está focando em uma área de ambivalência enquanto ignora as muitas áreas da vida em que já aceita confortavelmente tal sentimento. Por exemplo, uma mulher estava preocupada com seus sentimentos ambivalentes sobre seu parceiro; ela interpretava esta ambivalência como um "mau sinal" e achava que deveria se sentir "completamente 100%" sobre ele. Isso indicava uma visão da ambivalência como um estado emocional indesejável e inaceitável. No entanto, quando o terapeuta investigou sobre outras áreas da sua vida em que ela poderia se sentir dividida, a cliente reconheceu várias:

Paciente: Sim, eu tenho um misto de sentimentos em relação a cada um dos meus amigos. Existem algumas coisas que eu gosto neles, outras que não gosto. Pensando nisso, eu tenho um misto de sentimentos sobre o meu trabalho, também, mas acho que eu o aceito. E eu tenho um misto de sentimentos sobre viver na cidade de Nova York. Ela é cara e barulhenta; às vezes, as pessoas são rudes. Mas existem muitas coisas em Nova York que eu gosto, portanto – no final das contas – eu consigo aceitá-la.

Terapeuta: Se a ambivalência é, por natureza, tão má, então por que você a aceita com seus amigos, seu emprego e onde vive?

Paciente: Bem, acho que eu preciso de amigos, preciso de um emprego e preciso viver em algum lugar. Eu não tenho opção.

Terapeuta: Se você quer ter uma relação íntima com alguém, é possível que a ambivalência faça parte. É possível realmente conhecer bem alguém e não ter alguma ambivalência?

## Normalizando a ambivalência nas vidas das outras pessoas

Mesmo que o paciente reconheça que já aceita a ambivalência em muitas áreas da vida, ele pode ter uma visão idealizada das vidas das outras pessoas. Um exemplo disso é um homem com sentimentos ambivalentes sobre sua parceira:

Paciente: Acho que eu idealizo as outras pessoas. Acho que a minha irmã tem um relacionamento perfeito com o marido dela e que os meus amigos têm vidas perfeitas. Mas então eu penso nisso e consigo perceber que a minha irmã também tem algumas dificuldades e que as coisas não são perfeitas.

Terapeuta: Os seus amigos eventualmente expressam dúvidas sobre seus relacionamentos ou seus empregos?

Paciente: É claro que sim. Na verdade, outra noite eu estava conversando com meu amigo Dan, e ele me dizia que estava tendo alguns problemas em seu casamento. Conversamos sobre isso, e ele se deu conta que, fazendo um balanço, também existem muitas coisas boas.

O terapeuta pode sugerir:

"Aceitar negociações nos relacionamentos, no trabalho, onde você vive e o que você faz pode ser uma parte universal da condição humana. Isso nos permite viver nossas vidas em um mundo real. Em um mundo real existe incerteza, frustração, decepção e desafio, e isso pode ser contrabalançado por experiências gratificantes e significativas em relacionamentos de compromisso e no trabalho. É possível que uma forma mais útil de olhar para isso seja avaliar se faz sentido aceitar algumas negociações para desfrutar de alguns benefícios? É isso que outras pessoas que você conhece estão fazendo?"

## Examinando distorções cognitivas subjacentes à intolerância à ambivalência

Conforme já indicado, a intolerância à incerteza é frequentemente caracterizada por uma ampla gama de distorções cognitivas. Cada uma delas pode ser abordada através do uso de técnicas estandardizadas de terapia cognitiva. Por exemplo, o pensamento dicotômico – "Ou é certo ou não é certo", "É tudo positivo ou negativo" – pode ser examinado considerando-se as evidências de outras decisões:

"Existem outras decisões que não sejam preto ou branco – em que existem prós e contras para cada alternativa?"
"Se comprasse um carro depois de considerar outros, não identificaria que existem aspectos positivos nestes que você talvez não tenha no automóvel pelo qual se decidiu?"
"Como poderia haver escolha sem um custo?"
"O carro não custa alguma coisa?"

Em um caso de rotulagem ("Esta é uma alternativa inaceitável/uma má escolha"), o terapeuta pode examinar o significado do rótulo "escolha":

"'Escolha' não significa que existe outra opção com qualidades atraentes?"
"Quando você faz uma escolha, não está avaliando as compensações das alternativas, de modo que possa argumentar em favor de cada uma?"
"Não é possível que não existam boas e más escolhas, mas, em vez disso, alternativas com compensações, ambas com incertezas e com a incerteza adicional de que você nunca sabe como as coisas vão funcionar?"

A desconsideração dos aspectos positivos pode ser abordada por meio do exame dos custos e benefícios de ignorar os pontos positivos da alternativa escolhida:

"Se tudo o que você faz é apontar a imperfeição, não estará ignorando informações importantes sobre os aspectos positivos?"
"Quais são os aspectos positivos? Quais seriam as vantagens de reconhecer tais aspectos?"

A filtragem negativa também pode ser examinada com técnicas de terapia cognitiva:

"Se você só focar nos aspectos negativos, não estará ignorando aspectos positivos importantes?"
"Existe alguma alternativa que não tenha alguns aspectos negativos?"
"E se você pesasse os aspectos positivos e negativos e incluísse ambos? Existe uma alternativa com uma compensação significativamente melhor dos aspectos positivos e negativos?"

O terapeuta pode ajudar o paciente a abordar a adivinhação – isto é, a previsão de que uma escolha levará a um mau resultado – por meio de um questionamento similar:

"Com frequência predizemos que teremos certos sentimentos no futuro, mas seguidamente estamos errados. Você já esteve errado em relação às suas predições no passado?"
"Seria aceitável se você tivesse sentimentos positivos e negativos sobre a sua escolha no futuro, ou só aceitaria sentimentos positivos?"
"Você conhece alguém que se sinta completamente positivo sobre suas escolhas e nunca tenha um sentimento negativo?"

Algumas pessoas acreditam que uma "escolha errada" seria catastrófica. O terapeuta pode perguntar:

"Exatamente o quê seria insuportável se você fizesse esta escolha?"
"Quais são as evidências de que isso será terrível?"
"Existem aspectos positivos que poderiam compensar os negativos?"
"Você é incapaz de tolerar a frustração?"

"Se *fosse* tão terrível – e não sabemos se isso será verdade –, você reverteria a sua decisão?"

Outros indivíduos abordam a ambivalência com raciocínio emocional: "Como estou ambivalente, esta deve ser uma má escolha". Esse é outro sinal de perfeccionismo emocional ("Eu tenho que me sentir completamente bem sempre que tomo uma decisão, e apenas coisas boas devem vir em decorrência"). O terapeuta pode investigar:

"A natureza da ambivalência não é de sentimentos positivos e negativos?"
"É possível que você esteja raciocinando somente a partir da sua emoção e não reconhecendo que fazer uma escolha quase necessariamente envolve sentimentos positivos e negativos?"
"Você já teve antes um sentimento negativo sobre uma escolha, mas depois percebeu que a escolha levou a resultados positivos?"
"Se você simplesmente examinasse as compensações de ambas as alternativas sem usar sua emoção, conseguiria convencer outra pessoa de uma das opções?"
"Pode ser que as suas emoções mudem com o tempo, depois de você ter feito uma escolha?"

Muitos indivíduos endossam uma variedade de afirmações do tipo "deveria": "Eu deveria estar completamente feliz com a escolha" e "Eu não deveria ficar ambivalente". Tais crenças podem ser examinadas:

"Quais são os custos e benefícios de acreditar que você nunca deve ficar ambivalente quando faz uma escolha?"
"Quais são as evidências de que esta é uma abordagem prática e realista para a vida?"
"Se todas as pessoas são ambivalentes em algum momento, por que você deveria ser diferente das outras pessoas?"
"Se ambivalência é definida como o reconhecimento dos prós e contras de uma escolha, você deveria fazer escolhas sem reconhecer os prós e contras?"

Por fim, muitas pessoas acreditam que uma má escolha irá condená-las permanentemente a um resultado intolerável. O terapeuta pode examinar esta crença:

"Imaginemos que você fez uma escolha de comprar um apartamento e, depois que se mudou, se deu conta de que existem muitos problemas com o apartamento – vazamentos, um vizinho antipático, alguns reparos dispendiosos. Mesmo que você tenha feito uma má escolha de acordo com as informações naquele momento, isto quer dizer necessariamente que não existam benefícios em relação ao novo apartamento?"

"Você não pode tirar bom partido de uma má escolha?"

"Imagine uma partida de futebol americano. O zagueiro pede uma jogada particular, e então percebe que o jogador da defesa está avançando muito mais rápido do que ele previu. Isto acaba atrapalhando a jogada. Mas talvez o zagueiro possa correr rapidamente de volta e fazer um passe para um *touchdown*. Às vezes, más escolhas têm bons resultados."

## Desconstruindo os conceitos de traços

Um pressuposto subjacente à crença de que não se deve ter um misto de sentimentos é de que a pessoa que é objeto da percepção seja composta de traços estáveis e previsíveis. Por exemplo, pesquisas sobre personalidade sugerem que existe uma variabilidade considerável no comportamento de alguém, dependendo da situação, do comportamento que está sendo avaliado e da percepção pessoal – e que, embora as variáveis da pessoa possam fornecer considerável previsibilidade, muito depende de fatores situacionais (Epstein & O'Brien, 1985; Fleeson & Noftle, 2009; Funder & Colvin, 1991). Por exemplo, indivíduos que poderiam ser rotulados como "agressivos" por alguns observadores podem não sê-lo na maioria das situações; sua agressão pode ser verbal, não física; e pode ser determinada pela sua interpretação de uma provocação específica em um momento específico.

Além disso, a percepção de traços nos outros sofre do "viés do ator-observador": indivíduos engajados numa ação tendem a atribuir seu comportamento a circunstâncias específicas, enquanto observadores do comportamento de outros tendem a atribuir tal comportamento a um traço disposicional (Ross & Nisbett, 1991). Por exemplo, você pode atribuir o meu argumento ao "fato" de eu ser "agressivo", enquanto eu posso atribuir meu argumento ao "fato" de eu simplesmente tentar expressar um ponto de vista. O viés do indivíduo-observador pode se dever a um foco perceptual (Eu estou focado na situação, e você, como observador, está focado em mim); acesso pelo indivíduo às informações sobre sua própria variabilidade de comportamento (Eu sei que em geral não sou questionador); e acesso diferencial aos pensamentos que podem determinar uma ação (Eu sei o que estava pensando quando defendi o meu ponto de vista, enquanto você simplesmente observa o meu argumento).

Além da crença nos traços, existe uma crença correspondente na maleabilidade do comportamento (Dweck, 2000, 2006). De acordo com Dweck, alguns indivíduos têm uma crença fixa de que a capacidade se deve a traços inatos ou herdados ("crenças na entidade"). Outros têm uma visão da capacidade como incremental ou capaz de crescimento ("crenças incrementais"). Tais conceitos estão relacionados a diferenças na motivação e na disposição a perseverar. Por exemplo, uma pessoa com uma crença incremental sobre capacidade está mais disposta a se esforçar e a ver a aprendizagem como um processo incremental.

Essas diferenças também são relevantes para crenças sobre traços de personalidade – isto é, certas qualidades pessoais podem mudar ou crescer, ou elas são fixas e imutáveis? Os conceitos de traços como fixos e imutáveis são semelhantes ao pensamento "supergeneralizado" que é característico da vulnerabilidade depressiva (Teasdale, 1999). Finalmente, indivíduos que acreditam que a força de vontade não é uma qualidade fixa ou limitada têm menos probabilidade de ficar "esgotados" por exercer a força de vontade; ou seja, eles têm maior probabilidade de persistir (Job, Dweck, & Walton, 2010).

### *Crenças nos traços*

O primeiro passo na desconstrução do pensamento acerca dos traços é examinar até que ponto o indivíduo acredita em traços de personalidade estáveis e internamente determinados. O terapeuta pode perguntar:

> "Algumas pessoas acreditam que as outras possuem traços fixos – ou seja, que elas têm qualidades estáveis, independentes da situação. Se você acredita em traços fixos, pode estar descrevendo a si e aos outros como 'agressivo', 'gentil', 'honesto', 'generoso', 'difícil' ou outros termos gerais. Você se pega usando ideias como esta? Você se descreve assim? Descreve outras pessoas? Quais são alguns exemplos?"

Alguns pacientes podem reconhecer prontamente que estão usando tais conceitos de traços com frequência, enquanto outros podem precisar se automonitorar para ver se estão usando tais rótulos. Um homem que idealizava sua parceira reconheceu que, com frequência, pensava nela como inteligente, gentil, no controle, engraçada e interessante. Então continuou, dizendo que achava que tais traços sempre a caracterizaram. Refletindo melhor, no entanto, ele se deu conta de que havia uma grande variabilidade no comportamento dela, muitas vezes dependendo de situações específicas às quais ela estava respondendo.

Em seguida, o terapeuta pode perguntar: "Quais são os custos e os benefícios de pensar em você ou em outras pessoas em termos desses traços fixos e imutáveis?". O indivíduo descreveu os custos de rotular os outros da seguinte forma: ele os idealizava ou desvalorizava; em comparação aos ideais que tinha dos outros, ele ficava aquém; então, se sentia autoconsciente e pensava que os outros o estavam julgando com base em seus traços. Ele teve que pensar duas vezes acerca dos benefícios das concepções de traços, mas, por fim, os descreveu assim: poderia ver as pessoas de forma realista; poderia predizer como elas eram; e poderia evitar aquelas de quem não gostava.

O terapeuta pode usar a distinção de Dweck entre entidade e crenças incrementais sobre capacidade e personalidade para investigar se o paciente acredita que os traços de personalidade – tais como "agressivo" ou "interessante"

– são qualidades que podem melhorar com a prática e a aprendizagem. Por exemplo, se um indivíduo acredita que suas qualidades como uma pessoa "interessante" são fixas, então ele terá pouca motivação ou esperança para alguma mudança.

Finalmente, alguns indivíduos tratam sua ambivalência como se fosse um traço estável: "Eu sempre vou me sentir ambivalente". Tal crença na consistência ou durabilidade de uma emoção também pode ser examinada:

> "Se você acredita que a sua ambivalência é uma emoção fixa que vai sentir consistentemente, então é provável que hesite sobre decisões. Existem momentos do dia em que você não se sente ambivalente? Quais outras emoções tem ao longo do dia? Quando não está se concentrando em sua ambivalência, você conseguiria gostar de alguma coisa nesta escolha? A ambivalência se alterna, indo e vindo?"

### *Traços* versus *variabilidade*

Conforme já observado, as crenças em traços negativos fixos são frequentemente apoiadas pela filtragem seletiva da informação negativa – ou seja, viés de confirmação. Por exemplo, um homem que se achava aborrecido focava seletivamente em toda informação que confirmasse tal crença. A modificação de crenças sobre a ambivalência com frequência implica modificar esse viés de confirmação:

> "Se você acredita que você [ou outros] tem um traço específico, então pode ser possível que esteja seletivamente focado em exemplos desse comportamento. Por exemplo, se acha que é aborrecido, pode seletivamente interpretar seu comportamento assim, se engajar na leitura mental de que os outros acham você aborrecido, personalizar lacunas numa conversa como devidas ao fato de ser aborrecido e estabelecer para si um padrão mais elevado do quanto você precisa ser interessante. Alguma dessas coisas lhe soa familiar?"

O homem "aborrecido" mencionou achar que deveria ser interessante o tempo todo, e frequentemente pressionava as pessoas com suas histórias e tentava monopolizar as conversas. Caso ocorresse uma interrupção, ele a interpretava como evidência de que era aborrecido e que as pessoas podiam ver através dele. O terapeuta lhe perguntou: "O que contaria como exemplo de dizer alguma coisa interessante?". O paciente hesitou e, então, comentou: "Bem, eu sei que eu digo coisas interessantes, às vezes. As pessoas parecem interessadas; elas fazem perguntas; elas riem". O profissional então perguntou: "Você poderia dar exemplos de quando outras pessoas parecem às vezes aborrecidas, às vezes interessantes?". O cliente foi convidado a colher exemplos de comportamentos alheios para ampliar suas percepções das suas próprias qualidades, bem como daquelas dos outros.

O terapeuta pode, então, sugerir que o comportamento varia com o tempo e as situações, em vez de ser inteiramente devido a qualidades internas fixas, e que as pessoas diferem em termos da sua percepção de um traço (como "aborrecido"):

> "É possível que às vezes você ou outra pessoa diga alguma coisa que seja aborrecida em um determinado momento, numa determinada situação, mas que, em outra situação, você ou ela digam alguma coisa interessante?"
> "É possível que aquilo que uma pessoa ache aborrecido, outra possa achar interessante?"
> "É possível que não exista uma *coisa* como uma declaração aborrecida, mas que as pessoas difiram em termos do que acham interessante?"
> "É provável que os seus sentimentos mudem, dependendo da interação e da sua interpretação dessa situação?"
> "Se as coisas variam tanto, então não faz sentido que você tenha um misto de sentimentos?"

Um terapeuta também pode ajudar um cliente a identificar quais percepções ou sentimentos que ele possui que são "perturbadores". Pode-se perguntar ao paciente:

> "Ocorrem certas situações que tendem a fazer você sentir ou pensar dessa maneira? Você poderia rastrear esse sentimento ou pensamento, classificá-lo de 0 a 100 em relação à sua força e ver se existe algum padrão? Você acha que os seus sentimentos ou pensamentos irão variar? Por que eles variariam? Se variam, não faz sentido que você tenha um misto de sentimentos?"

Algumas pessoas acham que têm sentimentos "contraditórios": "Como eu posso gostar e não gostar da mesma pessoa? Isso não é me contradizer?". Um pressuposto sobre "contradição" é que os sentimentos precisam ser logicamente consistentes – "A ou não A". O terapeuta pode sugerir que sentimentos não são o mesmo que afirmações lógicas ("Está chovendo ou não está chovendo"), mas representam emoções que vêm e vão, dependendo do foco, da interpretação ou de outras emoções no momento. Por exemplo, eu posso considerar meu amigo Tom e me sentir positivamente em relação a sua gentileza e a seu humor, mas ficar um pouco incomodado por ele chegar atrasado para o jantar. Isso não é contraditório, já que não estou afirmando que "Tom está atrasado ou não atrasado" no mesmo momento. Tais sentimentos são respostas a diferentes aspectos do meu amigo. Além do mais, quando observo um comportamento – "Tom está atrasado" –, posso interpretar o comportamento em termos de uma intenção pessoal ("Ele não me respeita"), mas posso não saber as razões para o seu atraso (p. ex., havia mais tráfego do que o habitual, ele saiu tarde do trabalho, ele não conseguiu me ligar porque seu telefone não estava funcionando, ele teve uma discussão com sua esposa ou tem dificuldade com horários independente de quem o esteja esperando). O comportamento de Tom varia em cada situação e com o tempo, e – o que é mais importante – posso não ter acesso a informações sobre o que o motivou.

## Reestruturando a ambivalência como uma riqueza de informações

Conforme boa parte deste capítulo sugeriu, a crença de que não devemos nos sentir ambivalentes sobre nós mesmos, sobre os outros ou as situações está baseada no pressuposto de que toda a informação sobre um estímulo deve ser "univalente". Isto é, ela deve apontar completamente numa direção (p. ex., positiva ou negativa) ou apenas confirmar ou desconfirmar um traço imutável (p. ex., "Ele é agressivo ou não agressivo"). Tal visão dicotômica da realidade presume que a informação está organizada de maneira binária. Em contraste, o terapeuta pode investigar se ter sentimentos complicados ou mistos sobre alguma coisa ou alguém simplesmente reflete que, quanto mais um paciente sabe acerca dessa pessoa ou coisa, melhor ele pode compreender a complexidade que apresentam.

> "Considere outro exemplo, que pode soar um pouco trivial, mas pode ajudar a compreender. Imagine que você chega a uma cidade pela primeira vez. No primeiro dia, observa que existe uma lanchonete nas imediações. Você vai lá. À medida que passam os dias, semanas e meses, come em diferentes restaurantes com diferentes comidas étnicas e de diferentes qualidades. Você agora tem muito mais informações sobre os restaurantes na cidade do que tinha no primeiro dia ou semana. Existe uma variabilidade considerável. Se alguém lhe pergunta: 'A comida é boa lá?'. Você poderia responder: 'Depende do tipo de comida que você gosta e onde vai'. Você agora reconhece a considerável riqueza de informações – a variedade de restaurantes e gostos que as pessoas têm." Ou o terapeuta pode sugerir o seguinte: "Imagine uma pintura que estivesse em preto e branco e outra pintura com uma variedade de 100 cores e sombras diferentes. Qual tem mais riqueza de informações?"

O profissional pode então continuar: "Existe alguma vantagem em reestruturar sua ambivalência como simplesmente sua consciência da riqueza e complexidade das pessoas e situações? Se as coisas são complexas, então por que você se surpreenderia se tivesse diferentes sentimentos, sobretudo em momentos diferentes? Talvez você apenas seja esperto e tenha conhecimento de mais informações". Ou pode dizer: "Pense em alguém que você conhece muito bem – sua mãe, pai, irmão ou irmã. Você tem uma variedade de sentimentos sobre eles em momentos diferentes? Quais são esses sentimentos?". Reconhecer que a ambivalência pode ser um reflexo da complexidade e riqueza de informações – e que ser "mais esperto e mais inteligente" pode ser acompanhado de sentimentos menos univalentes – pode ajudar a dissipar a visão de que existe "algo errado" com a ambivalência.

## Reestruturando a ambivalência como desafios e oportunidades

A busca de "Como eu me sinto *realmente*?" frequentemente leva a ruminação adicional e dúvida. Uma alternativa para a busca pelo "único sentimento verdadeiro" é pensar nos relacionamentos (ou situações) em termos dos desafios que eles apresentam – especialmente as oportunidades que eles abrem para crescimento e curiosidade. Por exemplo, suponhamos que eu goste de muitas qualidades em Susan, uma colega de trabalho, mas que existam certas qualidades que eu não goste (p. ex., ela pode ser opiniática; seus vieses teóricos não são iguais aos meus). Eu penso: "Gosto muito dela", e então me dou conta de que possui qualidades de que gosto menos. Em vez de tentar reduzir meu misto de sentimentos a um único sentimento, posso ser desafiado a trabalhar colaborativamente com alguém que tem algumas qualidades de que não gosto. Tal desafio vai exigir que eu use aceitação, seja curioso sobre seu ponto de vista, considere a possibilidade de que eu possa crescer na minha capacidade de tolerância – ou até mesmo que eu possa modificar alguns dos meus vieses teóricos para incluir mais pontos de vista alternativos. Posso encarar a aceitação e o desenvolvimento de uma curiosidade sobre as pessoas por quem tenho um misto de sentimentos como um exercício para viver no mundo real. Posso desenvolver uma curiosidade sobre por que outra pessoa pode ver as coisas da forma como Susan vê. Em vez de ativar uma perspectiva julgadora ("Eu não suporto o ponto de vista dela"), posso separar as qualidades das quais que gosto e não gosto, desenvolver uma visão mais diferenciada de Susan, investigar sobre seu ponto de vista e decidir quais das suas ideias ou qualidades são relevantes para os meus objetivos. Substituir o julgamento pela curiosidade e aceitação pode criar possibilidades para um engajamento mais adaptativo. A ambivalência pode ser um reflexo de "conhecer a realidade como ela realmente é".

## Abrindo espaço

Uma intolerância às contradições reflete uma crença de que não se pode ter simultaneamente visões conflitantes sobre alguma coisa: "Ou eu gosto ou não gosto". Uma alternativa a essa perspectiva univalente é o reconhecimento de que existe "espaço" suficiente para conter contradições. Conforme observou Walt Whitman (1855/1959) em seu magnífico poema *Canção de mim mesmo*: "Eu me contradigo?/Pois muito bem, então eu me contradigo,/ (Sou amplo, contenho multidões)". Whitman observou que podia amar o belo e o feio, o jovem e o velho, o rico e o pobre. A técnica de "abrir espaço" permite a aceitação de tudo o que vier e de tudo o que sentimos. Um poeta persa do século XIII, Jalal Al-Dinn Rumi, capturou igualmente essa capacidade de aceitação de uma ampla gama de experiências em seu poema "A Casa de Hóspedes":*

> O ser humano é uma casa de hóspedes.
> Toda manhã uma nova chegada.
> A alegria, a depressão, a falta de sentido,
> uma consciência momentânea surge
> como um visitante inesperado.
> Receba e entretenha a todos!
> Mesmo que seja uma multidão de dores
> que violentamente varre sua casa
> e tira seus móveis.
> Ainda assim trate seus hóspedes honradamente.
> Eles podem estar te limpando
> para um novo prazer.
> O pensamento escuro, a vergonha, a malícia,
> encontre-os à porta sorrindo e convide-os.
> Agradeça a quem vem
> porque cada um foi enviado
> como um guia do além.

Considere o seguinte diálogo com o homem que era ambivalente com sua parceira:

Terapeuta: Eu vejo que você tem um misto de sentimentos em relação a ela – algumas coisas que ela diz você não gosta, e algumas qualidades sobre sua aparência física não são exatamente o que queria.

Paciente: Sim, isso torna as coisas difíceis para mim, já que eu gosto dela, mas vejo que existem algumas coisas de que não gosto.

Terapeuta: E se pensasse em si mesmo como alguém com a capacidade de conter um grande número de sentimentos, como se você estivesse dando espaço para qualidades de que gosta e não gosta? E se pensasse em si mesmo como um grande reservatório, em que os sen-

---

* De Rumi (1997). Copyright 1997, Coleman Barks e Michael Green. Reproduzido com permissão de Coleman Barks.

timentos são como diferentes líquidos que circulam, entrando e saindo, e existe muito espaço para tudo isso?
Paciente: Isso me ajudaria muito. Eu não me preocuparia tanto.
Terapeuta: Talvez aceitar alguém ou amar alguém seja com um grande reservatório que nunca está completamente cheio, que sempre tem espaço.

A vantagem de abrir espaço para as emoções é que os indivíduos não precisam mais sentir a necessidade de reduzi-las a uma única emoção; assim como Walt Whitman, eles podem reconhecer que podem ser preenchidos por multidões. Em vez de lutar contra um misto de sentimentos, podem convidar todos eles e lhes dar espaço. Muitos pacientes comentam que se sentem aliviados com essa abordagem porque podem reconhecer que os sentimentos mistos não são um sinal de alguma coisa ruim, mas um reflexo da bondade e da expansividade.

## Superando a resistência e aceitando a ambivalência

Muitos indivíduos que têm dificuldade com ambivalência acreditam que aceitá-la é indesejável, um autossacrifício; que é algo invalidante — ou, ainda, que é contentar-se com menos. Alguns acreditam que têm direito a ter tudo "certo". Outros podem achar que ganhar "um adicional de 10%" seria completamente satisfatório; eles podem estar predizendo de modo exagerado sua resposta emocional a uma alternativa ideal. Examinemos esses obstáculos e suas desvantagens.

Primeiramente, encarar a ambivalência como "indesejável *per se*" desconsidera aspectos positivos que podem ser experimentados como uma alternativa escolhida e também ignora os custos da infindável busca pelo ideal. Por exemplo, aceitar um emprego que é 90% do que uma pessoa deseja ainda oferece pontos positivos consideráveis. Além do mais, continuar a procurar pode ter custos significativos – e de fato pode acabar por reduzir as alternativas desejáveis. Segundo, a recusa em aceitar a ambivalência pode negar aos indivíduos a oportunidade de experimentar benefícios compensadores imediatamente. Por exemplo, uma pessoa que busca um parceiro perfeito – e depois rejeita a alternativa de 90% – vai perder os benefícios imediatos de uma relação atual.

Terceiro, a crença de que aceitar a ambivalência é invalidante é o contrário da verdade. Pode-se dizer: "Eu tenho um misto de sentimentos, mas também acredito que esta seja a melhor alternativa". É possível validar a ambivalência, ao mesmo tempo também buscando uma opção entre duas alternativas reais em tempo real. Validar a ambivalência implica encontrar a verdade em sentimentos mistos – não equacioná-los com sentimentos indesejáveis ou inaceitáveis. Quarto, a ideia de estar se contentando com menos é sempre verdadeira, a não ser que se tenha a opção absolutamente perfeita sem nenhum custo. Mas escolhas livres de custo não existem. Ao contrário, pode-se dizer: "Eu me decidi pela melhor das alternativas disponíveis neste momento". Dizer que está se contentando com menos precisa ser esclarecido: "Menos do que qual alternativa disponível?".

Quinto, a crença de que não se deve aceitar a ambivalência porque se tem o direito a ter tudo certo pode ser examinada em termos dos custos e benefícios de insistir no direito e em tudo "muito certo". Por exemplo, os custos incluem insatisfação contínua, demandas contínuas que nunca são atendidas completamente e a incapacidade de conviver com decisões reais no mundo real. Como o mundo não está organizado para satisfazer esse direito, tal crença provavelmente resultará em frustração, desilusão, conflitos com os outros e incapacidade de obter o melhor das compensações disponíveis. Sexto, a crença de que buscar os 10% adicionais levará à felicidade eterna pode ser uma ilusão. Por exemplo, pesquisas sobre a assim chamada "esteira hedônica" indicam que as pessoas logo se adaptam aos seus novos níveis, mais elevados, de conquistas, com pouco ou nenhum aumento estável na felicidade (Brickman & Campbell, 1971; Mancini, Bonanno, & Clark, 2011). Se os 10% adicionais acabam levando à adaptação que reverte para o nível básico de felicidade, então valem a pena o custo de buscá-los? Se podemos desfrutar de 90% agora, por que esperar pela incerteza de um 100% provavelmente inatingível que, ainda que atingido, pode resultar em benefícios efêmeros?

Voltemos mais uma vez ao exemplo do homem que se sentia ambivalente sobre sua namorada e a ideia de se casar. Ele mencionou que amava sua namorada, achava que ela era uma boa pessoa, acreditava que seria uma excelente esposa e mãe e a achava muito dedicada. Contudo, também mencionou que havia vezes em que não estava interessado em coisas que ela falava.

Paciente: Eu realmente acho que Sarah seria uma boa esposa. Ela tem todas as qualidades certas. Mas tem vezes em que não estou interessado em coisas que diz. Então, eu tenho um misto de sentimentos sobre me casar. Eu a vejo como 90%, mas me pergunto se não vou encontrar os 100% – aquela por quem eu não teria um misto de sentimentos.

Terapeuta: O que em relação a ter sentimentos mistos lhe incomoda?

Paciente: Bem, eu gostaria de ter certeza – gostaria de sentir que não existem dúvidas.

Terapeuta: Ok, você parece achar que não deveria ter dúvidas. Por que não deveria tê-las?

Paciente: Bem, quando você planeja se casar, não deve ter dúvidas. Afinal de contas, se tem dúvidas, isso deve significar que alguma está coisa faltando.

Terapeuta: Então você está dizendo que, se falta algo, esta é uma má escolha?

Paciente: Eu acho que sim.

Terapeuta: Você já conheceu alguém para quem tudo estivesse perfeito com seu parceiro? Alguém que não pudesse dizer: "Bem, eu gosto da maioria das coisas nela, mas existem algumas coisas que me incomodam às vezes"?.

Paciente: Acho que você tem razão. Mas eu me pergunto se devo esperar por essa parceira perfeita – alguém sobre quem eu não tenha dúvidas.

Terapeuta: Bem, você está solteiro até agora – e está com 37 anos. Você acha que essa pessoa perfeita está lá fora? E, se estiver, quanto tempo levaria para encontrá-la?

Paciente: Eu nunca encontrei uma pessoa tão boa quanto Sarah. Não, nunca encontrei.

Terapeuta: Mas talvez exista alguém lá fora.

Paciente: É, eu não sei. Talvez esteja sonhando. Mas poderia levar anos – se é que existe alguém assim.

Terapeuta: Então este seria um custo para você – procurar por anos. E então não poderia desfrutar do relacionamento com Sarah e seguir com a sua vida desta forma. Mas é uma aposta; uma negociação. Você pode ter 90% agora ou esperar para ter 100% depois. Mas suponhamos que alguém lá fora nunca tenha dito nada que tivesse deixado você incomodado.

Paciente: Isso me parece impossível.

Terapeuta: Talvez, mas vamos imaginar isso – 100% interessante o tempo todo. Agora, o quanto mais feliz você acha que seria com essa pessoa?

Paciente: Talvez um pouco mais feliz. Eu não sei. Talvez não fizesse muita diferença.

Terapeuta: Você sabe, nós frequentemente tendemos a nos adaptar ao que temos. Então, se o seu salário fosse aumentado em 10%, você ficaria feliz por um mês, mas depois se acostumaria a isso. Talvez seja isso que aconteça quando procuramos pelos 10% a mais. Mesmo que consigamos, o benefício dura pouco tempo. Mas então você tem de pensar nas coisas de que abriu mão para procurar por isso, mais a probabilidade de encontrar. E mesmo que encontrasse essa pessoa, ela iria querer se casar com você ou com outro? Existem muitas incertezas.

Paciente: Mas digamos que eu me decidisse por Sarah. Isso significa que estou me contentando.

Terapeuta: Você poderia dizer isso – mas está pensando que "Eu estou me contentando com menos do que posso obter ou mereço?".

Paciente: É, talvez eu ache que mereço mais.

Terapeuta: Independentemente de você merecer ou não, é possível que o mundo não esteja organizado para nos dar o que achamos merecer. Nós recebemos o que recebemos – o que nós decidimos. E se

                você pensasse nisso não como se contentando, mas como "decidindo" – isto é, que está decidindo entre as alternativas disponíveis?
Paciente: Isso parece mais realista. Decidir é o que eu estou fazendo.
Terapeuta: E se você decidir, então pode tentar tirar o melhor da sua decisão, seja lá qual for. Uma vantagem de aceitar a ambivalência é que você pode de fato tomar uma decisão. Existem negociações, independentemente do que decidir. Agora uma possibilidade é que você tem um misto de sentimentos porque é perspicaz e tem muitas informações. Por exemplo, imagine que você tem 16 anos e idealiza totalmente a sua namorada. Isso se dá porque você é realista ou imaturo? Agora que tem 37 anos, você já tem experiência, já conhece os altos e baixos. Talvez seja mais perspicaz. É possível que esteja ambivalente porque é mais esperto agora?
Paciente: Eu nunca pensei dessa maneira.

## RESUMO

A intolerância à ambivalência e a visão simplista da emoção subjacente a essa intolerância são responsáveis por muita insatisfação, ignorando os aspectos positivos, filtragem negativa e indecisão. Esses indivíduos são frequentemente levados por uma ilusão de perfeccionismo emocional/existencial e mente pura; recusam-se a aceitar a incerteza e a imperfeição em um mundo imperfeito. Encarando as soluções de compromisso como transações comerciais ou resignação, eles são propensos a ter medo do arrependimento e ruminação quando procuram a alternativa perfeita sem custo. Abordar a inevitabilidade da ambivalência; renunciar à estratégia da maximização; abarcar a complexidade; e aproveitar a oportunidade de aceitar a contradição, o desapontamento ocasional e as imperfeições da vida diária possibilitam que esses indivíduos assumam compromissos para viver em um mundo real, que nem sempre é o que esperavam. Ao encorajar tais pacientes a aceitar a ambivalência, a reestruturar como consciência e honestidade e a trabalhar com o que existe, o terapeuta pode auxiliá-los a normalizar a natureza dos sentimentos mistos e aceitar o desafio de aprender a amar e aceitar o que é imperfeito. Pode ser fácil amar o perfeito, mas é sinal de sabedoria amar o imperfeito.

Capítulo 9

# ASSOCIANDO EMOÇÕES A VALORES (E VIRTUDES)

> Tudo pode ser tirado de um homem, exceto uma coisa:
> a última das liberdade humanas – escolher a sua atitude
> em um determinado conjunto de circunstâncias,
> escolher do seu próprio jeito.
>
> – VIKTOR E. FRANKL, *O homen em busca de um sentido*

O motivo por que os humanos experimentam emoções é que "alguma coisa tem importância" para nós. Sentimos raiva porque achamos que as pessoas não nos respeitam, nos humilham ou violam nossos direitos – e respeito, tratamento atencioso e nossos direitos são importantes para nós. Um objetivo importante da terapia focada no esquema emocional é auxiliar o paciente a clarificar quais valores, objetivos ou qualidades pessoais de caráter ou virtude são importantes, bem como associar as emoções a esses propósitos. A terapia focada no esquema emocional não visa simplesmente acalmar as emoções ou livrar o indivíduo de sentimentos desconfortáveis. Ao contrário, tenta colocá-las em um contexto de significado mais amplo e encorajar o cliente a aceitar as dificuldades a que as emoções podem levar para viver uma vida mais completa. O objetivo não é necessariamente uma "vida feliz" no sentido em que se possa postar uma "carinha feliz" após a própria assinatura. O objetivo não é viver uma vida fácil, livre de frustrações, raiva, tristeza ou solidão. Também não é "se sentir bem", como se a vida fosse um cálculo hedônico que envolve comparar um sentimento com outro e sempre escolher o "sentimento feliz". Em vez de visar "sentir-se bem", o objetivo é conseguir viver uma vida em que se esteja disposto a aceitar sentir *tudo* para poder alcançar uma vida mais completa, mais rica e mais significativa. Se o sofrimento faz parte dessa vida, então o objetivo é *viver uma vida pela qual valha a pena sofrer*.

A importância dos valores em psicoterapia foi desenvolvida por Viktor Frankl em *O homem em busca de um sentido* (1963). Frankl, um psiquiatra austríaco, foi prisioneiro em Auschwitz, e observou que muitos dos presos que morreram (antes de serem executados) tinham desistido da vida. Os poucos que pareciam ter mais probabilidade de sobreviver eram aqueles que tinham esperança – mesmo que esta fosse uma ilusão – de que, um dia, se reuniriam com suas famílias e suas vidas continuariam depois que fossem libertados do campo de concentração. Frankl (1959, 1963) acabou rejeitando o modelo psicanalítico, com seu foco no passado e nas defesas contra a libido. Ele desenvolveu uma nova forma de terapia denominada "logoterapia", a qual foca no significado que o indivíduo dá às suas ações e à vida. Em várias versões atuais da terapia cognitivo-comportamental, existe uma ênfase crescente no propósito e no valores: por exemplo, tanto a TAC quanto a TCD destacam a importância dos valores em "uma vida que valha a pena viver" (Hayes, Levin, Plumb-Vilardaga, Villatte, & Pistorello, 2013; Wilson & Murrell, 2004; Wilson & Sandoz, 2008). Esta ênfase está há tempo ultrapassada. Além disso, a terapia focada na compaixão de Gilbert (2009) está centrada na importância do papel desempenhado pelo valor e pela emoção da compaixão ao ajudar as pessoas a encontrar propósito, superar a ansiedade e a depressão e estabelecer vidas significativas.

Um exemplo literário icônico de encontrar significado na vida é uma pequena novela de Tolstoy (1886/1981), *A morte de Ivan Ilyich*. Ivan Ilyich havia vivido uma vida boa e apropriada, mas tinha um casamento sem amor, sem nenhum significado fora do comportamento convencional. Aos 45 anos, ele sofre uma lesão enquanto pendura cortinas; após consultar inúmeros médicos, percebe que sua morte é iminente. Enquanto jaz em seu leito de morte, reflete se sua vida foi de algum valor. Uma forma de identificarmos os valores que nos guiam é fazer a pergunta que Ilyich poderia ter respondido antes em sua vida: "Se você pudesse avançar no tempo deste instante até o momento no seu leito de morte, o que você gostaria de ter vivido? Como você gostaria que sua vida tivesse sido?". De acordo com a *História de Heródoto*, escrita quase 2.400 anos antes do conto de Tolstoy, o rei-filósofo grego Solon disse ao rei persa, Croesus, que não se pode saber se a vida foi feliz até o momento da própria morte. Mesmo o homem rico e poderoso pode terminar sua vida em desgraça e humilhação, de acordo com Solon. E a ideia da reflexão sobre como foi a sua vida é um componente central da terapia de revisão da vida (ou terapia da reminiscência) inicialmente desenvolvida por Robert Butler (1963). A ideia de refletir sobre a própria vida – seja por meio das reflexões no leito de morte imaginadas por Ivan Ilyich, pelo exemplo de Solon das horas finais ou pela revisão de Butler do que significou nossa vida – foi incorporada à TAC (Hayes, 2004). Clarificar o significado e encontrar propósito também são elementos-chave da terapia focada no esquema emocional. De fato, os valores constituem uma das 14 dimensões da terapia focada no esquema emocional discutidas em capítulos anteriores e avaliadas com a LESS II.

Este capítulo apresenta 10 técnicas para ajudar a clarificar os valores que são essenciais para um indivíduo – e para demonstrar como as emoções resultam deles. Os valores são componentes centrais para que tenhamos propósitos, significado e a capacidade de tolerar emoções difíceis como um meio para um fim. Também discuto as virtudes caracterológicas que desde a antiguidade clássica moldaram ideias do que constitui "felicidade" – ou seja, a vida que vale a pena ser vivida.

## VISUALIZAÇÃO NEGATIVA

Os antigos estoicos propuseram que um objetivo na vida é ser feliz ou contente com o que já temos. A justificativa é que com frequência ficamos excessivamente focados no que *não* temos (objetivos que estamos tentando atingir, os quais muitas vezes são inatingíveis), e isso nos deixa insatisfeitos e frustrados. Por exemplo, um homem descreveu sua frustração por não ter sido promovido no trabalho, e ruminou e se lamentou durante semanas sobre a injustiça da sua situação. Embora reconhecendo que a situação poderia ser injusta, o terapeuta sugeriu que ele considerasse uma série de exercícios simples – cada um focado em imaginar que não tivesse alguma coisa que, na realidade, já possuía.

Reconhecer o que já temos, mas que não conseguimos valorizar ou perceber, pode com frequência clarificar que já possuímos aquilo que valorizamos; o *sentimento* de posse simplesmente depende da capacidade de apreciá-lo. Uma mulher se queixou de que queria perder peso, mas se sentia "presa" em seu apartamento em uma grande cidade. O terapeuta a encorajou a dar mais caminhadas na cidade ou se associar a uma academia, mas a paciente confidenciou que raramente fazia alguma coisa apenas porque era bom para ela. Ela não se sentia suficientemente importante. O profissional sugeriu que ela contatasse uma organização que auxiliava indivíduos cegos, e que poderia considerar a possibilidade de levar uma pessoa cega para fazer caminhadas. Algumas semanas mais tarde, ela relatou que tinha achado a experiência imensamente significativa:

> "Eu levei uma senhora cega para andar no parque. Era um dia muito lindo de verão; nós caminhamos juntas, e eu lhe falava dos pássaros e da paisagem para que ela pudesse imaginar o que eu estava vendo. E eu me senti muito bem por ajudá-la. Sabe, eu nunca tinha me dado conta de que o parque era tão bonito –nunca o tinha visto antes até que o descrevi para ela."

O terapeuta respondeu: "Somente vendo por meio dos olhos da cega é que você conseguiu ver o que havia lá".

Uma abordagem semelhante, embora envolvendo uma experiência puramente imaginária, foi usada com outro paciente:

Terapeuta: Agora vamos imaginar algumas coisas que você tem como certas. Talvez possamos considerar seu corpo e seus sentidos. Vejamos suas pernas. Eu observei que você consegue caminhar, e você me disse que corre regularmente. Isto é ótimo. Agora quero que feche

|Paciente:|seus olhos. Tente liberar toda a tensão. Apenas relaxe e se concentre no que eu estou dizendo. Imagine que as suas pernas estejam paralisadas. Imagine que nunca mais pudesse caminhar. Do que você mais sentiria falta por não caminhar?

Paciente: Meu Deus. Este é um pensamento horrível. Não consigo nem imaginar. Isto seria terrível.
Terapeuta: Ok, parece que caminhar é importante para você. Em que você sentiria falta de caminhar?
Paciente: Simplesmente poder me levantar e ir até a outra sala.
Terapeuta: Essa é uma coisa que você faz todos os dias. O que mais?
Paciente: Andar pela cidade. Eu sentiria falta da liberdade de ir a qualquer lugar que eu quisesse.
Terapeuta: Quantas vezes você já pensou enquanto caminhava pela cidade que sentiria falta se não conseguisse fazer isso?
Paciente: Nunca.
Terapeuta: Então você já percebeu que uma coisa que lhe é muito importante é algo que você tem a sorte de conseguir fazer.

A visualização negativa pode ser usada para quase todas as experiências que se possa valorizar. Por exemplo, pode-se praticar uma visualização de que o parceiro da pessoa se foi para sempre, ou que seus filhos não existem, ou que o sol nunca mais nasça, ou que a pessoa ficou surda. O propósito da visualização negativa não é deixar os pacientes infelizes (embora alguns possam responder assim). Ao contrário, o propósito é ajudá-los a obter satisfação e valorizar o que já possuem.

A visualização negativa é o antídoto para a "esteira hedônica", em que o indivíduo consegue alguma coisa que valoriza e então se habitua a ela, que agora passa a ser tida como certa. Praticando a consciência momentânea da sua ausência, o sujeito renova a experiência do seu retorno. Existe um valor em perder alguma coisa – e, ironicamente, um valor agregado em ser capaz de perder alguma coisa que já possui.

## EXEMPLIFICAÇÃO NEGATIVA: "ONDE ESTÁ A MINHA SORTE"

Outra técnica para melhorar o significado emocional do "que é importante" é observar o infortúnio alheio. Esta não é uma forma de *Schadenfreude*, na qual temos prazer na percepção de que as pessoas que invejamos estão tendo dificuldades. (*Schadenfreude* é discutido em mais detalhes no Cap. 11.) Ao contrário, podemos usar nossa valorização dos infortúnios alheios para nos lembrar de nossa melhor sorte – algo que podemos valorizar. Além do mais, pode ser útil reconhecer que tais infortúnios têm uma forte probabilidade de parecer – ou exemplificar – algo que podemos sofrer um dia.

Terapeuta: Agora, quando você caminha pela cidade, nota uma pessoa idosa usando um andador – talvez alguém que sofreu um derrame ou tem muita dificuldade?
Paciente: Sim, eu sinto pena deles.
Terapeuta: É possível que também se lembre do quanto você tem sorte por ser capaz de andar e até mesmo correr com grande facilidade e conforto?
Paciente: Eu na verdade nunca penso assim. Tenho que confessar que não gosto de ver pessoas com incapacidades.
Terapeuta: Mas e se pensasse nelas como lhe possibilitando a consciência do quanto você tem sorte? Talvez possa até dizer: "Como sou afortunado por ser lembrado da sorte que eu tenho".
Paciente: É, isto é certamente melhor do que não querer vê-los.
Terapeuta: E você também pode se dizer: "Algum dia serei velho. Posso precisar de um andador. Eu posso ter um derrame". Você pode dizer: "Onde está a minha sorte".
Paciente: É triste pensar, mas – sabe – é verdade. Meu pai teve um derrame e tinha muita dificuldade para caminhar, e eu sentia pena dele.
Terapeuta: Bem, então você pode olhar para alguém que está tendo muita dificuldade para que se lembre do quanto tem sorte. E também pode ser uma oportunidade de sentir compaixão por essa pessoa – como você tem pelo seu pai – e perceber que nossa boa sorte é temporária. E que depende de nós valorizá-la enquanto a temos.

O terapeuta pode sugerir que os pacientes observem exemplos no noticiário, pessoas que eles encontram ou veem, ou eventos de que tomam conhecimento que representam os infortúnios de outros. Os clientes podem então dirigir a essas pessoas (incluindo estranhos) pensamentos de compaixão, e depois lembrar a si mesmos: "Onde está a minha sorte".

## EXEMPLIFICAÇÃO POSITIVA

Assim como condições penosas e difíceis dos outros podem nos fazer lembrar de nossa boa sorte temporária, também podemos reconhecer que a boa sorte ou a excelência alheias podem exemplificar qualidades ou experiências que podemos valorizar. O Capítulo 11 discute como as qualidades positivas dos outros podem despertar inveja – e o desejo de ver outras pessoas de mais sucesso fracassarem. No entanto, a exemplificação positiva envolve reconhecer que o sucesso dos outros pode servir como um lembrete do que gostaríamos de atingir, ou modelos que podemos imitar. Por exemplo, observar a relação próxima e afetiva entre marido e mulher pode despertar sentimentos de tristeza e inveja em uma mulher que se sente sozinha e sem esperança em sua vida de solteira. Esse "gatilho" para o seu reconhecimento do que está faltando em sua vida pode provocar-lhe um sentimento de desesperança, repleto de lamentos sobre relações passadas que terminaram. Em contraste, ela pode usar a exemplificação positiva para perceber "sentimentos amorosos" como um objetivo positivo a ser perseguido. O objetivo positivo de "sentimentos amorosos" ou "proximidade" não precisa estar limitado a um relacionamento conjugal ou mesmo íntimo. Ele pode ser incorporado em qualquer relacionamento em que cuidado, amor, afeto e compaixão estão presentes. De fato, a relação não precisa ser entre duas pessoas que se conhecem bem; pode ser direcionado para estranhos, para colegas, para causas valorizadas e até mesmo animais.

Terapeuta: Você se sentiu triste quando viu Juan e Maria de mãos dadas. O que fez você se sentir triste?
Paciente: Percebi que eu não tenho ninguém a quem expressar amor – ninguém me ama.
Terapeuta: Então parece que amar e ser amado são valores que você quer buscar em sua vida. Parecem valores excelentes. Vejamos se existem maneiras de fazer isso agora. Você mencionou que realmente se importa com sua irmã Daniela. Consegue pensar nas formas como demonstrou amor e afeição por ela?
Paciente: Oh, sim, toda vez que eu a vejo lhe dou um abraço e a beijo. Eu a amo.
Terapeuta: Ok, então existe amor aí, e você me disse que fala com ela com frequência. E quanto a alguns dos seus amigos? Existem pessoas de quem você se sente próxima, com quem se importa?
Paciente: Sim, meu amigo Xavier – ele é meu amigo desde que eu tinha 8 anos. Nós temos uma longa história. Eu não o vejo há algum tempo, mas nós sempre nos sentimos muito próximos quando nos vemos.
Terapeuta: E eu me pergunto sobre estranhos que vemos todos os dias. Às vezes, penso em procurar oportunidades para lhes demonstrar gentileza. Eu me sinto bem quando ajudo alguém que tem dificuldades. Lembro de outra noite, quando caminhava até em casa, que percebi uma mulher idosa que parecia estar tendo dificuldade para atravessar a rua, então me ofereci para ajudar, e ela disse: "Obrigada, Deus o abençoe". Eu lhe disse: "Não, obrigado por me deixar ajudá-la". Faz bem ser gentil, não é?
Paciente: Eu nunca pensei dessa forma, mas você está certo.

O terapeuta pode orientar os pacientes a reunirem exemplos de gentileza, afeição, compaixão e amor durante a semana. Estes podem incluir lembranças de sentimentos de proximidade e amor em relação a uma ampla variedade de pessoas e exemplos atuais de afeição, gentileza e compaixão por pessoas que os pacientes veem e com quem interagem. O importante com a exemplificação positiva é que os indivíduos podem identificar as emoções e os valores que desejam buscar, bem como encontrá-los em suas vidas diárias. Tais valores não precisam ser restringidos a um relacionamento específico (p. ex., com um cônjuge ou parceiro); eles podem ser experimentados na vida diária com uma ampla variedade de pessoas.

## "TUDO LHE FOI TIRADO"

Uma triste ironia é que frequentemente não sabemos o que tinha valor para nós até que esteja perdido. Um filho se dá conta de que gostaria de ter dito ao seu pai o quanto o amava, mas agora o pai morreu repentinamente, e essa oportunidade está perdida para sempre. Ou uma amiga se muda, sem que nunca mais dê notícias, e a amiga que fica para trás finalmente percebe o quanto sente a falta dela. A técnica – "tudo lhe foi tirado"– é uma variação da visualização negativa; ela foca em pedir que o paciente priorize o que parece ser mais importante.

Um homem se queixou de ter sido trapaceado financeiramente em uma transação comercial e disse que vinha ruminando isso há semanas, se queixando com sua esposa e irritado em casa com seus filhos. Ele também vinha bebendo mais desde que percebeu que provavelmente nunca mais conseguiria receber o dinheiro a que tinha direito.

Paciente: Eu estou furioso. Eles me passaram para trás.
Terapeuta: Você tem todo o direito de estar com raiva. Ninguém o culparia. E eu posso ver que isso está lhe consumindo. Mas vamos tentar uma coisa um pouco diferente hoje. Vamos colocar a raiva e o dinheiro numa prateleira – dentro de uma lata –, e você pode retirá-los mais tarde. Mas, agora, quero que imagine que tudo lhe foi tirado. Você não tem corpo, nem família, nem dinheiro, nem existência. Foi reduzido a nada. Agora, percebendo que você não é nada e não tem nada, quero que imagine o seguinte: eu vou fazer o papel de Deus, e você pode receber de volta uma coisa por vez, mas só vai receber alguma coisa de volta se conseguir me convencer de que realmente a valoriza. Além disso, você não sabe quantas coisas irá receber de volta – talvez poucas, talvez muitas. O que quer de volta primeiro?
Paciente: Minhas duas filhas.
Terapeuta: Qual delas você quer?
Paciente: Eu tenho que escolher?
Terapeuta: Não, boa resposta. Eu vou escolher. Vamos pegar a sua filha mais velha primeiro. O que você aprecia nela?
Paciente: Ela é especial para mim. Mesmo as dificuldades que tivemos no ano passado fizeram com que eu percebesse o quanto a amo. [O paciente entra em detalhes sobre sua filha, com lágrimas nos olhos. Depois discute sobre a caçula.]

Terapeuta: Ok. Você me convenceu de que as valoriza e pode tê-las de volta. O que mais quer de volta e por quê?

Paciente: Minha esposa. Ela me aguenta, mas é a melhor amiga que já tive. [O paciente continua, descrevendo suas boas qualidades.]

Terapeuta: OK, você pode tê-la de volta. E quanto aos seus olhos? Imagine que a sua visão foi retirada e agora você fica sabendo que terá 15 minutos em que poderá ter a sua visão de volta. O que você quer ver?

Paciente: Minha família. Eu quero vê-las.

Terapeuta: Bem, o que é irônico e interessante é que você tem essas coisas que são mais importantes neste exato momento, mas como tem estado principalmente focado no dinheiro, não percebeu o que já tem.

Paciente: Eu sei. Eu sei.

Terapeuta: Agora me diga isso, em que aspectos você é o homem mais sortudo que conhece?

Paciente: Eu tenho as pessoas que amo na minha vida.

Terapeuta: Sim, e então você tem uma opção todos os dias nesta semana. Ou pode focar no dinheiro, ou em fazer com que suas filhas e sua esposa se sintam amadas.

Essa técnica tem a vantagem de encorajar os pacientes a priorizar o que lhes é mais importante. Imaginar que tudo lhes foi tirado pode parecer para alguns uma fantasia, mas o terapeuta pode lembrar que isto não é uma fantasia, mas uma realidade final, inevitável:

"Tudo será retirado. Tudo é impermanente. Nós iremos morrer, e todos os que amamos irão morrer. Tudo *irá* embora. Então imaginar que tudo já se foi é de fato a realidade final. Mas a pergunta que precisamos fazer é esta: 'O que tenho neste momento que eu ignorava, que não valorizava?'".

## EXPLICANDO AS LÁGRIMAS

Há muitos anos, depois que minha mãe faleceu repentinamente devido a uma hemorragia cerebral inesperada, contei a um amigo sobre essa experiência terrível. Enquanto falava com ele ao telefone, comecei a chorar. Ele me disse – num momento de autorreflexão – "Sabe, estou me dando conta falando com você de que eu nunca chorei depois de adulto". Pensei por um segundo: "Que coisa estranha de me dizer", embora eu soubesse que ele se importava comigo e com o meu sofrimento. E então pensei: "Que triste não ter alguma coisa pela qual valha a pena chorar". Frequentemente, acreditamos que nosso objetivo emocional é evitar chorar: "Eu não quero me sentir mal. Não quero chorar". Podemos achar (ou podemos ter ouvido com frequência) que é um sinal de perda do controle, é ser infantil, agir sem profissionalismo ou até mesmo ser um fardo para os outros.

Um homem que por vários meses vinha considerando a possibilidade de se separar e se divorciar da esposa iniciou a sessão dizendo que finalmente tinha tomado a decisão e saiu de casa, mas que agora estava se sentindo oprimido e triste.

Terapeuta: Parece que você está se sentindo muito triste agora.
Paciente: Sim. Sei que eu não deveria ficar perturbado porque esta é a decisão certa. Eu andei chorando. Não sei o que há de errado comigo.
Terapeuta: O que está fazendo você chorar?
Paciente: Eu sinto falta da minha filha. Eu não vou vê-la com tanta frequência, e sinto saudade dela.
Terapeuta: Você quer ser o tipo de homem que não sente falta da sua filha?
Paciente: Não, eu sinto muita saudade dela.
Terapeuta: Então o seu choro reflete que você tem alguma coisa pela qual vale a pena chorar. E chorar lhe ajuda a entender o quanto ela significa para você.
Paciente: É verdade. Sim, é a pura verdade. Eu sinto falta dela.
Terapeuta: Quando choramos, frequentemente estamos vendo que alguma coisa é importante. Se ela soubesse que você sente tanto sua falta a ponto de chorar, ela se sentiria amada.
Paciente: Acho que sim.
Terapeuta: É muito difícil se sentir mal, porém, é pior se sentir mal por se sentir mal. Existem bons motivos para nos sentirmos tristes – motivos que dizem alguma coisa sobre amor e o nossos cuidados. Suas lágrimas vêm de um bom lugar. Elas vêm do seu coração.

O terapeuta pode perguntar: "Às vezes, compreendemos o quanto as coisas são importantes se conseguimos nos imaginar chorando por elas. Então eu me pergunto: o que fez você chorar no passado? O que poderia fazê-lo chorar no futuro?". As respostas podem variar, desde aquelas coisas que a maioria concordaria serem grandes infortúnios (p. ex., a morte de um dos pais ou filho, o fim de um relacionamento íntimo, a perda do emprego) até experiências que podem não parecer aos outros "merecer" lágrimas (p. ex., não ser convidado para uma festa, perder dinheiro em um investimento, ser deixado de lado em uma festa). O profissional pode então questionar por que a experiência faria o paciente chorar. Uma mulher que (como o paciente anterior) estava em processo de divórcio respondeu: "Quando o relacionamento terminou – quando nosso casamento se dissolveu – senti que nunca teria aquela vida em família que sempre quis. Foi assim que eu cresci". Seu terapeuta respondeu: "Você chora porque é importante para você ter uma vida em família. Gosta da ideia de ser mãe, compartilhar sua vida com alguém. Portanto, estes são valores muito importantes para você – valores pelos quais vale a pena chorar".

Às vezes, o terapeuta pode precisar investigar mais sobre o que significou um evento para ter levado às lágrimas:

Terapeuta: Eu entendo que você recorda ter chorado porque não foi convidada para uma festa. Eu me pergunto o que significou para você não ter sido convidada.
Paciente: Acho que isso me fez achar que as pessoas não gostam de mim, parece que eu nunca me enquadro.
Terapeuta: Então ser incluída e cuidada são coisas muito importantes para você, e isso desencadeou aqueles pensamentos e sentimentos. Talvez devamos trabalhar nesses valores – sentir-se conectada com os outros, sentir que você tem importância.

Um homem solteiro de bastante sucesso, que parecia ter relacionamentos com mulheres de quem ele se protegia para não ter compromisso, queixou-se de que não conseguia entender por que, às vezes, se sentia entorpecido, insatisfeito e triste. Ele tinha feito terapia no passado, devido à sua decisão de romper um relacionamento para que pudesse "procurar algo melhor".

Paciente: Tudo está indo bem na minha vida – eu tenho um bom emprego, um bom lugar para morar, tenho amigos – mas alguma coisa está faltando e não sei o que é.
Terapeuta: Eu conheço você há algum tempo e posso ver que está se sentindo triste neste momento. E me pergunto como você responderia a esta pergunta: Quem precisa de você?
Paciente: (*Chorando*) É exatamente isso. Ninguém precisa de mim. Sabe, é estranho, mas eu não me lembro de chorar desde que era criança. Organizei minha vida para ser completamente livre de obrigações. Eu tenho a minha liberdade.
Terapeuta: Também é interessante que você não tenha chorado até agora. Talvez valha a pena chorar por isso. Talvez ser necessário para os outros seja importante para nós.
Paciente: Acho que o casamento dos meus pais foi uma armadilha. Meu pai dizia: "Não se preocupe em se casar; não vale a pena". Então me foquei em ser livre – fazendo o que eu quisesse fazer.
Terapeuta: Ter a liberdade de ir e vir não é a mesma coisa que ter um significado. E quando sabemos que significamos alguma coisa para os outros, nós temos significado.
Paciente: Eu não tenho esse significado.
Terapeuta: Talvez possa ponderar de que forma você pode ser necessário para outras pessoas. Talvez fosse importante saber que alguém sente a sua falta.
Paciente: Se eu morresse neste momento, acho que ninguém ficaria assim tão afetado.
Terapeuta: Vale a pena chorar por isso.
Paciente: É, eu acho que sim.

Terapeuta: E valeria a pena fazer alguma coisa a respeito – ou seja, viver uma vida que faça diferença para você e para os outros.

Conforme observado, algumas pessoas acreditam que seu choro é um sinal de perda do controle, de desmoronar – uma fonte de constrangimento. Uma mulher solteira que estava preocupada de que o seu "relógio biológico" estava chegando ao limite estava buscando fertilização *in vitro*. Ela participou de um culto de celebração da Páscoa na sua igreja e começou a se sentir oprimida pelas suas emoções quando viu crianças pequenas acompanhadas dos pais.

Paciente: Acho que estou perdendo o controle das minhas emoções. Domingo comecei a chorar na igreja quando vi todas aquelas crianças.
Terapeuta: O que significou para você ver aquelas crianças?
Paciente: Eu me lembrei do quanto quero ter um filho.
Terapeuta: Então você estava chorando porque sentiu que estava perdendo algo que é importante – algo que valoriza.
Paciente: Sim, mas eu não deveria chorar. Eu sou adulta.
Terapeuta: Talvez você estivesse chorando porque, como adulta e mãe potencial, reconheceu o que queria e isto lhe tocou profundamente.
Paciente: Mas isso não é como estar fora de controle?
Terapeuta: Você pode pensar dessa maneira. Ou pode pensar nisso como significando que você estava completamente em contato.

## SUBINDO UMA ESCADA DE MAIOR SIGNIFICADO

A terapia cognitiva tradicional tenta chegar ao significado mais profundo de um pensamento por meio da técnica da "descida vertical" ou "seta descendente". Por exemplo, com um paciente que se sente sozinho e triste, um terapeuta cognitivo pode fazer o seguinte exercício:

Terapeuta: Ok, então você se sente triste quando está sozinho em seu apartamento no sábado à noite. Vamos examinar os pensamentos que você tem. "Estou me sentindo triste porque estou pensando...".
Paciente: Estou sozinho. Ninguém me ama. Eu não tenho ninguém.
Terapeuta: "E se ninguém me ama e eu não tenho ninguém, eu penso...".
Paciente: Eu sou um perdedor.
Terapeuta: "E se eu sou um perdedor, isso significa que...".
Paciente: Eu sempre vou estar sozinho.
Terapeuta: "E se estou sozinho eu penso...".
Paciente: Eu sempre vou ser infeliz.

A descida vertical ou seta descendente é uma técnica útil para desvendar pressupostos mal-adaptativos e crenças centrais ou esquemas subjacentes. Mas ela necessariamente foca nos pensamentos mais negativos e disseminados que o paciente tem. O lado oposto da técnica da seta descendente é o que eu chamo de "subir uma escada de maior significado". Com essa técnica, terapeuta e paciente olham para os passos positivos *ascendentes* a partir da situação atual: o que significaria ou o que aconteceria se o cliente alcançasse cada passo ascendente?

Por exemplo, uma mulher descrita em capítulos anteriores, cujo marido havia morrido alguns anos antes, saía do escritório ao final do dia bebendo de uma pequena garrafa na bolsa. Quando chegava ao seu apartamento, estava intoxicada. Ela disse que fazia isso porque ficava muito triste ao voltar para casa.

Terapeuta: Agora, se não estivesse alta quando chegasse a seu apartamento, você se sentiria ainda mais triste. Com relação a quê?
Paciente: Não tenho ninguém lá. Eu estou sozinha.
Terapeuta: Este parece ser um pensamento triste. Agora, se tivesse alguém lá, o que isso significaria para você?
Paciente: Significaria que eu poderia dividir minha vida com alguém.
Terapeuta: "E o motivo por que seria bom dividir minha vida com alguém é que...".
Paciente: Eu gosto de intimidade. Eu gosto de amar alguém.
Terapeuta: "E a razão de eu gostar de amar alguém é que...".
Paciente: Eu sou uma pessoa amorosa.
Terapeuta: Então o que estou ouvindo é que porque você é uma pessoa amorosa – porque esse é o valor que você cultiva – é doloroso estar sozinha e não ter alguém.
Paciente: Sim, exatamente.
Terapeuta: Agora, uma consequência de ter tais valores positivos é que existe uma dor que surge quando não temos o que valorizamos naquele momento. Este é o custo de ser uma pessoa amorosa. Mas você não quer ser uma pessoa amorosa?
Paciente: Sim, eu não quero perder isso. Mas é tão doloroso.
Terapeuta: Seria ainda mais doloroso perder os valores que dão significado à vida. Talvez possamos pensar em maneiras de ser uma pessoa amorosa. Vejamos a sua filha. Existem maneiras de ser uma pessoa amorosa com ela?

O terapeuta explorou as amizades da paciente e outras relações em que ela pudesse expressar amor, carinho e intimidade. A chave para a técnica de "subir uma escada de maior significado" é que os clientes focam em objetivos e valores positivos, para muitos dos quais eles podem se direcionar em suas vidas atuais. Um valor não pode ser reduzido a um relacionamento particular; por exemplo, os pacientes podem expressar amor e afeição mesmo que não tenham um relacionamento íntimo. Pode ser útil lembrá-los que, apesar da possível ausência de um relacionamento que idealmente gostariam de ter, eles têm os valores positivos que podem direcioná-los para outras fontes de significado importantes.

## VIVENDO UMA VIDA PELA QUAL VALHA A PENA SOFRER

Muitas pessoas irão sofrer perdas que parecem ser esmagadoras e que desafiam qualquer senso de justiça: uma mãe que perde um filho pequeno em um acidente; um homem cuja esposa morre depois de muitos anos de sofrimento por câncer; ou um indivíduo que perde um amigo para a devastação da guerra. Depois de tais perdas, os sobreviventes podem ficar inconsoláveis. A vida é cheia de dor, tragédia, com o que parece verdadeiramente horrível. Tentar olhar para o lado bom das coisas parece apenas trivializar e invalidar. Assumir uma posição estoica de indiferença e alegar que não se deve ser muito ligado a ninguém ou a nada parece invalidante e até mesmo desumano. O que um terapeuta pode dizer ou fazer quando confrontado com tais perdas trágicas – mas inevitáveis – da vida?

Um colega me contou que, após 40 anos juntos, sua esposa acabou morrendo de um longo, recorrente e doloroso câncer. "Eu sei que foi melhor para ela morrer – que sua qualidade de vida agora estava terrível –, mas já faz mais de 8 meses que ela morreu e eu não consigo superar. Não consigo deixar para trás". Eu disse:

> "Sei que isso pode não ser o que você esperaria que eu dissesse, mas espero que nunca supere isto, e que sempre consiga sentir tristeza quando pensa na morte dela. Afinal de contas, você perdeu sua esposa – a mãe dos seus filhos, o centro da sua vida. E isso justifica se sentir triste. Mas também espero que você consiga construir uma vida suficientemente grande, com significado suficiente, amor suficiente que seja grande o bastante para conter essa tristeza. O significado não é viver uma vida sem sofrimento porque quando amamos alguém, vamos sofrer pela perda dessa pessoa. Se faz diferença ter alguém, faz diferença perder a pessoa. *O significado é viver uma vida pela qual valha a pena sofrer*."

Ele chorou quando eu lhe disse isso, e depois me abraçou. E percebi que o sofrimento pode ser colocado em um contexto de significado mais amplo. A ideia de viver uma vida pela qual valha a pena sofrer é ter significado suficiente – novos significados – para que o sofrimento possa ser permitido e contido.

Outro homem me disse que recordava a perda terrível do seu pai quando tinha 12 anos: "Ainda me lembro de como me senti péssimo quando me disseram que ele tinha morrido. Acho que nunca superei isso". Eu sugeri que ele pensasse na possibilidade de não termos que superar uma perda; precisamos conter a perda, usá-la e colocá-la no contexto do que a pessoa significava – e ainda pode significar. Eu disse: "Você teria preferido nunca ter conhecido seu pai para que não tivesse que sofrer a perda?". Enquanto chorava, o paciente reconheceu que o amava e que por isso a perda foi tão dolorosa. Eu observei: "Às vezes nossa dor nos faz lembrar do que tivemos a sorte de ter, mesmo que somente pelo que parece ter sido um curto período de tempo. Mas sofrer faz parte de uma vida maior – uma vida que você constrói, que contém as lembranças daquele amor, que o faz lembrar que você era feliz quando o tinha por perto e ficou triste quando o perdeu".

Ajudar os pacientes a entender que não precisam "superar isso" e "seguir em frente" é frequentemente um grande alívio para eles. Eles podem incluir seus entes queridos perdidos nas suas vidas atuais; podem manter as lembranças positivas que compensam a tristeza das perdas.

## UM MÊS DE GRATIDÃO

Existe apoio empírico considerável para o valor da gratidão na redução do risco de depressão e na melhora do bem-estar físico e psicológico. Em um estudo de estudantes universitários, foi pedido a um grupo que escrevesse uma breve descrição diária da gratidão, enquanto estudantes em outro grupo simplesmente descreveram o que fizeram naquele dia (Emmons & Mishra, 2011). Apenas focar na gratidão diariamente não só teve efeitos positivos significativos sobre o bem-estar físico e psicológico, como também foi associado a maior eficácia no trabalho direcionado para objetivos importantes.

Um paciente que estava preocupado com sua produtividade e a remuneração em seu trabalho com vendas disse: "Quando eu foco na gratidão, parece que é impossível me preocupar". Gratidão é o reconhecimento da própria sorte por ter experiências positivas e que o indivíduo não estava necessariamente qualificado para essas experiências. Gratidão é o reconhecimento de que alguma coisa teve importância, que o indivíduo é grato e que aquilo não tinha que acontecer daquela maneira. Muitas religiões formalizam rituais e orações que comemoram a gratidão; por exemplo, as orações matinais para dar graças a Deus fazem parte do judaísmo, cristianismo e islamismo. Existem orações antes das refeições, orações durante serviços religiosos – muitos focados em dar graças. Nos Estados Unidos e Canadá existem feriados nacionais de Ação de Graças. No Irã antigo, antes do Islã, havia numerosos feriados que expressavam gratidão ou reconhecimento: por exemplo, Noruz (reconhecimento pelo novo ano), Mehregan (reconhecimento pelo amor e justiça), Tirgan (reconhecimento pela água), Azargan (reconhecimento pelo fogo) e Sepandgan ou Espandgan (reconhecimento pelas mulheres). No cristianismo, o sacramento da Eucaristia significa literalmente "Reconhecimento". Nós educadamente expressamos gratidão quando dizemos "Obrigado" por coisas bem simples (p. ex., segurar a porta) ou por presentes que recebemos. De fato, não expressar simples gratidão é visto como indelicado e pode, às vezes, provocar respostas de raiva nos outros.

Os exercícios de gratidão são um foco importante na psicologia positiva (Seligman, 2002). O terapeuta pode usar esta técnica para ajudar um paciente a afirmar experiências positivas diariamente que podem passar despercebidas:

Terapeuta: Às vezes, damos as coisas como certas. Consideremos fazer uma boa refeição. Podemos dar isso por certo e nem mesmo parar para pensar sobre o que estamos comendo. Podemos estar navegando na internet ou mandando mensagens de texto para um amigo ou assistindo televisão. Não paramos para pensar sobre o que estamos comendo, e pode ser que raramente nos sintamos gratos por termos aquele bom alimento. Será que você fecharia os olhos e pensaria por um momento que você é grato por ter a sorte de ter uma refeição decente?

Paciente: (*Fechando os olhos*) Sim, acabei de fechar os olhos. Ok, estou pensando na comida. Não verdade, estou sentindo fome só de pensar nisso.

Terapeuta: Mas eu me pergunto, enquanto pensa sobre essa comida atraente, se você conseguiria dizer: "Eu sou grato por ter este alimento – grato por não ter que ficar com fome".

Paciente: (*Repete o que o terapeuta diz.*)

Terapeuta: Agora imagine que você pudesse pensar assim em relação ao seu parceiro: "Eu sou grato por tê-lo na minha vida".

Paciente: OK.

Terapeuta: Agora, pensando em seu parceiro, me pergunto se você poderia apenas imaginar que eu sou ele e você está me dizendo por que você é grata.

Paciente: "Você suporta a minha loucura. É carinhoso. Escuta. Você é bom para a minha mãe. Eu sou grato pelo seu sorriso".

O terapeuta pode sugerir que tais pacientes parem e pensem quatro vezes por dia durante um mês pelo que eles podem ser gratos em suas vidas atuais. Anotar pensamentos e sentimentos de gratidão pode reforçar a consciência de que experiências simples – e não tão simples – podem ser pontos de gratidão. A gratidão também pode ser ampliada para o passado. Todos os dias, os pacientes podem recordar experiências passadas – pessoas, eventos ou condições – pelas quais são gratos. Eles podem até mesmo escrever bilhetes curtos de gratidão (frequentemente apenas um par de frases) dirigidos a pessoas ou situações pelas quais são gratos. Em alguns casos, um indivíduo pode enviar uma carta a uma pessoa ou até mesmo combinar uma visita. Em outros, em que a pessoa pode ter morrido ou não esteja disponível, simplesmente imaginar a comunicação da gratidão pode ser útil. Dramatizações ou cartas imaginárias podem ser usadas em tais casos:

Terapeuta: Se fosse escrever uma breve declaração de gratidão para sua falecida avó, o que você diria?
Paciente: "Eu sou grato por ter tido você em minha vida. Você sempre foi tão carinhosa, tão gentil; cuidou de mim; sempre me beijou; eu adorava quando você cozinhava; eu amava você. Eu sou muito grato".

## "ESTA É UMA VIDA MARAVILHOSA"

Alguns pacientes podem pensar: "A minha vida é realmente um fracasso. Ela não vale muito. Eu não tenho nada que importe. Eu não sou ninguém". Esse encadeamento de pensamentos de autonegação podem frequentemente proliferar de forma que levam a crer que esses pacientes não têm motivo para continuar a viver – e talvez suas vidas tenham sido completamente desprovidas de significado. Ver a própria vida como um fracasso com frequência implica que o indivíduo não atingiu os objetivos que acredita serem essenciais – casamento, família, saúde, fama, poder ou quaisquer que sejam esses objetivos. A vida é vista como um processo de conquistas. Em contraste com essa visão instrumental da existência – como conquista, aquisição ou *status* –, o terapeuta pode direcionar a atenção do paciente para as conexões que ele teve ao longo da vida: "Como você se tornou quem é? Quem contribuiu para a sua vida? Quem foi afetado pela sua vida? Que significado você teve para os outros?".

O paradigma dessa abordagem é o filme de Frank Capra *A felicidade não se compra*, de 1946. Jimmy Stewart faz o papel de George Bailey, um banqueiro de uma cidade pequena que acha que seu banco vai falir; seu anjo da guarda, Clarence Odbody, é representado por Henry Travers. Enquanto Bailey contempla o suicídio, Odbody lhe pede que pense como teria sido a cidade se ele nunca tivesse existido. À medida que Bailey é levado através de várias cenas fantasiadas, percebe que tocou muitas pessoas – e elas o tocaram.

Agora, faço uma pergunta diretamente aos terapeutas que estão lendo isto: Como aplicaria esta técnica a si mesmo? Imagine como teria sido a vida para os outros se você nunca tivesse existido. Imagine se um paciente deprimido que você ajudou e que havia contemplado o suicídio nunca tivesse tido os seus cuidados. Imagine que alguém com transtorno de pânico a quem tenha ajudado nunca tivesse tido um terapeuta como você. Pense nos casamentos que salvou; nos bebês que nasceram porque você ajudou as pessoas a encontrarem relacionamentos; todas as outras pessoas que se sentiriam gratas pela sua existência. Pense nas pessoas na sua vida – amigos, família ou estranhos – a quem você ajudou. Elas sentiriam a sua falta. Você fez diferença.

Para estender o significado da vida até conexões com os outros, você pode inverter o processo e perguntar: "Quais pessoas na minha vida fizeram diferença para mim? Quem me ajudou?". Por exemplo, estender o significado para tais conexões pode incluir pais, irmãos, professores, médicos, amigos e outras pessoas que continuam hoje a fazer a diferença para você. Expandir sua consciência até as conexões de que você faz parte para outros e que outros fazem parte para você pode ajudá-lo a ajudar seus pacientes a reconhecer que, mesmo que algumas coisas tenham saído mal, suas vidas se mesclam com a outros e as vidas de outros são afetadas por eles.

Terapeuta: Se você tivesse que olhar para trás em sua vida, conseguiria me dizer quais pessoas fizeram diferença para você? Pode ter sido uma pequena diferença, pode ter sido uma grande diferença – mas podemos pensar em como as pessoas nos tocaram, nos afetaram e tomaram consciência de como são afetadas umas pelas outras.
Paciente: Bem, certamente minha mãe foi a pessoa mais importante quando eu era criança. Ela ainda é.
Terapeuta: O que se destaca em relação a ela – talvez uma lembrança específica?
Paciente: Eu me lembro de quando alguns garotos na escola me provocaram – eu tinha cerca de 10 anos na época – e ela me disse que eu ficaria bem, que aqueles garotos estavam sendo ridículos, que todos os outros garotos gostavam de mim. Ela colocou o braço em volta de mim e me abraçou. Ainda me lembro disso.
Terapeuta: Em que outros aspectos ela fez diferença?
Paciente: Ela brincava muito comigo. Meu pai era ocupado com o trabalho – ele chegava em casa tarde – e minha mãe e eu brincávamos e ela ria, e às vezes ela dava voltas cantando e isso me fazia rir. Às vezes eu cantava com ela.
Terapeuta: E se você refletisse nas duas próximas semanas sobre outras pessoas que fizeram a diferença – pessoas que tocaram a sua vida. Poderiam ser outros membros da família, amigos, professores, estranhos ou até mesmo gente que você viu em filmes ou na televisão. Ou pessoas sobre quem você leu. Apenas pense nelas e em como o afetaram. Quero que pense em como está conectado aos outros e como outras pessoas o afetam.
Paciente: OK. Muitas dessas pessoas são pessoas em quem eu não penso há algum tempo.

O terapeuta pode sugerir que os pacientes mantenham um registro diário de pequenas lembranças de pessoas (ou mesmo experiências) que os afetaram de uma forma positiva. Conforme observado anteriormente, também é útil escrever uma pequena declaração de gratidão – por exemplo: "Obrigado por brincar comigo quando eu era criança" ou "Obrigado por ser um professor tão inspirador." No caso de gratidão por experiências ou situações, o indivíduo pode reconhecer: "Obrigado pelos pores-do-sol que vejo e que me enchem de admiração".

## VIRTUDE E JUSTIÇA: TORNANDO-SE A PESSOA QUE VOCÊ ADMIRARIA

A ênfase nos valores, é claro, não é nova. Ela pode ser rastreada até os antigos filósofos gregos e romanos (p. ex., Aristóteles, Platão, Epíteto, Sêneca, Cícero) que equipararam "valores" a "virtudes" – ou seja, hábitos de caráter como coragem, integridade e autocontrole. Essa linha de pensamento é frequentemente identificada com a tradição estoica, mas continuou por mais de dois mil anos na filosofia e religião ocidental. A terapia focada no esquema emocional não é neutra em relação aos valores que importam. Ao contrário, ela assume a posição de que as virtudes clássicas (conforme descritas por Aristóteles) e os valores de compaixão, gentileza e justiça (conforme descritos por Rawls, 1971) podem informar as escolhas morais e éticas que um paciente considera. Aristóteles (1984, 1995) via a virtude como as qualidades que ela admiraria em outra pessoa, e então o objetivo é se tornar alguém que você admiraria. Descobri ser útil pedir que os pacientes atentem a esta pergunta simples: "Quais são as qualidades pessoais em alguém que você admiraria?", seguida por "Como você poderia se tornar uma pessoa que você admiraria?".

As principais virtudes de acordo com Aristóteles são as seguintes: coragem, temperança, liberalidade, generosidade, ambição correta (i. e., apropriada), bom-humor, civilidade, sinceridade, presença de espírito, modéstia e ressentimento justo (i. e., justificado). De acordo com o filósofo, o nível ideal de uma virtude é o "significado" ou um equilíbrio que representa "excelência". Assim, pode-se ter uma deficiência ou um excesso de qualidade em um traço de caráter. Por exemplo, a deficiência de generosidade seria mesquinhez, e o excesso seria vulgaridade.

Os pacientes podem ser direcionados para as qualidades (ou comportamentos) dos quais não gostam em outras pessoas específicas:

Terapeuta: Você pode me falar sobre alguém com quem antipatiza? Acredito que geralmente podemos aprender alguma coisa sobre o que valorizamos ao observarmos o que não gostamos.

Paciente: Eu não gosto daquele sujeito, Ned, que parece ser um valentão. Ele provoca as pessoas; é racista; zomba das pessoas mais fracas do que ele. Eu não o suporto.

Terapeuta: Você consegue identificar os traços de caráter em Ned que você não gosta?

Paciente: [Dá uma descrição das qualidades negativas de Ned.]

Terapeuta: Parece que falta a Ned inúmeras qualidades pessoais que você valoriza. Ele não é generoso; não é piedoso; tem mau humor; não é civilizado; e parece excessivamente ressentido. Então podemos usá-lo como um exemplo do *oposto* das qualidades que são importantes para você.

Outra opção é pedir aos pacientes que pensem mais abstratamente sobre as qualidades que gostariam de ter:

Terapeuta: Uma maneira de pensar nos valores que podem direcioná-lo na vida é considerar as qualidades em outra pessoa que você admiraria. Por exemplo, você admiraria a autodisciplina?
Paciente: Sim.
Terapeuta: E se você admirasse a autodisciplina em outra pessoa, valorizaria essa qualidade para você mesmo?
Paciente: Sim. Eu gostaria de ter mais autodisciplina.
Terapeuta: Agora, uma maneira de pensarmos na qualidade de caráter da autodisciplina é que ela é algo que requer prática. Por exemplo, quanto mais você pratica a autodisciplina, mais forte se torna essa qualidade. É como um exercício lhe fortalecendo. Quais poderiam ser algumas áreas da sua vida em que você se beneficiaria de mais autodisciplina?
Paciente: A minha alimentação – às vezes parece fora de controle. E, é claro, exercícios. Eu fico encontrando motivos para não me exercitar: estou muito cansada; não quero; é muito difícil.
Terapeuta: Então praticar a autodisciplina pode ser importante para entrar em melhor forma. E quanto à autodisciplina no trabalho?
Paciente: Sim, eu procrastino muito. Eu perco muito tempo.
Terapeuta: Então vejamos se você consegue fazer uma lista de qualidades pessoais que pode almejar e ver se consegue rastreá-las durante a próxima semana.

A Figura 9.1 é um formulário (que não deve ser reproduzido) que pode orientar terapeuta e paciente nos esforços deste para "se tornar a pessoa que eu admiraria".

Os clientes que enfrentam dilemas morais podem se beneficiar particularmente do trabalho com valores e virtudes. Por exemplo, um paciente que está considerando realizar uma fantasia de infidelidade pode examinar a escolha em termos das virtudes de integridade e autocontrole, bem como em termos do contrato social implícito de imparcialidade e reciprocidade subjacente à relação primária. A tensão que está subjacente à escolha ajuda a clarificar o compromisso com tais virtudes e valores, bem como pode esclarecer a identidade do paciente e os problemas e pontos fortes da relação. Portanto, na terapia focada no esquema emocional, os valores não são arbitrários ou neutros, mas são examinados à luz da virtude e dos contratos sociais implícitos de imparcialidade e justiça. De fato, o conceito de imparcialidade foi ampliado por Nussbaum (2005) para reconhecer que a compaixão e a proteção dos "mais fracos" (p. ex., crianças pequenas, pessoas com deficiências) podem precisar expandir o conceito de "contratos sociais", a fim de focar mais na gentileza, compaixão e

**Instruções:** Rastreie exemplos de cada uma destas qualidades pessoais durante o curso da semana. Liste exemplos do seu comportamento ou pensamentos que representam cada uma destas qualidades. Por exemplo, se você for apoiador com um amigo, liste como compaixão. Se você persistir em seu trabalho e concluí-lo, liste isso como autodisciplina. Existem outras qualidades pessoais que você gostaria de desenvolver? Em caso afirmativo, liste-as nos espaços em branco na parte inferior da primeira coluna e as rastreie.

| | Seg | Ter | Qua | Qui | Sex | Sab | Dom |
|---|---|---|---|---|---|---|---|
| Autodisciplina | | | | | | | |
| Coragem | | | | | | | |
| Temperança | | | | | | | |
| Liberalidade | | | | | | | |
| Generosidade | | | | | | | |
| Piedade | | | | | | | |
| Ambição certa | | | | | | | |
| Bom-humor | | | | | | | |

**FIGURA 9.1** Rastreando o trabalho sobre virtudes e valores. (Não reproduzir.) (*Continua*)

| | | | | | | | | | |
|---|---|---|---|---|---|---|---|---|---|
| Civilidade | | | | | | | | | |
| Sinceridade | | | | | | | | | |
| Presença de espírito | | | | | | | | | |
| Modéstia | | | | | | | | | |
| Ressentimento justo | | | | | | | | | |
| Compaixão | | | | | | | | | |

**FIGURA 9.1** (*Continuação*) Rastreando o trabalho sobre virtudes e valores. (Não reproduzir.)

no sofrimento universal do que em métodos eficazes de determinação de justiça. Está muito além do alcance deste capítulo examinar as implicações da virtude, justiça, compaixão e outros sentimentos morais, mas é importante enfatizar que as emoções frequentemente possuem um componente avaliativo e até mesmo moral implicado em suas avaliações. Ajudar os pacientes a perceber que os valores e as virtudes podem ter custos emocionais pode ajudar alguns a tolerar – ou mesmo a crescer como resultado das – dificuldades que surgem na vida.

## RESUMO

O modelo do esquema emocional não é "imparcial". De fato, ele propõe que o processamento emocional, a regulação emocional e a adaptação fazem parte do estabelecimento de significado na vida. As pessoas irão tolerar grandes dificuldades, suportar dor considerável e enfrentar o que parecem ser obstáculos insuperáveis se acreditarem que isso faz parte de uma vida com significado. Por exemplo, se o parto é a dor física mais excruciante para uma mulher, também é uma das experiências mais significativas na vida. Semelhante à TAC, que sugere que encontrar um propósito na vida é parte essencial da terapia, a terapia focada no esquema emocional propõe que devem ser clarificados não só os objetivos, mas também os pontos fortes do caráter, as virtudes e os princípios éticos. Talvez haja alguns pacientes que prefeririam esquecer tais considerações – e isso é um valor em si –, mas o modelo desenvolvido aqui possibilita que os terapeutas disponibilizem essas considerações. De fato, a clarificação do significado na vida abre novas possibilidades para o comportamento e novas relações. As perdas não são tão completas quanto pode parecer. Por exemplo, uma mulher idosa, cujo marido havia morrido depois de uma longa doença, percebeu que esta perda tornou novas possibilidades necessárias – como novas amizades, novas atividades na comunidade e novos significados. Além do mais, a perda do marido não foi tão completa quanto inicialmente parecia: "Você nunca perde alguém completamente, desde que perceba que as lembranças são para sempre".

# Parte IV
# EMOÇÕES E RELAÇÕES SOCIAIS

# Capítulo 10

# CIÚME

> Oh, tende cuidado, meu senhor, com o ciúme;
> Ele é um monstro de olhos verdes que zomba
> da carne com que se alimenta; feliz é o enganado
> que, certo do seu destino, não ama a sua infiel.
>
> WILLIAM SHAKESPEARE, *Otelo* (Ato 3, Cena 3)

O ciúme é uma emoção pela qual as pessoas matam (inclusive a si mesmas). Em suas formas menos dramáticas, o ciúme leva a abuso psicológico e físico, perseguição, constantes interrogações do parceiro, teste das intenções do parceiro e contínua preocupação e ruminação. Defino "ciúme" como a emoção experimentada por alguém que acredita que o seu relacionamento está ameaçado por outro indivíduo que está obtendo atenção favorável ou afeição da outra pessoa. O ciúme é frequentemente caracterizado por raiva, ansiedade, tristeza e um sentimento de impotência. Um homem que sente ciúmes porque sua esposa está conversando com outro homem, considerado atraente, pode achar que a segurança do seu relacionamento está ameaçada, que sua honra foi ofendida e que ele precisa se vingar. Ele pode responder anulando seu suposto rival, atacando sua esposa com insultos ou procurando reafirmação de que ele é a pessoa mais atraente. Pessoas matam ou se suicidam por ciúmes.

Conforme indicado, o ciúme está associado a aumento na agressão do parceiro, tanto em homens quanto em mulheres (O'Leary, Smith Slep, & O'Leary, 2007), e a comportamento abusivo (Dutton, van Ginkel, & Landolt, 1996). Na verdade, esse sentimento é um dos principais motivos por que homens matam mulheres nos relacionamentos (Daly & Wilson, 1988). Os achados sobre as diferenças de gênero quanto ao ciúme são contraditórios, com alguns estudos considerando-o maior nos homens (Daly & Wilson, 1988; Mathes & Severa, 1981), outros, nas mulheres (Buunk, 1981; Kar & O'Leary, 2013) e outros, ainda, não mostrando diferença (Hansen, 1982; McIntosh, 1989). O ciúme mórbido é aumentado de maneira drástica com abuso de álcool (Dutton et al., 1996).

White sugeriu que o ciúme pode ser entendido em termos de avaliações cognitivas, comportamentos e emoções ativados durante o desenvolvimento de um relacionamento (White, 1980, 1981; White & Mullen, 1989). De acordo com esse modelo, durante os primeiros estágios de um relacionamento existe pouco investimento – portanto, o ciúme deve ser mínimo. Em uma relação duradoura e bem estabelecida, existe menos incerteza – portanto, o ciúme também deve ser menor. O modelo prediz um relacionamento curvilíneo entre os extremos de investimento (muito baixo, médio, muito alto) e ciúme. Knobloch, Solomon e Cruz (2001) ampliaram esse modelo para incluir a negociação da "incerteza no relacionamento": eles procuram integrar o desenvolvimento do compromisso, a incerteza no relacionamento e questões de apego a um modelo que sugere que a ansiedade de apego interage com a incerteza no relacionamento para determinar o ciúme.

O ciúme também foi associado a supostos déficits na autoestima (Guerrero & Afifi, 1999), maior dependência (Ellis, 1996) e efeitos serotonérgicos (Marazziti et al., 2003). As abordagens cognitivo-comportamentais do ciúme focaram na correção ou na modificação das interpretações disfuncionais ou pressupostos que dão origem ao ciúme (Bishay, Tarrier, Dolan, Beckett, & Harwood, 1996; Dolan & Bishay, 1996; Ellis, 1996). No entanto, tais abordagens estão limitadas à testagem tradicional ou à contestação de pensamentos disfuncionais, e não incluíram avanços recentes em terapia cognitivo-comportamental. Uma exceção é o meu trabalho com colegas sobre um modelo cognitivo-comportamental integrativo do ciúme, o qual vê esse sentimento em termos da teoria cognitiva tradicional de Beck, modelos metacognitivos, aceitação, consciência plena e esquemas emocionais (Leahy & Tirch, 2008).

Os psicólogos frequentemente veem o ciúme como uma emoção irracional, negativa e destrutiva que é resultado de baixa autoestima e história de apego problemático. Embora tal emoção possa ser consequência de autoestima problemática, defendo um modelo mais inclusivo de ciúmes como uma ameaça que também reflete valores positivos de compromisso e está associado ao valor adaptativo de proteção do investimento parental.

Igualmente, a inveja também foi descrita em pesquisas sobre emoção como uma das menos aceitáveis. Quando temos inveja, acreditamos que os outros possuem qualidades mais desejáveis do que nós; quando nos comparamos a esses indivíduos idealizados, podemos nos sentir inferiores, pensamos em nós mesmos como "perdedores", nos ressentimos do "fato" de o sucesso alheio estar nos fazendo sentir mal com nós mesmos e ter a necessidade de depreciar as outras pessoas (ou, pelo menos, evitá-las). Embora a inveja seja outra emoção "criticada" – da qual as pessoas geralmente se sentem envergonhadas ou culpadas –, defendo no Capítulo 11 que ela é uma emoção universal e pode ser direcionada para o comportamento positivo em vez de para estratégias de enfrentamento problemáticas.

Embora as palavras "ciúme" e "inveja" sejam frequentemente usadas de forma intercambiável, existem diferenças significativas entre essas duas emoções. Ciúme é definido no *Dicionário Oxford de Inglês* como "perturbado pela crença, suspeita ou medo de que o bem que se deseja obter ou manter tenha sido ou possa ser desviado para outra pessoa; ressentimento com outra pessoa por conta de rivalidade comprovada ou suspeita", com exemplos referentes a amor, sucesso, Deus ou suspeita em geral. Assim, um homem pode ter ciúme de que outro fique atraído por sua esposa ou uma mulher pode ter ciúme de que o seu sucesso seja diminuído por atitudes tomadas pelo seu chefe. O ciúme foca na ameaça, na desconfiança, na suspeita e na crença de que os próprios interesses lhe serão tomados pelo outro. A palavra "ciúme" é mais comumente usada em conexão com relações românticas – isto é, para descrever o ciúme focado em um apego ameaçado. "Inveja", em contrapartida, se refere mais à ameaça de perda de *status* devido à vantagem ou superioridade de outra pessoa. O *Dicionário Oxford de Inglês* define "inveja" como "o sentimento de mortificação e animosidade ocasionado pela contemplação de vantagens superiores possuídas por outro", o que inclui sentimentos mal-intencionados em relação à outra pessoa. Assim, essa emoção é resultado de uma percepção de comparação social em que o indivíduo fica aquém do padrão; o sucesso de uma pessoa exemplifica a inferioridade de outra; e o indivíduo possui sentimentos negativos e pode procurar prejudicar o outro. Aqueles que sentem inveja estão frequentemente focados em seu *status* dentro de um sistema ou hierarquia social, acreditando que o maior sucesso de outra pessoa levará a uma queda no seu *status*. Podemos distinguir entre inveja depressiva ("Eu me sinto um perdedor comparado a ela") e inveja hostil ("Acho que ela manipulou a sua ascensão"), embora muitos indivíduos possam sentir tanto uma quanto outra.

O ciúme também pode envolver inveja, uma vez que o objeto do ciúme pode possuir vantagens ou superioridade percebida que faltem ao indivíduo. Por exemplo, um homem pode ter ciúmes de outro que tem grande sucesso e boa aparência por achar que ele próprio não possui essas qualidades e que o outro exemplifica a sua inferioridade. Tal inferioridade percebida pode, então, ser relacionada à percepção de ameaça (romântica ou outra) que o outro homem ocasiona. Ciúme e inveja também diferem na medida em que o ciúme é frequentemente vivenciado como uma emoção mais intensa com uma ameaça mais imediata, enquanto a inveja é vivenciada com menos intensidade e menos urgência.

Neste capítulo apresento um modelo integrativo do esquema emocional do ciúme. Aqui, e também no Capítulo 11, associo ciúme e inveja à adaptação evolutiva. O ciúme é uma manifestação de estratégias de investimento parental, enquanto a inveja é um componente essencial das hierarquias de domínio.

## MODIFICANDO OS ESQUEMAS EMOCIONAIS DO CIÚME

### Normalizando o ciúme

Conforme enfatizado ao longo deste livro, um objetivo-chave da terapia focada no esquema emocional é ajudar a normalizar emoções difíceis. Alguns indivíduos acreditam que seus sentimentos de ciúme são sinal de uma perturbação psicológica séria e que nunca deveriam senti-los. Por exemplo, uma jovem mencionou que sentia ciúmes do seu namorado ir jantar com sua ex-namorada: "O que há de errado comigo? Eu fico com tanto ciúme, eu fico irritada. Ele diz que se encontrar com ela não significa nada – que são apenas amigos –, mas eu sei que ela está de olho nele. Não confio nela. Por que ele tem necessidade de vê-la?". Então, a cliente começou a invalidar seus sentimentos: "Não quero ser aquela garota maluca de quem os rapazes falam – você sabe, aquela ciumenta que está sempre se sentindo insegura". Suas crenças eram de que somente mulheres inseguras que não têm controle são ciumentas; que não há justificativa para ter ciúme; e que ela deveria ser sofisticada e tolerante o tempo todo.

Terapeuta: Então você acha que deve haver algo de errado por sentir ciúmes, e que o seu ciúme não faz sentido.
Paciente: É, o que há de errado comigo? Mas ainda assim eu não vejo por que ele tinha que ir jantar com ela.
Terapeuta: Eu me pergunto quantas das suas amigas sentiriam ciúme se os seus namorados fossem jantar com uma ex-namorada.
Paciente: Oh, sim. Acho que todas elas. Minha amiga Janine disse: "Mas que diabos há de errado com ele? Ela pertence ao passado. Eu ficaria furiosa".
Terapeuta: Então suas amigas também teriam ciúmes? Quer dizer que seus sentimentos são os mesmos que muitas pessoas têm?
Paciente: É, talvez. Mas o que eu devo fazer – não sentir o que eu sinto?
Terapeuta: Não, você pode sentir o que sente. Esses são os seus sentimentos, e muitas pessoas os têm. Mas talvez possamos tentar entender o ciúme, depois ver se existe outra maneira de encará-lo e se existem *coisas* que você pode fazer quando sente ciúmes e que não vão lhe criar problemas.

Assim, essa paciente conseguiu reconhecer que outras pessoas sentiriam ciúmes na mesma situação e que não se tratava de uma emoção exclusivamente dela. Na verdade, o ciúme pode ser uma condição universal perante uma variedade de condições. O psicólogo evolucionista David Buss observou que quando estava na universidade pensava: "Se a minha namorada quiser fazer sexo com outra pessoa, isso é decisão dela; ela é a única que tem controle do seu corpo – que direito eu tenho de lhe dizer que ela não deve fazer isso?". E então ele percebeu que seus sentimentos mudaram quando arranjou uma namorada (Buss, 2000; Buss, Larsen, Westen, & Semmelroth, 1992; Buss & Schmitt, 1993). Um modelo evolucionário do ciúme está baseado na "teoria do investimento parental". Ou seja, uma pessoa será mais comprometida (em compartilhar recursos, tomar conta dos jovens, etc.) se houver um alto investimento genético na outra pessoa (Trivers, 1971, 1972). Por exemplo, somos mais comprometidos em tomar conta dos nossos filhos biológicos do que dos filhos de estranhos. Temos um investimento na transmissão desses genes compartilhados. O ciúme é uma estratégia que evolui para proteger esse investimento genético. Se a parceira de um homem estiver fazendo sexo com muitos outros, então – segundo o ponto de vista do homem – existe completa incerteza sobre quem é o pai biológico dos filhos dela. Seu investimento parental está ameaçado. Se o homem for promíscuo, a mulher pode duvidar de que ele vá comprometer seus recursos ou proteção com a sua prole. Cada membro de uma díade tem um investimento potencial na manutenção do compromisso com a outra parte. Terceiros são uma ameaça potencial e podem ser afastados pelo parceiro enciumado e/ou o parceiro "traidor" pode ser punido.

Na terapia, portanto, o ciúme pode ser normalizado por meio da descrição de como os primeiros humanos que não tinham ciúmes e toleravam a promiscuidade em seus parceiros tinham menor probabilidade de transmitir seus genes e maior probabilidade de "desperdiçar" recursos cuidando dos genes dos competidores. O ciúme faz parte da competitividade natural dos genes e do investimento parental. De fato, algumas evidências sugerem que tal sentimento não está associado à instabilidade no relacionamento, e, em alguns casos, pode até mesmo comunicar o maior compromisso do parceiro ciumento (Sheets, Fredendall, & Claypool, 1997). Dessa maneira, às vezes um indivíduo pode despertar ciúmes no parceiro para assegurar seu compromisso. Finalmente, as respostas comportamentais do sujeito aos seus próprios sentimentos de ciúmes podem ser mais preditivas de resultados do que simplesmente os sentimentos em si. Assim, uma pessoa pode sentir ciúmes, mas conseguir se abster de incitar a competição, acusar o parceiro ou retirar o afeto. Pode ser que tais comportamentos sejam o problema, e não simplesmente o sentimento de ciúme.

O ciúme não precisa estar limitado às relações românticas; também pode ser visto em amizades e até mesmo em relacionamentos profissionais ou entre colegas. Isto é, alguém pode ter ciúmes porque o amigo está passando mais tempo com outro amigo, por um colega receber mais atenção de outro. Em cada caso, o ciúme pode refletir uma crença de que a relação primária com o amigo ou colega está ameaçada, e que o prazer que o indivíduo obtém com essa pessoa será diminuído se ela ficar mais interessada em outros. Por exemplo, um estudante universitário ficou com ciúmes porque seu amigo estava passando mais tempo com outro amigo na universidade; ele temia acabar sem ninguém com quem passar seu tempo. Isso é diferente de um modelo de investimento parental, porém reflete a ideia de que o ciúme pode ser ativado quando o indivíduo acredita que os recursos e as recompensas serão perdidos para outra pessoa. Independentemente de o ciúme se originar de relações românticas, amizade ou de colegas, a abordagem do esquema emocional pode ser aplicada a cada domínio do ciúme.

Uma forma de normalizar o ciúme é encontrar exemplos na cultura popular ou na música, literatura e até mesmo na mitologia. Por exemplo, um paciente pode reunir exemplos de ciúmes nas letras de músicas populares, nos enredos de televisão ou filmes ou até mesmo nas manchetes dos tabloides. Exemplos clássicos de ciúmes incluem *Otelo*, de Shakespeare, ou o ciúme de deuses e deusas gregas (p. ex., o ciúme de Hera de Io ser foco do interesse de Zeus). Na verdade, na tradição judaico-cristã, mesmo Deus teria ciúmes – já que Ele abomina a ideia de que se possam adorar outros deuses. "Se Deus pode ter ciúmes, por que não você?" poderia ser uma pergunta a ser feita.

## Validando o ciúme

Em vez de abordar um paciente com a ideia de que o seu ciúme é inteiramente devido a pensamentos disfuncionais e irracionais, o terapeuta pode começar validando os sentimentos e as percepções. Por exemplo, o profissional poderia ter dito à mulher enciumada descrita anteriormente: "Posso entender por que você se sinta desconfortável e com ciúmes por seu parceiro ver a ex-namorada. Parece que sente como se isso fosse um sinal de que ele está interessado em outra pessoa, e sei que compromisso e monogamia são importantes para você. Então, encarando dessa forma, você pode muito bem ter esses sentimentos". Ou: "Muitas pessoas se sentiriam desconfortáveis nessa situação". Além do mais, o terapeuta pode encorajar o paciente a validar a importância dos seus sentimentos: "Pode ser importante reconhecer que seus sentimentos de ciúmes são importantes, em vez de se criticar por eles". Validar os sentimentos de ciúmes não é equivalente a justificar a tendência a ruminar, a se preocupar, a criticar ou a atuar o ciúme.

## Dimensões do esquema emocional e ciúmes

Muitas das dimensões dos esquemas emocionais descritas em capítulos anteriores podem estar relacionadas aos ciúmes. Conforme acabamos de mencionar, a validação da emoção é importante. Além disso, o indivíduo pode acreditar que o ciúme irá durar indefinidamente, que está fora de controle, que precisa ser eliminado por completo, que não faz sentido, que é exclusividade sua e que não pode ser aceito. Algumas pessoas se sentem culpadas ou envergonhadas pelo seu ciúme.

Semelhante a outros medos que são exacerbados pela crença de que "Se eu tenho medo, isso é perigoso", o indivíduo enciumado usa a intensidade da emoção como evidência de que a ameaça é real. Esse tipo de raciocínio emocional frequentemente perpetua o ciúme, magnificando sua intensidade à medida que a emoção e os pensamentos de ciúmes escalam juntos. No entanto, assim como os indivíduos usam suas emoções para avaliar a realidade, eles podem ter uma convicção correspondente de que não conseguem tolerar emoções desconfortáveis (Leahy, 2002, 2007a). Isso pode incluir crenças de que o seu ciúme esteja aumentando e saindo de controle ou de que seja um "mau sinal". Também pode incluir a crença de que a ambivalência em relação a um parceiro – ou a ambivalência do parceiro em relação a ele – não pode ser tolerada. Tais dimensões do esquema emocional podem ser abordadas como a seguir:

- *Duração:* "É possível que seus sentimentos de ciúmes aumentem e diminuam e que às vezes desapareçam por conta própria? Ou se você está fazendo alguma coisa diferente, o seu ciúme desaparece? Se soubesse que ele seria temporário, ficaria menos perturbado?". Por exemplo, os indivíduos podem notar que seu ciúme é menor quando estão trabalhando ou conversando com amigos sobre outros assuntos – ou quando estão envolvidos em atividades gratificantes com seus parceiros.
- *Controle:* "Você pode achar que o seu ciúme está fora do controle. Muitos indivíduos acreditam que suas emoções de ciúmes irão escalar a menos que eles façam alguma coisa, como interrogar seu parceiro ou pedir reafirmação". O terapeuta pode então perguntar: "Existe diferença entre ter um sentimento de ciúmes e agir de forma problemática? Por exemplo, seria possível reconhecer que você está sentindo ciúmes, mas não procurar reafirmação, interrogar ou punir seu parceiro? Sentimentos não são diferentes de ações? Você tem que agir segundo o sentimento ou consegue agir de outras maneiras que sejam mais adaptativas?".
- *Consenso:* "Se trata-se de uma emoção universal e relacionada à adaptação evolutiva, então não lhe parece que você não está sozinho com seus sentimentos de ciúmes?". Conforme observado anteriormente, saber que o ciúme é uma emoção universal ajuda a validá-lo e normalizá-lo, bem como a reduzir a sensação de que as emoções do indivíduo são incompreensíveis.
- *Aceitação:* "Se você aceitasse que às vezes sente ciúmes – em vez de se criticar ou tentar eliminar o ciúme – haveria alguma vantagem? E se você dissesse a si mesmo: 'Sim, às vezes eu tenho sentimentos de ciúmes. Às vezes eles surgem, às vezes desaparecem'?". Mais uma vez, aceitação não é equivalente a dizer que os sentimentos são agradáveis ou desejáveis – apenas que eles "estão aqui por enquanto" e podem ir embora mais tarde.

## Crenças centrais, pressupostos e processamento esquemático

Em alguns casos, o ciúme está relacionado a crenças centrais sobre si mesmo e os outros. Crenças centrais problemáticas sobre si mesmo incluem pensamentos de não ser amado, ser imperfeito e não ter direito a tratamento especial. Crenças centrais sobre os outros podem incluir pensamentos de que eles não são confiáveis, rejeitam, abandonam, são manipuladores ou inferiores. Por exemplo, indivíduos com uma crença central de que não são sexualmente desejáveis têm maior probabilidade de ser ciumentos (Dolan & Bishay, 1996). Ou o indivíduo pode ter crenças centrais sobre os outros de que "Não se pode confiar nos homens" ou que "As mulheres são manipuladoras". Ou podem ter uma série de pressupostos ou regras sobre um relacionamento: "Meu parceiro nunca deve achar outra pessoa atraente", "Eu preciso saber tudo que o meu parceiro está pensando e sentindo", "Se as coisas entre nós não forem perfeitas, meu parceiro vai me deixar" e "Eu nunca conseguiria sobreviver sem este relacionamento".

Em consequência de tais crenças, o pensamento de um indivíduo (e os consequentes sentimentos) é impulsionado pelo processamento esquemático seletivo. Assim, o sujeito ciumento provavelmente irá interpretar informações neutras de maneira equivocada, como se fossem uma ameaça ao relacionamento, e se engajará em distorções cognitivas – por exemplo, leitura da mente ("Ela está interessada nele"), personalização ("Ele está lendo o jornal porque não me acha mais atraente e interessante"), adivinhação ("Ela vai me deixar") e supergeneralização ("Ele sempre está fazendo isso"). Pensamentos negativos seletivos sobre si mesmo podem se somar à insegurança: "Eu pareço entediante", "Estou ficando velha e menos atraente", "Eu sou um fardo".

Técnicas de terapia cognitiva tradicional podem ser usadas para pensamentos automáticos, pressupostos e crenças centrais (Leahy, 2003a) e incluem identificar o conteúdo dos pensamentos, classificando as distorções, examinando os custos e benefícios, avaliando as evidências, dramatizando o pensamento, perguntando que conselhos o indivíduo daria a um amigo e desenvolvendo respostas mais equilibradas e racionais (Leahy, 2003a; Leahy, Beck, & Beck, 2005; Young et al., 2003). Por exemplo, leitura da mente e personalização podem ser examinadas perguntando ao paciente se existe alguma evidência de que o parceiro esteja interessado no que uma terceira pessoa diz ou faz, se há evidências de que não existem aspectos gratificantes no seu relacionamento, se o paciente tentou fazer adivinhação sobre abandono ou traição anteriormente (e, em caso afirmativo, quantas vezes ele estava errado) e se havia alguma evidência de que o parceiro não tinha compromisso com o relacionamento.

## Desenvolvendo uma conceitualização de caso

Semelhante a outros modelos de tratamento cognitivo, o modelo focado no esquema emocional começa com uma conceitualização de caso na qual terapeuta e paciente podem colaborar (J. S. Beck, 2011; Kuyken, Padesky, & Dudley, 2009; Needleman, 1999; Persons, 1993). A Figura 10.1 apresenta um modelo geral para essa conceitualização de caso. A descrição geral sugere que a evolução levou à emergência do ciúme como uma estratégia protetora universal e adaptativa *em determinadas situações*. Esse modelo evolucionário serve ao propósito de "despatologização" da experiência de ciúmes, proporcionando assim alguma validação para o "direito" de ter esse sentimento. Podem ser identificadas questões referentes a relacionamentos significativos precoces e posteriores

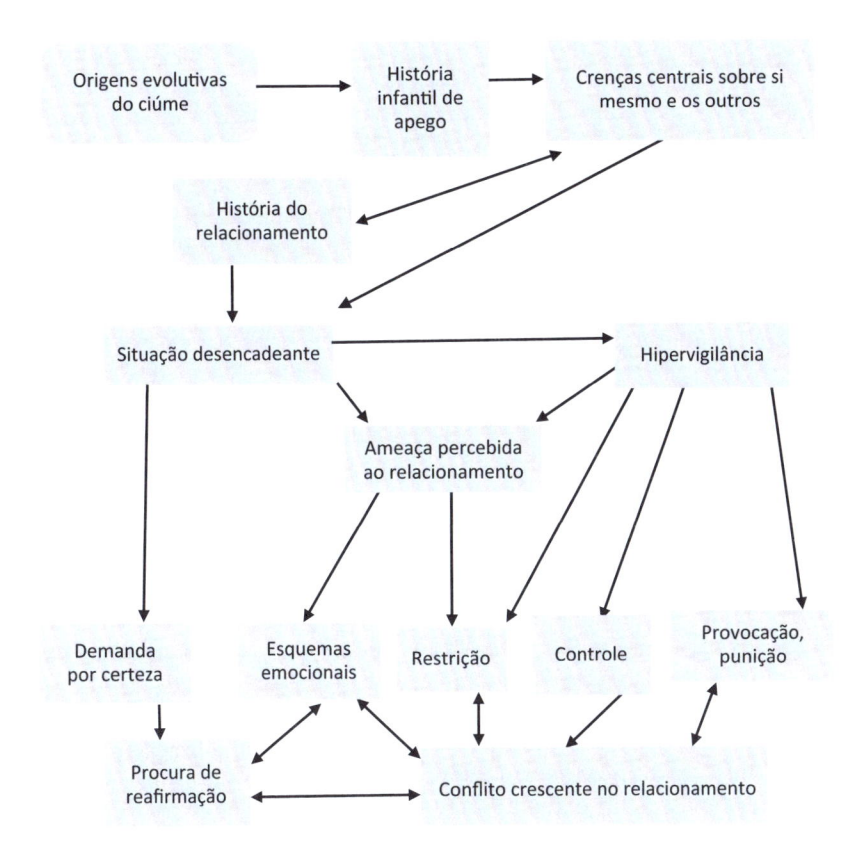

**FIGURA 10.1** Conceitualização de caso do ciúme.

(p. ex., separação dos pais ameaçada ou real ou infidelidade/traição em relacionamentos adultos), bem como valores culturais associados à sexualidade, aos papéis de gênero e à idealização romântica. Crenças centrais sobre si mesmo podem incluir pensamentos de que o indivíduo é basicamente incapaz de ser amado, feio, com defeitos ou vulnerável a ser manipulado. Podem ser examinadas crenças centrais sobre um relacionamento, como: "Mulheres [homens] nunca devem ter amigos[as] homens [mulheres]" ou "A única qualidade que conta é a atratividade física". As situações desencadeantes podem variar desde neutras (ir a uma festa) até não existentes (insegurança quando o parceiro está no trabalho) e provocativas (o parceiro ir jantar com a ex-namorada). Todos esses fatores podem dar origem a estratégias de enfrentamento cognitivas, emocionais, comportamentais e interpessoais para enfrentar a ameaça potencial ao relacionamento – por exemplo, interrogar, procurar reafirmação, investigar *e-mails* e mensagens telefônicas, criticar a "competição", obstruir, reclamar, ameaçar ir embora, intimidação física e outros comportamentos improdutivos. O terapeuta irá explorar a justificativa por trás da hipervigilância, tentativas de encontrar certeza, procura de reafirmação, estratégias de enfrentamento emocional e crenças, restrição, controle e tentativas de punir o parceiro e desvalorizar a competição percebida. Por exemplo, o que o indivíduo espera ganhar obstruindo ou criticando o parceiro? Quais poderiam ser os custos disso?

Uma conceitualização de caso do ciúme foi usada com uma mulher que tinha a preocupação de que seu parceiro estivesse perdendo o interesse por ela. O terapeuta explicou a adaptação evolucionária do ciúme como uma proteção do investimento parental, vinculando o sentimento a uma estratégia universal de autoproteção. As crenças centrais que ela tinha sobre si incluíam as ideias de que "Eu sou chata" e "Eu não acrescento tanto assim ao relacionamento", junto com crenças centrais sobre o parceiro de que "Ele é um vencedor" e "Ele é quase perfeito". Sua história familiar revelou que sua mãe e seu pai tinham um relacionamento de compromisso, mas que sua genitora estava continuamente preocupada se estaria perdendo sua boa aparência e com frequência buscava reafirmação dos outros, incluindo da paciente. Os pressupostos subjacentes da família – e também da cliente – eram que "A mulher tem que fazer de tudo para segurar o homem" e que "Uma mulher não é nada sem um homem". Seu enfrentamento problemático incluía repreender seu namorado, criticar outras mulheres e ficar amuada.

O valor da conceitualização de caso é que ela aborda inúmeras dimensões do esquema emocional e tem como alvo áreas para intervenção. Por exemplo, ela ajuda a "entender" o ciúme, o normaliza, auxilia o indivíduo a perceber que não está sozinho, associa o ciúme a desencadeantes e a pensamentos automáticos específicos, identifica esquemas vulneráveis sobre si e os outros, distingue entre a emoção do ciúme e o comportamento ciumento (compensatório), identifica o sentimento como uma forma de preocupação agitada e ilustra como o comportamento do ciúme pode minar os interesses do paciente no relacionamento que parece ameaçado. Examinemos agora elementos específicos dessa conceitualização e como as intervenções podem abordar cada tema.

## Associando o ciúme a valores

Uma forma de entender o ciúme é considerando que o indivíduo valoriza o compromisso e a monogamia: "Se você não valorizasse o relacionamento, não teria sentimentos de ciúme".

Terapeuta: Às vezes, o ciúme está relacionado aos valores positivos que temos, como monogamia, compromisso, honestidade e proximidade. São esses os valores que você tem?
Paciente: Sim, é claro.
Terapeuta: Então uma forma de entender o seu ciúme é que as coisas têm importância para você. Você não é uma pessoa superficial quando se trata de um relacionamento. Em vez disso, leva as coisas a sério.

Paciente: É claro que levo.
Terapeuta: E se o seu parceiro lhe dissesse: "Você sabe que eu acho que todos deveriam ser livres para fazer o que querem, então se quisesse sair com outra pessoa – e fazer sexo com ela – não teria problema para mim". Se o seu parceiro dissesse isso, o que você pensaria?
Paciente: Eu pensaria que ele quer fazer sexo com outras pessoas. Eu não confiaria nele.
Terapeuta: Então, de certa forma, você gostaria que o seu parceiro tivesse ciúmes porque seria um sinal de comprometimento e indicaria que as coisas importam para ele.
Paciente: Sim. Se ele não tivesse ciúmes, eu acharia que não poderia confiar nele. Também pensaria que na verdade eu não tinha importância para ele.
Terapeuta: Então, assim como qualquer emoção, talvez o ciúme tenha um lado positivo e um negativo. Acho que é importante reconhecer que o ciúme não só faz sentido, mas pode ser uma capacidade de se comprometer e confiar.
Paciente: Isso faz eu me sentir muito melhor sobre quem eu sou.

## Associando o ciúme a enfrentamento problemático

O terapeuta pode ajudar o paciente a distinguir entre sentir ciúmes e agir de forma problemática: "É possível ter um sentimento de ciúmes sem agir? E se você desconectasse o fato de ter um sentimento de partir para a ação, de modo que não precisasse agir sempre em resposta a esse sentimento?". Os indivíduos ciumentos acham que precisam tomar uma atitude, obter controle e descobrir "o que de fato está acontecendo". Consequentemente, eles ativam estratégias de enfrentamento interpessoal problemáticas, que com frequência levam a insegurança ainda maior (Borkovec, Newman, & Castonguay, 2003; Erickson e Newman, 2007). Conforme observado anteriormente, tais estratégias podem incluir a busca de reafirmação, denegrir os competidores, atacar o parceiro, controlar o parceiro, manter o parceiro sob vigilância, submeter-se ao parceiro, ameaçar ir embora, esquivando-se por meio da infidelidade ou abuso de substância.

Terapeuta: Entendo que tenha esses sentimentos de ciúme, mas também me pergunto o que você faz quando tem esses sentimentos.
Paciente: Bem, às vezes tento testá-lo, ver como ele se sente em relação à outra pessoa. Eu posso lhe perguntar: "Você acha que ela é atraente?". Ou posso buscar reafirmação: "Você ainda me acha bonita?".
Terapeuta: Então você procura evidências de que ainda é atraente para ele e que a outra mulher não é tão atraente? Existem outras coisas que você faz para lidar com o seu ciúme?

Paciente: Bem, posso parecer hipócrita, mas às vezes flerto com outros homens. Havia um rapaz no trabalho que parecia interessado em mim, e eu o encorajei. Sei que não é justo de minha parte ser ciumenta já que eu flerto, mas fiz isso.
Terapeuta: É possível que você estivesse tentando se proteger, de forma que, se as coisas não dessem certo, poderia recuar? Ou talvez você esteja tentando obter reafirmação de que é atraente?
Paciente: É um pouquinho dos dois.
Terapeuta: Mais alguma coisa que você faz?
Paciente: Sim, às vezes eu fico amuada. Eu não falo nada, mas então quando ele pergunta: "Tem alguma coisa errada?", respondo: "Não".
Terapeuta: Acho que você tenta puni-lo – tenta deixá-lo preocupado, talvez se sentindo culpado – mas depois também o testa: "Se estivesse interessado em mim, ele me perguntaria como eu estou me sentindo".
Paciente: É, é isso que eu faço.

O terapeuta pode examinar com o paciente como as estratégias de enfrentamento estão funcionando. Elas fortalecem o relacionamento? Contribuem para discussões? O indivíduo recebe a validação e o apoio que está procurando? Ironicamente, sentimentos de ciúmes com frequência o resultado de insegurança sobre o relacionamento, mas, na verdade, o enfrentamento problemático é a ameaça real à relação. Se o parceiro ciumento está ficando amuado, punindo, testando e criticando, o outro pode concluir que o relacionamento é muito oneroso. O comportamento de ciúmes pode se transformar numa profecia autorrealizadora de que o relacionamento está realmente em perigo.

## Caracterizando o ciúme como preocupação irritada e agitada

O ciúme pode ser caracterizado como uma forma de preocupação ou ruminação. Ou seja, o indivíduo é sensível à ameaça, fica apegado a um pensamento repetitivo, acredita que a sua detecção de ameaça e estratégias de enfrentamento vão impedir surpresas ou prejuízos, bem como acha que tais pensamentos precisam ser levados a sério e respondidos (Leahy, 2005d; Leahy & Tirch, 2008). Semelhante ao indivíduo preocupado, o ciumento acha que a incerteza quanto aos reais interesses do parceiro é intolerável e, consequentemente, procura eliminá-la por meio da procura de indícios, buscando reafirmação ou "testando" o parceiro. Isso raramente resulta em uma solução satisfatória, estimulando, assim, mais exigências de certeza (Dugas, Gosselin, & Ladouceur, 2001). Como toda preocupação, o ciúme envolve uma busca pela certeza, e o indivíduo equaciona incerteza com resultados ruins e incontroláveis. O paciente pode praticar se inundar com a mensagem de incerteza (p. ex., "Eu nunca consigo ter certeza se o meu parceiro vai me trair") (Dugas et al., 2004; Leahy, 2005d). Habituando-se aos pensamentos de ciúmes (ou ficando aborrecido com eles), o cliente pode acabar percebendo que a ocorrência de um pensamento não precisa requerer vigilância, questionamento ou punição.

Outras semelhanças com a preocupação e ruminação incluem maior autoconsciência cognitiva, a crença de que o ciúme é protetor, a visão de que pensamentos de ciúmes estão potencialmente fora do controle e requerem supressão, bem como a crença de que resultarão consequências negativas desses pensamentos. Tais crenças são semelhantes às crenças metacognitivas e estratégias para preocupação, ruminação e raiva (Papageorgiou, 2006; Papageorgiou & Wells, 2001b; Simpson & Papageorgiou, 2003).

Como com outras formas de preocupação ou ruminação, o terapeuta pode abordar o ciúme com uma variedade de técnicas cognitivas e comportamentais (Leahy, 2005a, 2009a; Leahy, Holland, & McGinn, 2012), incluindo o exame dos custos e benefícios da preocupação e ruminação ciumenta, deixando à parte momentos específicos para a preocupação ("momento de preocupação"), examinando se o ciúme levará a algum comportamento produtivo e avaliando a legitimidade ou racionalidade dos pensamentos automáticos. Por exemplo, uma mulher pode reconhecer que seu ciúme a está deixando irritada e ansiosa, bem como que leva a frequentes discussões, mas também pode achar que ele possui vantagens: ela não será pega de surpresa; poderá impedir que seu parceiro se perca; e pode compensar a perda encontrando um parceiro alternativo. O terapeuta pode ajudar a cliente a avaliar se o ciúme está realmente valendo a pena ou se na verdade ele está se somando às suas dificuldades. Uma distinção que alguns pacientes acham útil é examinar se o ciúme pode levar a uma ação produtiva: "Existe alguma ação hoje que possa levar a um melhor relacionamento ou a um relacionamento mais seguro?". Se o indivíduo estiver preocupado com a segurança do relacionamento, então uma "lista de coisas a fazer hoje" pode sugerir algumas ações positivas e produtivas. Por exemplo, ser mais recompensador com o parceiro ou voltar-se para cuidados consigo mesmo (ver amigos, voluntariado, outras atividades positivas) são ações que podem aliviar a tensão. No entanto, em muitos casos, nenhuma ação produtiva específica é possível no momento, portanto, o paciente pode precisar considerar que o ciúme é improdutivo: "Preocupar-se com isto não vai levar a nenhuma ação produtiva". Nesse caso, o terapeuta pode sugerir que existem três elementos a serem aceitos – a incerteza, alguma falta de controle e a emoção.

A aceitação das incertezas existenciais é frequentemente equiparada a perigo e derrota na mente de um indivíduo ciumento. O terapeuta pode perguntar ao paciente quais são os custos e benefícios de aceitar a incerteza. Por exemplo, os benefícios podem incluir menos preocupação e ciúmes, maior capacidade de desfrutar o momento presente, menos discussões e menos dúvidas. Contudo, alguns indivíduos acreditam que, se aceitarem a incerteza, vai acontecer alguma coisa terrível que poderia ter sido prevista. O terapeuta pode mostrar que nada pode ser garantido e que coisas ruins podem acontecer, mas também pode questionar como a preocupação e o ciúme levarão à certeza. Além do mais, o terapeuta pode mencionar muitos aspectos da vida diária para os quais o paciente já aceita a incerteza (p. ex., conhecer pessoas, comer alimentos, assumir novas tarefas, viajar). Do mesmo modo, o profissional pode examinar os custos e os benefícios de aceitar menos controle, bem como pode indicar comportamentos e situações atuais em que o paciente já aceita menos controle. Finalmente, pode sugerir que o paciente aceite ter a emoção em vez de tentar eliminá-la, e que isso pode ajudar a reduzir o sentimento de ansiedade e frustração.

Terapeuta: Você parece ficar perturbado por sentir ciúmes e quer agir em resposta a esse sentimento ou se livrar dele. E se decidisse, por enquanto, aceitar que tem um sentimento de ciúmes no momento presente? Por exemplo, você poderia dizer: "Sinto ciúmes neste momento. Aí está".
Paciente: Mas o ciúme me incomoda.
Terapeuta: Sim, mas talvez ele o incomodasse menos se aceitasse que o sentia no momento.
Paciente: Como eu faço isso?
Terapeuta: Bem, imaginemos que você teve uma indigestão, mas sabia que isso não iria matá-lo. Você poderia dizer: "Acho que vai ser desconfortável até que as coisas se acomodem para mim".
Paciente: Acho que eu posso tentar. Mas parece difícil de fazer.
Terapeuta: Aceitar que você tem uma emoção não significa que age segundo ela. De fato, se aceitar que pode tolerar o sentimento de ciúmes – "Estou tendo um sentimento de ciúmes no momento" –, você também pode dizer a si mesmo: "Eu não preciso agir sobre isso".
Paciente: Isso pode ser difícil. Eu só quero dizer alguma coisa quando estou com ciúmes.
Terapeuta: Sim, eu sei, e então você tem que questionar se dizer coisas ao seu parceiro vai ajudá-lo. Se não disser alguma coisa hostil, qual é a pior coisa que vai acontecer?
Paciente: Na verdade, iria melhorar as coisas.
Terapeuta: Você pode distinguir entre ter uma emoção de ciúmes e escolher tomar uma atitude. Recuar, observar e esperar – em vez de agir – podem ser do seu melhor interesse.

Alguns indivíduos enciumados acreditam que não precisam dizer ou fazer alguma coisa para controlar um parceiro e prevenir infidelidade. A justificativa é: "Eu preciso deixar o meu parceiro consciente das consequências". Na avaliação mais detalhada, contudo, tais pacientes podem reconhecer que o parceiro já sabe dessas consequências potenciais e que outras tentativas de controle (por meio de punição ou bajulação) podem tornar a relação mais insegura. Outros indivíduos podem achar que precisam expressar suas emoções – um tipo de compulsão expressiva ("Eu preciso dizer para ele [ela] como estou me sentindo") – sem considerar o estilo de comunicação ou seu possível impacto. Tais expressões de ciúmes frequentemente envolvem acusações ou ataques ao parceiro; eles não se restringem a dizer: "Estou com ciúmes". Assim, essas expressões podem levar a contra-ataques ou afastamento, com maior comprometimento à segurança da relação, provocando mais ciúmes. É claro que nada disso pretende desencorajar os pacientes de asserções legítimas sobre os limites ou o comportamento apropriado na relação. Se um parceiro realmente está sendo infiel, então o ciúme é justificado, e o indivíduo precisa considerar a possibilidade de tomar uma atitude para proteger seus direitos.

### Acalmando pensamentos e sentimentos de ciúmes

Como muitas outras emoções intensas, o ciúme frequentemente envolve uma fusão de pensamentos, sentimentos e crenças sobre a realidade. Por exemplo, conforme já observado, um indivíduo enciumado pode usar um raciocínio emocional heurístico: "Eu estou sentindo ciúmes; portanto, alguma coisa deve estar acontecendo". Essa forma de raciocínio pode ter efeitos profundos na manutenção e na escalada das emoções e do comportamento ciumento. A terapia focada no esquema emocional utiliza abordagens metacognitivas e de aceitação para desemaranhar e acalmar tanto os pensamentos como as emoções que constituem o ciúme (Hayes, Strosahl, & Wilson, 2003; Wells, 2009). Além disso, mais uma vez, o ciúme é semelhante à preocupação e à ruminação em muitos aspectos. Os indivíduos ciumentos frequentemente acreditam que a sua hipervigilância ciumenta irá impedir surpresas, prepará--los para o pior ou permitir-lhes perceber as coisas antes que elas desandem (Wells & Carter, 2001; Wells & Papageorgiou, 1998). Essas pessoas também têm alta autoconsciência cognitiva, continuamente examinando suas mentes para pensamentos ou lembranças de ciúmes. Assim como os preocupados, ficam presos a um dilema – acreditam que o seu ciúme os protege, mas também que está fora de controle. Consequentemente, tentam controlar o ciúme suprimindo, buscando reafirmação ou evitando as situações que o originam (Wells, 2004).

O terapeuta pode indicar que pensamentos não são a mesma coisa que a realidade, e que um pensamento intrusivo (p. ex., "Meu parceiro está interessado em outra pessoa") não precisa ser tratado como um sinal de verdade sobre o que está acontecendo. Além do mais, técnicas úteis de terapia metacognitiva podem ser usadas para emoções e pensamentos de ciúmes (Wells, 2009). Por exemplo, técnicas de desapego consciente podem auxiliar o paciente a recuar, observar uma emoção (ou pensamento), deixar acontecer e observar passar. Isso inclui pensar na ocorrência do sentimento como uma ligação de telemarketing que não se atende, encarando os pensamentos e as emoções de ciúme como os vagões de um trem que passa por uma estação (mas no qual o indivíduo não embarca) ou como nuvens que flutuam no céu (veja Wells, 2009). O ponto a reconhecer é que é possível ter uma emoção ou pensamento, mas simplesmente observar que ele existe separada e transitoriamente – e que nada precisa ser "feito", a não ser observar. Essa é uma parte importante de acalmar pensamentos, emoções e comportamentos de ciúme, já que muitas pessoas que sentem ciúmes acham que devem fazer alguma coisa imediatamente. A consciência independente que é possível assumir em relação ao ciúme também reflete que não é preciso se engajar em pensamentos e sentimentos de ciúme, tampouco se livrar deles (Papageorgiou, 2006; Papageorgiou & Wells, 2001b; Simpson & Papageorgiou, 2003). Pensamentos e sentimentos de ciúmes podem coexistir com pensamentos, ações e emoções focadas em outros significados e objetivos na vida. Eles podem ser vistos como paralelos em vez de emaranhados.

Acalmar o ciúme também pode incluir distinguir ciúmes de como o indivíduo se define. Por exemplo, declarações como "Eu estou com ciúmes" ou "Eu sou uma pessoa ciumenta" envolvem um fusão da identidade com a emoção. A distinção entre o indivíduo e a própria emoção pode ser facilitada apontando para a emoção como um evento: "Existe um sentimento de ciúmes" ou "Eu notei um pensamento de ciúmes". A vantagem de desemaranhar a sua identidade da própria emoção de ciúmes é ser capaz de reconhecer que esta é uma das muitas emoções possíveis em relação a outra pessoa, e que o indivíduo tem a liberdade de se afastar desse sentimento para se envolver com outras emoções.

Terapeuta: Quando você diz que é uma "pessoa ciumenta", isto soa como uma maneira muito geral e global de ver a si mesmo. Eu fico imaginando como seria se você pensasse em si mesmo como alguém que tem uma ampla gama de emoções, pensamentos e comportamentos em diferentes momentos – e tendo em mente que tais pensamentos, emoções e comportamentos estão em contínua mudança. Por exemplo, você pode dizer: "Existe um sentimento de ciúmes neste momento", em vez de "Eu sou ciumento".

Paciente: Não tenho certeza se eu entendi.

Terapeuta: Você é uma pessoa ciumenta ou é uma pessoa complexa que às vezes sente ciúmes?

Paciente: Acho que eu sou complexo. Eu sinto muitas coisas.

Terapeuta: OK, então você não pode ser reduzido a uma única emoção. Você tem muitas emoções. Seria justo dizer que tem emoções de felicidade, curiosidade, tédio, excitação, tristeza e apreciação – em momentos diferentes?

Paciente: Sim, tenho muitos sentimentos.

Terapeuta: Então imagine que teve um sentimento de ciúmes e disse (*apontando*): "Aí está aquele sentimento de ciúmes". Ele está "lá", ele não é "você". Aqui, procure apontar para lá enquanto diz: "Existe um sentimento de ciúmes".
Paciente: (*Apontando*) "Existe um sentimento de ciúmes". Parece estranho fazer isso.
Terapeuta: OK, ele está lá, fora de mim. Não sou eu. Eu não sou uma emoção; tenho muitas emoções. Vamos tentar o contrário: aponte para si mesmo e diga bem alto: "Eu sou uma pessoa ciumenta".
Paciente: (*Apontando para si*) "Eu sou uma pessoa ciumenta".
Terapeuta: Como foi para você?
Paciente: Eu me senti muito mal fazendo isso. Como se estivesse me criticando.
Terapeuta: O que foi melhor – apontar para "lá" ou para si mesmo?
Paciente: Apontar para lá.
Terapeuta: Você é mais do que apenas seu sentimento.

Esta e outras técnicas de apaziguamento podem auxiliar o paciente a se desvincular de uma emoção. Por meio da experiência imediata de observar que a emoção ocorre como um evento único em que o sujeito não precisa se engajar, o paciente pode passar a vê-lo como um evento que é separado da sua identidade. Ao vivenciar um papel de observação ou "apontando" para a emoção, pode assumir uma postura metaemocional em relação ao ciúme – ou seja, ficando acima e separado dele. Este será um componente essencial para separar a experiência de ciúmes de comportamentos problemáticos. As emoções não têm que levar a comportamentos. O paciente tem uma opção.

## Descatastrofizando uma perda potencial

O ciúme é frequentemente uma avaliação ansiosa de que a perda de um relacionamento seria devastadora. Por exemplo, o indivíduo pode acreditar que a perda de um relacionamento levaria ao sofrimento permanente – um exemplo de previsão do afeto. Ou a pessoa pode pensar: "Se eu for traído, nunca mais vou conseguir confiar em alguém de novo". O desencadeamento automático de pensamentos e pressupostos que acompanham o medo de perda pode ser uma parte importante da tarefa de colocar o ciúme em perspectiva. O paciente pode examinar o significado da perda temida: "Se terminasse, eu ficaria humilhado", "Eu nunca mais conseguiria confiar em ninguém", "Isto confirma que ninguém me ama" e "Eu não conseguiria cuidar de mim". Cada uma dessas crenças pode ser avaliada por meio de técnicas de terapia cognitiva tradicional – por exemplo, evidências a favor e contra o pensamento, aconselhar um amigo, dramatizar o pensamento e a técnica do *continuum*. Crenças sobre a essencialidade de um relacionamento específico para a própria vida também podem ser testadas por meio do exame das alternativas disponíveis para uma existência significativa independentemente do relacionamento, incluindo como a vida tinha significado antes da relação.

Eis um exemplo do exame das evidências a favor e contra um pensamento sobre uma traição potencial:

Terapeuta: É claro que tudo pode acontecer, e nunca sabemos com certeza. Mas o que significaria para você se Brian realmente a traísse?
Paciente: Seria humilhante. Eu me sentiria uma perdedora.
Terapeuta: Este parece ser um pensamento complexo. Como a desonestidade dele faria de você uma perdedora? Por que você deveria se sentir mal consigo mesma se ele mentir e trair?
Paciente: Bem, acho que eu nunca pensei assim. Não sei. Eu teria perdido o relacionamento.
Terapeuta: Sim, isso é verdade; o relacionamento terminaria. Mas você é uma perdedora? Você falhou quando ele mentiu e traiu? Não é possível você pensar que *ele* tenha falhado?
Paciente: Acho que é verdade.

Outra forma de encarar a perda potencial de um relacionamento é examinar os custos e os benefícios de *não* ter um relacionamento. A intenção não é banalizar o relacionamento, mas abordar os fatores atenuantes que podem surgir em consequência de seguir em frente depois do seu final. Por exemplo, o terapeuta pode perguntar:

"Haveria outras oportunidades caso o relacionamento terminasse? Quais seriam elas?"
"O relacionamento está tão próximo da perfeição que nada mais valeria a pena?"
"Que experiências gratificantes e significativas você já teve antes desse relacionamento?"
"Como você lidou com outros relacionamentos que terminaram?"
"Quais poderiam ser algumas novas fontes de recompensa e significado no futuro?"
"Você tem conhecimento de outras pessoas cujos parceiros traíram, mas que seguiram em frente e tiveram vidas satisfatórias?"

O enfrentamento da perda potencial é uma combinação de solução de problemas e previsão do afeto. A solução de problemas pode envolver o exame de novos comportamentos potencialmente úteis no caso de término do relacionamento – por exemplo, redes sociais, renovação de amizades, tornar-se mais extrovertido, assumir um novo emprego ou até mesmo se mudar. O terapeuta também pode perguntar ao paciente se ele tem a tendência a predizer o extremo das emoções para problemas que possam surgir: "Você parece estar predizendo que ficará indefinidamente triste se o relacionamento terminar, mas eu me pergunto se essa tendência de predizer que seus sentimentos serão permanentes é uma coisa que você faz em outros momentos". A previsão do afeto como reação à perda se soma a um sentimento de impotência e desesperança, aumenta a ameaça de perda e contribui para a intensidade do ciúme.

## Reduzindo o controle coercivo e aumentando as habilidades adaptativas

Conforme observado no início deste capítulo, o ciúme é frequentemente seguido por comportamento destrutivo do cônjuge ou parceiro. Por exemplo, uma pessoa com ciúmes pode utilizar controle coercivo punindo o parceiro, interrogando, espionando, perseguindo, desvalorizando a competição e ameaçando automutilação. A ideia de que é possível impedir que o parceiro se perca por meio de coerção e interrogação contínua pode, na verdade, levá-lo a abandonar a relação. Além disso, as tentativas de vetar a competição podem se somar à percepção de que a pessoa ciumenta está fora de controle e é desagradável de se conviver. A ironia é que o parceiro ciumento teme a perda do relacionamento, mas a consequência do comportamento de ciúmes é que o relacionamento pode terminar por causa disso. Alguns parceiros ciumentos podem até mesmo terminar seus relacionamentos porque não conseguem tolerar mais os próprios sentimentos de ciúmes – mesmo que não haja evidências suficientes de traição.

Muitos ciumentos seguem um paradigma de fusão emoção-comportamento: "Eu sinto ciúmes, portanto, preciso tomar uma atitude". Essa fusão pode levar a respostas impulsivas ao sentimento de ciúmes e impede qualquer flexibilidade no comportamento adaptativo, como neste caso:

Terapeuta: Eu noto que você tem a emoção do ciúme, parece acreditar que não tem opção quanto ao que fazer. É como se a sua emoção e seu comportamento fossem a mesma coisa: "Eu sinto ciúmes, portanto interrogo, acuso e ataco". A emoção tem que levar ao comportamento – ou você tem opção?

Paciente: Eu nunca pensei em ter uma opção. Simplesmente fico sobrecarregada.

Terapeuta: Sim, eu percebo que para você parece ser assim. É como se tivesse que agir segundo sua emoção. Mas é possível ter um sentimento e não agir segundo ele? Por exemplo, você já ficou irritada com alguém, mas optou por não criticar ou não tomar uma atitude?

Paciente: Oh, sim, muitas vezes. Mesmo com o meu marido.

Terapeuta: OK, é bom saber disso. Qual seria a vantagem de se afastar um pouco da emoção – reservar alguns minutos para pensar – e optar por não agir segundo ela?
Paciente: Acho que teríamos menos brigas.

O terapeuta pode auxiliar o paciente a reduzir os comportamentos destrutivos (p. ex., recusa, menosprezo, obstrução, críticas, rotulagem e leitura da mente) e aumentar os positivos (p. ex., rastreamento positivo, recompensas, habilidades de escuta ativa e validação do sentimento do parceiro de que o ciúme é prejudicial). Enfocar em comportamentos ineficazes e monitorar quando o indivíduo tem o desejo de se engajar neles, mas escolhe *não* fazê-lo, pode facilitar um maior sentimento de controle genuíno e permite que o indivíduo teste a ideia de que o parceiro precisa ser coagido para que se "mantenha na linha". Como ocorre com muitas emoções, esse foco na melhora do relacionamento pode envolver "ação oposta" – isto é, fazer o oposto do que o paciente deseja fazer. Por exemplo, em vez de criticar o parceiro, o indivíduo ciumento pode elogiá-lo, demonstrar afeto ou se engajar em atividades gratificantes com ele. O terapeuta pode sugerir montar "experimentos" de ação oposta por algumas semanas para ver se isso aumenta o sentimento de segurança no relacionamento e como afeta a intensidade dos sentimentos de ciúmes.

### Promovendo o autocuidado

Em muitos casos, o senso de identidade de um indivíduo ciumento está submerso no relacionamento, e a ameaça de perda se tornou excessivamente ameaçadora. O ciúme vincula os sentimentos do indivíduo às ações e aos pensamentos do parceiro numa dependência raivosa e bélica: "Não sei o que eu faria sem ela" ou "Toda a minha noção de quem sou está envolvida neste relacionamento".

Terapeuta: Parece que suas emoções estão quase que inteiramente atreladas ao que o seu parceiro diz, faz e sente – ou pode fazer. É como se você achasse que perdeu seu senso de si mesmo nessa relação, portanto, a possível perda do relacionamento significaria a perda de quem você é.
Paciente: Sim. É como se eu sentisse que não tenho um senso de mim mesmo.
Terapeuta: Isso pode tornar seus sentimentos de ciúmes ainda mais difíceis. O que queremos examinar é como você pode tomar posse de outros sentimentos positivos que não dependem do relacionamento. Você pode pensar nisso da seguinte forma: "As emoções provêm de muitas experiências diferentes. Que experiências eu posso ter que me proporcionarão as emoções que eu gosto de ter?".
Paciente: Bem, eu não tenho visto muito os meus amigos, então posso fazer isso com mais frequência. E, sabe, na verdade eu gosto do meu trabalho, portanto, existem alguns bons sentimentos lá.

Terapeuta: Já é um começo. Será que você poderia considerar pensar em outras fontes de bons sentimentos – outros comportamentos, experiências, oportunidades – talvez coisas que esteja fazendo agora, coisas que fez no passado, que sonhou em fazer? É bom ter um bom relacionamento, e também é bom ter uma boa vida que você chame de sua.

Como neste exemplo, o terapeuta pode focar em objetivos e valores pessoais que são *independentes* da outra pessoa. O paciente pode ser encorajado a desenvolver amizades apoiadoras, atividades e interesses independentes, envolvimento em atividades na comunidade e trabalho valorizado. Isso pode reduzir o sentimento de dependência desesperada e o foco excessivo no relacionamento. A crença na "essencialidade" do outro – ou do relacionamento – alimenta a raiva, a dependência desesperada e o ciúme. "Se eu perder este relacionamento, perco tudo" frequentemente está subjacente ao desespero do ciúme. Diversificando as fontes de recompensa, apoio interpessoal e objetivos significativos, o indivíduo pode desvincular sentimentos positivos da necessidade absoluta do outro, diminuindo, assim, o medo de perder o relacionamento.

## RESUMO

O ciúme é uma emoção pela qual as pessoas matam outras pessoas – ou a si mesmas. No entanto, é fruto da evolução e se baseia no valor evolucionário de proteção do investimento parental e, consequentemente, da sobrevivência dos genes do indivíduo em questão. As pessoas diferem quanto às situações que podem despertar ciúmes ou comportamento ciumento, mas o sentimento parece ser disseminado, até mesmo universal. O modelo focado no esquema emocional tenta normalizar essa emoção, ao mesmo tempo fazendo a distinção entre pensamentos, emoções e comportamentos de ciúmes, e auxiliar o paciente na escolha de comportamentos que são do seu interesse e (se possível) do relacionamento. A conceitualização do ciúme dentro da estrutura desse modelo cognitivo-comportamental mais amplo pode ajudar o indivíduo a compreender a predisposição inata para o ciúme; as primeiras experiências de apego e socialização que podem conferir maior vulnerabilidade; o reconhecimento da fusão pensamento-ação-realidade; e a possibilidade de que a pessoa opte por agir de uma maneira que não seja determinada pelas emoções de ciúmes, mas pelos seus próprios interesses. Descatastrofizar a perda potencial e desenvolver planos para autocuidado podem ajudar o indivíduo a reduzir sua dependência de um parceiro cujo comprometimento é duvidoso. No próximo capítulo, me dedico à inveja, outra emoção que pode levar a um comportamento destrutivo.

Capítulo 11

# INVEJA

> O ódio é ativo e a inveja passiva;
> a inveja está a apenas um passo do ódio.
> – JOHANN WOLFGANG VON GOETHE

Um homem que estava trabalhando numa grande corporação foi preterido para uma promoção recentemente. Ele se sente ressentido por suas realizações não terem sido completamente reconhecidas, mas também se pergunta o que fez de errado. Quando entra em contato com o colega que foi promovido, se sente triste, derrotado, sem esperanças e com raiva. Para ele, o sucesso de seu colega exemplifica seu próprio "fracasso" e o faz lembrar de que foi "humilhado publicamente". Embora saiba que seu colega é muito competente e sempre tenha gostado dele como pessoa, observa que agora tem sentimentos de raiva em relação ao sujeito. Perceber isso só o faz sentir-se envergonhado e culpado; reconhecendo seus sentimentos de tristeza e ansiedade quando está perto do colega, ele agora o evita. Por sentir-se estranho quando está perto de outras pessoas no trabalho, interage muito menos no escritório, enquanto rumina sobre a sua "derrota". Sua esposa comentou sobre sua falta de atenção para com seus três filhos e com ela, e ele se pega ruminando sobre esse sentimento de derrota no trabalho quando está com sua família.

Neste capítulo, descrevo uma abordagem do esquema emocional para a inveja e sugiro algumas estratégias que podem ajudar a reverter os efeitos negativos dessa emoção frequentemente mal compreendida. Embora os termos "ciúme" e "inveja" sejam com frequência usados de forma intercambiável, existem diferenças significativas entre essas duas emoções, conforme descrevi no início do Capítulo 10. O modelo de inveja aqui desenvolvido (como o modelo de ciúmes descrito no capítulo anterior) é o cognitivo-comportamental integrativo, incorporando elementos da teoria evolucionária, na qual a inveja pode ser vista como adaptativa. O modelo abrange o papel das hierarquias de dominância, percepção da escassez de recursos, foco excessivo na necessidade de aprovação, busca problemática de *status* e identificação excessiva da autoestima com o *status* percebido, foco excessivo na comparação ascendente, ver a si mesmo como produto da aquisição *versus* experiência, a metáfora da vida como uma escada ou corrida e o desejo de desvalorizar os outros. Em suma, inveja é ruminação raivosa, agitada, baseada na ansiedade de *status*.

## A NATUREZA DA INVEJA

Conforme observado anteriormente, e no início do Capítulo 10, temos tendência a sentir inveja das pessoas quando o seu sucesso, em nossas mentes, exemplifica nossa derrota ou *status* inferior. Essa emoção pode assumir a forma de "inveja depressiva" (na qual nos sentimos tristes e derrotados quando nos comparamos àqueles que parecem estar se saindo melhor) ou "inveja hostil" (na qual desejamos a ruína daqueles que parecem estar se saindo melhor). Nossa inveja é, em geral, direcionada para alguém que é um pouco parecido conosco no desempenho de uma qualidade desejada, e a conquista que invejamos é algo que valorizamos muito para nós mesmos. Por exemplo, uma professora universitária pode ter inveja de uma colega que recentemente publicou um livro porque ela se vê como semelhante a essa colega e valoriza o avanço profissional. Ela pode achar que o sucesso da colega reflete a ausência de publicações suas. Ela pode mobilizar seus vieses e teorias de atribuição para minar ou desvalorizar o êxito alheio, destacando que o trabalho não é original e carece de rigor científico. Pode argumentar que a colega não é merecedora ou que possui qualidades pessoais que se afastam de uma aparência de profissionalismo. Ou pode pensar que ela mesma não recebeu o reconhecimento merecido pelo seu trabalho e que, com o tempo, irá mostrar a todos como realmente é uma acadêmica excepcional.

Conforme mencionado, em geral não temos inveja de pessoas cujas realizações estão fora da nossa esfera de comparação social. Por exemplo, não vou sentir inveja de quem receber o prêmio de Melhor Jogador na Liga Principal de Beisebol porque não jogo beisebol profissional – e mesmo que jogasse, nunca estaria na liga principal. Isso está fora do âmbito de comparação. Contudo, poderia sentir inveja de um colega que está recebendo muita publicidade positiva para suas novas ideias psicológicas porque vejo nós dois na mesma esfera de comparação. Geralmente, invejamos o que vemos como uma possibilidade para nós mesmos.

Um aspecto da inveja é *Schadenfreude*, ou o prazer na derrocada da pessoa a quem invejamos. Por exemplo, a professora com inveja sentirá prazer em ouvir que o trabalho da sua colega foi refutado por pesquisas recentes, mostrando que os achados não são replicáveis e podem ser mais facilmente explicados por uma nova variável. Pesquisas sobre inveja e *Schadenfreude* indicam que, onde existem sentimentos hostis associados à inveja, existe muito maior probabilidade de *Schadenfreude* (Brigham, Kelso, Jackson, & Smith, 1997; Smith et al., 1996), e que este é muito mais provável quando o alvo da emoção é visto como semelhante ao indivíduo (van Dijk, Ouwerkerk, Goslinga, Nieweg, & Gallucci, 2006). A inveja também pode conduzir à atenção seletiva – por exemplo, maior atenção dirigida para o comportamento da pessoa invejada (Hill, DelPriore, & Vaughan, 2011). Isso pode ter uma vantagem, na medida em que a observação de indivíduos de sucesso pode transmitir informações úteis para melhorar as próprias habilidades. Contudo, o ato de lembrar mais do comportamento do alvo está associado a um decréscimo no desempenho em uma tarefa com anagramas, sugerindo que a inveja pode ter consequências empobrecedoras. É possível que se lembrar do desempenho de uma pessoa "mais bem-sucedida" mine a confiança do indivíduo e interferira no seu desempenho. Isso é compatível com o modelo de inveja depressiva.

Também foi feita uma distinção entre "inveja benigna" (em que se deseja melhorar a própria posição) e "inveja maliciosa" (que visa derrubar aquele que é superior) (Salovey & Rodin, 1991; Smith & Kim, 2007). A primeira (admiração) pode levar a melhora no desempenho (i. e., motiva o indivíduo a fazer um esforço na direção do comportamento desejado), enquanto a segunda (sentimentos de raiva e hostis em relação a um indivíduo com melhor desempenho) pode levar a decréscimo no desempenho (van de Ven, Zeelenberg, & Pieters, 2011). van de Ven e colegas (2011) identificaram que a inveja maliciosa era mais comum quando os indivíduos se percebiam como incapazes de atingir os objetivos mais elevados atingidos pela pessoa-alvo.

Além disso, embora tenha sido constatado que tanto homens quanto mulheres tinham inveja de pessoas-alvo com maior riqueza, somente as mulheres relataram maior inveja de alvos mais atraentes fisicamente (Hill et al., 2011). Embora, conforme observado, a inveja possa motivar o indivíduo a se esforçar mais para subir na hierarquia do *status* (van de Ven, Zeelenberg, & Pieters, 2009), ela está mais frequentemente associada à depressão, ansiedade, ressentimento e raiva.

A inveja também é afetada pela percepção de merecimento dos resultados positivos. Em outro estudo, a inveja benigna estava associada à visão de que os resultados positivos para o outro eram merecidos e controláveis, enquanto a inveja maliciosa era mais frequentemente expressa quando os resultados positivos eram vistos como imerecidos (van de Ven, Zeelenberg, & Pieters, 2012). Além disso, é mais provável que a inveja seja experimentada como desagradável quando as comparações com superiores estão associadas a déficits no autocontrole emocional e comportamental, impedindo a capacidade de usar essas comparações para motivar um comportamento para a própria melhoria (Crusius & Mussweiler, 2012).

Hill, Buss e seus colegas examinaram a inveja dentro de uma estrutura evolucionária. Eles a veem como uma consequência do "viés posicional" (i. e., valorizando a posição relativa que se tem numa hierarquia, ao invés do nível absoluto real daquela posição). Por exemplo, os indivíduos vão preferir uma compensação menor, desde que ela seja maior ou igual à de outros, em comparação a uma compensação alternativa maior que seja menor do que a alheia. Os conceitos de justiça ou justiça distributiva parecem prevalecer sobre o nível absoluto de consequências (Hill & Buss, 2006). A alegada vantagem evolucionária da inveja é motivar os indivíduos a observar os comportamentos que conferem vantagem relativa e a ficar altamente motivados para adquirir tais comportamentos (Buss, 1989; Gilbert, 1990, 2000b) – ou, então, modificar a matriz de distribuição que é empregada. A teoria focada no esquema emocional se baseia nos modelos evolucionários de inveja para normalizá-la e auxiliar a compreender essa emoção.

A inveja pode ser encontrada até mesmo em indivíduos muito jovens. Em um estudo de respostas a resultados competitivos, Steinbeis e Singer (2013) identificaram que crianças entre 7 e 13 anos se sentiam melhor com a vitória se outra criança perdesse e se sentiam piores com a derrota se a outra vencesse. As preferências por resultados iguais aumentavam com a idade, e havia um decréscimo no rancor com a idade. Finalmente, a inveja é mais comum entre jovens que endossam valores materialistas, enquanto a gratidão está associada a níveis mais baixos de depressão e inveja (Froh, Emmons, Card, Bono, & Wilson, 2011). Fiske (2010) propôs que "invejar" está associado a raiva, vergonha, humilhação, baixa autoestima e um senso de injustiça, enquanto "desprezo" – que frequentemente está associado à indiferença – foca mais no indivíduo e reduz a capacidade de compreender ou ter empatia por aqueles de *status* inferior. Tais "percepções de poder" com frequência fazem parte do processo contínuo de comparações sociais, as quais sustentam os conceitos de *status*, a estereotipização fora do grupo e a desativação de conceitos mentais sobre os outros. Conforme Fiske observa, "o poder corrompe". À medida que obtemos mais poder sobre os demais, isso pode ativar desdém, desprezo e – por fim – desumanização dos outros.

Examinemos como a inveja pode ser abordada segundo a perspectiva de um modelo integrado do esquema emocional. Conforme observado anteriormente, esse modelo mais amplo de conceitualização de caso baseia-se em elementos da teoria evolucionária; também foca no "valor" da inveja benigna, na ênfase excessiva na comparação social e nos esquemas emocionais que estão subjacentes a essa experiência emocional desafiadora.

## MODIFICANDO ESQUEMAS EMOCIONAIS DA INVEJA

O objetivo realista não é eliminar a inveja, já que ela é vista como uma emoção universal e parte de quase todo agrupamento social. Em vez disso, a meta é modificar os efeitos que esse sentimento tem no indivíduo – por exemplo, reduzir a culpa e a vergonha pela inveja, diminuir a confusão sobre esse sentimento, superar a tendência a evitar outras pessoas invejadas, reduzir ou eliminar a queixa e autossabotagem, bem como reduzir a tendência a ruminar sobre injustiça ou comparações nefastas subjacentes à inveja.

## Normalizando a inveja

Embora a maioria das pessoas sinta inveja, em geral também experimentam vergonha e culpa consideráveis por senti-la. Trata-se de uma emoção frequentemente depreciada – que o indivíduo reluta em admitir para os outros. De fato, uma das motivações por trás da crítica a pessoas de sucesso que o indivíduo inveja é a relutância em reconhecer que a essa é a emoção que o impulsiona. Ironicamente, esta emoção universal com frequência não é compartilhada como "Eu estou sentindo inveja"; ao contrário, ela é mais favoravelmente reestruturada como "Eles não merecem isso". No entanto, os indivíduos com inveja podem se sentir sozinhos e constrangidos devido ao seu sentimento. Quando coordenei *workshops* e discuti a inveja, pedi que os participantes levantassem a mão se alguma vez já sentiram inveja, e quase todos levantaram as mãos. Talvez os terapeutas estejam mais dispostos a reconhecer sua inveja do que outras pessoas, mas esse reconhecimento quase unânime sugere que ela é uma emoção universal.

Podemos perguntar, segundo uma perspectiva evolucionária: "Para que a inveja é boa?". Uma forma de encará-la é examinar o papel das hierarquias de dominância nas vidas de animais que vivem em grupos. Qual é a vantagem de estar mais alto nesse *ranking*? Um modelo inicial de hierarquias de dominância em humanos foi desenvolvido por Price (1967), que propôs que o aumento em comportamentos de dominância ocorre com instabilidade numa hierarquia, maior ênfase na competição, recursos insuficientes e aglomeração. Entre os animais que vivem em grupo, o nível social mais elevado entre os machos está associado a taxas muito mais elevadas de fecundação das fêmeas, maior acesso às fêmeas, preferência na escolha do alimento, melhores locais para os ninhos e maior taxa de sobrevivência. Assim, os indivíduos numa hierarquia de dominância possuem motivos significativos para elevar sua posição na hierarquia e podem frequentemente "testar" a capacidade dos indivíduos de maior *status* de manter a sua posição favorecida.

Stevens e Price (1996) e Sloman, Price, Gilbert e Gardner (1994) desenvolveram um modelo de depressão baseado no *rank* social. Eles propõem que a perda do nível social leva a comportamento depressivo (esquiva, deferência, perda do interesse sexual, agressão reduzida, passividade), o que reduz o risco de competição com indivíduos em nível mais alto e, portanto, "protege" aqueles no nível inferior. Possivelmente, aquele que já perdeu a competição com figuras mais dominantes seria "inteligente" ao demonstrar apaziguamento em vez de agressão, se subordinando aos outros. Pesquisas apoiam o modelo de nível social da depressão (Gilbert & Allen, 1998; Johnson, Leedom, & Muhtadie, 2012), sugerindo que a perda de *status* nos grupos não leva à depressão para alguns indivíduos. Em ratos que experimentaram *status* subordinado, o estresse estava associado à perda de peso e mortalidade precoce, além de decréscimo na agressão, cópula, alimentação e atividade geral (Blanchard & Blanchard, 1990).

À medida que muda a posição na hierarquia de dominância, os níveis de serotonina variam nos macacos vervet (McGuire, Raleigh, & Johnson, 1983). Além disso, os níveis crescentes de serotonina por meio do uso de Prozac fizeram alguns macacos vervet progredirem na hierarquia (Raleigh, McGuire, Brammer, Pollack, & Yuwiler, 1991). Do mesmo modo, Tse e Bond (2002) identificaram que os humanos tratados com inibidores seletivos da recaptação de serotonina eram percebidos pelos outros em seus grupos como mantendo um contato visual mais dominante, comportamento mais afiliativo e menos submissão em geral.

Assim, a teoria do nível social sugere que a percepção da perda do *status* pode levar a afeto mais depressivo. Uma forma de enfrentar tal perda pode ser deslegitimizar o maior *status* percebido dos outros, alegando que estes não merecem seu nível mais alto e que "o jogo é manipulado". Ou seja, a inveja – particularmente a raivosa e a ressentida – pode ser uma tentativa de se defender contra a subordinação depressiva, minando psicologicamente a legitimidade dos indivíduos de *status* mais alto. Por um lado, muitos experimentam inveja depressiva, provavelmente em consequência da perda do nível social que vivenciaram. Alguns experimentam inveja depressiva e raivosa, dependendo da sua avaliação da legitimidade de uma posição individual invejada. A inveja pode ser adaptativa se motivar o indivíduo a desafiar a hierarquia de dominância, e, assim, melhorar a própria posição em relação aos recursos e à vantagem genética. Por outro lado, a inveja também pode ser adaptativa, segundo a perspectiva do nível social, se a consequente depressão reduzir desafios invencíveis pelo indivíduo invejoso. Essas conceitualizações evolucionárias e de nível social são componentes importantes do modelo do esquema emocional, e discuti-las na sessão pode ajudar terapeuta e paciente a conceitualizar a inveja dentro do contexto mais amplo desses processos.

De particular relevância são os desencadeantes dos sentimentos de inveja do paciente. Por exemplo, a professora descrita anteriormente sente mais inveja quando ouve falar do sucesso da sua colega? Ou quando seu trabalho vai mal, sua mente muda para o pensamento de como a colega está se saindo bem? Os desencadeantes de inveja levam a comparações sociais, frequentemente à custa do *self*. Isso, então, leva a ansiedade, tristeza e raiva. Em muitos casos, a tentação é desvalorizar a outra pessoa, de modo que a comparação entre o indivíduo e os outros pareça menos injusta. A Figura 11.1 ilustra o ciclo.

O terapeuta pode, então, ajudar o paciente a identificar estratégias de enfrentamento mal-adaptativas em resposta à inveja, que incluem queixar-se para os outros sobre a injustiça que se está experimentando (se esta queixa for sabotar a própria posição); tentativas de minar o alvo invejado; ruminação; evitar a pessoa invejada; afastamento dos outros; beber excessivo, compulsão alimentar e outros comportamentos autodestrutivos. Alguns indivíduos acreditam que a autocrítica pela sua inveja irá ajudá-los a se livrar dela. É claro que isso só se soma à sua depressão e os torna ainda mais vulneráveis à inveja. O modelo focado no esquema emocional propõe que terapeuta e paciente aceitem (de momento) os sentimentos

**FIGURA 11.1** O ciclo dos sentimentos de inveja.

de inveja, os normalizem e validem a dificuldade em tê-los. É claro que aceitação não impede mudança, como veremos. Vamos nos voltar agora para intervenções específicas que são relevantes para enfrentar mais efetivamente a inveja.

## Validando a inveja

Uma parte essencial do trabalho com a inveja na terapia focada no esquema emocional é validar os sentimentos dolorosos e confusos que acompanham essa emoção. O terapeuta pode iniciar dizendo:

> "Parece que você está lutando contra alguns sentimentos de inveja que o deixam desconfortável. Como todos nós experimentamos inveja às vezes, ela é uma daquelas emoções que todos conhecemos – porém, muitos de nós nos sentimos desconfortáveis com esses sentimentos. Existem outros sentimentos que acompanham a inveja?"

O profissional pode, então, explorar com o paciente a natureza de outras emoções, como a tristeza, a ansiedade, a raiva, a confusão, o ressentimento e a falta de esperança. É importante que ele transmita uma postura de aceitação e não julgadora em relação à inveja, uma vez que muitas pessoas se sentem embaraçadas e humilhadas por tais sentimentos. Ele pode validar que a inveja é capaz de ativar tristeza, raiva, ansiedade e vergonha – e que essas emoções são frequentemente a "experiência normal de inveja". Em particular, o sentimento de vergonha, acompanhado por aquele de que o sucesso do outro é humilhante para o indivíduo, pode ser examinado diretamente apontando que quase todas as pessoas sentem inveja, mas que "somos ensinados que não devemos ter estes sentimentos"; dessa forma, relutamos em reconhecê-los como "inveja", e, em vez disso, focamos em definir se os outros merecem seu sucesso. Reconhecer que "eu sinto inveja" redireciona a atenção do paciente para reconsiderar uma resposta à situação do sucesso do outro; encoraja-o a examinar as opções que ele próprio tem. A inveja precisa ser trazida às claras para que seja examinado se ela poderá ser usada construtivamente.

## Identificando emoções de inveja e separando-as do comportamento

A inveja é uma emoção difícil de ser aceita pelas pessoas, já que frequentemente transmite a noção de que o indivíduo lamenta o sucesso de outros e quer sabotar alguém que pode ter obtido êxito honestamente. Ela é com frequência experimentada como a emoção do "mau perdedor" – que os invejosos relutam em admitir. Conforme indicado anteriormente, validar e normalizar a inveja são passos importantes para conseguir que tais indivíduos aceitem que tal emoção não é incomum e não os torna diferentes dos outros. Expressá-la pode ser difícil nas interações individuais, já que o sujeito pode ser confrontado com o julgamento dos outros (p. ex., "Você parece estar com inveja dela"), o que, por sua vez, pode levar a mais marginalização e crítica. Mas se a inveja é uma emoção universal, baseada na dinâmica das hierarquias de dominância e competição, reconhecê-la pelo que ela é pode ser um passo importante no seu enfrentamento. O indivíduo que acredita: "Eu sou uma má pessoa porque sinto inveja" pode reconhecer que ela faz parte da natureza humana – talvez uma emoção que possa, nas circunstâncias certas, ajudá-lo a adquirir mais habilidades e até mesmo passar a usar a pessoa invejada como modelo, em vez de inimigo. Além do mais, não é a inveja *per se* que causa problemas, especialmente se o indivíduo aceita essa emoção, e sim a incapacidade de separá-la das ações problemáticas que se seguem, tais como esquiva, crítica e sabotagem aos outros.

A inveja é frequentemente acompanhada de uma variedade de emoções positivas e negativas, embora o indivíduo que rumina pode focar excessivamente no negativo. Assim, pode incluir raiva, tristeza, ansiedade, lamento, impotência e falta de esperança, o que pode levar a queixas, ruminação, preocupação, busca de reafirmação, autocrítica, esquiva e ideação suicida. Contudo, o indivíduo focado na inveja também pode examinar se são possíveis emoções positivas, como curiosidade, reconhecimento, desafio, excitação, gratidão ou contentamento. Com frequência, os sujeitos invejosos terão um misto de sentimentos em relação à pessoa que invejam – especialmente se for um amigo. Eles podem se sentir tristes, ressentidos e amargos, mas ainda achar que existem qualidades que gostam naquela pessoa. Esse misto de sentimentos pode levar à culpa, à ruminação ("O que há de errado comigo?") e à esquiva.

Dissociar um sentimento de inveja do comportamento invejoso é um passo importante para ajudar as pessoas a lidar com seus sentimentos. Escolher não agir de acordo com a inveja – mas, em vez disso, agir segundo valores importantes e estratégias adaptativas – pode ajudar a reduzir o sentimento de ser oprimido pela inveja e a preocupação de que ela venha a retornar. Reconhecer que essa emoção pode ser aceita, normalizada e tolerada – junto com uma ação efetiva direcionada para objetivos positivos – pode levar a *menos ansiedade por sentir inveja*. Dar-se conta de que "eu posso sentir inveja, mas escolher comportamentos que sejam do meu interesse real" pode ser uma experiência libertadora de flexibilidade e dissociação do sentimento de ser impulsionado pela inveja. Um paciente pode eventualmente dizer: "Só porque eu sinto inveja, não quer dizer que eu precise agir como uma pessoa invejosa. Eu tenho opção".

## Examinando crenças centrais, pressupostos e processamento esquemático

A inveja está frequentemente vinculada a crenças centrais sobre si mesmo, sobre os outros e sobre a natureza da competição. A pessoa com inveja pode endossar crenças centrais de que "eu não sou digno de ser amado, não sou capaz, importante ou eficiente" e que "devo compensar tais inadequações obtendo aprovação, escalar na hierarquia de *status* e derrotar os outros". Os invejosos endossam toda uma gama de distorções do pensamento automático: personalização ("Ele evoluiu, o que reflete muito mal em mim"); leitura da mente ("As pessoas acham que eu sou inferior agora que ela foi promovida"); rotulagem ("Ele é um vencedor, e eu sou um perdedor"); ignorar os aspectos positivos ("A única coisa que conta é evoluir"); generalização exagerada ("Nada dá certo para mim"); e catastrofização ("É horrível não estar à frente dos outros"). Como a inveja envolve esquemas sobre o indivíduo (p. ex., "indesejado") e a natureza do mundo competitivo, o modo da inveja dirige o processamento esquemático da atenção. Por exemplo, a inveja hostil foca a atenção e a memória em informações relacionadas a ser deixado para trás e ao melhor desempenho dos outros. Ela ignora seletivamente as muitas outras fontes de recompensa e significado que estão presentes, mas são desvalorizadas na mentalidade invejosa.

Existe uma lógica para a inveja hostil e para a inveja depressiva – isto é, uma série de implicações negativas sobre a relevância para o indivíduo do sucesso dos outros. Considere os seguintes exemplos da lógica da inveja depressiva:

"Ele é mais popular do que eu."
"Se ele é mais popular, então eu não sou popular."
"Eu vou ser marginalizado."

E considere estes exemplos de inveja depressiva e hostil, e as respostas a eles:

*Inveja depressiva*: "Eu devo ser um perdedor. Eu nunca vou ser aceito. Eu não tenho futuro".
*Resposta*: Retraimento, ruminação, autocrítica.
*Inveja hostil*: "Ele é um falso. As pessoas não sabem a farsa que ele é. Ele não merece ser popular".
*Resposta*: Sarcasmo, sabotagem, comportamento passivo-agressivo, amuamento, esquiva.

Os pressupostos básicos – ou as "regras" para a inveja – incluem as seguintes crenças:

"Você tem que avaliar tudo o que faz."
"É importante que você se compare aos outros."
"Se alguém se sai melhor do que eu, então eu sou inferior."
"Se eu sou inferior, eu não tenho valor."
"Não suporto a ideia de injustiça."
"Se eu desvalorizar as pessoas que têm mais sucesso, posso me sentir melhor sobre mim mesmo."
"O mundo deveria ser justo e eu deveria ser recompensado por tudo o que faço de bom."
"Algumas pessoas valem mais do que outras."
"Existem vencedores e perdedores."
"É terrível perder. Se você perde, ninguém poderá amá-lo ou respeitá-lo."

Cada uma dessas crenças pode ser examinada por meio da utilização de técnicas de terapia cognitiva tradicional. Por exemplo, o pressuposto "O mundo deveria ser justo, e eu deveria ser recompensado por tudo o que faço de bom" é uma crença comum subjacente a ilusões de um mundo justo. Os custos e os benefícios dessa crença podem ser examinados ("Isto de fato está lhe ajudando ou o está deixando mais ressentido?"), assim como as evidências de que existem sistemas organizacionais que são consistentemente justos ou mesmo idealmente eficientes. Uma crença alternativa que poderia ser útil é a seguinte: "Muitas coisas injustas acontecem na vida – ou em qualquer jogo de que participe. Mas isso significa que eu não posso jogá-lo?". O objetivo é ajudar o paciente a funcionar efetivamente em um mundo onde a injustiça é onipresente.

## Avaliando a necessidade de comparar e julgar

Muitas pessoas que lutam contra a inveja presumem que precisam se comparar aos demais – especialmente aqueles que se saem "melhor" – e, então formam julgamentos sobre si mesmos e sobre os outros. O foco nos julgamentos conduz à ansiedade pelo *status*, levando à frustração e gerando uma sensação de derrota pessoal quando "ficam aquém" daqueles tidos como superiores, ao mesmo tempo desdenhando dos que estão abaixo ou temendo que estes os superem. Teorias de comparação social sugerem que as pessoas podem se comparar a outras para se motivar, aprender quais comportamentos usar para ganhar recompensas, aprender sobre normas sociais ou desenvolver sua autoestima, embora a comparação social também possa levar a uma diminuição no sentimento de autovalorização (Ahrens & Alloy, 1997; Festinger, 1957; Suls & Wheeler, 2000; Wood, 1989). Geralmente, as pessoas farão comparações ascendentes para se motivar e comparações descendentes para desenvolver sua autoestima (McFarland & Miller, 1994). O terapeuta pode investigar: "O que você espera ganhar se comparando aos demais?". Por exemplo, um paciente disse que achava que, comparando-se aos outros da sua equipe de trabalho, se motivaria para trabalhar com afinco e "sem se eximir das obrigações". Pode ser que tenha havido algum valor em observar quais comportamentos foram recompensados, mas seu foco excessivo em comparações e avaliações pessoais negativas o fizeram ficar mais deprimido, ruminativo, evitativo e relutante em interagir com sua equipe. O terapeuta sugeriu que esse cliente focasse mais em trabalhar de forma eficiente com sua equipe, fazendo o seu trabalho e se esforçando para pensar além das tarefas pré-estabelecidas, para deixar claro qual é o seu valor agregado. A escolha estava entre o trabalho produtivo e comparações negativas.

Igualmente, a ideia de que um paciente pode se sentir melhor desvalorizando os outros pode ser examinada:

> "Qual é a evidência de que você se sente melhor? Ou se sente com raiva, ansioso e até deprimido quando satisfaz a sua inveja? Você consegue se sentir melhor focando em objetivos positivos em vez de objetivos negativos? Quais são algumas das coisas construtivas que você é capaz de fazer agora e que poderiam ser gratificantes?"

A importância da comparação social pode ser avaliada:

> "Qual é a desvantagem de se comparar com os outros? O que você espera ganhar? Se optar por focar nos objetivos e valores positivos em vez de se comparar, o que poderia fazer? Como isso ajudaria? Existe alguma desvantagem em focar nos objetivos positivos em vez de nas comparações sociais?"

O terapeuta pode ajudar o paciente a se focar em *observar e notar*, em vez fazer julgamentos avaliativos. Por exemplo, o cliente pode dizer: "Observei que o chefe cumprimentou Sarah", em vez de "Sarah está passando à minha frente" ou "Eu devo estar falhando". Ou, ainda, ele pode ampliar a observação para reparar que "muitas pessoas, incluindo eu mesmo, estão fazendo um bom trabalho". Mesmo avaliações como "O trabalho de Sarah é melhor que o meu" podem ser abandonadas e substituídas por "Sarah fez o relatório, e eu me encontrei com um cliente". O terapeuta pode pedir que o paciente monitore cada julgamento avaliativo que faz. No lugar das avaliações, pode registrar observações comportamentais: "Falei com um cliente", "Perguntei a Tom sobre seu fim de semana", "Participei de uma reunião". Ao passar a fazer observações, descrições comportamentais, notas sobre situações específicas e afirmações não avaliativas, ao mesmo tempo voltando o foco para a ação produtiva, o paciente pode coletar informações para testar a ideia de que ele precisa de comparações sociais e julgamentos para ficar motivado.

### Desenvolvendo uma conceitualização de caso

A Figura 11.2 ilustra uma conceitualização de caso da inveja que pode ajudar o terapeuta a socializar o paciente no modelo terapêutico e identificar alvos para mudança. A conceitualização de caso começa com o modelo evolucionário de hierarquias de dominância, adequação seletiva e as vantagens do *status* dominante. Além disso, o modelo evolucionário pressupõe escassez de recursos na emergência original da dominância. A questão é se as condições atuais merecem seguir um modelo que pressupõe escassez. Quais são as vantagens atuais da dominância pressupostas pelo indivíduo?

Além disso, terapeuta e paciente podem examinar a ênfase no *status* (e como ele foi definido) na família de origem. Por exemplo, os pais enfatizavam o *status* nos esportes, na beleza física, no sucesso intelectual, na agressividade ou na popularidade/posição social? Quais eram as dimensões de *status* no gru-

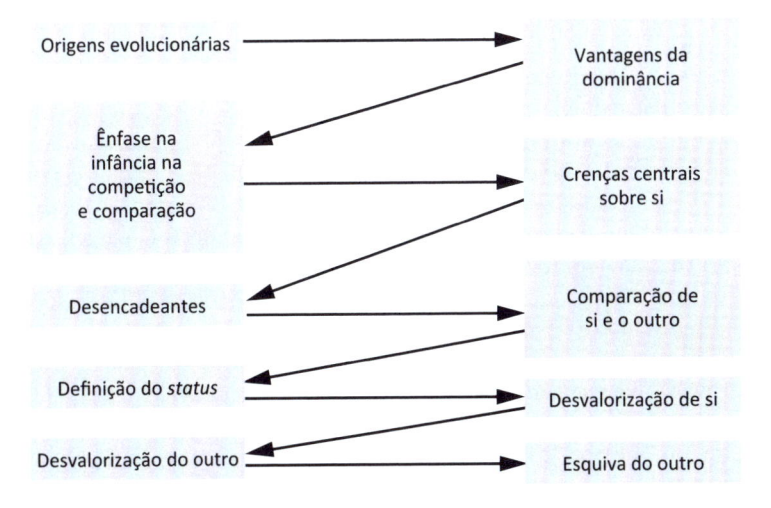

**FIGURA 11.2** Conceitualização de caso da inveja.

po de pares quando o cliente era criança ou adolescente? Durante a infância, ele ocupava *status* mais inferior do que os pares ou irmãos? Em caso afirmativo, como o paciente procurou compensar este *status* – por exemplo, evitando, trabalhando com afinco excepcional, formando outras alianças ou se rebelando? Ele procurava assegurar a aprovação de quem? Quais crenças centrais sobre si e o outro o cliente desenvolveu? Por exemplo, aprendeu a se ver como inferior, defeituoso, marginalizado, desinteressante, estranho, impotente ou especial – e os outros como julgadores, rejeitadores, indiferentes, competitivos, humilhantes, protetores ou receptivos?

Quais são os desencadeantes do paciente para ansiedade quanto ao *status* e inveja dos outros? Ele inveja e se sente ameaçado quando ouve falar do sucesso alheio? Sente inveja quando está frustrado com o próprio progresso e depois fica fazendo comparações com os demais? Quem são essas outras pessoas? Compara-se depreciativamente ou sobretudo de forma positiva? A autoestima é definida em termos do *status* (p. ex., "Eu estou ficando para trás. Estou perdendo, sou um perdedor")? Vê o mundo social primariamente como uma hierarquia ou uma escada a ser escalada? A preocupação com *status* é tão grande que outros aspectos de uma vida significativa são sacrificados? Por exemplo, a preocupação com o sucesso está afetando a vida familiar, o relacionamento com os amigos, a perda do sono, a saúde e o estresse? O paciente acredita que o *status* mais alto de alguém no momento necessariamente significa que ele deve se desvalorizar? O indivíduo consegue descrever outros aspecto do autoconceito ou autoestima que são independentes do *status*? Como o indivíduo responde ao sucesso dos outros – esquiva, crítica, sarcasmo, busca de reafirmação, autocrítica? Desvaloriza pessoas que atingem um *status* mais elevado, buscando a confirmação dos outros de que elas não são merecedoras?

Uma conceitualização de caso foi usada com um paciente que ficava ansioso, irritado e desanimado quando estava com colegas que tinham atingido um *status* mais elevado na sua empresa. O terapeuta indicou que dominância e *status* fazem parte da maioria dos grupos, que a evolução selecionava uma preferência pelo *status* dominante e que essas pressões evolucionárias estavam baseadas em condições de escassez severa no ambiente evolucionário relevante. No entanto, tais condições severas não mais existem, portanto, as tendências a ser preocupado quanto ao *status* são menos relevantes hoje. O paciente descreveu como sua mãe enfatizava o *status* e o sucesso e como ela tinha se envolvido excessivamente em sua vida, com frequência tentando tomar decisões sobre suas atividades lúdicas e amizades. Sentia-se marginalizado pelas outras crianças, que o tratavam como um intruso, levando-o a se afastar mais para procurar a aprovação da sua genitora. O *status* era definido para ele pelo sucesso acadêmico, o qual perseguia incansavelmente; contudo, ainda tinha o sentimento de que era um intruso, que os outros o achavam enfadonho, sem graça para se conviver e que "não é um de nós". Ele atribuía sua falta de pertencimento ao seu defeito básico de "falta de personalidade", que, então, o deixava mais esquivo e socialmente ansioso. Esse estilo interpessoal hesitante o impedia de formar alianças e trabalhar para a inclusão social no seu emprego, já que estava constantemente engajado leituras mentais de que não era desejado, que estava sendo rejeitado e nunca teria sucesso em "alcançar o topo". Ele acreditava que apenas alcançando o topo poderia se sentir seguro. Os desencadeantes para sua inveja eram tomar conhecimento do sucesso de outros ou ouvir falar que um colega tinha sido incluído em um projeto. Interpretava o sucesso ou inclusão deles como indicativo do seu *status* marginalizado. Sua inveja era mais depressiva, caracterizada por impotência, lamento, autocrítica e tristeza – embora expressasse raiva em relação à "injustiça do sistema", o qual, segundo ele, não reconhecia o seu "verdadeiro mérito". Isso tudo levava à ruminação depressiva excessiva: "Por que eu? Não posso acreditar que não estou incluído. Tenho algum futuro aqui? Eu vou continuar a ser marginalizado e nunca vou evoluir". Essa conceitualização de caso foi extremamente valiosa na implementação de muitas das técnicas descritas neste capítulo.

## Associando inveja a valores

Inveja implica que o indivíduo está ficando para trás numa dimensão de desempenho valorizada. Por exemplo, se não valoriza ser um grande jogador de tênis, então ouvir falar que alguém joga melhor não vai ativar inveja. Contudo, se encarar o êxito financeiro como uma medida de "ser importante" – ou como uma medida de "sucesso ou fracasso" –, será vulnerável a invejar aqueles que são mais bem-sucedidos financeiramente. As autoavaliações também estão relacionadas a valores: por exemplo, um indivíduo que valoriza ser popular acima de tudo pode ser vulnerável a se sentir marginalizado. O terapeuta pode investigar quais valores estão sendo ameaçados pela percepção do sucesso dos outros. O indivíduo está excessivamente focado em um valor específico – por exemplo, popularidade, sucesso financeiro, reconhecimento ou atração física? Que outros valores ele tem? Qual é a sua hierarquia de valores?

Terapeuta: Você parece estar focado no valor do seu título na empresa, como se esse título definisse o seu valor como ser humano.
Paciente: Eu sei. Mas é importante para mim.
Terapeuta: É bom ter objetivos e ser consciencioso. Mas me pergunto sobre outros valores que você pode ter. Por exemplo, onde colocaria o bem-estar da sua família e o seu relacionamento com sua esposa e filhos em nosso sistema de valores?
Paciente: Eles deveriam ser mais importantes, mas tenho estado muito ocupado com o trabalho e deprimido por não evoluir.
Terapeuta: Onde você colocaria suas saúdes física e mental no seu sistema de valores?

Paciente: Elas estão padecendo. Eu não tenho me exercitado e ando comendo demais. Minha esposa acha que bebo demais; talvez eu beba.
Terapeuta: Onde você colocaria ser um bom amigo no seu sistema de valores?
Paciente: Eu perdi contato com os meus amigos.

O terapeuta pode afirmar que estar bem em qualquer valor em que o paciente esteja focado pode ser importante, mas também examinar se o foco nesse desempenho ou *status* excluiu outros valores:

> "E se você tentasse focar em outros valores além daquele com que está preocupado? Se tivesse um relacionamento melhor com a sua família e valorizasse isso, ou se você se conectasse com seus amigos e valorizasse isso, talvez conseguisse atingir outros valores que significam alguma coisa para você. Se estiver focado apenas em uma coisa, excluindo todas as outras, pode perder sua perspectiva."

Além disso, o valor do sucesso do paciente no trabalho pode ser reestruturado como "retidão" ou "fazer um bom trabalho". Isso pode ser separado do *status*: "É possível ter algum orgulho no trabalho que você faz todos os dias – em tarefas que realiza –, em vez de se comparar simplesmente em termos do *status*?". Por exemplo, o paciente da conceitualização de caso descrita anteriormente conseguiu mudar das preocupações com o *status* para foco na realização do seu trabalho e procurar oportunidades de desafio. Igualmente, o foco excessivo em aparências como *status* pode ser reestruturado como "sendo gratificante para outras pessoas".

## Desconstruindo sucesso e fracasso

Uma pessoa com inveja provavelmente irá encarar o sucesso ou o fracasso como categórico – isto é, em termos de tudo ou nada: "Ou sou um sucesso ou um fracasso". O êxito é visto como uma qualidade de traço que o indivíduo possui – e que talvez não possa ser modificada. Em contraste, o terapeuta pode mencionar que uma pessoa pode ter sucesso ou bom desempenho em vários graus, numa variedade de tarefas, em diferentes momentos. O profissional pode usar a técnica do *continuum* para avaliar o sucesso ao longo de inúmeras dimensões para diferentes comportamentos em diferentes momentos:

Terapeuta: Parece que você encara sucesso e fracasso em termos de tudo ou nada. E também pode se rotular como um "sucesso" ou "fracasso". Eu me pergunto se isso faz sentido. Imagine que vai ver a sua médica e ela diz: "Seus testes laboratoriais estão ótimos, e você parece muito saudável, mas descobrimos a partir dos exames que você é um fracasso como ser humano". Isso faria sentido?

Paciente: (*Ri*). Não, acho que isso soa absurdo.
Terapeuta: Mas você está dizendo isso sobre si às vezes. E se lhe atribuíssemos uma nota de 0 a 100 em 10 tarefas ou tipos de comportamento diferentes? Por exemplo, você trabalhou com os clientes e teve algum sucesso?
Paciente: Sim, eu me saí bem. Alguns dos clientes gostam de mim.
Terapeuta: OK, então se examinássemos como você se saiu com os últimos cinco clientes com quem trabalhou, que tipo de nota alguém lhe daria para cada um?
Paciente: Poderia variar entre 80 e 90. Acho que me saio muito bem. Eu não sou perfeito.
Terapeuta: E imagino que haja muitos comportamentos nos quais você se engaje com cada cliente, e que poderia se classificar nesta escala de acordo com cada comportamento em cada dia. Você concluiria que o seu desempenho varia com o dia, o cliente, o comportamento e a tarefa?
Paciente: Sim. Alguns clientes são mais fáceis de trabalhar, e alguns dos projetos são muito complicados.
Terapeuta: Então se o seu desempenho varia tanto, faz sentido atribuir a alguém um rótulo geral de "sucesso" ou "fracasso"?
Paciente: Não, acho que isso é ir muito longe. Depende do que você está fazendo.
Terapeuta: E se examinássemos o desempenho dessa pessoa que você rotula como um "sucesso", você também poderia encontrar muita variabilidade?
Paciente: Sim, existem algumas coisas que ele não faz tão bem. De fato, existem algumas coisas que eu faço melhor. Mas, como já disse, isso depende.
Terapeuta: Talvez possamos ter em mente o que você acabou de dizer – "Isso depende".

Assim como podem ser vistos vários graus de sucesso ao longo de um contínuo, as respostas emocionais ao fracasso em uma tarefa podem evocar outras emoções além da frustração e um sentimento de derrota pessoal. O terapeuta pode sugerir que os resultados em tarefas podem ser vistos como experiências de aprendizagem que podem despertar sentimentos de curiosidade, um senso de desafio e uma oportunidade de aprender.

## Examinando a inveja como ruminação depressiva ou raivosa

A inveja raramente é uma emoção passageira. Os indivíduos que sentem inveja tendem a ruminar, a martelar no sentimento de "injustiça", a focar no próprio ressentimento e a pensar nas implicações negativas do sucesso da outra pessoa para a sua "falta de sucesso". Por exemplo, o homem que foi ignorado para promoção (conforme descrito no início deste capítulo) passava parte de cada fim de semana ruminando a inveja do seu colega. Além do mais, a natureza da ruminação é tanto depressiva quanto raivosa. Focando no seu sentimento de "derrota" e "humilhação", o homem ignorado ruminava sobre como estava ficando para trás, como estava preso a uma armadilha e como tinha fracassado. Alternativamente, a ruminação também pode ativar sentimentos de raiva – até mesmo o desejo de vingança. Encurralada por pensamentos negativos recorrentes e isolada dos outros, a pessoa invejosa pode se afastar de aspectos da vida possivelmente mais gratificantes.

Como ocorre com qualquer forma de preocupação ou ruminação, uma abordagem integrativa cognitivo-comportamental pode ser útil. Isso inclui as seguintes etapas: (1) identificar e rastrear exemplos de ruminação para aumentar a autoconsciência do enfrentamento problemático; (2) avaliar os custos e os benefícios da ruminação; (3) questionar se ela é produtiva (p. ex., "Ela leva a fazer progresso quanto aos objetivos valorizados?"); (4) se for improdutiva, questionar se existe alguma injustiça, incerteza ou desigualdade que possa ser "aceita" como fora do controle do paciente; (5) reservar um tempo para ruminação (em cujo momento o paciente pode usar técnicas cognitivo-comportamentais); (6) perguntar: "Quais pensamentos são desencadeados pelo sucesso do outro?"; e (7) questionar: "Como você desafiaria esses pensamentos?".

Por exemplo, alguns indivíduos acreditam que o sucesso dos outros significa seu próprio fracasso, que estes (e os outros em geral) estão pensando mal deles ou que não podem ser felizes se outras pessoas estão tendo melhores resultados – especialmente se o sucesso alheio é visto como imerecido. Tais pensamentos podem ser examinados quanto a seus custos e benefícios e em busca de evidências que os apoiem, também podendo ser apresentadas interpretações alternativas. Por exemplo, a ideia de que "Eu fracassei se outra pessoa teve sucesso" pode ser testada:

> "Isto significaria que nada do que você faz tem valor? Quais são alguns comportamentos produtivos em que você se engaja? Você está olhando para o sucesso e o fracasso em termos de tudo ou nada? E se olhasse para diferentes comportamentos que 'compensam' e os rastreasse todos os dias?"

O pensamento de que "Os outros estão pensando no meu fracasso" pode ser testado:

> "Você está envolvido em fazer leitura mental? Como sabe o que os outros estão pensando neste momento? Você está sempre pensando nas pessoas e em como elas estão se saindo? Em que você está pensando quando não está pensando na situação dos outros? Está personalizando o que os outros conseguem alcançar? É possível que o sucesso alheio seja irrelevante?"

O pensamento de que "Eu não posso ser feliz se os outros estiverem tendo melhores resultados" pode ser avaliado:

> "Isso significa que ninguém mais pode ter prazer se alguém tiver melhor desempenho? Você sabe de outras pessoas que não foram promovidas e que estão engajadas em comportamentos prazerosos – que são felizes? O sucesso da outra pessoa, ou a sua tendência a personalizar, ler a mente, se autojulgar e ruminar é o que o torna infeliz? Rastreie o seu sucesso a cada hora da semana e veja se existe algum prazer ou controle que você experimenta."

Uma alternativa para a ruminação depressiva é praticar a atenção plena ao momento presente (*mindfulness*). Por exemplo, em vez de ruminar sobre danos passados ou sentimentos atuais de injustiça, o paciente pode praticar a consciência plena da respiração ou a observação consciente do ambiente atual. Além disso, conforme descrito em capítulos anteriores, técnicas metacognitivas de "consciência independente" – por exemplo a observação de um pensamento ruminativo como uma chamada telefônica que não é atendida ou um trem no qual o indivíduo opta por não embarcar – pode ajudar a dissociar o indivíduo do enredamento com pensamentos intrusivos (Wells, 2009). Além do mais, o sujeito pode focar em outra ação produtiva ou comportamento prazeroso durante o momento. Por exemplo, em vez de focar no sucesso de outra pessoa, pode direcionar sua energia para atividades prazerosas, como exercitar-se, brincar com os filhos, ler um livro ou dar uma caminhada. Ainda, pode trabalhar em outros projetos que podem ou não estar relacionados ao tema do sucesso ou *status*. A ocorrência de um pensamento intrusivo de inveja não implica engajamento continuado a ele.

### Transformando a inveja em admiração e incentivo

Conforme observado anteriormente, a "inveja benigna" pode ser usada como uma força motivadora para tornar o indivíduo melhor. Isto é, em vez de ruminar a inveja, ele pode reconhecer o sentimento, normalizá-lo, validá-lo e, então, usá-lo de maneira construtiva. Por exemplo, alguém que observa que outra pessoa é promovida pode reconhecer que sente inveja *no momento presente*. A ênfase está no "momento presente", já que o argumento aqui é que as emoções são transitórias; elas são atenuadas à medida que ocorrem outras experiências ou emoções. A próxima etapa pode ser reestruturar parte da inveja, transformando-a em admiração das habilidades e sucesso da outra pessoa: "Eu posso admirar como ele [ou ela] foi capaz de ser produtivo e formar alianças valiosas". A admiração é um elemento central no papel efetivo de modelar e desenvolver um senso de competência pessoal; o indivíduo pode procurar outras pessoas a quem admire. A "admiração" possui uma conotação mais positiva do que a "inveja", na medida em que ela reconhece que as habilidades de outros podem ser valorizadas pelo indivíduo e que ele pode observá-las (admirá-las) sem o afeto negativo envolvido na "inveja". A terceira etapa pode ser o incentivo. Por exemplo, o indivíduo pode se perguntar: "Que estratégia eu posso usar para alcançar estas habilidades e poder melhorar a minha posição?". Este seria um uso produtivo da inveja.

Por exemplo, no caso do indivíduo que ruminava sobre a promoção de outra pessoa, ele conseguiu mudar seu foco para identificar as habilidades e alianças que o outro exemplificava. Estas, então, passaram a ser seus comportamentos-alvo, transformando-o de alguém que evitava interações com o alvo invejado para alguém que queria observar e aprender com ele.

## Colocando o *status* em perspectiva

A inveja é frequentemente resultado da tendência a supervalorizar o *status* dentro de uma hierarquia específica. As hierarquias de *status* são quase sempre "locais"; ou seja, em geral apenas aqueles dentro de um pequeno grupo de referência sabem qual é a hierarquia (De Botton, 2004). No entanto, os indivíduos que sentem inveja podem achar que a sua hierarquia particular é conhecida por todos e que, de alguma forma, ela reflete o seu valor principal como seres humanos. O homem que foi ignorado comentou: "Se alguém está a minha frente e recebe uma promoção, isso significa que sou um fracasso – eu não sou nada. Então penso: 'Não tem sentido seguir em frente'". Ele continuou: "Sinto que quando não estou no trabalho, todos estão pensando que fui preterido – que eu sou um perdedor". O *status* é geralmente encarado em termos de tudo ou nada – "Ou você tem ou não tem" – e também é visto como algo no que as pessoas estão pensando o tempo todo.

Uma abordagem para isto é examinar o que significa "*status*" – e o que não significa. Por exemplo, dentro da cultura de um escritório, pode significar o tipo de cargo que uma pessoa tem, a compensação que recebe ou as responsabilidades que lhe são atribuídas. No entanto, mesmo um indivíduo que não tem o "*status* mais alto" ainda pode fazer um trabalho competente, interagir com os outros, receber compensações e ter uma vida fora do escritório. O terapeuta pode perguntar:

> "Faz sentido que as pessoas sempre estejam pensando no *status* que você tem? Em que outras coisas elas poderiam estar pensando? Antes de [o evento específico que desencadeou inveja], havia outras coisas além do *status* em que você estava pensando? O *status* pode ser generalizado entre as diversas situações? Por exemplo, se você tem um *status* mais elevado dentro de um grupo de colegas, significa que o tem em todas as interações na vida? Quando você está com amigos e a família, existem aspectos destas interações que são prazerosos e não envolvem *status*?"

O profissional também pode perguntar: "Se o *status* não existisse, você ainda conseguiria ser eficiente no trabalho, ter amigos, ter intimidade ou se divertir?". O paciente que tem inveja do *status* alheio percebido pode examinar quando está sentindo prazer e controle, bem como se tudo isso, ou parte, está relacionado ao *status*. Por exemplo, o terapeuta pode investigar: "Quando você está brincando com seus filhos, conversando com seus amigos, assistindo a um evento esportivo na televisão, fazendo uma refeição deliciosa ou fazendo sexo com sua esposa, está tendo prazer por causa do *status* ou por alguma outra coisa?".

Muitas pessoas que sentem inveja veem a vida como uma corrida ("Eu estou ficando para trás") ou como uma escada a ser escalada ("Ela está mais alto do que eu"). Tais metáforas para "sucesso" e "competição" frequentemente dão ao indivíduo uma crença de que existe uma corrida real ou uma escada real e que é necessário "passar à frente". A implicação seria que qualquer um que não esteja à frente na corrida ou nos degraus mais altos da escada seria necessariamente infeliz. O terapeuta pode ajudar o paciente a identificar essas metáforas e a examinar os custos e os benefícios de ver a si mesmo e a vida nestes termos:

> "Se sairmos à rua, conseguiremos ver uma corrida em andamento? Existem diferentes pessoas em diferentes corridas? Se alguém estiver parado, ele está ficando para trás? Todos veem as coisas dessa forma? Essa metáfora não leva a uma pressão indevida, a uma tendência a ignorar partes importantes da vida, estresse por não conseguir fazer tudo, preocupação excessiva com a opinião dos outros e autocrítica? E se a metáfora fosse substituída por uma visão de que existem muitos diferentes tipos de comportamentos que são gratificantes e de experiências que são significativos? Por exemplo, e se a metáfora fosse de uma equipe que trabalha em conjunto para atingir um objetivo?"

### Mudando a ênfase do *status* para a experiência

Erich Fromm, em *Ter ou ser* (1976), contrasta dois modos de existência: um foca nos resultados, controle, aquisição e dominação (o modo "ter") e o outro foca na experiência e conexão (o modo "ser"). O primeiro se concentra na competitividade e definição do significado do indivíduo por meio de hierarquias de *status* e de ganhar-ou-perder. Isso contribui para a insatisfação, preocupação com perda do *status* e inveja. Os indivíduos que são excessivamente focados nesse modo podem ser encorajados a mudar (pelo menos em parte) para o modo ser, com sua ênfase em viver experiências significativas, permanecer no momento presente, conectar-se, valorizar-se e ter experiências conscientes com o que é simples e universal. Por exemplo, o terapeuta sugeriu ao paciente excessivamente preocupado com a posição na hierarquia de *status* que ele considerasse outras formas de ser:

Terapeuta: Existem duas formas de abordar a vida. Uma está focada nos resultados e nas aquisições; a outra, na experiência e na conexão. Por exemplo, se você focasse na experiência, estaria ouvindo música, compartilhando uma lembrança com sua esposa, brincando com um dos seus filhos, nadando na água fresca ou andando por um caminho no bosque. Eu gostaria de saber como você está se saindo com esse tipo de experiências em sua vida.

Paciente: Não muito bem, eu acho. Estou focado no trabalho e em me sentir ressentido.

Terapeuta: OK. Isso é algo a ser considerado. Por exemplo, e se focasse em brincar com um dos seus filhos? Como seria essa experiência?

Paciente: Acho que a maioria das vezes estou muito preocupado com o trabalho. Eu adoro brincar com minha filha. Ela tem 6 anos e se diverte muito simplesmente fazendo bobagens e chutando uma bola de futebol. E rindo. Ela ri muito.

Terapeuta: Então, quando você recorda isso agora, como se sente?

Paciente: Me sinto bem – mas isso também faz eu me sentir um pouco culpado porque não passo tempo suficiente com ela. Nem com meus outros filhos.

Terapeuta: Bem, esta é uma experiência que deve ser aproveitada, você não acha? E se conseguisse ver o mundo pelo ponto de vista da sua filha – estar no momento presente, levar as brincadeiras a sério, ver alguma coisa pela primeira vez – como seria isso para você?

Paciente: Ver alguma coisa pela primeira vez? O que isso quer dizer?

Terapeuta: Bem, você gosta de música. Imagine que você estivesse ouvindo sua peça de música favorita pela primeira vez, como se nunca a tivesse escutado antes. Você teria um sentimento de apreciação. Ouviria com muita atenção. Teria um sentimento de admiração.

Paciente: Eu costumava me sentir assim.

## Diferenciando autoconceito de *status*

Inveja e preocupação com o *status* frequentemente envolvem igualar o próprio autoconceito com uma classe ou *status* particular. Por exemplo, as declarações: "Eu sou diretor executivo", "Eu sou o diretor" e "Eu sou o encarregado" transmitem um senso de equiparação do *self* com um título ou *status*. O paciente que acredita que "Eu não sou nada porque não fui promovido" equacionou seu autoconceito com a nova posição. O terapeuta pode ajudar a examinar esta crença:

> "Se você não é nada porque não foi promovido, isso significa que, mesmo que fosse promovido, você teria sido um nada no momento anterior à promoção. Isso faz sentido? Eles promoveram um 'nada'? A pessoa que foi promovida era um 'nada'?"

O terapeuta pode investigar mais sobre a visão dicotômica que o indivíduo tem de si, pedindo que descreva todos os diferentes papéis que ocupou e experiências que teve nos últimos dois anos:

Terapeuta: Você poderia descrever os papéis que tem em sua vida? Por exemplo, você não é marido, pai, irmão, amigo, membro da comunidade, treinador do time do seu filho mais velho, alguém que aprende, que gosta de esportes, que lê, que se exercita, que tem uma vida espiritual?
Paciente: São muitos papéis. Não sei por onde começar.
Terapeuta: Comecemos pela sua família. Quais são algumas coisas que você faz com eles?
Paciente: Eu jogo futebol com meu filho. Nós andamos de bicicleta nos fins de semana. Sei lá, nós assistimos filmes juntos, conversamos e rimos juntos. Eu ajudo as crianças com o dever de casa.
Terapeuta: Então se ampliássemos essa discussão para descrever todos os outros papéis que você desempenha – todas as experiências que tem –, todos eles estariam relacionados a *status*?
Paciente: Na verdade, não. Isso faz mais parte de ser um ser humano.
Terapeuta: Vamos ter isso em mente quando você pensar em si com um "nada" porque não foi promovido.

## Universalizando a humanidade

A inveja está baseada em crenças sobre a divisão das pessoas em *status* mais alto e mais baixo, frequentemente relegando aqueles de *status* mais baixo à percepção de qualidades de menos valor. A mente invejosa vê as pessoas como divididas dessa maneira; algumas são vistas como menos merecedoras, outras são vistas como autorizadas. Em contraste com a divisão das pessoas em hierarquias, a pessoa invejosa pode ser convidada a considerar a possibilidade da natureza universal dos seres humanos. Desafiar uma hierarquia envolve encontrar as semelhanças entre os humanos:

> "Você conhece pessoas que têm menos dinheiro, menos sucesso ou menos *status* do que você? Vamos pensar em algumas pessoas assim. Elas têm pais? O que você acha que elas faziam quando eram crianças? Como se relacionam com seus amigos? Elas celebram datas comemorativas? Quando conversam com seus filhos, sobre o que falam? Do que riem? Pelo que choram? O que você tem em comum com elas?"

O terapeuta pode ajudar o cliente a pensar em formas de respeitar e amar pessoas que têm *status* mais baixo na hierarquia particular dele. Por exemplo, um indivíduo com alto grau de instrução que estava preocupado com seu *status* na universidade refletia sobre as pessoas que amava na sua infância: "Eu cresci no Brooklyn, antes de ser tão legal viver no Brooklyn. Nós éramos pobres; meus pais eram imigrantes que escaparam dos nazistas. Eu me lembro do meu avô, que aparentemente tinha mais tempo para mim do que o meu pai tinha. Sim, eu os amava". Sentir-se conectado com pessoas de diferentes níveis educacionais, nível de renda, raças e cultura pode ajudar o indivíduo a colocar o "*status*" no seu lugar.

Ampliando ainda mais a ideia da humanidade universal, o terapeuta pode sugerir que o paciente dirija diariamente bondade e compaixão para aqueles de *status* mais baixo. Uma vez que o *status* divide e aliena as pessoas, enquanto a compaixão as une, o cliente pode experimentar os sentimentos em si mesmo e nos outros depois de direcionar a bondade para estranhos. Por exemplo, uma paciente que era preocupada em perder o *status* estava direcionada para dar mais dinheiro a pessoas desabrigadas todos os dias, olhar em seus olhos e desejar-lhes boa sorte. Ela declarou que esta era uma experiência emocional extraordinária, ajudando-a a reconhecer que poderia ser melhor do que muitas pessoas, mas também ainda muito melhor quando conseguia dar alguma coisa para alguém. O modelo focado no esquema emocional propõe que certas emoções podem "triunfar" sobre outras; neste caso, a bondade e a apreciação pelo que o indivíduo tem podem prevalecer sobre a inveja do *status*.

## Praticando apreciação e gratidão

Conforme mencionamos, a apreciação e a gratidão pelo que o indivíduo já possui podem compensar os sentimentos de inveja do *status*, os quais estão geralmente focados em algo que lhe falta ou que nunca teve. Tais emoções positivas ampliam o pensamento e melhoram o funcionamento cognitivo e geram um sentimento de bem-estar (Fredrickson, 2004). "Apreciação" é um reconhecimento consciente de que o indivíduo tem a sorte de ter o que tem e agradecer por isso de um modo geral. "Gratidão" envolve agradecer diretamente a alguém pela boa sorte que se teve. Um paciente pode ser direcionado para aspectos da vida que ele atualmente aprecia (trabalho, amigos, filhos, parceiro, bem-estar físico, etc.). Além disso, pode refletir sobre as pessoas a quem gostaria de agradecer pelas suas contribuições no passado – começando pelos pais e professores e amigos de infância. Todos os dias o paciente pode escrever uma breve declaração de gratidão para uma dessas pessoas, mesmo que ela já tenha morrido. Visto que a inveja frequentemente envolve um foco em algo que está faltando para o indivíduo ou que ele nunca teve, a gratidão retoma o foco da atenção para aquilo que ele tem a sorte de ter. É difícil ter emoções de gratidão e inveja ao mesmo tempo. O clínico pode utilizar as intervenções de gratidão descritas no Capítulo 9 sobre valores. A gratidão afasta o indivíduo de comparações sociais e de um sentimento de estar ficando para trás numa corrida interminável. Ela substitui essas comparações e a competição pela consciência daquilo que o sujeito tem, vivencia e viveu.

### Praticando a ação oposta

A técnica da TCD de agir em oposição à própria emoção (Linehan, 1993, 2015; Linehan et al., 2007) é uma intervenção poderosa, capaz de modificar como o indivíduo responde à inveja. Por exemplo, em vez de responder aos sentimentos de inveja invalidando a si ou aos outros, pode direcionar a "bondade amorosa" para o alvo invejado. Essa é uma forma da prática budista de *metta bhavana*, em que o indivíduo direciona sentimentos de bondade amorosa a si, aos amigos, aos estranhos, aos inimigos e a todos os seres sensíveis. No caso do sentimento de inveja, chegar ao ponto de desejar o bem a uma pessoa invejada pode parecer uma tarefa impraticável – talvez até desnecessária. No entanto, mudar o foco da raiva e inveja depressiva para a empatia, a compaixão e a bondade possibilita renunciar a essas emoções perturbadoras e experimentar maior bem-estar psicológico e físico (Ameli, 2014; Fredrickson, 1998, 2013; Fredrickson, Cohn, Coffey, Pek, & Finkel, 2008; Hawkley & Cacioppo, 2010).

Terapeuta: Posso ver que você se sente envolvida nas emoções de raiva, tristeza e ressentimento. Deve ser duro carregar tudo isso consigo – duro para você, eu diria. Uma técnica que nós descobrimos ser útil para se desvencilhar desses sentimentos é focar na bondade amorosa para consigo mesma e com os outros. Quando estamos sentindo compaixão e bondade, é difícil que fiquemos triste e com raiva. Vamos começar, se estiver disposta, direcionando um pouco de bondade amorosa para você mesma. Feche os olhos e imagine que está dizendo: "Que eu seja feliz. Que eu fique bem. Que eu fique segura. Que eu fique em paz e tranquila".

Paciente: "Que eu seja feliz. Que eu fique bem. Que eu fique segura. Que eu fique em paz e tranquila".

Terapeuta: Agora, permaneça com esse pensamento e observe seus sentimentos. Observe esses sentimentos.

Paciente: Eu me sinto calma, em paz.

Terapeuta: OK. Agora pense em um amigo ou um membro da família com quem você se importa. E repita lentamente: "Que seja feliz. Que fique bem. Que fique seguro. Que fique em paz e tranquilo".

Paciente: OK, estou pensando no meu marido. OK. "Que seja feliz. Que fique bem. Que fique seguro. Que fique em paz e tranquilo".

Terapeuta: Agora vamos focar na pessoa de quem você sente inveja. Vamos colocar o rosto dela na sua mente; repita lentamente, direcionando seus sentimentos de bondade para ela: "Que você seja feliz. Que fique bem. Que fique segura. Que você fique em paz e tranquila".

Paciente: Oh, isso vai ser difícil. OK. "Que você seja feliz. Que fique bem. Que fique segura. Que fique em paz e tranquila". OK.

Terapeuta: Agora permaneça com esse sentimento de bondade amorosa em relação a ela. Observe a sua respiração indo e vindo e exale sua bondade na direção dela. Sinta a bondade fluindo até ela.

Paciente: Estou tentando.

Terapeuta: OK. Está bem. Agora, enquanto você está sentindo bondade amorosa, traga isso de volta para si, repetindo: "Que eu seja feliz. Que eu fique bem. Que eu fique segura. Que eu fique em paz e tranquila".

Paciente: Sim, eu sinto isso.

## Lidando com a resistência em abandonar a inveja

Alguns pacientes acham que não podem ou não devem abandonar seus pensamentos, sentimentos e comportamentos de inveja. Conforme indicado anteriormente, algumas pessoas acreditam que a inveja as motiva a se esforçar mais. Outras creem que tal emoção lhes dará uma margem de competitividade e insatisfação que ajudará a ser mais competitivos. Existem, ainda, aqueles que acreditam que a inveja é simplesmente a forma como nos sentimos, e que não podem ou não irão mudar seus sentimentos. Alguns acreditam que abandonar a sua inveja significa "ficar livres de uma situação difícil muito facilmente" – que eles deveriam se sentir desconfortáveis por não estar à altura dos outros e que sua inveja é realista. Outros resistem em abrir mão dessa emoção porque comparam modificá-la a dizer que a injustiça é aceitável – que estão se permitindo ser tratados injustamente. Outros, ainda, acreditam que a inveja lhes dará motivação para reagir a pessoas que não são merecedoras ou que são percebidas como aquelas que os privam da sua posição legítima na hierarquia do *status*.

Já examinamos a alegação de que a inveja motiva. Obviamente, existem muitos casos em que isso é verdadeiro, mas também pressupõe que o indivíduo não teria motivação sem inveja. É possível imaginar que alguém trabalhe com afinco porque tem orgulho em se sair bem, porque o trabalho é intrinsecamente interessante ou porque recebe um bônus por desempenho. Nenhuma dessas alternativas envolve inveja. De fato, se o indivíduo é motivado apenas pela inveja, é possível que possa se sair bem, mas fique infeliz e ansioso no processo. Além disso, é claro, se trabalha arduamente, mas outros têm melhores resultados, depender primariamente da inveja para se motivar irá resultar num sentimento de humilhação e derrota pessoal.

A alegação de que "Eu devo ser invejoso porque é simplesmente assim que me sinto" sugeriria que nenhum sentimento jamais pode ser mudado. Em tal caso, o terapeuta pode questionar: "Você já teve outros sentimentos negativos no passado e algum deles mudou? Quais seriam as vantagens de sentir menos inveja?". A inveja parece agir apenas como um mergulho na depressão e raiva. O terapeuta pode perguntar: "Qual é a vantagem de estar em dificuldade? Em vez de estar em dificuldades, você consegue imaginar ser mais produtivo, ter uma ampla gama de fontes de significado e recompensa e deixar de lado a ruminação que o coloca em dificuldades?".

O desejo de retaliação ou sabotagem é um sentimento forte para uma pessoa que luta contra a inveja. Ter prazer com o fracasso dos outros – *Schadenfreude* – pode ser um fenômeno universal, conforme observado anteriormente neste capítulo. Contudo, ruminar sobre os infortúnios alheios pode não ser a forma mais gratificante de passar pela vida. Focar nos objetivos negativos – como encarar a competição como o "inimigo" – pode privar o indivíduo do prazer intrínseco do trabalho em si. Livrar-se de objetivos retaliadores não significa dizer que tudo é justo ou que o indivíduo não merece um tratamento melhor. Em vez disso, permite que ele se afaste da competição com outros para se engajar na definição de objetivos mais produtivos. Por exemplo, pode ser menos ansiogênico focar em realizar o trabalho ou se engajar em interações positivas com a própria família do que fantasiar sobre o fracasso dos outros. Mesmo uma sugestão bem-humorada pode ser útil: "Qual cartão de cumprimentos você gostaria de receber: 'Desejo que você e sua família tenham inúmeros momentos maravilhosos' ou 'Desejo que você passe muito tempo fantasiando sobre o fracasso de outras pessoas'?".

## RESUMO

A inveja pode ser benigna ou maliciosa, e também pode ser depressiva ou hostil. Muitos indivíduos a experimentam, mas têm vergonha de admitir que essa seja a sua emoção; focam na injustiça do sucesso de outros, cismam com seu próprio sentimento de fracasso e impotência ou (em muitos casos) se recusam até mesmo a mencionar a emoção que abrigam em silêncio conturbado. Frequentemente associada à ruminação, amargura, esquiva, impotência e ao desejo de vingança, a inveja pode levar a comportamentos autodestrutivos que alienam os amigos, a família e os colegas, capazes até mesmo de colocar em risco a posição dos indivíduos invejosos no ambiente de trabalho. O modelo focado no esquema emocional integrado auxilia os pacientes a compreender essa emoção, universalizando a experiência da comparação social e inveja, bem como distinguindo entre a experiência produtiva e improdutiva dela. Os terapeutas podem utilizar o modelo focado no esquema emocional junto com modelos cognitivos, metacognitivos, TAC e TCD para ajudar os pacientes a enfrentar esses pensamentos e experiências intrusivas e difíceis.

Capítulo 12

# ESQUEMAS EMOCIONAIS NAS RELAÇÕES DE CASAL

> De almas sinceras a união sincera
> Não há nada que impeça. Amor não é amor
> Se quando encontra obstáculos se altera
> Ou se vacila ao mínimo temor...
>
> – WILLIAM SHAKESPEARE, Soneto 116

Um homem casado descrito no Capítulo 4 veio à terapeuta "porque a minha esposa acha que eu tenho problemas com a raiva": "Sabe, se ela ao menos prestasse atenção ao que digo, nós não teríamos esses problemas. Quer dizer, quantas vezes eu tenho que lhe pedir para fazer alguma coisa? Sei que não devia gritar com ela, mas parece que essa é a única forma de fazê-la prestar atenção". Como o homem respondia quando ela falava com ele? "Eu queria que ela fosse direto ao ponto. Eu sou o tipo de cara que resolve as coisas. Você me conta um problema e eu vou encontrar a solução". Esse indivíduo ilustra inúmeros problemas na comunicação e no seu entendimento da emoção que estimulavam sua raiva, faziam-no se afastar da sua esposa e a levavam a se sentir humilhada e dominada.

O modelo focado no esquema emocional propõe que as relações de casal envolvem consciência e respeito pelas emoções de ambas as partes. Esse cliente em particular endossava várias dimensões de crenças problemáticas sobre as emoções da sua esposa – ou sua comunicação da emoção: duração ("As emoções dela não têm fim"); controle ("Ela começa a ficar incomodada e não consegue controlar como se sente. Ela deveria se controlar mais"); falta de compreensibilidade ("Ela não faz sentido. Ela deveria estar feliz"); falta de consenso ("As emoções dela são diferentes daquelas que as outras pessoas têm"); racionalidade ("Ela devia ser racional, lógica e factual"); culpa ("Ela é o problema – ela não deveria ser difícil"); falta de aceitação ("Não consigo aguentar o mau humor dela"); falta de validação ("Eu não quero ouvir essas queixas. Elas não fazem sentido para mim"); e expressão ("Ela quer falar e falar; eu quero resolver os problemas").

Tais crenças e estilos de interação num relacionamento íntimo são fatores que contribuem significativamente para desacordo e para aumentar o risco de depressão em ambos os parceiros. Em nossa pesquisa, usamos a Escala de Esquemas Emocionais no Relacionamento de 14 itens (RESS; veja o Cap. 4, Fig. 4.2) para coletar dados de mais de 300 pacientes adultos que coabitavam ou eram casados. Esse questionário simples avalia como um paciente vê a resposta do parceiro às dificuldades emocionais do indivíduo. Uma pontuação composta nesse questionário curto representou quase 36% da variância na Escala de Ajustamento Diádico (DAS), revelando ser um melhor preditor da satisfação no relacionamento do que a depressão ou esquemas emocionais do próprio sujeito.

Neste capítulo, descrevo como as teorias implícitas das emoções dos outros podem levar a respostas desnecessárias ao sofrimento emocional nas relações de casal, tais como menosprezo, respostas desdenhosas, obstrução ou controle exagerado. Reviso estratégias para avaliar teorias sobre emoções nos outros, modificar crenças sobre sentimentos e implantar estratégias adaptativas para interação emocional. Além disso, examino a resistência à utilização de estratégias "úteis", como crenças sobre justiça e alternância; pressupostos de que a validação só irá perpetuar as queixas; crenças de que o indivíduo tem que consertar o problema em vez de compartilhá-lo; e crenças de que o indivíduo não pode tolerar ouvir as emoções de outra pessoa. Examino o valor das técnicas de aceitação, atenção plena e mente compassiva, bem como o exame de crenças do esquema emocional sobre os sentimentos dos parceiros – como generalização excessiva, demandas excessivas de racionalidade, rotular o defeito e a concentração excessiva na solução do problema e vencer a discussão.

## ESQUEMAS EMOCIONAIS E ESTILOS DISFUNCIONAIS DE RELACIONAMENTO

Como ilustra o exemplo do homem casado, um indivíduo pode endossar uma ampla variedade de crenças negativas sobre emoção, e estas estão relacionadas à insatisfação no relacionamento. Como tais crenças são manifestadas no comportamento? Como levam a desdém, sarcasmo, obstrução, crítica, retraimento e recusa a se engajar em validação, solução de problemas mútuos ou encorajamento para compartilhar sentimentos? Os indivíduos que são focados principalmente na solução de problemas, racionalidade e fatos com frequência encaram as emoções como distração, perda de tempo e uma indulgência egoísta. Consequentemente, uma pessoa com tais crenças negativas sobre as emoções do parceiro não apenas não conseguirá empatizar, mas com frequência irá criticar abertamente ou limitar a expressão de emoção do parceiro. Ironicamente, os indivíduos podem ver as próprias emoções como as únicas questões importantes, e assim considerar que as emoções dos outros os estão privando da oportunidade de atender às suas necessidades emocionais. De fato, esse caso particular ilustra o problema. Investigando melhor, a queixa principal era de que sua esposa não o validava ("assim como meu pai, que nunca me validou") e achava que ela era focada demais nas suas necessidades, e não nas dele. Essas crenças assimétricas sobre validação não são incomuns.

Terapeuta e paciente examinaram os esquemas emocionais problemáticos específicos do paciente referentes às emoções e ao estilo de comunicação da sua esposa, bem como avaliaram como essas crenças específicas levaram a outras crenças negativas e a comportamentos que tentavam controlar ou suprimir a comunicação emocional da esposa. Por exemplo, sua crença na durabilidade da frustração e queixas da sua parceira ("As emoções dela não têm fim") o levaram a pensar: "Não aguento suas queixas constantes – isso vai durar indefinidamente. Se eu não fizer alguma coisa agora, isso não vai ter fim". Ele via a frustração da esposa como um traço fixo, em vez de uma ocorrência temporária e situacional, e a rotulava como uma "queixosa", ignorando assim a contribuição significativa que ela estava dando para a vida familiar e para a solução de problemas. Além do mais, suas crenças na durabilidade da emoção da esposa o fizeram se sentir impotente para "mudá-la" e sem esperanças quanto ao futuro ("Vou ter que ouvir isso para sempre"). Tais sentimentos de impotência provocaram sua raiva e o levaram a tentativas de afirmar seu poder sobre ela: "acabe com essas queixas". Sua crença de que ela não tinha controle sobre sua emoção e que deveria suprimir suas queixas ("Ela começa a ficar perturbada e não consegue controlar como se sente. Ela devia se controlar mais") o levaram a achar que ele tinha que controlá-la ou fazê-la se controlar. Mais uma vez, sua crença recorrente era de que ele precisava "fazer alguma coisa" ou as queixas assumiriam grandes proporções e iriam oprimi-lo. Como também acreditava que tinha que resolver os problemas dela e fazê-la se sentir melhor imediatamente, o cliente ficou enfurecido quando achou que sua esposa estava expondo os problemas e depois rejeitando suas soluções "bem-intencionadas". Ele acreditava que ouvir e validar só iria reforçar ainda mais as queixas dela e que o controle precisava ser implantado imediatamente. Muitas das suas discussões se originaram dessas tentativas de controlar, suprimir ou resolver os problemas.

Como o paciente achava que as emoções da sua esposa eram incompreensíveis ("Ela não faz sentido", "Ela devia estar feliz"), ele lhe respondia com condescendência, indiferença, sarcasmo e um discurso indulgente, o que a frustrava ainda mais e a levava a queixar-se das respostas dele. Além do mais, o paciente achava que, se reconhecesse que a frustração dela fazia sentido e era justificada, estaria aceitando a culpa pelos seus problemas e que fazer isso seria intolerável e humilhante. De fato, ele acreditava que a frustração dela com os filhos, cuidados da casa e ter que fazer as coisas era uma crítica velada a ele e à "vida que eu dei a ela", bem como uma rejeição direta dos "conselhos bem-intencionados" que ele lhe dava. O cliente achava que as emoções de sua esposa eram diferentes daquelas que as outras pessoas têm (falta de consenso), levando-o a invalidá-la, ignorá-la e a tratar seus sentimentos com desdém: "Outras esposas nessa situação seriam agradecidas. É como se ela não estivesse querendo nada". Marginalizando os sentimentos da parceira como um sinal dos seus defeitos pessoais e irracionalidade, o cliente contribuía para a crença dela de que ele nunca escutaria suas necessidades, levando-a a alternar entre queixar-se mais e afastar-se. Além do mais, sua crença no poder da racionalidade ("Ela devia ser racional, lógica e factual") o levou a acreditar que ouvir, validar ou aceitar as emoções dela só reforçaria um estilo de enfrentamento "excessivamente emocional" e "ineficaz", e que ele tinha que insistir para que ela respeitasse as suas regras de racionalidade. Ele sustentava que racionalidade e solução de problemas eram as únicas formas legítimas de pensar e se comunicar e que todo o resto deveria ser ignorado imediatamente.

Em consequência de suas crenças sobre duração, controle e racionalidade, o paciente também via as emoções de sua esposa com indiferença e desdém para validação ("Eu não quero ouvir essas queixas. Elas não fazem sentido para mim") e a expressão dos seus sentimentos ("Ela quer falar e falar; eu quero resolver os problemas"). Assim como muitas pessoas com uma visão negativa da emoção em relacionamentos íntimos, ele acreditava que encorajá-la a expressar seus sentimentos e validá-los só levaria a um interminável rosário de queixas, perda do controle e fracasso na solução de problemas, e que seria um mau exemplo para seus filhos. Na verdade, ele achava que invalidá-la diretamente ("Você não faz nenhum sentido") a faria ver as coisas mais realisticamente e daria um fim às suas queixas. Por fim, todas essas crenças sobre a emoção de sua parceira o levavam a concluir "logicamente" que ele não poderia aceitar suas queixas e sentimentos, uma vez fazer isso seria o mesmo que dizer que ela estava certa; isto, o paciente achava, significaria que ele estava aceitando a culpa pelos sentimentos dela e levaria a um padrão interminável de queixas e drama emocional. Suas crenças faziam sentido para ele e, na superfície, tinha um elemento de lógica e coerência. Contudo, elas também estavam contribuindo para a discórdia mútua dos parceiros e sua crença de que eles viviam em um universo paralelo, nunca se conectando. Quando suas tentativas de controlar ou suprimir os sentimentos da esposa falharam, ele "redobrou" suas estratégias de desprezo e repúdio aos sentimentos dela, o que levou a maior escalada do conflito, confirmando ainda mais sua crença de que ela estava "fora de controle".

Cada dimensão do esquema emocional ilustrada nas crenças desse homem sobre sua esposa pode ser abordada com a utilização de técnicas de terapia cognitiva. Por exemplo, esse paciente pode examinar os custos e benefícios de acreditar que as emoções da parceira estão fora de controle, vão durar indefinidamente ou são vergonhosas. Em geral, crenças na durabilidade levam a sentimentos de desesperança e impotência; crenças na incompreensibilidade levam a confusão e desprezo do parceiro; e crenças sobre falta de consenso com os outros leva o parceiro a patologizar e rotular as expressões de emoção do outro parceiro. Quais poderiam ser as vantagens de tais crenças sobre as emoções do outro? Em alguns casos, se o parceiro julgador acredita que as emoções do outro são duráveis, estão fora de controle e são incompreensíveis, isso vai permitir que o julgador se afaste e não se envolva, desta forma (segundo a sua perspectiva) evitando uma discussão. Ou então essas crenças podem levar esse indivíduo a suprimir, eliminar, tentar persuadir ou desviar o parceiro de modo que as emoções deste possam ser mudadas, e o "problema", resolvido. O terapeuta pode pedir ao parceiro desdenhoso que examine as evidências de que essas crenças são úteis – que elas estão atingindo os objetivos de fazer o parceiro "parar de se sentir assim". Além disso, o indivíduo julgador pode examinar as evidências a favor e contra a crença de que as emoções do outro são duráveis ("Algum dia elas vão mudar? Que outras emoções o seu parceiro tem?") e estão fora de controle ("O seu parceiro está no controle de tudo na vida? Conclui as tarefas? É insano? Como as outras pessoas veem o seu parceiro?"). As crenças de que as emoções dos parceiros são diferentes das de todas as outras pessoas podem ser examinadas em termos das evidências ("Existem outras pessoas que se sentem tristes, com raiva, ansiosas ou confusas? O seu parceiro já teve esses sentimentos? Na verdade, que emoções você está tendo ao discutir este tema?"). A ideia de que o parceiro deveria ser racional em vez de emocional pode, da mesma maneira, ser examinada em termos dos custos e benefícios e das evidências. O parceiro que está julgando é sempre racional?

Um indivíduo também pode acreditar que as relações sempre deveriam funcionar tranquilamente, sem conflito e com comunicação eficiente e clara e que o parceiro não deveria ter problemas duradouros ou "ser um fardo". A consequência dessas crenças perfeccionistas sobre a emoção é que expressão emocional, discordâncias e afirmações "irracionais" são julgadas e rejeitadas, e o parceiro é verbalmente rejeitado. Em tais casos, achei útil "normalizar o anormal":

Terapeuta: Você se queixa de que o seu marido "tem bagagem" e frequentemente é muito emotivo, e então tenta fazê-lo mudar seus sentimentos. O que nas emoções dele incomoda você?
Paciente: Bem, ele diz coisas que são irracionais – às vezes um completo disparate. Não sei; ele parece ter muita bagagem.
Terapeuta: Não somos todos assim? Às vezes ouço as pessoas dizerem que estão procurando alguém que não tenha nenhuma bagagem. Eu descobri que todos nós temos bagagem e o que deveríamos estar procurando é alguém que nos ajude a carregá-la.
Paciente: (*Ri*) É. Acho que eu tenho os meus problemas também, certo?
Terapeuta: Bem, todos nós temos. O que você acha desta ideia? Havia um livro anos atrás que era muito popular, chamado *Eu estou OK, você está OK*. Não sei; talvez eu tenha visto coisas demais da natureza humana para comprar essa ideia. Eu sugeriria uma forma diferente de olhar para isso: "Eu não estou OK. Você não está OK, mas tudo está OK."

Paciente: (*Ri*) Isso se parece com o nosso casamento.
Terapeuta: É, mas você não está OK se as coisas não estão OK. Às vezes, ganhamos muito mais ao aceitar que todos nós somos um pouco malucos. Em outras palavras, podemos "normalizar o anormal" para conseguir aceitar o que verdadeiramente é. Quem quer o "normal" quando você pode ter o vivo e autêntico e real – tudo isso preenchido com defeitos, imperfeições e envolvido por compreensão e aceitação?
Paciente: Agora isso seria uma coisa que faria muito mais sentido.
Terapeuta: Então aceitar que nenhum de nós jamais vive completamente de acordo com nossas expectativas – e que nem sempre estamos à altura delas – abre espaço para aceitar, perdoar e colocar as coisas em perspectiva. Talvez a bagagem que você está carregando possa ser uma bagagem de mão, em vez de cinco malas cheias de demandas e ressentimentos.

Podemos considerar os esquemas emocionais nos relacionamentos como reflexo de uma ampla gama de categorias de pensamento automático e crenças intermediárias ou regras condicionais. Por exemplo, o homem descrito no Capítulo 4 e anteriormente se engajava em adivinhações ("As emoções dela vão durar para sempre"), rotulando ("Ela é uma queixosa"), personalizando ("Ela não reconhece o quanto eu me esforço no trabalho"), catastrofizando ("As queixas dela são intoleráveis"), generalizando exageradamente ("Ela só se queixa e se queixa"), ignorando os aspectos positivos ("Sim, ela faz muito, mas eu tenho que ouvir as queixas"), com pensamentos do tipo tudo ou nada ("Tudo o que ela faz é se queixar – ela está sempre se queixando") e "deveres" ("Ela não devia se queixar tanto"). Esses pensamentos automáticos estimulavam suas crenças intermediárias sobre emoções e queixas: "Se ela reclama sobre as coisas, então não valoriza o que temos e o que eu faço", "Eu preciso dar um fim nisso", "As esposas que têm maridos que apoiam a família nunca deveriam se queixar", "Se ela se queixa de mim, eu devo me defender" e "Minha esposa deveria ser racional e eficiente o tempo todo".

A filosofia emocional particular endossada por esse indivíduo não incluía as emoções como uma maneira de se conectar a necessidades importantes. De fato, ele considerava que a expressão emocional interferia na solução dos problemas, pois colocava o funcionamento prático e orientado para a tarefa numa posição privilegiada: "Se não estamos resolvendo um problema, estamos perdendo tempo". Os indivíduos podem variar em suas visões dos propósitos da comunicação, com algumas pessoas (frequentemente, embora nem sempre, homens) acreditando que o propósito deve ser resolver problemas, enquanto outras (frequentemente, embora nem sempre, mulheres) enfatizam o compartilhamento de experiências e emoções (Tannen, 1986, 1990, 1993). Esse contraste entre comunicação e funcionamento foi descrito inicialmente por Talcott Parsons, que fez a distinção entre dois papéis na família (e nos grupos) – o papel "instrumental" e o "expressivo" –, com o primeiro focado na conclusão da tarefa, e o segundo, na expressão e conexão emocional (Parsons, 1951, 1967; Parsons & Bales, 1955). Embora tal distinção possa ser tendenciosa para culturas particulares, os indivíduos frequentemente se comunicam adaptando um desses dois estilos. No contexto presente, a ênfase de uma pessoa no instrumental (solução de problemas, tarefas, fatos, lógica) com outro indivíduo que foca no expressivo (conexão, emoção, experiência) levará a equívocos e conflitos. É claro que as duas funções são importantes, e a capacidade de mudar de uma para outra quando mudam as demandas é um elemento-chave da adaptação.

Além do mais, a comunicação informal frequentemente envolve revezamento, bem como um intercâmbio de informações e comentários relacionados à solução de problemas ou à coleta de fatos que podem ser vistos como uma forma de "comportamento de preparação mútua" ("Eu vou escutar você e você vai me escutar, e nos sentiremos conectados"). Uma ênfase excessiva na informação, solução de problemas e querer ir direto ao ponto leva o ouvinte impaciente a desvalorizar a expressão emocional, o compartilhamento de fatos, relatos de experiências e outros discursos "não instrumentais". A diferença entre dois indivíduos com formas diferentes de comunicação frequentemente envolve uma crença de que a comunicação é ou sobre fatos ou sobre experiências e sentimentos. Pesquisas sobre o conteúdo real da comunicação informal indicam que uma grande parte do conteúdo não tem nada a ver com fatos que tenham alguma utilidade (Dunbar, 1998).

A comunicação informal é, de fato, um aspecto importante do vínculo do casal. O modelo do esquema emocional se baseia em modelos de apego ao longo da vida. Essas propostas enfatizam a adaptação evolucionária da manutenção de relações íntimas para fins de proteção mútua, gratificação, procriação, inclusão no grupo, socialização e criação compartilhada dos filhos (Bowlby, 1973, 1980). O sistema de apego ativa a oxitocina, que provoca no cérebro um efeito antiansiedade calmante, confortante e quase sedativo (Olff et al., 2013). Pesquisas sobre os níveis de oxitocina em uma variedade de espécies que vão desde ratos da água até humanos indicam que esse hormônio está associado ao comportamento de apego, vínculo de casal, lactação, toque e outros comportamentos de afiliação e parentais (Love, 2014).

Também de importância para o modelo do esquema emocional das relações íntimas (e relações de casal em particular) é o papel do toque. Pesquisas de Tiffany Field e colegas indicam que o toque tem efeitos generalizadamente positivos no desenvolvimento de bebês prematuros e que, em adultos, reduz a dor, aumenta a atenção, diminui a depressão e estimula a função imune. Em um estudo adicional sobre os efeitos do toque, Field observou que bebês prematuros isolados em incubadoras recebiam pouca estimulação tátil das mães ou da equipe de atendimento. Com base em observações de pesquisas anteriores sobre a natureza do apego e toque, ela e seus colegas introduziram a "terapia do toque" diariamente para essas crianças, com a mãe ou uma enfermeira passando a mão por meio de uma abertura na incubadora para massagear o bebê. Aqueles que receberam a terapia do toque ganharam 47% mais peso e precisaram ficar seis dias a menos no hospital (Field et al., 1985; Scafidi et al., 1990. Um ano mais tarde, essas crianças ainda apresentavam maior ganho de peso e melhores habilidades nos testes de comportamento e cognição. A terapia do toque também provou reduzir a experiência de dor em pessoas com artrite ou aquelas que se submeteram a cirurgia. A terapia da massagem reduziu os níveis de ansiedade em homens HIV-positivo e teve um efeito positivo nos hormônios do estresse e funcionamento imunológico (Ironson et al., 1996). Mulheres com câncer de mama também se beneficiaram com terapia da massagem, com níveis de dopamina, células *natural killers* e linfócitos aumentando durante um curso de tratamento de cinco semanas (Hernandez-Reif, Field, Ironson et al., 2005. Também foram encontrados resultados positivos com a terapia da massagem para crianças (com 32 meses de idade) com paralisia cerebral, incluindo redução da espasticidade e melhora no funcionamento motor (Hernandez-Reif, Field, Largie et al., 2005).

Além do mais, o toque é um componente importante da comunicação. De fato, podemos dizer quais emoções outras pessoas estão tentando comunicar simplesmente pela maneira como elas nos tocam. É possível dizer se elas estão sentindo raiva, medo, desagrado, amor, gratidão ou simpatia por meio do seu toque. Além disso, quando observamos alguém tocando outra pessoa, podemos entender qual emoção o toque comunica (Hertenstein, Keltner, App, Bulleit, & Jaskolka, 2006, p. 531): "Simpatia estava associada a acariciar e dar tapinhas, raiva estava associada a bater e apertar, desagrado estava associado a um movimento de empurrar, gratidão estava associada a apertar a mão, medo estava associado a tremor, e amor estava associado a acariciar".

Assim, o terapeuta focado no esquema emocional irá avaliar a extensão do toque, beijo, carinho e abraço entre os parceiros em relações íntimas, bem como a resposta do indivíduo ao receber afeição ou toque e a sua disposição para iniciar esse comportamento (Dunbar, 2012). Na avaliação da comunicação social e relacionamentos, o terapeuta vai investigar sobre a experiência do toque: o paciente foi tocado e pego no colo durante a infância? Como ele responde ao ser tocado e tocar os outros? Já que o toque possui implicações emocionais tão poderosas para muitas pessoas, ele é um componente essencial da experiência a ser discutido. Ele relaciona diretamente o esquema emocional aos modelos dos sistemas de apego infantil e adulto.

## MODIFICANDO ESQUEMAS EMOCIONAIS INTERPESSOAIS E ENFRENTAMENTO MAL-ADAPTATIVO

Os esquemas emocionais subjacentes e os pressupostos sobre emoção e controle da emoção descritos até este ponto continuarão a apoiar um indivíduo como o homem casado "lógico" no enfrentamento mal-adaptativo – o que, ironicamente, pode se tornar uma profecia autorrealizadora, confirmando as crenças negativas sobre emoções em relacionamentos íntimos. Assim, uma pessoa que tem uma crença negativa sobre as emoções do parceiro terá maior probabilidade de demonstrar indiferença, sarcasmo e desdém, bem como de ignorar, bloquear, tentar suprimir as emoções do parceiro, discutir de forma excessivamente racional os sentimentos e resolver problemas de modos indesejados. Tais estratégias, então, se transformam "no problema" do relacionamento e fazem o outro parceiro aumentar a expressão da emoção, prolongando-a, rejeitando ajuda, contra-atacando ou se afastando.

## Respondendo às emoções do parceiro

Cada relacionamento possui seus próprios pontos de dificuldade, mal-entendidos, possíveis diferenças nos estilos emocionais, estratégias e comportamentos problemáticos e sistemas de crenças conflitantes sobre emoção. Um dos parceiros pode achar que falar sobre a emoção é essencial, enquanto o outro pode encarar isso como uma perda de tempo. Um deles pode colocar ênfase considerável na racionalidade, nos fatos e na lógica, enquanto o outro enfatiza proximidade, compartilhamento das emoções e afeição. Compreender essas diferenças e focar em alcançar um denominador comum para a comunicação no relacionamento é um fator essencial na abordagem do esquema emocional das relações íntimas.

### O relacionamento baseado em valores

Uma das primeiras considerações no desenvolvimento de um plano de tratamento é determinar os valores e objetivos com os quais os parceiros estão comprometidos. Em muitos casos, os indivíduos respondem a situações que desencadeiam pensamentos automáticos negativos, pressupostos mal-adaptativos e seus próprios esquemas pessoais (de inadequação, impossibilidade de ser amados, *status* especial ou abandono). O terapeuta pode apresentar uma série de perguntas a cada parceiro que podem ajudar a esclarecer como eles desejam que o seu relacionamento funcione: "Como você quer que o seu parceiro se sinta e pense a respeito da relação? É importante que seu parceiro se sinta respeitado e cuidado, que ele [ou ela] seja uma prioridade, que as contribuições dele(a) sejam reconhecidas e que possa tanto se sentir seguro como confiar em você?" Obviamente, outros valores podem ser sugeridos pelo terapeuta ou os parceiros, mas a identificação de valores e objetivos em termos de emoções, respeito, reconhecimento, gratidão ou outras qualidades positivas pode direcionar o casal para a melhoria do seu relacionamento em vez de defender seu comportamento passado ou posições previamente assumidas.

*Atenção plena*

Assumir uma relação observadora, separada, consciente, sem julgamento e não controladora com os sentimentos, pensamentos e comportamentos do parceiro permite que cada indivíduo se afaste um pouco do "desencadeante" e observe o que está acontecendo no momento. Cada pessoa tem, assim, a oportunidade de considerar a possibilidade de ouvir, aceitar e usar as informações sobre a experiência do parceiro, ao mesmo tempo em que considera uma gama de alternativas adaptativas. Por exemplo, em vez de responder "automaticamente" ao parceiro, praticar a observação e a não identificação, ao mesmo tempo mantendo completa presença, permite que o indivíduo não seja "sequestrado" pela expressão ou comportamento do parceiro, ao mesmo tempo considerando respostas que são congruentes com os objetivos valorizados.

*Identificando desencadeantes para as próprias emoções*

As habilidades de regulação emocional dependem da identificação de quais situações evocam emoções no indivíduo e quais emoções ele experimenta como "problemáticas". Por exemplo, se uma mulher acredita que a raiva é sua emoção mais problemática, então identificar situações que despertam raiva pode ajudá-la a desenvolver uma estratégia antecipando dificuldades que possam surgir. Por exemplo, esse sentimento é despertado quando o parceiro se mostra desdenhoso com a carreira dela, excessivamente preocupado com as próprias necessidades, não está disposto a compartilhar os cuidados dos filhos ou é controlador com o comportamento dela? Saber antecipadamente o que irá desencadear suas emoções problemáticas pode ajudar os parceiros a desenvolver estratégias para entender como surgem as falsas interpretações e como respostas problemáticas às emoções somente perpetuam o problema.

*Identificando desencadeantes para as emoções dos outros*

Semelhante à identificação de situações que desencadeiam emoções "problemáticas" no indivíduo, ele pode identificar o que desencadeia tais emoções no outro. Por exemplo, se o ciúme é um problema no casamento, o parceiro que é alvo do ciúme (p. ex., a esposa) pode identificar que, quando ela sai em viagens de negócios, isso desperta ciúmes no marido. O casal pode antecipar que essas emoções serão despertadas e que o sujeito terá uma variedade de pensamentos automáticos (p. ex., adivinhação, catastrofização, leitura da mente, personalização) e comportamentos problemáticos (interrogar, buscar reafirmação, afastar-se). A esposa pode, então, identificar suas respostas típicas ao ciúme do marido – por exemplo, se defendendo, rotulando ("Você é neurótico"), contra-atacando e se desculpando – e avaliar se essas estratégias estão funcionando. No caso provável de que não estejam, o casal pode desenvolver estratégias que podem funcionar (para este exemplo, veja o Cap. 10 sobre ciúmes) e levar adiante o seu plano.

### Compreendendo diferentes estilos emocionais

Conforme discutido anteriormente, os indivíduos possuem diferentes estilos emocionais. Alguns preferem a discussão de sentimentos, afeição e proximidade, enquanto outros podem preferir discussões mais "práticas", afeição limitada e mais independência. Não é incomum que um dos parceiros julgue o estilo emocional do outro quando difere do seu, na crença de que os desvios do estilo preferido são sinais de problema, marginalização, rejeição ou manipulação. Por exemplo, se um dos parceiros leva mais tempo ou tem mais dificuldade em descrever sentimentos, poderá ser útil que o ouvinte seja mais paciente. O ouvinte que diz: "Vá direto ao ponto" pode apenas criar mais ansiedade do interlocutor. Por exemplo, um casal pode determinar se um dos parceiros prefere se expandir na expressão, enquanto o outro prefere ser mais conciso e pragmático na discussão da emoção. Em vez de personalizar e julgar os estilos um do outro, os parceiros podem negociar a aceitação e alguma modificação, conforme descrito em mais detalhes posteriormente neste capítulo.

### Dando tempo e espaço

As emoções levam tempo para ter acesso ao *self*, para se expressar e para receber validação. Conforme acabamos de sugerir, os interlocutores e os ouvintes frequentemente têm diferentes pressupostos sobre a quantidade de tempo que é necessário, com um dos parceiros tentando apressar o outro durante a discussão da emoção. Alguns ouvintes acreditam que os interlocutores devem "ir direto ao ponto" o mais rápido possível e temem "perder tempo", refletindo uma crença na extrema eficiência da comunicação dos aspectos "essenciais". Outros encaram as emoções como experiências que se devem "superar", insistindo em que os interlocutores "saiam dessa" e "sigam em frente". Uma visão alternativa seria dar às emoções tempo e "espaço" suficiente no relacionamento, de modo que um dos parceiros possa, por exemplo, experimentar seu ciúme até que esse sentimento diminua naturalmente. Esse é um reconhecimento de que as emoções são em grande parte efêmeras e situacionais e não têm que ser controladas ou restringidas em sua duração.

Além disso, os parceiros podem ver o contexto mais amplo das suas vidas como capaz de conter as emoções. Por exemplo, uma mulher que está se comunicando sobre a perda do seu pai parece perseverar em seus sentimentos, e o parceiro pode instigá-la a "ir adiante", o que só aumenta seu sentimento de ser ignorada e criticada. Em vez de sugerir que ela siga em frente, o terapeuta pode observar:

"Exatamente neste momento, é aqui que você está, e a sua vida está preenchida com tantos outros significados e conexões que talvez você possa encontrar espaço suficiente e significado em sua vida para conter essa tristeza. Quando refletir sobre a perda do seu pai, sempre vai fazer sentido ter essa tristeza, mas também ter uma vida suficientemente grande para contê-la".

A ideia de uma vida suficientemente grande em significado para conter a tristeza pode ser comparada a um vaso que contém água: "Imagine a sua vida como um oceano que agora está aberto para novas águas que vêm de um novo rio, e esse rio é esta tristeza, e o oceano a assimila. Em vez de resistir a ela, você pode pensar em deixá-la entrar para se misturar com tudo o mais que existe em sua vida". Reconhecer a capacidade de se expandir na experiência e se abrir para o que é a experiência no momento possibilitará que os parceiros abandonem as dificuldades para permitir a entrada do que são os sentimentos.

### *Compaixão focada*

Gilbert (2009) propôs que é possível ativar uma "mente compassiva" em relação aos outros (e em relação a si mesmo). Este estado da mente é caracterizado pela bondade não julgadora, de aceitação e amor, com a intenção de desejar o bem para o outro ou aliviar a dor que este está sentindo. A compaixão ativa o sistema da oxitocina e é reflexo do sistema de apego. É claro que, quando o indivíduo está sendo criticado, é difícil ativar esta bondade amorosa em relação à pessoa que o critica. O terapeuta pode ilustrar a abordagem da mente compassiva pedindo que o indivíduo evoque uma lembrança de alguém que era amoroso e reconfortante em sua vida – focando nos detalhes do rosto, cabelo, corpo, voz e olhos da imagem compassiva – e, depois, imagine-se sentindo essa compaixão. Enquanto tem em mente a experiência de receber compaixão (os sentimentos confortantes e calmantes), o indivíduo que está irritado com o parceiro pode se imaginar dirigindo um desejo compassivo para ele, e assim pode agir contra a raiva ativando um sistema de funcionamento oposto. Isto pode ser ampliado ainda mais escrevendo um bilhete gentil e compassivo para o companheiro, no qual o indivíduo deseja que o parceiro se sinta melhor e atinja a paz de espírito. Embora algumas pessoas fiquem relutantes em se engajar em pensamento e sentimento compassivo por medo de que assim estejam desistindo, sendo "falsos" ou se tornando mais vulneráveis, a ativação da compaixão pode afastá-los da intolerância e do julgamento.

Um exemplo de um relacionamento pai-filho em vez de um casal demonstra o poder de uma mente compassiva. Um homem por volta dos 40 anos relatou uma raiva considerável da sua mãe devido à sua história de manipulação e o que ele percebia como o pensamento autocentrado dela. O terapeuta investigou sobre os primeiros anos de vida da mãe e ficou sabendo da história problemática do seu crescimento – como lhe foi negada a oportunidade de avançar na educação e como ela tinha que se submeter aos seus irmãos. O paciente também informou ao terapeuta que sua avó havia cometido suicídio quando sua mãe tinha 12 anos, que, depois disso, teve de se concentrar em cuidar da família, limitando ainda mais as suas oportunidades de educação. Enquanto falava sobre sua mãe, percebeu que, embora tivesse suas dificuldades, ela também tinha uma história triste para contar, e então começou a sentir pena dela. Na sessão, o terapeuta representou o papel da mãe e o paciente descreve seus recentes pensamentos e sentimentos compassivos em relação a ela, baseado em seu reconhecimento das dificuldades que ela enfrentou; ele finalmente a perdoou. Embora tenham continuado a ter dificuldades intermitentes, ele relatou que visitar seus pais nos feriados era agora muito melhor do que antes. Utilizar um foco na mente compassiva lhe permitiu tomar as coisas como menos pessoais e ativou seus sentimentos de cuidado, em vez de julgamento, em relação à sua mãe.

### *Conjunto de respostas flexíveis*

Muitas pessoas são tomadas pelas emoções dos seus parceiros, reencenando antigos padrões de resposta que continuamente se revelam um fracasso. O terapeuta pode sugerir que possuímos uma ampla gama de respostas às emoções dos outros e não estamos limitados a uma única resposta a ser repetida. A discussão pode começar da seguinte forma: "Quando o seu parceiro está triste e se queixa disso, o que você tende a fazer?" A resposta inicial pode ser inócua ("Eu procuro ouvir"), mas seguida, quando se investiga mais, de uma resposta problemática ("Eu lhe digo que está se repetindo"). Assim como os pacientes frequentemente se surpreendem ao ver que têm uma opção de como responder aos próprios pensamentos intrusivos, também podem ter uma escolha entre as muitas alternativas de como responder aos sentimentos dos seus parceiros. Neste exemplo, o terapeuta pode dizer:

> "A partir do que me disse, parece que você tem um hábito de responder dizendo ao seu parceiro para parar de se queixar sobre a tristeza dele. Mas eu me pergunto se não existem muitas outras possibilidades de responder. Como seria se você fosse mais flexível na forma como responde às emoções dele? Por exemplo, se você tivesse inúmeras técnicas diferentes que poderia usar para responder, como não tomar como algo pessoal, colocar em perspectiva, validar, procurar resolver os problemas juntos, aceitar os sentimentos por enquanto, direcionar o foco para outras qualidades positivas ou ser compassivo? Não estou dizendo que alguma dessas técnicas seja necessária, mas não ajudaria ter uma gama de respostas para que você pudesse escolher?"

Simplesmente saber que podem escolher como responder é com frequência uma nova experiência para muitas pessoas, já que, às vezes, elas acham que o comportamento dos seus parceiros automaticamente provoca suas respostas negativas. Ser flexível abre a possibilidade de serem mais eficientes.

## Modificando dimensões específicas dos esquemas emocionais

A terapia focada no esquema emocional para um casal pode abordar cada dimensão problemática do esquema emocional mencionada anteriormente neste capítulo, por meio da psicoeducação, avaliação cognitiva, dramatizações e experimentos comportamentais. O terapeuta pode usar perguntas da terapia cognitiva tradicional para cada uma dessas dimensões, perguntando a cada um dos parceiros sobre os custos e benefícios de uma crença particular ou sobre evidências a favor e contra ela. São usados os exemplos do caso do homem casado descrito no Capítulo 4 e no início deste.

**Duração:** "As emoções dela não têm fim".

Terapeuta: Eu entendo que você acha que a emoção da sua esposa vai durar para sempre. Como é que você se sente quando pensa nisso?

Paciente: Acho que tenho muitos sentimentos – inicialmente frustrado, eu acho. Mas também me sinto triste e sinto raiva. Ela não tem que se sentir assim.

Terapeuta: Parece que você se importa muito em como ela se sente e isso realmente o afeta.

Paciente: Sim, eu me importo com ela, mas é difícil ouvir essas coisas todos os dias.

Terapeuta: Então é frustrante para você ouvir isso, e acha que as emoções dela não têm fim. Quando ela começa a se queixar, o que você lhe diz?

Paciente: Eu lhe digo que ela está se queixando de novo, mas ela simplesmente continua e depois se queixa de que eu não a escuto.

Terapeuta: Então imagino que dizer que ela se queixa não dá certo. Vamos examinar o seu pensamento de que as emoções dela não têm fim. Examinemos as vantagens e desvantagens dessa crença. O que você vê como desvantagem de acreditar que as emoções dela não têm fim?

Paciente: Isso me deixa frustrado e com raiva, e sinto que independentemente do que eu faça, nada vai mudar.

Terapeuta: Então isso se soma a alguns sentimentos de impotência e falta de esperança. Existe alguma vantagem em acreditar que os sentimentos dela não têm fim?

Paciente: Provavelmente não. Eu não sei. Talvez eu consiga fazer ela mudar.

Terapeuta: OK. Agora examinemos o pensamento de que as emoções dela vão durar para sempre. Existe alguma evidência de que as emoções dela vêm e vão e que ela possui uma ampla gama delas?

Paciente: Acho que você tem razão. Ela tem muitos sentimentos, e boa parte do tempo ela é muito alegre e divertida de se conviver.

**Controle:** "Ela começa a ficar aborrecida e não consegue controlar como se sente. Ela devia se controlar mais".

Terapeuta: Parece que você acha que os sentimentos da sua esposa estão fora de controle. O que acha que vai acontecer se eles ficarem cada vez mais incontroláveis?
Paciente: Acho que eu tenho medo de que ela fique cada vez mais emocional e fuja do controle.
Terapeuta: E como seria na sua mente se os sentimentos dela fugissem do controle?
Paciente: Não sei. Nunca pensei nisso.
Terapeuta: OK, então quando você pensa que ela está fora de controle, o que acontece a seguir?
Paciente: Ela fica mais perturbada e diz que eu não a estou escutando.
Terapeuta: E se você não tentasse controlá-la e mudá-la, mas apenas reservasse um tempo para ouvi-la e validá-la?
Paciente: É justamente o que ela quer, mas isso não alimentaria ainda mais as suas queixas?
Terapeuta: Não sei. Você já experimentou?
Paciente: Não.
Terapeuta: Então tentar controlá-la quando você acha que ela está perdendo o controle não funcionou, mas permitir que ela tenha seus sentimentos e os expresse é algo que você ainda não experimentou – provavelmente porque acha que isso vai piorar as coisas.
Paciente: É, eu ainda não experimentei simplesmente ouvir.

**Falta de compreensibilidade:** "Ela não faz sentido. Ela devia estar feliz".

Terapeuta: Você parece achar que os sentimentos da sua esposa não fazem sentido. Por quê? Em que eles não fazem sentido?
Paciente: Bem, ela fica incomodada com coisas triviais, como a quantidade de tarefas domésticas que tem para fazer. E eu não consigo entender por que ela precisa se queixar disso. "Simplesmente faça", é assim que penso.
Terapeuta: Bem, parece que você não entende por que as tarefas domésticas são tão frustrantes para ela, e não compreende por que ela precisa se queixar. Seu eu perguntasse por que precisa lhe falar sobre isso, o que ela diria?
Paciente: (*Hesitante*) Acho que ela quer que eu entenda por que se sente assim.
Terapeuta: Então o propósito é ser compreendida. Mas parece que você acha que, quando você e sua esposa estão conversando, simplesmente ser compreendida não é razão suficiente.

Paciente: Eu sei que parece loucura. Eu sei.
Terapeuta: Existem muitos motivos para os casais conversarem sobre as coisas. E se você aceitasse que não há problema em ser compreendido, compartilhar experiências e simplesmente conhecerem um ao outro?
Paciente: Talvez se pensasse assim, eu teria menos raiva.
Terapeuta: Existem momentos em que você apenas quer ser compreendido?
Paciente: Sim. Muitas vezes.
Terapeuta: Você se sente compreendido quando estão conversando?
Paciente: Sim.
Terapeuta: E como isso faz você se sentir – ao ser compreendido?
Paciente: Bem.

**Falta de consenso:** "As emoções dela são diferentes das emoções das outras pessoas".
A crença de que as emoções do parceiro são únicas contribui para a rotulação, personalização, culpabilização, desprezo e invalidação do parceiro. Essas crenças sobre "como as outras pessoas se sentem" estão frequentemente baseadas numa visão idealizada de como os relacionamentos íntimos devem funcionar, e servem para marginalizar a outra pessoa.

Terapeuta: Parece que você acredita que os sentimentos da sua esposa são um pouco incomuns, se comparados aos de outras pessoas nesta situação. Quais são as emoções que você vê como específicas dela e não encontra em outras pessoas?
Paciente: Bem, este sentimento de insatisfação que ela tem em relação às coisas. Quer dizer, ela parece se frustrar com coisas triviais.
Terapeuta: Sim, eu entendo que ela fica frustrada e insatisfeita às vezes. Mas me pergunto se não faria parte da natureza humana ter estes sentimentos. Quer dizer, parece que você experimenta esses sentimentos quando fala dela.
Paciente: Acho que você está certo. É, eu fico insatisfeito. Mas ela fica frustrada com as mínimas coisas.
Terapeuta: Você se deu conta de que pequenos aborrecimentos – o que denominamos "aborrecimentos diários", como barulho, ficar preso no trânsito, esperar por um elevador e outras coisas – de certa forma incomodam a muitos de nós?
Paciente: Isso é verdade. Eu me sinto muito frustrado até mesmo esperando um elevador.
Terapeuta: E se você encarasse a frustração da sua esposa como parte do quadro mais amplo sobre todos nós – que todos nós somos um pouco frustrados, irracionais e às vezes neuróticos?
Paciente: Acho que eu ficaria menos frustrado.

**Racionalidade:** "Ela devia ser racional, lógica e factual".

A crença de que um parceiro deve ser racional o tempo todo não está de acordo com o papel das emoções, ou mesmo com um papel importante da comunicação. Conforme observado anteriormente, comunicação com frequência envolve "preparação mútua", compartilhar fatos e conversar sobre experiências e sentimentos.

Terapeuta: Você me falou que fica perturbado quando sua esposa diz alguma coisa irracional ou ilógica. Por que isso o incomoda?
Paciente: Eu achei que isto era terapia cognitiva e você devia ser racional. Ela vai dizer coisas que não fazem sentido para mim.
Terapeuta: Sim, eu sei que também digo coisas para a minha esposa que não fazem sentido e são irracionais. Todos nós não fazemos isso?
Paciente: OK, você está certo, eu faço, também. Mas ela não deveria ser racional?
Terapeuta: Não sei. Boa parte da comunicação é relatar experiências e simplesmente conectar-se. Talvez isto seja não racional – apenas ser quem você é no momento. Mas o que significa para você se ela diz alguma coisa irracional?
Paciente: Acho que o meu primeiro pensamento é que não faz sentido conversar.
Terapeuta: Talvez quando alguém é emocional e está falando sobre coisas que são irracionais, a melhor coisa a fazer seja ouvir. E demonstrar interesse.

**Culpa:** "Ela é o problema – ela não deveria ser tão difícil".

A crença de que "o problema é o meu parceiro" é um preditor significativo de atrito no casal e só se soma ao foco seletivo nos aspectos negativos, sentimentos de impotência e uma atitude de desdém.

Terapeuta: Eu posso ver que você a culpa às vezes, chamando-a de "irracional" e "muito emocional" e que isso o perturba. Você consegue pensar em alguma vantagem em culpá-la?
Paciente: Na verdade não. Mas ela é um problema.
Terapeuta: Imagino que, às vezes, todos nós podemos parecer um problema para outras pessoas. Mas isso depende de quais são suas exigências e quais são seus objetivos. Se você exige racionalidade e conformidade, então ela será o problema. Mas e se pensasse nela como um ser humano com uma ampla variedade de pensamentos, sentimentos e comportamentos, poderia simplesmente aceitar que às vezes ela não vai corresponder às suas expectativas em tudo?

Paciente: Eu teria menos raiva. Mas ela diz coisas que realmente me incomodam.
Terapeuta: Sim, isso acontece às vezes. Talvez precisemos descobrir o que a leva a dizer essas coisas para que ela possa considerar dizer algo diferente. Mas acusá-la vai melhorar alguma coisa?
Paciente: Não.

**Falta de aceitação:** "Não suporto o mau humor dela".
Algumas pessoas acham que aceitar as emoções do seu parceiro significa ceder, levará a mais problemas emocionais ou será visto como um sinal de que "Eu estou dizendo que está bem assim". A aceitação, entretanto, pode simplesmente ser o primeiro passo no reconhecimento de que a outra pessoa tem os sentimentos que tem, sem julgar ou tentar mudá-los: "Se eu aceito que você está triste, estou reconhecendo e dando ouvidos à tristeza. Estou registrando em minha mente sem tentar modificá-lo". Aceitação pode ser uma experiência sobre a emoção do outro que é momentânea ou constante.

Terapeuta: Eu me pergunto o que significaria para você aceitar que sua esposa irá dizer coisas que são irracionais ou emocionais, e que é simplesmente assim que ela está se sentindo no momento.
Paciente: Eu tenho muita dificuldade com isso. Acho que quero fazer ela se sentir melhor.
Terapeuta: É muito apoiador pensar assim, e isso se deve ao seu amor pela sua esposa. Você provavelmente não pensaria isso a respeito de um estranho, portanto a sua dificuldade em aceitar o sentimento dela no momento é que você se preocupa com ela. Mas outra maneira de se preocupar é se encontrar com ela onde ela está, aceitando neste momento que ela está tendo o sentimento que tem, e ver o que vocês dois podem aprender e compartilhar.
Paciente: Acho que o meu medo é que, se eu aceitar o sentimento dela, ele não vai mudar.
Terapeuta: Talvez o primeiro passo na mudança entre duas pessoas que se importam uma com a outra seja aceitar as duas onde estão neste momento e, então, ver o que a outra precisa e deseja. Portanto, aceitar que ela está se sentindo frustrada pode fazer vocês dois conversarem sobre o que ela precisa de você no momento. Talvez o que ela precisa de você seja que simplesmente a aceite, a escute e demonstre interesse.
Paciente: Acho que ela iria concordar com você.
Terapeuta: Você sabe que costumam dizer que o cliente sempre tem razão.
Paciente: (Ri.)

**Falta de validação:** "Eu não quero ouvir essas queixas. Elas não fazem sentido para mim".

Em nossa pesquisa com RESS, a percepção de que o parceiro valida – se preocupa, quer ouvir – os sentimentos do indivíduo era um preditor significativo da satisfação no relacionamento. No entanto, outras dimensões dos esquemas emocionais interferem na validação. Por exemplo, a crença de que as emoções do parceiro não fazem sentido, que são diferentes daquelas experimentadas pelos outros ou que estão fora de controle e vão durar um longo tempo pode contribuir para a relutância em validar. Mais adiante neste capítulo, discuto razões específicas que impedem que os indivíduos validem seus parceiros. Examinemos como o terapeuta abordou a relutância do paciente em validar no caso do homem "racional" casado.

Terapeuta: Imagino se a sua esposa não está procurando uma escuta atenta da sua parte – apenas uma chance de compartilhar seus sentimentos, sentir que você a respeita e se importa com a maneira como ela se sente e que simplesmente esteja lá como um bom ouvinte em determinados momentos.

Paciente: É, mas isso não vai estimular as suas queixas?

Terapeuta: Posso entender a sua lógica – é de que "Se eu ouvi-la e mostrar que me importo, isso vai reforçar suas queixas". Mas a queixa dela não é que você parece não se importar com os sentimentos dela e não a escuta?

Paciente: Isso é verdade. Mas é por isso que tudo é tão confuso para mim, porque eu não quero simplesmente alimentar a sua negatividade.

Terapeuta: Uma das coisas interessantes sobre se queixar para alguém é que esta é uma forma de *querer ser ouvido*. Portanto, se alguém está se queixando e acha que você não o está validando, irá se queixar até que o escute. Por exemplo, às vezes as crianças têm uma crise de birra porque acham que você não as escuta.

Paciente: Sabe, isso é interessante. Acho que grito com ela porque penso que ela não me ouve.

Terapeuta: Pense nisso desta forma. E se ela o validasse e dissesse: "Sei que eu me queixo muito e que é difícil ouvir, mas eu realmente agradeço o esforço que você está fazendo para ser um bom ouvinte"?

Paciente: Eu me sentiria muito melhor.

Terapeuta: Então talvez cada um de vocês precise ser validado pelo outro.

**Expressão:** "Ela quer conversar e conversar; eu quero resolver os problemas".

Apenas expressar a emoção não é necessariamente produtivo, já que expressões intensas e acusatórias de emoção podem levar a maior conflito. Mais adiante neste capítulo, apresento algumas diretrizes para a expressão mais efetiva de emoção em relacionamentos íntimos. A tentativa contínua de suprimir a expressão da emoção do parceiro contribui para a percepção de que o outro não se importa com seus sentimentos e está simplesmente marginalizá-lo.

Terapeuta: Quando sua esposa começa a falar sobre suas emoções, você parece ficar frustrado e incomodado. Qual é o primeiro pensamento que você tem quando ela começa a falar dos seus sentimentos?
Paciente: Que ela vai continuar para sempre.
Terapeuta: Isso seria difícil caso acontecesse. E o que você lhe diz quando ela começa a falar?
Paciente: Eu fico zangado. Digo: "Isso de novo? Por que não para de se queixar? Você está melhor do que a maioria das pessoas".
Terapeuta: E então o que acontece?
Paciente: Ela fica brava comigo e às vezes simplesmente continua a falar, e eu fico ainda mais zangado.
Terapeuta: E se você reservasse algum tempo e espaço para que ela compartilhe seus sentimentos – algo como um "tempo para escutar" – e dissesse: "Parece que você tem algumas coisas em sua mente. Talvez possa me contar como se sente, e eu posso tentar entender o que está acontecendo com você".
Paciente: Acho que ela gostaria disso. Mas não sei se ela não continuaria assim indefinidamente.
Terapeuta: É, isso seria um problema, eu entendo. E se vocês dois treinassem algumas diretrizes para falar e ouvir? Digamos que as diretrizes fossem alguma coisa assim: ela pode falar ininterruptamente por 10 minutos e você pode apenas ouvir e, se necessário, apenas reformule o que ela diz para que ela sinta que a ouviu. Dez minutos para começar?
Paciente: É, mas ela me acusa.
Terapeuta: OK, deve ser difícil para você ouvir tal coisa, e isso também pode ser uma diretriz para a conversa. Ela pode falar o que quer que você faça – por exemplo, ajudar com a sua filha –, mas não pode rotulá-lo como egoísta.
Paciente: Acho que podemos tentar.

## *Scripts* do tipo vencedor-perdedor e esquemas emocionais

Os casais frequentemente se envolvem em discussões sem sentido que focam em quem vai vencer e quem vai perder. Os parceiros tratam a comunicação como uma forma de acusação e defesa, tentando estabelecer quem está certo e quem está errado, frequentemente assumindo papéis de quem é a vítima mais inocente ou o grande mártir. Essas interações em geral estão baseadas numa visão negativa das emoções um do outro ("Você não tem o direito de estar desapontado [frustrado, com raiva, triste, etc.]"); uma rejeição ou validação ("Se eu validá-la, vou admitir que está certa" ou "Se validá-lo, ele vai continuar para sempre com suas queixas"); a visão de que as emoções da outra pessoa são uma perda de tempo ("Quem precisa ouvir isto? Se ela [ou ele] não ficasse tão brava, nós não teríamos problemas"); uma visão do relacionamento como uma luta de poder, o que "necessariamente" implica que uma pessoa é fraca e a outra é poderosa; a confiança na racionalidade ou fatos com a exclusão da compreensão e cuidado; e uma visão do objetivo da interação como "chegar até a verdade". Seja qual for(em) a(s) visão(ões) subjacente(s), a natureza da comunicação e interação se torna antagonista, baseada na procura da verdade, do poder, do controle e de vencer discussões.

Por exemplo, um marido e a esposa discutiam como ele havia dito que a encontraria às 15h na entrada do parque, mas só apareceu às 15h30. Eles discutiram por 10 minutos na sessão sobre o que ela "realmente disse": "Você me disse 15h30. Eu cheguei lá na hora". Muitas das suas outras interações também eram sobre quem estava certo ou errado, com cada um desencavando evidências de erros passados, os "fatos" ou a natureza ilógica da posição do outro. A estruturação do seu relacionamento como uma disputa antagonista sobre fatos estava associada a uma ampla gama de esquemas emocionais negativos, tais como rejeição do direito da outra pessoa de expressar uma opinião, a rejeição da validação, recusa em ver que os outros podem ter os mesmos sentimentos e ênfase excessiva na racionalidade com a exclusão das emoções. Os pressupostos mal-adaptativos desse casal sobre a primazia da racionalidade e a disputa antagonista incluíam o seguinte:

> "É absolutamente essencial estabelecer os fatos".
> "As emoções nos desviam dos fatos, da lógica e de concluir as coisas".
> "Se eu concordar com a interpretação do meu parceiro, isso significa que estou errado".
> "Se eu estiver errado, serei criticado e acusado por tudo".
> "É importante vencer essas discussões para provar que estou certo".

Reorientar o foco para a importância da emoção, da proximidade, do respeito mútuo, da compaixão e da compreensão não julgadora será difícil se parceiros como esse marido e sua esposa estiverem presos a um *script* do tipo vencedor-perdedor. O terapeuta focado no esquema emocional pode abordar tais impasses com uma série de perguntas e técnicas.

### Custos e benefícios do script *do tipo vencedor-perdedor*

Depois de identificar o padrão de diálogo antagonista, o terapeuta pode ajudar os parceiros a identificar o que veem como custos e benefícios de encarar o relacionamento em termos de ganhar e perder. Por exemplo, o homem casado descrito no Capítulo 4 e anteriormente indicou que as vantagens de encarar o relacionamento em termos do "estabelecimento dos fatos" e "lógica" (que ele achava que representavam suas posições) eram como as coisas seriam feitas; elas podiam se basear na realidade em vez de em sentimentos; havia menos caos na família; e havia uma obrigação moral de focar na verdade e na lógica em vez de nas emoções da sua esposa. Ele também descreveu os custos de focar em vencer e perder da seguinte forma: Havia discussões frequentes; ambos os parceiros ficavam ressentidos; eles focavam nos erros passados dos quais pareciam nunca escapar; tinham menos intimidade emocional e sexual; os dois se sentiam com raiva, tristes e desencorajados; e ambos se sentiam como se estivessem pisando em ovos. Pesar os custos e benefícios sugeriu a ele que sua ênfase nos fatos estava levando a mais conflito – e não resolvia o problema.

### *Estabelecendo como seria "vencer"*

Como em qualquer conflito, primeiramente é importante estabelecer como será "vencer", de modo que os parceiros possam avaliar se os objetivos foram atingidos. Em conflitos militares, a ausência da definição de vencer é conhecida como "*mission creep*", que significa estender indefinidamente as hostilidades para novos alvos e objetivos. Não saber qual é o objetivo pode conduzir a uma escalada infindável do conflito, já que cada parte na díade tenta ser superior à outra em um ciclo contínuo de provocação e retaliação. No caso do marido e esposa que discordavam sobre seu horário de encontro no parque, o terapeuta abordou essa questão com o homem da seguinte forma:

Terapeuta: Bem, você parece achar que existe uma forma de vencer essas discussões. Eu me pergunto se alguma vez você já pensou como seria "vencer uma discussão". O que você vê a sua esposa dizendo ou fazendo?
Paciente: (*Ri*) É difícil imaginar. Acho que ela apenas concordaria comigo. Mas isso não vai acontecer.
Terapeuta: OK, então vamos imaginar que ela concordasse com você de que tinha se enganado com a hora – que ela realmente disse 15h30, não 15h. O que aconteceria a seguir?
Paciente: Acho que pararíamos de discutir.
Terapeuta: E então o que aconteceria?
Paciente: Ela provavelmente ficaria ressentida comigo e se afastaria.

Terapeuta e paciente podem examinar se a tentativa de dominar, controlar ou reprimir o parceiro é uma estratégia prática para desenvolver o tipo de relacionamento que cada parte deseja. Como ocorre com muitas tentativas de "controlar a emoção", a solução (vencer) pode se transformar no problema que simplesmente perpetua o conflito e o ressentimento. Pode não haver um vencedor ou perdedor – ou, mais precisamente, ambos os parceiros podem ser perdedores se jogarem esse jogo. Ganhar e perder podem ser substituídos por compreender, cuidar, aceitar, se aproximar e encontrar um ponto intermediário.

### Estabelecendo o significado de discordância

Alguns indivíduos tratam qualquer discordância como uma ocorrência negativa que precisa ser retificada – em outras palavras, como um problema que precisa de uma solução imediata. As discordâncias são frequentemente interpretadas como falta de respeito, manipulação, tentativas de ganhar poder, sinal de que o outro parceiro não é confiável porque não está apoiado na "verdade" ou como o início do desvendamento de um relacionamento com birras e manifestações dramáticas.

Terapeuta: Posso ver que você fica muito incomodado quando sua esposa discorda de você. O que significa para você quando ela não vê as coisas do seu jeito?
Paciente: Significa que ela está sendo condescendente comigo e me tratando como se eu fosse criança.
Terapeuta: OK, isso deve ser muito desagradável para você. Imaginemos que isto fosse verdade – que ela esteja sendo condescendente com você?
Paciente: Eu não poderia me respeitar se isso acontecesse. Eu preciso ser respeitado.
Terapeuta: Então se ela acha que os fatos dela são os corretos, isso significa que ela não o respeita e que você não pode se respeitar. Mas por que você perderia o respeito por si mesmo se a sua esposa momentaneamente não respeitasse os seus fatos ou opinião?
Paciente: Eu nunca pensei nisso. Acho que eu preciso da sua aprovação.
Terapeuta: Então se você fosse menos preocupado com a aprovação dela, você ficaria com menos raiva e deixaria que ela tivesse a sua opinião, mesmo que você achasse que não era correta?
Paciente: Acho que sim. Eu poderia deixar passar.

### Evidências a favor e contra "felicidade = racionalidade"

O roteiro de uma discussão frequentemente está baseado na crença de que estabelecer "a verdade" – baseando as coisas na racionalidade e na lógica – levará a um melhor relacionamento. Porém uma ênfase excessiva na racionalidade e na lógica pode estar negando e até mesmo desrespeitando as necessidades emocionais da outra pessoa.

Terapeuta: Parece que você acha que se conseguir estabelecer a verdade e se assegurar de que as discussões são realmente racionais e lógicas e baseadas em fatos, as coisas serão melhores. Existe alguma evidência para isso?
Paciente: Bem, se não estamos discutindo, então não estamos incomodados um com o outro.
Terapeuta: OK, então se a sua esposa concordasse com você e os dois tivessem os fatos ao seu lado, não haveria discussões. Mas é razoável esperar que duas pessoas sempre vejam as coisas da mesma maneira? Você não tem divergências com amigos e colegas?
Paciente: É claro, mas isso não parece me incomodar tanto.
Terapeuta: Talvez você tome menos como algo pessoal se for apenas um amigo ou um colega. Mas você acha que relações satisfatórias estão baseadas na lógica ou em proximidade e carinho e cuidados?
Paciente: Eu sei, eu sei. Mas os fatos são importantes.
Terapeuta: Você consegue imaginar alguém dizendo: "Minha esposa e eu temos um ótimo relacionamento, temos um sexo maravilhoso, porque ambos concordamos quanto aos fatos"?
Paciente: (Ri) Não, não. Eu sei que parece loucura.
Terapeuta: Então quando vocês dois se sentem muito próximos e amorosos um com o outro, o que está acontecendo?
Paciente: Acho que nós dois reconhecemos a outra pessoa e sentimos carinho um pelo outro e confiamos um no outro.
Terapeuta: Isso está baseado na racionalidade e em fatos ou no carinho e compaixão?
Paciente: Carinho e compaixão.

### *Ouvir e respeitar um problema* versus *solucionar um problema*

Um roteiro do tipo vencedor-perdedor está frequentemente focado de modo exagerado na solução de problemas, terminar as coisas e chegar a uma conclusão. O homem "lógico" casado com frequência dizia à sua esposa: "vá direto ao ponto". Em outras palavras, ele queria ir direto ao ponto para descobrir qual era o problema, de modo que conseguisse sugerir uma solução. Isso fazia sua esposa sentir que ele não tinha tempo para ouvi-la – sem tempo para respeitar seus sentimentos e o ritmo do seu pensamento.

Terapeuta: Eu observei que você disse: "Vá direto ao ponto". Parece que quer rapidamente ir direto ao ponto numa discussão de negócios. Quando diz isso à sua esposa, como ela se sente?
Paciente: Acho que ela sente que eu não quero ouvir sobre os seus sentimentos. Talvez ache que a estou controlando. Ela me disse que sou muito controlador.

Terapeuta: Entendo. Então eu me pergunto quais são os sentimentos dela. Você acha que ela se sente magoada, triste, com raiva, frustrada?
Paciente: Sim. Todas essas coisas. Eu sei. Mas eu só quero ir direto ao ponto e descobrir o que precisa ser feito. Ela só insiste nessas coisas negativas, o que a faz se sentir pior.
Terapeuta: Então você realmente quer que ela se sinta melhor e acha que ir direto ao ponto vai funcionar. Está funcionando?
Paciente: Não, só faz ela se sentir pior.
Terapeuta: E se você encarasse isso como uma série de etapas? O primeiro passo seria reservar algum tempo para ouvir e talvez validar os sentimentos dela. Apenas *ser* um ótimo ouvinte por algum tempo. E então, depois que a ouviu e validou e lhe disse que consegue entender que ela está aborrecida, você pode perguntar-lhe se existe alguma coisa que possa fazer para ajudar a resolver o problema. Talvez ela queira resolver o problema; talvez ela só queira que você a escute. Você poderá precisar descobrir permitindo que ela se expresse e perguntando-lhe o que precisa de você naquele exato momento.
Paciente: É frustrante apenas ouvir.
Terapeuta: Sim, isso pode ser difícil. Mas você já fez coisas difíceis antes – especialmente no seu trabalho. E encare desta forma: pode ser mais difícil resolver problemas quanto tudo o que ela quer que você faça é ouvir o problema.
Paciente: Você está certo. Sim. Ela às vezes só quer expor as coisas e falar sobre como se sente.
Terapeuta: E se você reestruturasse isso em termos da solução de problemas? Talvez, segundo o ponto de vista dela nesse momento, o problema que ela quer resolvido seja que você a ouça. Então se a ouvir, resolveu o problema.

### *Aceitando duas (ou mais) verdades*

As pessoas que estão presas a um *script* do tipo vencedor-perdedor, focando na "verdade", acreditam que existe *uma* verdade que precisa ser descoberta (e, de fato, imposta). Mas os sistemas interpessoais consistem em muitas perspectivas, necessidades diferentes, histórias passadas diferentes e personalidades diferentes. Uma parceira pode ser especialmente sensível às exigências que lhe são feitas devido a uma história passada de uma mãe controladora; ela pode interpretar os pedidos do seu parceiro como dominação e coerção. Outro parceiro pode encarar a afeição como uma intrusão no seu "espaço" e rejeitar sua parceira quando ela tenta se aproximar fisicamente. Em discussões sobre o que aconteceu numa festa, um indivíduo pode focar nas expressões não verbais de outro convidado e achar que essa pessoa é "falsa", enquanto o outro parceiro pode focar em se o convidado combina com ele e vai achá-lo agradável de conviver. A abordagem do esquema emocional compartilha com a TCD um reconhecimento de que existem duas (ou mais) verdades, e que entender como os dois parceiros veem alguma coisa e o que é importante para eles pode ser mais valoroso do que estabelecer uma verdade definitiva.

Terapeuta: Parece que você acha às vezes que existe uma única maneira de ver as coisas – que existe uma verdade e que vocês dois precisam concordar com isso. Mas não sei se o que parece verdadeiro para ela não pode ser diferente do que parece verdadeiro para você.
Paciente: Não entendo. Verdade é verdade.
Terapeuta: Sim, é assim que somos ensinados na escola. Mas outra forma de encarar isso é que cada pessoa vê o mundo de uma maneira diferente. Nós temos nossas histórias, nossas próprias vulnerabilidades, nossas necessidades e nossas preferências – e podemos estar focando apenas em uma coisa no momento, o que parece verdadeiro para nós no momento.
Paciente: Mas se você olhar para as coisas dessa forma, não está dizendo que não existem os fatos?
Terapeuta: Os fatos são entendidos em termos do que vemos como importante para nós no momento. Por exemplo, se você olhar em torno da sala agora, o que nota primeiro?
Paciente: A parede está pintada de azul e também a tela do seu computador.
Terapeuta: Sim, isso parece verdadeiro, é claro. Mas existem milhares de outras coisas que você e eu podemos observar – os livros, os papéis, os diplomas na parede, as luminárias, as janelas, a luz e as sombras cinzentas. E se você aceitasse que a sua esposa poderia estar focando em uma coisa em vez de outra, e no momento essa coisa parece importante para ela?
Paciente: Mas como é que vamos chegar a algum acordo?
Terapeuta: Talvez não precisem concordar sobre um fato. Talvez vocês precisem concordar que têm diferentes experiências, perspectivas e necessidades no momento, e que podem aceitar isso. Por exemplo, quando assistem um filme, vocês concordam em tudo?
Paciente: Não. Às vezes concordamos, mas ela pode focar em alguma coisa que eu não notei.
Terapeuta: O mesmo é verdadeiro na vida diária. Muitas perspectivas, muitas experiências, muitas verdades. O que parece verdadeiro para você pode não parecer verdadeiro para ela.

### Entendendo que as diferenças não são devastadoras

Modelos irrealistas de relações íntimas frequentemente envolvem a ideia de que haverá uma concordância perfeita, um completo encontro de mentes e a congruência absoluta de almas gêmeas, em vez de um reconhecimento realista de que dois adultos têm diferentes histórias, valores, informações, perspectivas e estilos de pensar e falar. Semelhante à ilusão da "validação total" já discutida, os parceiros podem entrar cada vez mais em conflito apenas porque não conseguem aceitar que diferenças entre eles existem e continuarão a existir, independentemente das tentativas de persuadir ou intimidar. Por exemplo, um homem com crenças mais conservadoras era intolerante com sua esposa, que tinha crenças mais liberais; ele com frequência a castigava com linguagem desrespeitosa pelas suas ideias "irrealistas".

Terapeuta: Quando sua esposa lhe fala sobre suas crenças políticas sobre um candidato, isso parece deixar você irritado. Por quê?
Paciente: Eu não suporto quando ela é tão irrealista. Quer dizer, quantas vezes eu tenho que passar por isso com ela?
Terapeuta: OK, então parece que você se frustra por não conseguir persuadi-la, mas eu me pergunto por que é tão problemático que existam essas diferenças. Por que isso o incomoda tanto?
Paciente: Eu sei que parece loucura, mas isso me faz pensar que nós somos duas pessoas diferentes – completamente diferentes.
Terapeuta: Bem, vocês são duas pessoas diferentes, mas você vê essas diferenças políticas como um sinal de que não têm nada em comum?
Paciente: É, eu sei, eu sei. Este é um pensamento do tipo ou tudo ou nada.
Terapeuta: OK, se vocês não tivessem nada em comum, o que isso significaria?
Paciente: Acho que significa que não fomos feitos um para o outro.
Terapeuta: Então isso seria de fato devastador, eu acho – não termos uma única coisa em comum, serem completamente diferentes e não terem sido feitos um para o outro. Posso ver por que isso o incomoda. Mas você de fato acredita que não têm nada em comum?
Paciente: Não, não, nós temos muito em comum. Nossos valores são muito parecidos em quase tudo, nós amamos nossas duas filhas e realmente gostamos muito das mesmas coisas.
Terapeuta: Talvez essas discordâncias o façam lembrar um pouco de que, com seu pai, tudo sempre tinha que ser do jeito dele, e ele ignorava qualquer discordância, da maneira como fazia você sentir que era inferior a ele. Existe um paralelo aqui?
Paciente: Parece ser a mesma questão. E a minha esposa, você sabe, é completamente diferente dele.

### Reformulando, validando e querendo mais

Uma ênfase em vencer ou estabelecer a dominância pode levar a ridicularizar, ignorar ou atacar o que o outro parceiro está dizendo e, assim, resultar em uma escalada do conflito e mais contra-ataques de ambos os lados. Em contraste, praticar a escuta ativa, empatizar, validar e pedir mais do parceiro comunica que o indivíduo está interessado em ouvir a perspectiva e os sentimentos do outro de maneira respeitosa; essa comunicação em geral ajuda o casal a se afastar dos papéis de acusador e réu. Conforme indicado anteriormente, os indivíduos focados em vencer podem relutar em assumir um papel de escuta ativa: podem temer que seus parceiros os dominem, humilhem, falem indefinidamente, nunca lhes deem a chance de falar e, por fim, vençam. A mudança da dinâmica de vencer para compreender pode temporariamente causar um curto-circuito nesses medos. Quando ambos os parceiros em um relacionamento acreditam que possuem um monopólio sobre a verdade, permitir a "competição" ouvindo o outro ameaça a estratégia vencedora. Fazer a mudança para uma estratégia de compreensão pode subverter o padrão antagônico. No caso do casal com discordâncias políticas, o terapeuta introduziu essa abordagem da seguinte forma:

Terapeuta: Até agora você tem pensado que o objetivo é vencer essas discussões, demonstrando à sua parceira que está certo – que a lógica, fatos e sua experiência mostram que ela está errada e que isso significa que você está certo. Portanto, o objetivo aqui é vencer derrotando, o que parece aumentar os conflitos. Vamos tentar alguma coisa diferente, se você estiver disposto, e isso seria redefinir "vencer" como "compreender a sua parceira". Vou lhe dar um caderno, você vai ouvir atentamente o que ela diz, e o seu objetivo – a sua tarefa – é conseguir expressar a posição dela e seus sentimentos da forma mais precisa possível. A única maneira de ter sucesso é se ela concordar que você compreende a sua mensagem. Você não tem que concordar com nada do que ela diz; só precisa compreendê-la.

Paciente: OK, vou tentar. Eu só tenho que compreender.

Terapeuta: Certo.
[Esposa descreve seus pontos de vista sobre um tema político em que eles discordam.]

Paciente: Então você acha que ele vai ser um bom prefeito porque ele vai fazer mais pelos pobres? Mas e quanto aos impostos? Isso não vai tornar tudo pior?

Terapeuta: OK, parece que você reformulou o que ela disse sobre os objetivos do prefeito direcionados para os pobres, mas então começou a falar o que pensa. A sua tarefa é permitir que suas opiniões desapareçam por alguns minutos, colocá-las na prateleira e apenas tentar compreender exatamente o que ela pensa e sente. Você está registrando e sendo um reflexo dela, não seu.

Paciente: Eu não vou ter uma chance de falar?
Terapeuta: Sim, depois, e agora você está falando para ela aquilo que a está ouvindo dizer. O primeiro passo é ser o melhor ouvinte possível.

### *Praticando a concordância*

Como o padrão antagônico coloca ênfase em provar que a outra pessoa está errada, ele também pode levar à filtragem seletiva do que está sendo ouvido e ignorar possíveis pontos de concordância entre as duas partes. Usar a técnica de praticar a concordância – e temporariamente abster-se de discordar – possibilita que cada indivíduo experimente abrir mão do papel de vencedor e assuma um papel de aceitação, colaboração, compreensão e reflexão. Quando os parceiros se revezam na prática da concordância, isso os ajuda a se sentir compreendidos, a se afastar da dinâmica antagônica e a experimentar maior aceitação das diferenças. No exemplo a seguir, um casal com um bebê de 8 meses discutia com frequência que o marido costumava ficar desligado quando voltava para casa e não interagia com a esposa ou a filha.

Terapeuta: Então parece que você dois têm tido algumas dificuldades desde que o bebê chegou, e sei que isso pode ser estressante para ambos. Será que cada um de vocês poderia simplesmente praticar dizer aquilo que vê como problemático e, por enquanto, apenas focar e refletir sobre os pontos em que poderiam concordar?
Marido: (*Para a esposa*) Acho que você está dizendo que eu chego em casa e não estou realmente interagindo com você e Rachel, e isso a incomoda muito. Acho que existe alguma verdade nisso. Eu estou tão esgotado no fim do dia que não consigo lhes dar atenção integral.
Terapeuta: Bem, você começou apontando a sua concordância com ela, mas depois se defendeu e me parece que a discussão reinicia quando você se defende. Vamos tentar ficar apenas no papel de concordância por enquanto.
Marido: (*Para a esposa*) Você tem razão quando diz que eu ainda estou preocupado com as coisas no trabalho e não estou totalmente focado em você e Rachel. E, eu admito, isso é frustrante para você.

Esposa: É, você está em outro mundo às vezes.
Marido: Você está certa. Às vezes estou.
Terapeuta: Agora, Susan [esposa], você pode permitir que Marv fale sobre a experiência dele e encontrar alguns pontos de concordância com ele?
Marido: (*Para a esposa*) Eu trabalho o dia inteiro, atendendo telefonemas; tenho um chefe difícil; você sabe que eu estou sempre preocupado quanto à possibilidade de perder meu emprego, e então como eu poderia sustentar você e Rachel? Sei que você deu um tempo no trabalho para poder cuidar de Rachel, e eu reconheço isso, mas fico tão ansioso com a possibilidade de perder o emprego que às vezes é difícil me concentrar.
Esposa: (*Para o marido*) Eu entendo que o seu trabalho lhe exige e que você está trabalhando muitas horas. E anda preocupado em ficar desempregado há muito tempo, mas você é bom no que faz...
Terapeuta: (*Interrompendo*) Vocês começaram com boas reformulações e concordando, mas então começaram a dar conselhos, o que soa como se estivessem mudando de ideia. Neste momento, estamos apenas tentando ver como é concordar. O objetivo é entendê-lo, e não fazê-lo mudar de ideia.
Esposa: (*Para o marido*) Acho que você está dizendo que está trazendo o estresse do trabalho para casa e que isso dificulta que se volte para mim e Rachel.
Marido: É. Não é que eu não ame vocês duas. Eu só estou ansioso.
Terapeuta: Como isso fez vocês dois se sentirem?
Esposa: Muito melhor.
Marido: Acho que eu estou preocupado demais.

## Estruturando o compartilhamento de emoções

Embora a maioria dos casais concorde que é importante que os parceiros compartilhem seu respeito pelos sentimentos do outro, a logística, estilo e extensão dessa comunicação pode se tornar problemática. Comunicação eficaz envolve estruturar o que está sendo dito; como, quando e por que está sendo dito; e o que é esperado em resposta. Como indica nossa pesquisa, acusar, invalidar e agir com um estilo desdenhoso, condescendente e antagônico leva a maior conflito e disfunção no relacionamento, bem como perpetua o conflito ou afastamento. Para orientar os casais a se comunicarem com mais eficiência, o terapeuta pode examinar os "dez segredos para ser ouvido", descritos na Figura 12.1. (Essas diretrizes devem ser usadas somente pelo terapeuta e não constituem um material que possa ser reproduzido.)

1. **Escolha o momento certo.** Às vezes você acha que precisa ser ouvido exatamente no momento em que tem um pensamento ou sentimento. Mas o seu parceiro pode estar envolvido com outra coisa no momento – assistindo um jogo, preparando o jantar, tentando dormir, trabalhar em alguma coisa – ou pode apenas não estar disposto no momento. Use a sua experiência para saber quando sem dúvida não é o momento certo. Por exemplo, "discussões importantes" dificilmente serão úteis antes de ir dormir ou no momento em que o parceiro entra em casa chegando do trabalho. Se você começar a falar – e ele ou ela não estiver ouvindo – pergunte: "Existe uma hora melhor para conversarmos?" E, se você for o ouvinte, jogue limpo; dê ao seu parceiro uma alternativa razoável. Não use sarcasmo ou obstrução.
2. **Faça uma edição.** Muitas vezes você pode começar a falar e se deixa levar. Seu parceiro está perdendo o interesse e se distrai. Vocês não estão em contato. OK, talvez você precise editar o que diz. Procure limitar seus comentários a frases relativamente claras e curtas. Faça pausas, peça *feedback* e espere pelo seu parceiro. Não tente fazer discurso e monopolizar a palavra. Torne a discussão mais interativa. Pense no que é essencial e procure focar nisso. Uma forma de editar é combinar com seu parceiro que deve haver um período de tempo razoável a ser usado com o tema – por exemplo, "Podemos gastar 10 minutos falando sobre isto?" Isto o ajuda a focar nos aspectos essenciais e dá ao seu ouvinte uma estrutura de tempo razoável.
3. **Faça uma pausa e peça um** *feedback*. Às vezes enquanto fala você se estende indefinidamente, sem fazer uma pausa. Talvez você ache que precisa se manter no tema para que tudo seja ouvido – ou teme que o seu parceiro se adiante, tome conta da conversa e você não tenha a chance de falar novamente. Tenha calma, edite o que vai dizer e pare e peça feedback. Crie uma comunicação de duas vias. Se você acha que o seu parceiro na verdade não ouviu o que está dizendo, tente perguntar: "Você pode reformular o que eu disse?" Ou, se você quer que o seu parceiro o ajude a pensar nas coisas de forma diferente, pode dizer: "Não sei se eu estou vendo as coisas da maneira correta aqui". Ou, se quer resolver um problema, você pode dizer: "Não sei o que eu posso fazer para que isso dê certo".
4. **Não catastrofize.** Às vezes você pode pensar que a única forma de conseguir ser ouvido é fazer tudo parecer terrível. Às vezes este é um ponto de vista legítimo, mas se você faz muitas coisas parecerem terríveis, você vai perder a credibilidade. Procure manter as coisas em perspectiva, tente se ater aos fatos e tente evitar que as coisas escalem. Mantenha sua voz calma; não perca o controle. Vá devagar e tente se acalmar. Você será ouvido mais claramente com um tom mais suave. De fato, se você recuar e analisar, verá que algumas das coisas que está falando podem ser desagradáveis, inconvenientes ou simplesmente uma questão de opinião. Mas "terrível" pode ser um pouco extremo. Analise e decida se isso é realmente tão terrível quanto você pensa e sente que é.
5. **Não ataque.** O seu ouvinte provavelmente não será uma boa audiência se a sua discussão for uma série de ataques e críticas. Rotular seu parceiro ("idiota", "imbecil", "bebezão") ou supergeneralizar ("Você sempre faz isso") será um desvio do assunto. Isto não significa que você não pode se comunicar e se afirmar. Simplesmente significa que você precisa se comunicar de uma forma que não seja tão hostil. Fazer sugestões de mudança ("Seria útil se você limpasse um pouco mais"), ao mesmo tempo dando crédito a alguns aspectos positivos ("Eu agradeço a sua ajuda com as compras"), pode fazer você conseguir mais atenção e cooperação do que ataques abertos ("Você é a pessoa mais egoísta que eu já conheci").
6. **Diga ao seu parceiro se você quer resolver problemas ou compartilhar sentimentos.** Às vezes você só quer expressar seus sentimentos e ter uma escuta bem-intencionada do seu parceiro. Tudo bem, mas o seu parceiro precisa saber até onde você quer ir com isso. Por exemplo, pode ser que você queira dividir: Após alguns minutos se expressando e compartilhando, você abandona o tema ou parte para a solução do problema. Muitas pessoas só querem ser ouvidas e cuidadas.

**FIGURA 12.1** Dez segredos para ser ouvido. De Leahy (2010). Adaptada com autorização. (Não reproduzir.) (*Continua*)

7. **Ouvir não é concordar.** Às vezes temos a crença de que um ouvinte deve concordar com tudo o que dizemos e ficar tão abalado quanto nós estamos. Podemos pensar que esta é a única maneira da outra pessoa mostrar que realmente está ouvindo. No entanto, isto está errado. Ouvir é escutar, compreender, refletir e processar a informação. Eu posso ouvir seus pensamentos e sentimentos sem concordar com o seu ponto de vista. Você e eu somos pessoas diferentes. Isto não significa que eu não me importo com você se não concordo com você. Significa que estou lhe ouvindo. Mas às vezes o interlocutor pode atacar o ouvinte por não concordar 100%. Isso parece irrealista e injusto. Todos nós precisamos aceitar as diferenças que nos tornam únicos. De fato, as diferenças podem ser oportunidades de crescimento. Quando você fala com alguém que o entende e se preocupa com seus sentimentos – mas não concorda com a sua interpretação dos eventos – isto abre a sua mente para o fato de que existe mais de uma maneira de pensar sobre as coisas.

8. **Respeite os conselhos.** Se você está recorrendo ao seu parceiro na busca de apoio e aconselhamento, provavelmente você vai receber *feedback* – e provavelmente algum conselho. Mas você pode não ter sorte e receber sarcasmo e indiferença. Entretanto, vamos presumir que o seu parceiro está tentando fazer o que pode para ser apoiador – mas isso não é exatamente o que você quer. Talvez o conselho não seja útil; talvez ele seja irracional. Mas se você quer ser ouvido, tem que estar disposto a respeitar quem lhe dá o conselho. Você não tem que seguir o conselho ou gostar do conselho. Mas se você está tocando para uma plateia que ataca, não terá uma plateia na próxima vez. Pense no conselho ou *feedback* como informação: Siga-o ou descarte-o, mas não agrida a outra pessoa.

9. **Se você descrever um problema, descreva uma solução.** Conforme falei anteriormente, você pode apenas querer se expressar, compartilhar sentimentos e explorar seus pensamentos. Mas acho que também faz sentido – algumas vezes – descrever soluções potenciais se você descrever problemas potenciais. Alguns de nós na verdade adoram ir direto para a solução do problema, mas isso pode ser prematuro com outras pessoas. No entanto, se é você quem está apresentando o problema, considere isto como uma opção: descreva uma solução se você descrever um problema. A sua solução não tem que ser uma *ordem* para fazer alguma coisa. Ela pode ser provisória, razoável, uma das várias possibilidades. De fato, se você começar a pensar no problema como algo a resolver, pode começar a se sentir mais capaz. Mas a escolha é sua se você quer fazer isso – agora, depois ou nunca.

10. **Valide o validador.** Uma das coisas mais úteis que você pode fazer como interlocutor é apoiar a pessoa que está lhe apoiando. Você não quer ser um "desmotivador" e não vai agir como se fosse dono de cada minuto do tempo da outra pessoa. Pense nisso segundo o ponto de vista do seu ouvinte: ele está lhe ouvindo sobre alguma coisa que o está incomodando. Bem, isso pode não ser divertido para o ouvinte – mas ele está com você nisso. Por que não mudar de atitude e agradecer ao ouvinte pelo tempo que está gastando com você? Agradeça por se preocupar o suficiente para ouvi-lo e apoiá-lo. Valide o validador.

**FIGURA 12.1** (*Continuação*) Dez segredos para ser ouvido. De Leahy (2010). Adaptada com autorização. (Não reproduzir.)

## Resistência em permitir que o parceiro compartilhe sentimentos: razões para não ouvir

Como ocorre com muitas técnicas cognitivo-comportamentais, sugerir que os pensamentos, os comportamentos e a comunicação podem mudar pode soar muito mais fácil do que é no mundo real da terapia, com indivíduos que vêm lutando entre si há meses ou anos. Já examinei um dos estilos de estruturação da comunicação – a dinâmica do vencedor-perdedor – e discuti como ele poderia ser mudado. Contudo, para cada técnica de melhoria, existe uma ampla variedade de razões pelas quais os indivíduos irão resistir ao seu uso. A não concordância ou resistência está geralmente baseada em um sistema de crenças subjacentes que faz sentido para essas pessoas e que eles acreditam irão protegê-los de mais perdas. Frequentemente, é útil identificar com os pacientes todas as razões por que eles escolheriam não usar tais técnicas, a fim de esclarecer a sua justificativa para a não adesão.

### *"É uma luta pelo poder"*

Conforme enfatizado, muitos casais ficam presos a uma luta pelo poder associada a ganhar ou perder. Se um dos parceiros está extravasando sentimentos, ele está "vencendo" por estar fazendo uso da palavra, dominando a discussão e fazendo dos seus sentimentos o tópico mais importante. Um homem via a ideia da escuta ativa como algo "feminilizante" para si no jogo da luta pelo poder, dizendo que não seria um "fresco": "Você quer que eu seja um capacho?" (Veja também "Pensamento de gênero", mais adiante). Em consequência da crença de que tinha que exercer poder e controle, ele utilizava a marginalização, a humilhação e a crítica ("Você nunca é lógica – é toda emoção"). Examinar os prós e contras de encarar um relacionamento íntimo como uma luta pelo poder, às vezes, pode levar a desvendar crenças centrais ou esquemas. No caso do homem que tinha medo de ser um "fresco", ele descreveu sua experiência infantil com um pai dominador e humilhante:

> "Ele simplesmente nos dizia para calarmos a boca e que ele não queria saber de nada, e se você discordasse, ele dava uma bofetada. Eu tinha muito medo. Mas só ficava assim por algum tempo, até que ele empurrasse a minha mãe. Eu tinha 16 anos e era maior do que ele, então o pegava e o jogava contra a parede." A luta pelo poder relacionada à emoção era, para esse indivíduo, uma reedição da luta pelo poder contra seu pai abusivo.

### *Desdém pelo parceiro ou pelo ponto de vista do parceiro*

Algumas pessoas acham que a forma de conseguir fazer seus parceiros pararem de "reclamar" é usar desdém ou sarcasmo como uma forma de punição. Por exemplo, um homem respondia às "queixas" da sua parceira com: "Deve ser aquela época do mês", "Me traga uma cerveja" ou outros comentários problemáticos e contraproducentes. Ele disse que achava que, ao fazer "brincadeiras", faria ela ver o quanto estava sendo ridícula. O terapeuta perguntou como achava que ela se sentia e o que ela pensava dele quando era desdenhoso: "Acho que ela pensa que sou um idiota – porque, para dizer a verdade, eu sei que sou. Eu simplesmente não sei o que dizer quando ela fica emocional". Também mencionou que via as queixas dela como críticas a ele – e que, até certo ponto, ela estava certa –, mas temia que, se reconhecesse que ela estava certa, ficaria humilhado e teria que criticar a si mesmo, e ela usaria isso contra ele. O terapeuta sugeriu que uma alternativa ao sarcasmo ou autocrítica poderia ser desculpar-se e mudar seu comportamento. Com relutância, ele concordou em experimentar se desculpar com a esposa e lhe dizer que iria trabalhar a sua atitude de desdém e sarcasmo.

### Pensamento de gênero

Alguns homens, como aquele supradescrito que tinha medo de ser um "fresco", comentam que validar ou usar linguagem emocional para apoiar uma mulher não é másculo. Eles acreditam que o papel de um homem é ser forte, "estar acima de tudo" e ser dominador. Segundo seu ponto de vista, validar e permitir expressão emocional é para os afeminados – aqueles que perderam a sua dignidade como "homens de verdade". O terapeuta pode ajudar um paciente assim a examinar as consequências do pensamento de gênero: isso leva a maior felicidade? Ele se sente como um "homem de verdade"? Ele está se tornando o tipo de homem que admira? Aprovaria esses comportamentos se visse um homem se dirigindo assim à sua mãe ou filha? Substituir o "pensamento de gênero" por um "pensamento universal" pode ajudar.

Por exemplo, um homem divorciado descreveu as mulheres em termo sexuais objetificados – comentários machistas que soavam como brincadeiras de adolescente com o terapeuta, o qual também era homem. Ele descrevia um comportamento sarcástico e dominador com as mulheres com quem estava envolvido no momento. O profissional questionou como o seu pensamento machista e sexualizado afetava sua habilidade de amar e ficar emocionalmente conectado a uma mulher, e como isso fazia a sua parceira atual se sentir. Quando refletiu sobre essas questões, o cliente descreveu como havia se sentido devastado em seu casamento anterior quando soube que sua esposa o estava traindo – o que descobriu quando estavam em terapia de casal. Humilhado, preocupado em estar ficando velho e menos atraente para as mulheres, bem como temendo que sua parceira atual (que era mais jovem do que ele) o deixasse, ele tentava estimular seu ego desempenhando o papel do "macho confiante". O terapeuta sugeriu que experimentasse outro papel – o de um "ser humano real" ou um "*Mensch*" (pessoa compassiva e atenciosa), que tratava sua parceira com amor e respeito, vê a relação como um objetivo em si, e a esposa como uma pessoa com dignidade humana. O paciente foi encorajado a tratar sua parceira como ele mesmo gostaria de ser tratado, ou como gostaria que um homem tratasse sua filha de 23 anos. Essa "terapia *mensch*" atraiu o cliente porque ele via a si mesmo como alguém que valorizava a dignidade humana e queria ser amado pelo que tinha de bom, em vez da atitude de valentão que estava encenando. Ele substituiu o objetivo de "ser um homem macho" por "ser um *mensch*" – alguém compassivo e atencioso, alguém que se orgulharia de ser.

### *Desregulação emocional*

Algumas pessoas acham tão perturbador ou emocionalmente ativador ouvir de seus parceiros o que sentem que precisam expressar sua raiva ou se afastar. De fato, isso é apoiado pelas pesquisas, que mostram que o ritmo cardíaco de tais pessoas acelera durante um conflito, o que, para elas, é insuportável; essa escalada da excitação é mais comum em homens do que em mulheres (Gottman & Kroff, 1989). Em consequência desse aumento da sua emoção – a qual não conseguem tolerar –, elas procuram reprimir a comunicação com seus parceiros ou saem da sala. Um indivíduo oprimido emocionalmente se sente capturado pelas discussões emocionais e, com frequência, teme que elas não tenham fim, enquanto o outro parceiro se sente controlado, marginalizado e abandonado. Em tal caso, o terapeuta pode identificar o problema de desregulação da emoção como a questão-chave a ser resolvida, bem como sugerir inúmeras técnicas para ajudar o indivíduo oprimido a manejar sua emoção. Estas podem incluir antecipar as situações que vão despertar tais sentimentos; identificar pensamentos automáticos (p. ex., "Eles vão durar para sempre"); praticar o desligamento consciente e observar em vez de julgar e controlar; praticar a escuta ativa e validando; experimentar permitir um tempo e espaço para os sentimentos; assumir o papel de compreensão e reflexão em vez do papel de vencedor e persuasivo; e tentar a solução mútua do problema como forma de lidar com as discordâncias. Uma vez que sentir-se oprimido é outra maneira que esses indivíduos encontram para dizer que se sentem impotentes e capturados, fornecer uma variedade de técnicas frequentemente os ajuda a se sentir capazes em vez de oprimidos. Outras técnicas para regulação da emoção podem incluir distração, sair da sala por alguns minutos ("dar um tempo"), reestruturação racional, autotranquilização, ação oposta, melhorar o momento, aceitação e busca de outros comportamentos e objetivos gratificantes.

### *"Eu não quero reforçar a lamúria"*

Uma crença comum – mesmo entre alguns terapeutas – é que a escuta ativa e a validação de outras pessoas quando estão expressando suas emoções só irá reforçar a continuidade das queixas ou "lamúrias". Esse modelo da emoção considera que as queixas abrem as comportas para um dilúvio inevitável de uma sobrecarga de expressão emocional da qual não há escapatória. Em consequência, o indivíduo tenta interrompê-la imediatamente usando sarcasmo, tentando exercer controle ou obstruindo. O terapeuta pode lembrar que um bebê vai continuar a chorar até que seja pego no colo e confortado, e que um parceiro continuará a se queixar até que seja ouvido e validado. Obviamente, muitas pessoas acreditam na lei do efeito (i. e., o princípio de que o comportamento que é reforçado aumentará de frequência), mas a expressão emocional é como outros comportamentos de apego: ela vai continuar a ser expressa até que o "sistema" esteja completo. Isso pode ser colocado em teste por meio do engajamento em dramatizações (*role play*) de validação aumentada na sessão, com o paciente fazendo o papel do "queixoso", enquanto o terapeuta assume ativamente o papel de validação e demandando mais. Em geral, o "queixoso" esgota as coisas de que reclama e finalmente reconhece que o ouvinte "compreende". Isso confirma o modelo de que a queixa vai continuar até que seja compreendida: "Depois que eu achar que você me entende, eu paro de me queixar". Ou então, o terapeuta pode fazer o papel do "invalidador", pedindo que o paciente se queixe enquanto o profissional argumenta contra e rejeita tudo o que o cliente diz. Essa dramatização invertida pode ilustrar que a queixa vai escalar em face da invalidação, demonstrando, assim, que a estratégia do paciente de invalidar devido ao "medo de lamúrias" se revelará contraproducente. O terapeuta pode mencionar que a queixa é uma jornada em busca de validação e compreensão. Depois que atinge o objetivo, ela termina.

### *"Problemas a ser resolvidos"*

Uma crença comum que interfere na comunicação da emoção e na sua validação é um investimento exagerado na solução de problemas como a única estratégia que faz sentido. Essa crença está baseada num modelo de comunicação com o compartilhamento dos fatos de forma concisa, identificando um objetivo e resolvendo uma questão. O indivíduo acha que expressar e compartilhar sentimentos é inútil e que, se o parceiro não está disposto a iniciar a solução do problema, então está sendo autoindulgente e desperdiçando o tempo e a energia de todos. Contudo, se o objetivo do interlocutor é ser compreendido e se sentir cuidado, um foco excessivamente rápido na solução do problema pode levá-lo a acreditar que o parceiro não se importa com os sentimentos do interlocutor e está, na melhor das hipóteses, sendo indulgente. Ironicamente, o "solucionador do problema" vai alegar: "Eu me importo com os sentimentos do meu parceiro, e é precisamente por isso que quero começar a solucionar o problema". O terapeuta pode sugerir que ambos os objetivos têm valor – ser ouvido e resolver os problemas –, mas que o interlocutor pode ter o privilégio de decidir qual é o objetivo daquele momento. Se o interlocutor percebe que o ouvinte está partindo muito rapidamente para a solução dos problemas, ele pode dizer: "Eu só quero compartilhar com você a minha experiência, e não estou certo se quero resolver o problema neste momento". Os parceiros podem reconhecer que a solução do problema *pode* ser uma opção agora, mais tarde ou nunca, mas o interlocutor é quem vai determinar isso. Em alguns casos, o problema pode ser reformulado para: "ouvir o que o seu companheiro está dizendo" para que a solução possa ser "compreender o seu parceiro".

## RESUMO

Os esquemas emocionais são fatores centrais em conflitos no relacionamento. Os parceiros potencializam e ruminam suas emoções para que sejam ouvidos, ou então regulam as emoções um do outro por meio de solução indesejada de problemas, sarcasmo, obstrução, afastamento ou desdém. Subjacente a esses padrões disfuncionais de comunicação e escuta se encontram esquemas problemáticos sobre duração, normalidade, controle e validade das emoções do parceiro, com crenças de que ouvir, encorajar a expressão ou validar só irá perpetuar mais o desdobramento dessas emoções. O modelo focado no esquema emocional ajuda a enfatizar como podem ser abordadas essas crenças sobre emoção em relacionamentos íntimos e como técnicas comportamentais e cognitivas específicas podem estimular a harmonia no relacionamento.

Capítulo 13

# ESQUEMAS EMOCIONAIS E A RELAÇÃO TERAPÊUTICA

> Podemos definir terapia como uma busca de valor.
> – ABRAHAM MASLOW

Quando comecei a aprender terapia cognitivo-comportamental, fiquei apaixonado por suas técnicas poderosas e sua base racional. Minha personalidade estava focada em atingir objetivos, solucionar problemas, pensar de maneira racional e me manter na tarefa. Eu achava que era particularmente habilidoso em vencer debates e com frequência gostava das respostas engenhosas que podia dar em uma boa discussão com um oponente enérgico e inteligente. Na minha própria vida, usava as técnicas cognitivas e comportamentais tradicionais para reverter a ruminação, superar a procrastinação, abordar minhas preocupações, lidar com a solidão e desenvolver minha carreira. Estava dando certo para mim – por que não daria para outras pessoas?

Mas meus pacientes me ensinaram que eu era muito superficial, muito egocêntrico e muito racional. E, devo dizer, devo muito a eles, pois me ajudaram a redescobrir quem eu realmente era. E quem era esse? Na verdade, quando eu estava na faculdade, meu sonho era ser dramaturgo e poeta ocasional. Procurei sabedoria na tragédia, me voltei para a introspecção de Nietzsche, Kiekegaard e Sartre. Quando faço uma retrospectiva dos meus primeiros anos e da minha educação, vejo que sempre existiu essa dialética em ação: eu era tocado pelo emocional e existencial, mas também era seduzido pelos rigores da filosofia analítica britânica e pelos desafios da desconstrução do significado de maneira racional. Penso que a relação terapêutica também reflete essa dialética. Por um lado, nós, terapeutas, estamos tentando utilizar as poderosas técnicas comportamentais e cognitivas disponíveis e, por outro, estamos abrindo a relação terapêutica para a intensidade, profundezas e riqueza das experiências emocionais de cada paciente. Ambas as abordagens têm valor, e nenhuma delas sozinha é suficiente para uma terapia mais profunda e mais significativa. Estamos somente em alguns aspectos como o cocheiro de Platão: embora precisemos assumir as rédeas do cavalo selvagem que está nos arrastando, também podemos ter de prestar atenção para onde ele quer nos levar. Nossas emoções nos dizem o que podemos ter de ouvir. E também nos dizem quando temos de ouvir.

Podemos pensar nessa dialética de outra maneira: os pacientes estão procurando duas coisas na terapia – geralmente não ao mesmo tempo. Alguns vêm para "se reaproximar", enquanto outros para "se separar". Em cada caso, é nosso trabalho como terapeutas acolhê-los e ajudá-los a se sentir seguros e cuidados. Em particular, se os pacientes vão se separar, queremos que isso esteja em mãos seguras e cuidadosas.

Os terapeutas podem diferir em suas crenças sobre emoções na terapia. Peço que você, meu leitor terapeuta, considere as questões que se encontram na Figura 13.1 e pondere sobre como está abordando a terapia. Procure ser honesto. Não responda como *acha* que deveria se sentir; apenas seja o mais honesto

**Instruções:** Classifique-se como terapeuta em cada dimensão do esquema emocional, usando a seguinte escala:

| 1 = Totalmente falso | 2 = Um pouco falso | 3 = Ligeiramente falso |
|---|---|---|
| 4 = Ligeiramente verdadeiro | 5 = Um pouco verdadeiro | 6 = Totalmente verdadeiro |

| | | | |
|---|---|---|---|
| 1. | Compreensibilidade | Ajudo meus pacientes a entenderem suas emoções. | |
| 2. | Validação | Ajudo meus pacientes a se sentirem compreendidos e cuidados quando falam sobre suas emoções. | |
| 3. | Culpa/Vergonha | Faço meus pacientes se sentirem culpados e com vergonha pela forma como se sentem. | |
| 4. | Visão Simplista | Ajudo meus pacientes a entenderem que não há problema da Emoção em terem um misto de sentimentos. | |
| 5. | Valores | Ajudo meus pacientes a relacionarem seus sentimentos a valores importantes. | |
| 6. | Controle | Frequentemente acho que os sentimentos dos meus pacientes estão fora de controle. | |
| 7. | Torpor | Frequentemente sinto torpor e indiferença quando meus pacientes falam dos seus sentimentos. | |
| 8. | Racionalidade | Acho que os meus pacientes são irracionais boa parte do tempo. | |
| 9. | Duração | Acho que os sentimentos negativos dos meus pacientes são intermináveis. | |
| 10. | Consenso | Ajudo meus pacientes a perceberem que outras pessoas têm os mesmos sentimentos. | |
| 11. | Aceitação | Aceito e tolero os sentimentos penosos dos meus pacientes e não tento forçá-los a mudar. | |
| 12. | Ruminação | Com frequência analiso repetidamente e me detenho demoradamente no porquê de os meus pacientes se sentirem como se sentem. | |
| 13. | Expressão | Encorajo meus pacientes a expressarem seus sentimentos e a falarem sobre como se sentem. | |
| 14. | Culpa | Sou crítico com meus pacientes por se sentirem tão abalados. | |

**FIGURA 13.1** Escala do Esquema Emocional do Terapeuta. (Proibida a reprodução.)

possível. Você observa algum padrão? Frequentemente está se sentindo crítico com os pacientes porque são "irracionais"? Acha que eles estão perdendo tempo na terapia quando estão falando sobre suas emoções? Foca muito em "diagnosticar a patologia", em vez de em humanizar seu sofrimento? Você acha que eles precisam mudar a forma como pensam e sentem – quanto mais rápido melhor? Como se sente quando os pacientes estão chorando? Isso faz você se sentir desconfortável? Acha que não deveria se sentir desconfortável? Quer fazer eles se sentirem melhor o mais rápido possível? É difícil tolerar a dor dos clientes? Você se apressa e tenta fazê-los se sentirem melhor? Às vezes pensa: "Eles não deveriam se sentir assim"?

Agora, imaginemos que alguns dos seus pacientes estão preenchendo o formulário da Figura 13.2. (Observe, a propósito, que tanto esta quanto a Fig. 13.1 são para uso privado e não devem ser reproduzidas.) Como seus pacientes pensam que você responde às emoções deles? Acham que não hesita em "con-

**Instruções:** Classifique seu terapeuta como você o vê ao responder às suas emoções, usando a seguinte escala:

| 1 = Totalmente falso | 2 = Um pouco falso | 3 = Ligeiramente falso |
|---|---|---|
| 4 = Ligeiramente verdadeiro | 5= Um pouco verdadeiro | 6 = Totalmente verdadeiro |

| | | | |
|---|---|---|---|
| 1. | Compreensibilidade | Meu terapeuta me ajuda a entender minhas emoções. | _____ |
| 2. | Validação | Meu terapeuta me ajuda a me sentir compreendido e cuidado quando eu falo sobre minhas emoções. | _____ |
| 3. | Culpa/Vergonha | Meu terapeuta me critica e tenta fazer eu me sentir culpado e com vergonha pela forma como me sinto. | _____ |
| 4. | Visão Simplista | Meu terapeuta me ajuda a entender que não há problema da Emoção em ter um misto de sentimentos. | _____ |
| 5. | Valores | Meu terapeuta relaciona meus sentimentos a valores importantes. | _____ |
| 6. | Controle | Meu terapeuta acha que os meus sentimentos estão fora de controle. | _____ |
| 7. | Torpor | Meu terapeuta parece sentir torpor e indiferença quando falo dos meus sentimentos. | _____ |
| 8. | Racionalidade | Meu terapeuta acha que sou irracional boa parte do tempo. | _____ |
| 9. | Duração | Meu terapeuta acha que meus sentimentos penosos são intermináveis. | _____ |
| 10. | Consenso | Meu terapeuta me ajuda a perceber que outras pessoas têm os mesmos sentimentos. | _____ |
| 11. | Aceitação | Meu terapeuta aceita e tolera meus sentimentos penosos e não tenta me forçar a mudar. | _____ |
| 12. | Ruminação | Meu terapeuta parece analisar repetidamente e se deter demoradamente no porquê de eu me sentir como me sinto. | _____ |
| 13. | Expressão | Meu terapeuta me encoraja a expressar meus sentimentos e a falar sobre como me sinto. | _____ |
| 14. | Culpa | Meu terapeuta me culpa por me sentir tão abalado. | _____ |

**FIGURA 13.2** Como eu acho que o meu terapeuta vê as minhas emoções. (Proibida a reprodução.)

testar" a forma como estão pensando ou sentindo? Sentem-se rotulados por você, criticados, com medo de revelar seus pensamentos e sentimentos mais "vergonhosos"? Acham que você quer que sejam racionais e eficazes, mesmo que estejam se sentindo desamparados e caóticos? Acham que você quer que eles "pensem racionalmente", "sigam em frente", "superem", "não sejam tão emocionais" ou "se sintam bem"? Agora se pergunte como gostaria que eles pensassem sobre como você responde às emoções deles. O que está faltando?

## COMO OS ESQUEMAS EMOCIONAIS NEGATIVOS DOS PACIENTES PODEM AFETAR A TERAPIA

Imagine como é para um paciente vir até você pela primeira vez. Digamos que o cliente seja uma mulher que foi ridicularizada pelos pais por seus sentimentos, cujo marido a rotulava como "louca" e cuja depressão não cedia há vários anos. Ela sentia vergonha por seus sentimentos, tinha medo de ser humilhada novamente, se preocupava se nunca iria "melhorar" e estava convencida de que ninguém conseguiria de fato entendê-la ou ajudá-la. Imagine que ela vem falar com você – um completo estranho, uma pessoa de "autoridade", alguém que a faz lembrar de um dos pais ou do esposo, e alguém em relação a quem tem apenas um fio de esperança de que será capaz de ajudá-la. Quais são os medos dela sobre como você responderá às suas emoções? Ela não o conhece, mas agora vai considerar a possibilidade de expor seus segredos e compartilhar sua vulnerabilidade com você. Como ela pode confiar em você?

Essa mulher pode achar que suas emoções não fazem sentido; que os outros não têm os mesmos sentimentos que ela; que seus sentimentos penosos estão fora de controle e vão durar eternamente; que precisa ter seus sentimentos sob controle; e que acabará sendo humilhada por ser tão emocional, fora de controle, egoísta, infantil, irracional ou até mesmo repulsiva. Como é que ela vai aprender a confiar em você – um terapeuta, um estranho – com essas crenças que mantêm seus sentimentos de deficiência e a deixam sozinha com os demônios que a assombram? Como ela pode se colocar em *suas* mãos – as mãos de um estranho?

Considere os seguintes exemplos dos efeitos dos esquemas emocionais negativos dos pacientes nos terapeutas e na terapia:

- Vergonha em compartilhar sentimentos
- Medo de se permitir "deixar meus sentimentos acontecerem"
- Vergonha e medo de chorar
- Medo de despertar uma emoção penosa quando tentar um novo comportamento
- Sentir-se com defeito por ser emocional

- Pensar que existem emoções "boas" *versus* "más"
- Equiparar emoção a si mesmo (p. ex., "Se eu sinto raiva, então sou uma pessoa odiosa")
- Esperar que o terapeuta "controle" ou "acalme" suas emoções
- Encarar a "tranquilização" como um sinal de que são patéticos e fracos

Esses esquemas emocionais negativos dificultam a terapia – a menos que os profissionais consigam reconhecer que as crenças dos pacientes sobre emoções vão quase necessariamente afetar a maneira como encaram o compartilhamento ou a experiência das emoções na terapia. O medo da emoção pode dificultar o engajamento dos clientes na exposição aos estímulos temidos ou atrapalhar que utilizem ativação comportamental se isso envolver atividades previstas como desagradáveis. Os pacientes podem evitar descrever experiências traumáticas e humilhantes, uma vez que elas ativariam emoção intensa. Se eles temem experimentar ou compartilhar emoção intensa, evitarão esses temas, inibirão essas emoções quando elas surgirem, vão se conter antes de começar a chorar e, por fim, encerrarão a terapia se ela se tornar muito ameaçadora.

Além disso, os pacientes podem ter crenças sobre seus terapeutas e sobre como estes vão se relacionar com suas emoções. Por exemplo, podem achar que os profissionais serão críticos e desdenhosos com suas emoções – ou então que os terapeutas precisam ouvir sobre cada sentimento, cada pensamento, cada lembrança para que possam compreendê-los. Os clientes podem achar que eles próprios não conseguem regular suas emoções e que seus terapeutas são os únicos que conseguem acalmar essas emoções. Ou, em alguns casos, podem pensar que recorrer a outros na busca de compaixão e conforto é um sinal de fraqueza e deve ser evitado a todo o custo.

## COMO ESTILOS PROBLEMÁTICOS DO TERAPEUTA PODEM AFETAR A TERAPIA

Conforme indicado, os terapeutas podem ter seus próprios esquemas negativos sobre emoção na terapia. Alguns podem ver a terapia como um conjunto de técnicas a serem aplicadas mecanicamente aos sintomas ou comportamentos que são apresentados. Essa "terapia mecânica" com frequência aparece aos observadores como robótica, superficial e excessivamente direcionada pela técnica, e pode ser um desvio para estudantes novos no tratamento cognitivo-comportamental. O excesso de preocupação com técnicas, agendas e protocolos pode levar os pacientes a pensar em seus terapeutas como técnicos que não "captam" sua experiência ou não se preocupam com a individualidade de seus clientes e, na verdade, não querem ouvir sobre as emoções com as quais eles estão em conflito.

Consideremos algumas abordagens problemáticas da terapia:

- Não despertar emoção
- Enfatizar excessivamente a racionalidade e a solução de problemas
- Rotular os pacientes como "irracionais"
- Não permitir tempo para a expressão emocional
- Não explorar a variedade de emoções subjacentes a uma experiência
- Sugerir que o objetivo da terapia é se sentir melhor
- Inferir que sentimentos dolorosos são problemáticos
- Sugerir que existe uma solução para cada problema

Alguns terapeutas relutam em despertar emoção, preferindo focar na definição da agenda, solução de problemas, discussão racional e realização de tarefas. Despertar emoção não está limitado a perguntar: "Como você se sente?". Em vez disso, pode incluir fazer o paciente descrever as sensações corporais que acompanham o sentimento, as lembranças associadas ao sentimento e as imagens que vêm à mente que evocam mais emoções. Também pode envolver observar as expressões não verbais no rosto e no corpo do cliente; a entonação da voz; as hesitações na fala; e momentos em que a emoção parece estar bloqueada, ou quando um sentimento inconsistente com o tema parece emergir. Despertar emoção é, na verdade, a razão por que o paciente vem à terapia. Ninguém vem à terapia devido a um pensamento irracional ou mesmo a um déficit comportamental. As pessoas vêm porque estão tendo dificuldades com suas emoções, e aprender sobre elas é prioridade.

Os terapeutas que são excessivamente focados na racionalidade e na solução de problemas podem achar que estão fazendo terapia empiricamente validada e sentir orgulho de seguirem os protocolos. Contudo, eu me lembro de ter aprendido com Aaron T. Beck, o fundador da terapia cognitiva, que ajudar o paciente a se sentir cuidado, respeitado e encorajado – e, assim, ajudá-lo a ter acesso às emoções – faz parte da terapia cognitiva. Em vídeos que mostram Beck atuando, sua maneira gentil, compassiva, calma e atenciosa é impressionante. As técnicas são integradas, com frequência não aparentes ao observador, enquanto ele gentilmente guia o paciente e ouve a voz da emoção. Beck não é apenas um grande terapeuta cognitivo; ele é o que alguns podem chamar de um "verdadeiro terapeuta". O verdadeiro terapeuta desperta, se importa e tem tempo para a emoção. E observei que existem "verdadeiros terapeutas" em todos os campos, em todas as abordagens de terapia.

Rotular um paciente como "irracional" é criticá-lo. Eu me lembro de que, anos atrás, um terapeuta pouco experiente me contatou para fazer supervisão. Queria conversar sobre um cliente que era autocrítico. Pedi que ele fizesse uma dramatização em que eu representaria o papel do paciente. O supervisionando, então, lançou um intenso e litigioso ataque ao meu pensamento autocrítico – me "massacrando" com uma técnica atrás da outra. Então perguntei: "Como você acha que esse paciente se sentiria se você dissesse essas coisas?". Ele respondeu: "Não sei. Não pensei nisso". Respondi: "Eu teria pensado, se fosse o paciente, que você achava que eu era estúpido. Eu me sentiria triste e com raiva e pensaria que tudo o que poderia esperar seria mais crítica. E o meu problema é a autocrítica". Sempre precisamos pensar qual é a sensação, como são as coisas segundo a perspectiva do paciente.

Outro estilo problemático é não permitir um tempo para a vivência ou expressão das emoções. Por exemplo, dar um ritmo à sessão pode significar permitir que o paciente fique em silêncio às vezes, visto que esse pode ser um instante em que ele esteja refletindo, tentando avaliar sentimentos e pensamentos, considerando se é uma boa ideia exibir o que está sentindo no momento. Os terapeutas frequentemente se sentem desconfortáveis com o silêncio – sobretudo se acham que alguma coisa precisa estar acontecendo a cada segundo. O silêncio também pode desencadear sentimentos de frustração ou ansiedade no profissional: "Nada está acontecendo. Eu preciso fazer isso andar". De fato, os terapeutas cognitivo-comportamentais podem ser especialmente vulneráveis à frustração com o silêncio, já que a ênfase nesse tipo de terapia está muito nas técnicas e intervenções. O silêncio também pode ser um "teste" feito pelo paciente: "Vamos ver se você permite que eu seja eu mesmo" ou "Vamos ver se você logo se apressa em tentar descobrir o que está acontecendo". Os terapeutas precisam estar conscientes de que eles frequentemente "falam por cima do silêncio"; isto é, podem se sentir tão desconfortáveis com ele que têm necessidade de "preencher o vazio". É claro que seria insensato permitir que o silêncio durasse indefinidamente, já que significaria pouca interação. Depois que se passou algum tempo (alguns minutos), o terapeuta pode investigar: "Observei que você ficou quieto, e fiquei pensando o que estaria sentindo enquanto estava em silêncio". O terapeuta também pode fazer uma observação paradoxal: "Observei que você estava confiando em mim com o seu silêncio – como se entendesse que não há problema em apenas sentar aqui e refletir em silêncio". Ou pode perguntar: "O silêncio frequentemente faz parte dos relacionamentos – possibilitando a cada pessoa momentos privados, para que seja possível a reflexão. Fico imaginando o que você achou que eu poderia fazer ou dizer quando estava em silêncio".

O silêncio também pode ser um comportamento que reflete o pensamento de um paciente de que "Se eu dissesse alguma coisa, você seria crítico. Ou poderia não entender". O terapeuta pode investigar: "Às vezes, ficamos em silêncio porque não temos certeza se a outra pessoa vai nos ouvir – se vai nos entender – se falarmos. Não sei se esse é um sentimento que você teve no passado". O silêncio pode simplesmente ser a forma mais eficiente de dizer: "Ninguém vai me ouvir mesmo". O silêncio pode estar falando tanto ao terapeuta quanto ao paciente.

Outro estilo problemático é não explorar a *variedade* de emoções subjacentes a uma experiência. Um terapeuta que muito rapidamente passa para o exame dos pensamentos automáticos pode negligenciar outras emoções subjacentes à primeira emoção descrita. Por exemplo, um homem se queixou de que seus colegas de trabalho não o ouviam e apresentavam ideias que ele não achava úteis. Ostensivamente, sua emoção era de raiva, e ele a expressava sendo crítico com eles. Contudo, uma investigação mais detalhada indicou que a emoção mais importante era ansiedade: "Tenho medo de ser demitido se não fizer o trabalho direito. Se eu der ouvidos a eles, não serei produtivo e então irão me culpar". Explorar uma gama de emoções significa investir nessa investigação, além de sugerir que o paciente pode estar tendo muitos sentimentos diferentes. Uma emoção pode ser a porta que se abre para outras emoções – mas o cliente pode se esforçar para manter essa porta fechada.

Embora a terapia, em última análise, deva ajudar a aliviar o sofrimento, existe um risco de que ela possa parecer loquaz e superficial, especialmente se o terapeuta comunicar a ideia de que o objetivo da terapia é "sentir-se melhor". Embora "sentir-se melhor" possa ser prazeroso (e possa até ser um objetivo que o paciente defina claramente), o medo dos sentimentos negativos pode dificultar o enfrentamento das perdas e dos dilemas necessários. Por exemplo, uma cliente que estava passando por uma separação de seu marido me disse: "Não entendo porque estou tão emotiva". Seu terapeuta anterior havia focado principalmente na ativação comportamental, ignorando o valor da relação conjugal que ela havia perdido. Isso fazia a paciente se perguntar o que estava errado consigo mesma por não estar se sentindo bem. De fato, estava se autoinvalidando enquanto discutia sua experiência, alternando entre um sorriso polido e lágrimas. Sugeri que fazia sentido sentir-se mal agora, já que as coisas importavam para ela, que ela valorizava a ideia de família e estava passando por momentos difíceis:

> Às vezes, não nos sentimos bem simplesmente porque as coisas estão de fato indo mal. Embora ame sua filha, tenha muitos amigos e seus pais sejam imensamente apoiadores, você está passando por um momento difícil porque família e casamento são importantes para você. Então imagine que terá muitos sentimentos – alguns dos quais serão desagradáveis – até que consiga emergir da crise e se encontrar novamente.

A validação de que "sentimentos ruins" podem ser provenientes do fato de se importar foi muito útil para essa cliente, uma vez que se via como alguém que deveria estar feliz e contente. Acrescentei: "Você não quer se sentir mal por se sentir mal. Afinal de contas, você é humana".

Outra abordagem que alguns terapeutas assumem é encarar sentimentos penosos como problemáticos. Por exemplo, o "problema" se torna a raiva, a ansiedade, o medo, a tristeza, a letargia, a desconfiança ou outras emoções do paciente. Isso pode ajudar a confirmar para alguns pacientes que "Não posso prosseguir com a minha vida enquanto tiver esses sentimentos". Em contraste, a abordagem do esquema emocional propõe que eles podem fazer quase tudo o que é importante apesar desses sentimentos. Por exemplo, podem falar em público mesmo que estejam ansiosos; podem tratar seus parceiros com gentileza mesmo que sintam raiva; e podem trabalhar com outras pessoas mesmo que não confiem completamente nelas. Na verdade, podem "agir como se" se sentissem melhor – como George Kelly (1955) recomendou 60 anos atrás. Kelly descreveu uma técnica de terapia de "papel fixo" na qual os pacientes agiam como se estivessem confiantes (p. ex., para coletar informações que desconfirmavam o seu "construto"). Por exemplo, se acreditasse que não conseguiria fazer uma boa palestra, eu me adaptaria ao papel de um palestrante confiante – "agindo como se" – e daria a palestra para descobrir se a plateia iria me ridicularizar. Isso é semelhante à "ação oposta" recomendada na terapia comportamental dialética (TCD) (Linehan, 1993, 2015). A ação oposta ajuda os pacientes a sair de um comportamento determinado por sentimentos para um comportamento determinado pela intenção de obter objetivos valorizados. Assim, no modelo do esquema emocional, as emoções não são o verdadeiro problema; o verdadeiro problema é o prejuízo no funcionamento que frequentemente resulta do enfrentamento mal-adaptativo, tal como esquiva, fuga, automutilação ou abuso de substância.

Por fim, um terapeuta pode sugerir de maneira infeliz a um paciente que todo problema tem uma solução, e que o objetivo da terapia é encontrar essa solução. Eu me lembro de que, anos atrás, um terapeuta cognitivo-comportamental muito experiente apresentou esta sugestão loquaz: "Se o problema não tem solução, então não é um problema real". Esse tipo de comentário loquaz e desdenhoso dá ao tratamento cognitivo-comportamental a reputação de ser superficial e desdenhoso das tragédias reais da vida. Por exemplo, imagine dizer a alguém cujo filho morreu: "Se não tem solução, então não é um problema real". É claro que é um problema real o filho ter morrido – mas não é um problema solúvel. De fato, a sua impossibilidade de ser resolvido o torna ainda mais real. Às vezes, todos nós temos de aprender a conviver com problemas reais em vez de resolvê-los. Por vezes, nossos pacientes terão de reconhecer que dificuldades, injustiça, altos e baixos emocionais, solidão e histórias de erros e rejeições são realidades que terão de aceitar, tolerar e (se tiverem sorte) aprender com eles. Mas esses não são problemas que serão resolvidos. São problemas que requerem resistência – e coragem.

## COMO COMPORTAMENTOS CONSTRUTIVOS DO TERAPEUTA PODEM POTENCIALIZAR A TERAPIA

Os terapeutas podem focar na importância da emoção na terapia enquanto simultaneamente trabalham para o crescimento e mudança. As abordagens a seguir são úteis e construtivas para trabalhar com emoções na terapia, lembrando os pacientes e também seus terapeutas de que a razão pela qual buscam ajuda é porque estão tendo dificuldades com suas emoções:

- Indicar que as emoções são um ponto-chave na terapia.
- Apontar que o respeito pelos sentimentos dos pacientes é de suma importância.
- Perguntar mais sobre uma gama e variedade de sentimentos.
- Reconhecer que a terapia cognitivo-comportamental pode parecer invalidante.
- Associar emoções penosas a valores mais elevados.
- Tornar as emoções universais.
- Reconhecer que, às vezes, a vida "parece terrível".
- Reconhecer que uma emoção pode "parecer que vai durar para sempre", mas que também pode passar com o tempo.
- Validar que as pessoas podem ter emoções aparentemente contraditórias e que existe "espaço" para muitos sentimentos.
- Sugerir que outras emoções também podem ser objetivos legítimos na terapia.
- Reconhecer que as afirmações anteriores podem não ser úteis no momento.

A primeira sessão é o momento ideal para focar nas emoções e pensamentos, ao mesmo tempo fazendo a observação para o paciente de que "o objetivo da terapia é ajudá-lo com suas emoções". Aprender a conviver com as emoções; a desenvolver capacidades para uma ampla gama de sentimentos; a incluir emoções na vida diária; e a renunciar a estratégias problemáticas como esquiva, para atingir os objetivos e viver de acordo com os valores, são todos aspectos importantes da terapia – porém, mais importante, de uma vida completa. O terapeuta pode comunicar ao paciente: "Estou particularmente interessado em como essas coisas são para você e o que elas significam, e espero que você consiga me contar sobre os sentimentos que tem enquanto trabalhamos juntos. A coisa mais importante é como está se sentindo e como pode tornar sua vida mais plena, mais significativa e mais gratificante".

Infelizmente, alguns pacientes podem ter escolhido a terapia cognitivo-comportamental porque pensavam que não seriam discutidos sentimentos. Algumas pessoas encaram essa forma de terapia como uma fuga das emoções. Por exemplo, um homem disse: "Eu achei que a TCC focasse nos seus pensamentos e no seu comportamento. Por que você está falando sobre os meus sentimentos? Por que estamos falando sobre como minha mãe e meu pai respondiam aos meus sentimentos? Eu não quero falar sobre sentimentos". Esse era um paciente que precisava falar a respeito e obter acesso aos seus sentimentos. Ele precisava aprender que podia confiar no terapeuta; que ter sentimentos não levaria a humilhação e descompensação; e que ser capaz de passar por sentimentos e conviver com eles o ajudaria a formar relacionamentos mais próximos, tomar decisões que "parecessem certas", bem como lhe apontaria o que ele valorizava. Esse era um paciente que precisava aprender a chorar – e aprendeu.

É importante dar espaço para sentimentos desde a primeira sessão, ao mesmo tempo transmitindo a ideia de que respeitar esses sentimentos ajuda a criar um ambiente emocional seguro no qual o cliente pode "se abrir". O terapeuta pode focar na consciência perspicaz dos sentimentos que estão sendo discutidos, em sentimentos subjacentes ao que está sendo dito e naqueles que são demonstrados de modo não verbal. Por exemplo, o profissional pode enfatizar: "Deve ter sido difícil para você, deixando-o muito triste", ao mesmo tempo que reflete a expressão não verbal do sentimento que o paciente está exibindo: "Posso ver tristeza em seus olhos e a escuto em sua voz enquanto me conta isso. Sua tristeza está completamente aqui, com você e comigo".

Em sua primeira sessão, uma mulher mencionou que, nos últimos dois meses, havia perdido o emprego, seu pai tinha morrido e seu namorado havia rompido com ela. Enquanto contava sua história, chorou, e sua voz era quase inaudível enquanto se engasgava com as palavras em meio às lágrimas. Ela disse: "O que há de errado comigo? Às vezes, choro sem razão. Não sei por que não consigo me controlar". Ela descreveu seu namorado como frio, excessivamente racional e, por fim, desdenhoso. Quase no fim da sessão, ocorreu a seguinte interação:

Terapeuta: Você parece achar que existe alguma coisa terrivelmente errada consigo mesma por estar chorando. Mas pode ser que tenha coisas pelas quais chorar. Você perdeu seu relacionamento, seu pai e seu emprego. Coisas que são importantes para você. Está abalada porque não é uma pessoa superficial. Você descreve seu namorado como indiferente ou distante, e parece que está se criticando por essa perspectiva. Mas tudo sobre você hoje é real. Seus sentimentos aparecem de todas as maneiras: sua voz treme, você chora, seus olhos mostram seus sentimentos, você esfrega as mãos. Está completamente aqui no momento presente, completamente viva.
Paciente: Bem, isso parece atipicamente sensível para mim. Obrigada mesmo assim.
Terapeuta: Imagine se você tivesse de falar assim consigo mesma sobre a realidade dos seus sentimentos?
Paciente: Sim. Mas o que posso fazer quando estou me sentindo assim?
Terapeuta: Você pode dizer: "Neste momento estou me sentindo assim porque sou real e estou viva".

O terapeuta pode perguntar acerca de uma gama de sentimentos: "Parece que você estava se sentindo triste depois [que ocorreu um evento negativo], e isso faz muito sentido. E estou me perguntando se você também teve outros sentimentos". Como sugerem Greenberg e colaboradores na terapia focada na emoção, um paciente pode estar experimentando uma ampla gama de sentimentos, e a emoção inicial que é descrita pode não ser a mais importante para ele (veja, p. ex., Greenberg, 2002). Por exemplo, um cliente pode descrever tristeza como sua primeira emoção, mas revelar em discussão posterior que outros sentimentos, como ansiedade e falta de esperança, são mais perturbadores. Nesse caso, o terapeuta pode perguntar: "Se você tivesse mais confiança de que seria mais feliz no futuro, o que pensaria sobre a tristeza que está experimentando agora?". Em muitos casos assim, a tristeza atual seria mais tolerável diante da crença de que o futuro seria menos nebuloso.

Descobri que era muito útil dizer aos clientes com emoções intensas que a terapia cognitivo-comportamental às vezes pode parecer invalidante. Mesmo que eu pretenda fazer o melhor que puder para validar cada paciente, esse reconhecimento das limitações e a sua sinceridade podem contribuir de forma significativa para estabelecer confiança na relação. Ironicamente, podemos confiar mais em um médico que nos diz que uma injeção será dolorosa do que naquele que apenas nos dá uma vacina no braço. Reconhecer que os desafios racionais e recomendações comportamentais podem parecer invalidantes e sugerir que isso pode às vezes constituir um dilema ("Eu quero ajudá-lo com seus sentimentos e auxiliar a construir uma vida significativa, mas às vezes vou lhe dizer coisas que nos afastam da discussão dos seus sentimentos") pode preparar o terreno para a possibilidade de invalidação futura – enquanto sugerir que "Podemos falar a respeito quando isso acontecer e trabalhar nisso juntos" ajuda a preparar o paciente para rupturas que possam ocorrer.

Além do mais, é útil associar as emoções a valores mais elevados. Isso é muito diferente da ideia de que o objetivo da terapia é se livrar das emoções ou medicar um paciente de modo que as emoções desapareçam. Por exemplo, uma jovem mãe descreveu como se preocupava com a entrada do filho na pré-escola: "Eu sei que não deveria ficar preocupada, mas estou". O terapeuta respondeu: "Muito embora as preocupações sejam incômodas, simplesmente pode fazer parte de ser mãe o fato de, às vezes, preocupar-se com seu filho. Talvez o objetivo não seja eliminar suas preocupações, mas colocá-las em perspectiva na sua vida". Pode-se dizer a uma paciente que está com dificuldades com a solidão após um rompimento: "Solidão significa que você se importa com intimidade e amor – porque é uma pessoa amorosa". Às vezes, o desejo de se conectar com os outros pode ser doloroso quando não está disponível. Isso se assemelha à ideia de que nossas emoções podem estar nos dizendo alguma coisa que precisamos ouvir. Outra abordagem útil é tornar as emoções universais: "É assim que muitos de nós nos sentimos quando estamos solitários". Normalizar as emoções ajudando o paciente a perceber que outros se sentem de forma semelhante em circunstâncias parecidas o ajuda a se sentir menos sozinho, menos patologizado.

O terapeuta também pode sugerir ao cliente que, às vezes, a vida "parece horrível". Em vez de tentar reduzir o impacto de um evento vital negativo imediatamente, "colocando as coisas em perspectiva" com técnicas cognitivo-comportamentais, o profissional pode reconhecer que a vida com frequência envolve experiências que parecem terríveis. Essa abordagem inicial para com a intensidade da emoção que o paciente está sentindo ajuda a estabelecer confiança naquilo que o terapeuta irá dizer depois. Ao contrário de alguns profissionais, que poderão afirmar que não exista nada que seja tão "horrível", o terapeuta focado no esquema emocional pode inicialmente se juntar ao cliente para refletir e empatizar com o horror da experiência para o paciente. "A vida, às vezes, parece horrível" é uma verdade universal para muitas pessoas que estão sofrendo, e reconhecer isso ajudará o cliente a se sentir ouvido, respeitado e cuidado. Isso pode ser seguido por uma observação de que a emoção do indivíduo pode "parecer que vai durar para sempre", mas também pode passar com o tempo. O terapeuta pode expressar respeito pelo momento: "Agora é um momento em que as coisas parecem horríveis, e precisamos respeitar esse momento. É nele que você se encontra agora. Podemos ouvir juntos e ver como isso é para você. Embora esses sentimentos possam passar, não resta dúvida de que é aí que você está agora". Essa observação e o reconhecimento do momento presente da emoção são semelhantes à atenção plena e à aceitação sem julgamento. O paciente pode refletir sobre o que a emoção está lhe dizendo, qual é a sensação – ao mesmo tempo reconhecendo a possibilidade de que, como todos os momentos, esse momento passará. A emoção está aqui no momento presente.

O objetivo da terapia focada no esquema emocional não é eliminar as emoções; é expandir a gama de emoções disponíveis para o paciente. O terapeuta pode validar que é possível ter emoções aparentemente contraditórias e que existe "espaço" para muitos sentimentos. Por exemplo, um homem que está se sentindo sozinho em um sábado à noite pode examinar se ele tem outras emoções – e pode fazer isso não somente nessa noite, mas durante a próxima semana e o próximo mês. O terapeuta pode dizer:

> Frequentemente achamos que a emoção que estamos tendo neste exato momento é a única que teremos – porque ficamos muito focados em um sentimento doloroso. Mas me pergunto se não existem muitas outras emoções que você poderia ter neste momento – ou durante a próxima semana ou mês. Pense nas emoções como todas as notas disponíveis para um músico ou todas as cores à disposição de um pintor, e reflita sobre todas as emoções que você já conheceu. O que elas poderiam ser?

Enquanto expande a consciência da complexidade e riqueza da emoção, o profissional também pode expandir a possibilidade de experimentar outras emoções. Por exemplo, um terapeuta sugeriu a um homem que estava com raiva por um incidente no trabalho que outras emoções também podem ser um objetivo legítimo:

> Neste momento você está sentindo raiva porque seu chefe o tratou de maneira injusta, e a raiva é um sentimento que com frequência temos quando isso acontece. É perfeitamente humano sentir raiva diante da injustiça. E se você deixasse de lado essa raiva por alguns minutos e considerasse outras emoções em sua vida – talvez não relacionadas ao trabalho ou ao seu chefe ou ao incidente atual? Certamente o que aconteceu com você é importante, mas também podemos examinar se existem outras coisas que são importantes. Por exemplo, tomemos a "apreciação" como uma emoção – isto é, a consciência de que certas coisas na vida são importantes e que você as valoriza. Feche os olhos por um momento e procure focar em alguma coisa ou pessoa que você aprecia e me diga o que valoriza nela.

O paciente refletiu que valorizava seus pais, que eram amorosos e gentis; sua irmã e o marido dela; sua parceira; sua educação e sua capacidade de aprender; muitas coisas sobre o seu trabalho (incluindo até seu chefe às vezes); e viver na cidade onde vivia. O terapeuta comentou:

> Às vezes, focamos em uma emoção ou experiência que é importante no momento e ficamos presos a ela – quase como se fôssemos sequestrados por ela –, perdendo de vista tantas outras emoções, experiências e possibilidades. É como ir a um grande museu e ficar parado em frente a uma pintura o dia todo – *uma que você não gosta*. Existem outros grandes trabalhos de arte para serem vistos. Você pode pensar: "O que mais há para experimentar? Para onde mais eu posso me voltar?". Cada experiência é uma oportunidade para uma emoção diferente, e cada emoção abre novas oportunidades.

No início da terapia – e, frequentemente, durante sessões posteriores quando emergem experiências difíceis –, acho útil reiterar as limitações do que estamos fazendo. Por exemplo, mesmo depois de descrever muitas das possibilidades validantes, respeitosas, esperançosas, flexíveis e capacitantes anteriormente citadas, acho útil reconhecer que o que estou dizendo pode não ser útil no momento. Embora a terapia ofereça uma "promessa", também é útil refletir que esta pode levar algum tempo para ser cumprida. De fato, como muitas promessas, ela pode nunca ser completamente realizada. Segundo a perspectiva do paciente desolado, a alegação fácil de que "Mudar seus comportamentos e pensamentos irá mudar a forma como você se sente" pode ser verdadeira no longo prazo, mas falhar no curto prazo. Assim como pode ouvir as sugestões para mudar o comportamento e o pensamento, o paciente também pode ouvir a promessa que está implícita. Ironicamente, sugerir que os sentimentos imediatos podem não mudar por um tempo será útil se eles persistirem (já que o terapeuta está sugerindo que levará algum tempo) e se mudarem (já que é isso que o paciente quer). De qualquer maneira, isso é validante e encorajador.

Os comportamentos construtivos do terapeuta descritos nesta seção informam que ele se importa, valida e permite sentimentos, torna a emoção "segura", compreende e não está controlando. O terapeuta também compartilha uma visão de "sofrimento" – que faz sentido agora, não é uma falha, reflete valores importantes, não precisa ser controlado, não vai necessariamente prejudicar o paciente e faz parte de ser humano. A maneira pela qual o terapeuta fala sobre emoções está relacionada a muitas das dimensões do esquema emocional. Por exemplo, a expressão é encorajada e a validação é parte contínua do relacionamento. O paciente não está culpado ou envergonhado; o terapeuta não está dizendo a ele: "Controle seus sentimentos" ou "Tome as rédeas de si mesmo". As emoções são aceitas; elas estão vinculadas à natureza humana e a valores elevados; e são consideradas fonte de informações ricas sobre as necessidades. O profissional está expandindo os sentimentos, vendo outras emoções como possibilidades, encorajando a flexibilidade emocional e reestruturando sentimentos conflitantes quanto à riqueza e possibilidade da experiência. Uma vez que as emoções são acessadas na sessão – e também diminuirão durante a sessão –, o paciente experimenta diretamente evidências de que as emoções não são duráveis e perigosas. A maneira pela qual o terapeuta se relaciona com as emoções apresentadas é um teste experiencial contínuo das crenças negativas do paciente sobre emoção.

## A NATUREZA DA TRANSFERÊNCIA NA TERAPIA FOCADA NO ESQUEMA EMOCIONAL

Os terapeutas cognitivo-comportamentais têm reconhecido de forma consistente a relação terapêutica como um componente importante do processo de mudança (Gilbert, 1992, 2007; Gilbert & Irons, 2005; Greenberg, 2001; Katzow & Safran, 2007; Leahy, 2001, 2005b, 2007b, 2009b; Safran, 1998; Safran & Muran, 2000; Struss et al., 2006). Embora os profissionais de terapia cognitivo-comportamental raramente se refiram às predisposições do paciente como "transferência", podemos conceitualizar os esquemas, os pressupostos e as estratégias de enfrentamento que são ativados na terapia como representando experiências anteriores de outras relações, particularmente a família de origem. Podemos pensar em "transferência" ou "contratransferência" em uma perspectiva do esquema emocional como representando generalização do estímulo e resposta de relações anteriores; a princípio, essa visão foi desenvolvida por Dollard e Miller (1950). De fato, Dollard e Miller procuraram encarar a relação terapêutica em termos de generalização de estímulo e resposta – conceitos familiares aos teóricos da aprendizagem. Semelhante ao conceito de transferência na teoria psicanalítica (Menninger & Holzman, 1973), as estratégias, esquemas e *scripts* na terapia focada no esquema emocional podem refletir esquemas pessoais sobre si mesmo (inadequado, especial, impotente); esquemas interpessoais sobre outros (superior, julgador, protetor); processos intrapsíquicos (repressão, negação, deslocamento); estratégias interpessoais (provocar, obstruir, se apegar); e relações passadas e presentes que afetam como a relação terapêutica atual é experimentada (Leahy, 2001, 2007b, 2009b). Não há razão para que o conceito de transferência precise ser limitado à teoria psicodinâmica. Entretanto, a terapia focada no esquema emocional, ao contrário dos modelos psicodinâmicos, envolve expectativas implícitas sobre o papel do paciente no engajamento ativo em pensamentos, sentimentos, relações e comportamentos atuais. Em consequência dessas expectativas e procedimentos terapêuticos, a não adesão ou resistência podem assumir formas específicas (Leahy, 2001, 2003b). Já que a terapia focada no esquema emocional (como outras formas de terapia cognitivo-comportamental) estabelece uma expectativa de seguir uma agenda, permanecer no aqui e agora, conduzir avaliações racionais, encorajar ativação comportamental e se engajar em autoajuda, os pacientes terão muitas "oportunidades" de trazer esquemas pessoais de defeitos, incapacidade de ser amados e impotência para a experiência da terapia, bem como suas crenças sobre as próprias emoções e como os outros respondem a elas.

Pacientes com transtornos da personalidade específicos funcionam de maneira diferente na relação de transferência (Leahy, 2005b). Por exemplo, pacientes dependentes, temendo abandono e impotência isolada, podem procurar reafirmação considerável do terapeuta, dependendo dele para confortá-los e tranquilizá-los. Em contraste, pacientes narcisistas, que encaram a terapia como uma humilhação potencial e se sentem no direito a suas emoções, podem desvalorizar e provocar o profissional para testar o seu "poder". Essas encenações na terapia também refletem os sistemas relacionais sociais descritos por Gilbert (1989, 2000a, 2005, 2007), bem como os esquemas interpessoais elaborados por Safran e colaboradores (Muran & Safran, 1993, 1998; Safran, 1998; Safran & Greenberg, 1988, 1989, 1991) e os esquemas relacionais identificados por Baldwin e Dandeneau (2005). Tais esquemas podem ser vistos como dimensões que não são mutuamente excludentes, e diferentes terapeutas podem empregá-las de diferentes maneiras (Leahy, 2007b). Por exemplo, um terapeuta pode estimular hostilidade ou dependência em pacientes de uma forma que outro profissional é capaz de fazer. Um terapeuta pode achar muito difícil trabalhar com um determinado cliente, enquanto outro pensa o contrário. A relação terapêutica é uma coconstrução entre terapeuta e paciente; ambas as partes trazem para a experiência suas próprias predisposições para esquemas pessoais e emocionais.

## UM MODELO DE CONTRATRANSFERÊNCIA DO ESQUEMA EMOCIONAL

Embora nós, terapeutas, idealmente gostemos de acreditar que podemos trabalhar com eficiência com uma ampla gama de pessoas, a experiência clínica sugere que cada um de nós tem suas dificuldades com grupos específicos de pacientes. Como terapeutas, somos semelhantes aos nossos clientes por termos certos esquemas pessoais e interpessoais. Listei diversos esquemas pessoais de pacientes na Tabela 13.1.

Podemos nos perguntar: "Quais questões mais me preocupam? Quais pacientes são mais perturbadores para mim? Existem certos clientes com quem eu me sinto muito confortável? Como eu me sinto em dizer aos pacientes coisas que

**TABELA 13.1**
Esquemas pessoais dos pacientes na terapia

| Esquema | Exemplo |
|---|---|
| Incompetente (evitativo) | Evita temas e emoções difíceis. Parece vago. Procura sinais de que o terapeuta vai rejeitá-lo. Acredita que o profissional irá criticá-lo por não fazer o trabalho de casa suficientemente bem. Relutante em fazer tarefas de casa de exposição comportamental. |
| Impotente (dependente) | Procura reafirmação. Não tem uma agenda de problemas a resolver. Em geral, se queixa sobre "sentimentos". Telefona frequentemente entre as sessões. Quer prolongar as sessões. Não acha que pode fazer a tarefa de casa ou acha que o trabalho de casa não vai funcionar. Abalado quando o terapeuta tira férias. |
| Vulnerável ao controle (passivo-agressivo) | Chega tarde ou falta às sessões. Vê os "desafios" cognitivos como controladores. Relutante em expressar insatisfação diretamente. Vago quanto a objetivos, sentimentos e pensamentos – sobretudo quando relacionados ao terapeuta e à terapia. "Esquece" de fazer a tarefa de casa ou de pagar as contas. |
| Responsável (obsessivo-compulsivo) | Sente que as emoções são "confusas" e "irracionais". Critica-se por ser irracional e desorganizado. Quer ver resultados imediatos e expressa ceticismo sobre a terapia. Vê tarefa de casa como um teste que deve ser feito perfeitamente ou então não ser feito. |
| Superior (narcisista) | Chega tarde ou falta às sessões. "Esquece" de pagar as sessões. Desvaloriza a terapia e o terapeuta. Espera tratamentos especiais. Sente-se humilhado em ter de falar sobre problemas. Acha que a terapia não vai funcionar, já que o problema está nas outras pessoas. |
| Glamoroso (histriônico) | Foca na expressão das emoções, alternando rapidamente do choro para o riso e para a raiva. Tenta impressionar o terapeuta com a aparência, os sentimentos ou os problemas. Rejeita a abordagem racional e demanda validação. |

Nota. De Leahy (2001). Copyright 2001, Robert L. Leahy. Adaptada com permissão.

podem perturbá-los?". Por exemplo, alguns terapeutas se preocupam mais com a natureza da relação, outros com a expressão da emoção e outros, ainda, em encorajar os pacientes para que se tornem mais ativos. Enquanto alguns profissionais são intimidados por clientes narcisistas, outros preferem pacientes mais discretos — e outros, ainda, têm dificuldade com experiências emocionais intensas. Podemos observar quais pacientes e questões nos acionam e quais pensamentos automáticos e esquemas pessoais são ativados (p. ex., "Se o paciente está desapontado comigo, deve ser porque sou um terapeuta inadequado").

Quando perguntei a terapeutas com quais pacientes eles acham mais difícil trabalhar, o consenso é que têm mais problemas com os narcisistas. As respostas típicas dos terapeutas são: "Eles são egocêntricos e egoístas", "Eles me desvalorizam", "São cheios de si" e "Tratam as pessoas injustamente". É claro que fazem isso; essas são características que definem o narcisismo. A resposta negativa de um terapeuta a tal paciente pode ser vista de várias maneiras. Primeiro, pode ser uma resposta "normal" ao narcisismo – e pode simplesmente ser uma informação sobre como esse indivíduo desperta sentimentos semelhantes nos outros. Segundo, o profissional pode perguntar: "Como eu responderia em interações sociais normais com alguém como ele?". A resposta pode ser que o terapeuta poderia evitá-lo ou, em alguns casos, criticá-lo. Isso também pode informar sobre como os outros respondem. Terceiro, essas respostas de contratransferência podem motivar o profissional a se distanciar ou criticar o cliente. Pode ser difícil demonstrar empatia ou mesmo curiosidade. Isso pode confirmar a visão do paciente de que não se pode confiar nas pessoas, que o terapeuta não é competente e que "deve ser punido". Quarto, o narcisismo do paciente e sua tendência a desvalorizar o profissional podem ativar os esquemas e pressupostos condicionais do terapeuta sobre inadequação ("Talvez eu não seja competente"), medo de conflito ("É terrível quando as pessoas ficam com raiva de mim"), necessidade de aprovação ("Preciso que meus pacientes gostem de mim") ou ênfase na justiça ("Meus pacientes devem ser justos e éticos o tempo todo").

Em função dessas respostas negativas – as quais frequentemente são julgamentos de caráter e ênfase em traços (p. ex., "egoísmo") –, o terapeuta pode ter dificuldade em focar nas emoções do paciente. Por exemplo, muitos sujeitos narcisistas sentem ansiedade, vazio, raiva, impotência e tristeza, mas podem evitar focar nessas experiências internas, provocando essas emoções nos outros. Assim, se um paciente narcisista provoca raiva no terapeuta, este pode prestar menos atenção aos sentimentos de ansiedade, humilhação e derrota que o paciente está experimentando. Além do mais, se o profissional sente que o cliente está tentando atacá-lo ou humilhá-lo, poderá ser especialmente difícil usar compaixão e validação. No entanto, essas podem ser as melhores estratégias. Por exemplo, um homem narcisista divorciado estava descrevendo como sua namorada não o fazia se sentir reconhecido e como ela parecia "egoísta". Quando o terapeuta fez um comentário, ele respondeu: "Cale a boca e escute". Agora, na vida diária, tal comentário levaria a rejeição ou contra-ataque. No entanto, o profissional comentou: "Eu posso ver que você está zangado comigo, mas diga-me como foi quando ela não demonstrou reconhecimento". Isso conduziu a uma discussão sobre os sentimentos de ser criticado e humilhado por ela, bem como aos seus medos de estar ficando velho e se tornando desinteressante, que o levaria a acabar como um velho doente sem ninguém que cuidasse dele. Assim, suas profundas vulnerabilidades subjacentes estavam mascaradas por bravatas, condescendência e ataque. Na sessão seguinte, o terapeuta focou em como o paciente estruturava os relacionamentos em termos de poder e julgamento: Ele tentava ter todo o poder e reforçava seu ego julgando outras pessoas. O profissional descreveu essa estratégia de asserção do poder como a forma com que o cliente achava que poderia evitar ser aquele que estava "por baixo" em um relacionamento. O paciente observou: "Minha mãe nunca fez eu me sentir suficientemente bom". Sua estratégia de compensação era fazer os outros acharem que eram inadequados (p. ex., criticando o terapeuta severamente).

Podem surgir problemas na relação mesmo quando as coisas parecem estar andando bem. Sentir-se especialmente "confortável" com um paciente pode dificultar identificar e abordar um comportamento problemático como abuso de substância, falta de responsabilidade financeira ou padrões contraproducentes (Leahy, 2001). O terapeuta pode se perguntar: "Se eu não gostasse tanto desse paciente, o que estaria observando e falando a respeito?" e "Se eu trouxesse à tona algumas questões menos 'desejáveis', o que temo que aconteceria?". Na verdade, a consideração positiva do profissional pelo paciente – se este último a percebe como autêntica – pode frequentemente ser um fator facilitador significativo ao trazer problemas à tona.

Alguns terapeutas relutam em confrontar os pacientes com informações "perturbadoras", temendo que eles fiquem irritados, tristes ou abandonem a terapia. Uma ameaça de interromper a terapia pode ativar esquemas do terapeuta sobre abandono, perda da reputação ou ser controlado pelo cliente. Essas percepções das relações estão refletidas nos esquemas da contratransferência do terapeuta. Esses incluem padrões rigorosos, medo de abandono, necessidade de aprovação, ver a si mesmo como um salvador ou autossacrifício (veja a Tab. 13.2). Por exemplo, o profissional pode relutar em trazer à tona material desconfortável porque teme que o paciente fique perturbado ou abandone a terapia. Isso pode então desencadear os pensamentos de que "outros pacientes vão abandonar o tratamento", "Minha reputação vai ser arruinada" e "Eu vou me tornar um fracasso".

Além disso, conforme já sugerido, os terapeutas têm diferentes filosofias emocionais: podem acreditar que emoções dolorosas e difíceis venham a oferecer oportunidades de aprofundar a relação terapêutica ou que tais emoções devem ser eliminadas ou evitadas. O modelo de Gottman de filosofias emocionais, descrito em capítulos anteriores, apresenta uma taxonomia valiosa para identificação do estilo emocional compartilhado na relação terapêutica (veja

## TABELA 13.2
Esquemas do terapeuta na relação terapêutica

| Esquema | Pressupostos |
|---|---|
| Padrões rigorosos | "Tenho de curar todos os meus pacientes. Preciso sempre atingir os mais altos padrões. Meus clientes devem fazer um excelente trabalho. Nunca devemos perder tempo." |
| Pessoa especial, superior | "Eu tenho o direito de ter sucesso. Meus pacientes devem reconhecer tudo o que eu faço por eles. Não devo me sentir aborrecido quando faço terapia. Os pacientes tentam me humilhar." |
| Sensibilidade à rejeição | "Conflitos são perturbadores. Não devo levantar questões que irão incomodar o paciente." |
| Abandono | "Se os meus pacientes estiverem aborrecidos com a terapia, podem abandoná-la. É perturbador quando os clientes interrompem o tratamento. Eu vou acabar sem pacientes." |
| Autonomia | "Eu me sinto controlado pelo paciente. Meus movimentos, sentimentos ou o que eu digo é limitado. Eu devo conseguir fazer ou dizer o que eu desejo. Às vezes, me pergunto se não vou me perder na relação." |
| Controle | "Tenho de controlar meu entorno ou as pessoas à minha volta." |
| Julgador | "Algumas pessoas são basicamente más. As pessoas devem ser punidas se fizerem coisas erradas." |
| Acusação | "Frequentemente me sinto provocado. O paciente está tentando me acusar. Eu tenho de me prevenir para que não tirem vantagem de mim ou me magoem. Em geral não se pode confiar nas pessoas." |
| Necessidade de aprovação | "Quero que o paciente goste de mim. Se ele não estiver feliz comigo, isso significa que estou fazendo algo errado." |
| Necessidade de gostar dos outros | "É importante que eu goste do paciente. Fico incomodado se não gosto de algum. Nós devemos nos dar bem – quase como amigos." |
| Afastamento | "Quero reter os pensamentos e sentimentos do paciente. Não quero dar aos pacientes o que eles querem. Sinto que estou me afastando emocionalmente durante a sessão." |
| Impotência | "Tenho a sensação de que não sei o que fazer. Tenho medo de cometer erros. Não sei se sou realmente competente. Às vezes, tenho vontade de desistir." |
| Inibição dos objetivos | "O paciente está me impedindo de atingir meus objetivos. Tenho a sensação de estar perdendo tempo. Eu deveria ser capaz de atingir meus objetivos nas sessões sem a interferência do paciente." |
| Autossacrifício | "Devo atender às necessidades do meu paciente. Devo fazer meus clientes se sentirem melhor. As necessidades do paciente frequentemente têm prioridade sobre as minhas. Às vezes, acho que faria quase tudo para atender às necessidades dos meus clientes." |
| Inibição emocional | "Eu me sinto frustrado quando estou com esse paciente porque não consigo expressar como realmente me sinto. Acho difícil suprimir meus sentimentos. Eu não posso ser eu mesmo." |

*Nota.* De Leahy (2001). Copyright 2001, Robert L. Leahy. Adaptada com permissão.

Gottman et al., 1996; Katz et al., 1996); essa taxonomia inclui estilos desdenhosos, críticos, opressivos e facilitadores. É de particular interesse o estilo de "*coaching* de emoções", que reflete o interesse autêntico e não julgador do terapeuta em todas as emoções, ao mesmo tempo encorajando o paciente a diferenciar e explorar essas emoções e a considerar formas pelas quais a autotranquilização possa ser facilitada. Esse estilo é semelhante ao estilo empático e apoiador defendido por Rogers (1955), Greenberg (2002, 2007) e Gilbert (2005, 2007) em sua discussão da compaixão como um conjunto complexo de habilidades que podem ajudar a relação terapêutica. Alguns terapeutas, que encaram as emoções dolorosas como desviantes ou autoindulgentes, podem comunicar uma atitude desdenhosa ("Precisamos voltar para a agenda") ou podem adotar uma abordagem crítica, como a refletida nos comentários sarcásticos de Ellis (1994) sobre pacientes queixosos. Às vezes, os clientes precisam "estar com" seus sentimentos, familiarizar-se com eles e aprender a tolerá-los. Entretanto, os terapeutas que ficam desconfortáveis em "estar com" um sentimento podem constantemente perguntar aos pacientes sobre seus pensamentos ou podem se intrometer e inadvertidamente servir como modelos para a esquiva emocional. Nas abordagens psicodinâmicas, a ideia é que os pacientes sintam que suas emoções podem ser "contidas" e que não ameaçam os terapeutas ou a terapia. Dessa forma, eles aprendem que suas emoções são compreensíveis, aceitáveis, toleráveis e significativas – mas também podem mudar.

A filosofia emocional de um terapeuta – e as estratégias que são implantadas – terá um impacto significativo nos esquemas emocionais do paciente (Leahy, 2005a, 2007a, 2009a). Por exemplo, o profissional que assume a abordagem desdenhosa ("Vamos voltar para a agenda") transmite a mensagem insensível de que "Suas emoções não são interessantes para mim", "Emoções são uma perda de tempo" e "Você está sendo autoindulgente". Como consequência de uma postura desdenhosa ou crítica pelo terapeuta, o paciente pode concluir: "Minhas emoções não fazem sentido", "Ninguém se importa com elas", "Eu devia me sentir envergonhado ou culpado por ter esses sentimentos" e "Focar nas minhas emoções não vai me ajudar". Quando o paciente segue lealmente a agenda definida pelo terapeuta, suas emoções se tornam secundárias ao cumprimento de uma agenda que pode nunca se direcionar verdadeiramente para a razão precisa pela qual ele procurou terapia – isto é, para ajudá-lo com os sentimentos.

Fundamentalmente, os estilos interpessoais diferem entre os profissionais – alguns são distantes, excessivamente ligados, estabelecem limites rígidos, parecem respeitosos ou são dominadores, calmantes ou tranquilizadores. Os terapeutas que encaram as emoções como perda de tempo podem parecer um tanto distantes (indiferentes e condescendentes), alienados (intelectualizados), incansavelmente estabelecendo limites ("Isso não está na nossa agenda" ou "Não temos tempo para isso hoje") ou dominadores ("Isso é terapia cognitivo-comportamental e procuramos focar somente em nossos pensamentos e em fazer as coisas"). Outros – aqueles que também veem as emoções dolorosas como intoleráveis – podem ser rápidos em resgatar os pacientes dos seus sentimentos ("Oh, você vai ficar bem. Não se preocupe, tudo vai dar certo"), dizer diretamente aos clientes que parem de chorar ("Não chore. As coisas vão ficar bem") ou ser rápidos em acalmá-los ("Você vai ficar bem em pouco tempo"). A mensagem implícita dessas interações bem-intencionadas é "Suas emoções dolorosas precisam ser eliminadas assim que possível". Assim, em vez de compartilhar, diferenciar, explorar e clarificar essas experiências emocionais (como no *coaching* de emoções ou em terapia focada na emoção), esses terapeutas podem comunicar,a partir do resgate e do apoio, que os pacientes são muito vulneráveis para lidar com suas emoções. Resgatar alguém de emoções dolorosas confirma a crença de que a esquiva de experiências é uma estratégia de enfrentamento desejável.

## DIVERGÊNCIA ENTRE OS ESQUEMAS DO PACIENTE-TERAPEUTA

Alguns terapeutas têm maior probabilidade de "explicar" o comportamento por meio da referência a rótulos diagnósticos (p. ex., "Ela está dizendo isso porque é *borderline*") do que a pensamentos específicos (p. ex., "Ela acha que eu não a entendo") ou a emoções específicas (p. ex., "Ela está magoada, com medo e com raiva"). Um terapeuta que tem uma visão negativa de emoções específicas (p. ex., raiva) provavelmente atribuirá tais emoções mais a traços de personalidade fixos do que a fatores situacionais ou interpretações específicas do paciente naquele momento. Por exemplo, "Ela está com raiva porque é *borderline*", na verdade, não explica nada, não é útil e, em última análise, é desdenhoso. O indivíduo se transforma em uma categoria, um caso, um diagnóstico – alguém diferente dos demais. É possível imaginar um paciente dizendo: "Eu realmente me senti compreendido e cuidado hoje porque meu terapeuta me rotulou como '*borderline*' e disse que o meu comportamento era típico de *borderline*"? Rotular e diagnosticar um cliente pode ser útil para possibilitar que o terapeuta use informações sobre psicopatologia, mas focar no ideográfico em vez de no nomotético é consideravelmente mais útil (Meehl, 1954/1996). A abordagem do esquema emocional reconhece o valor do diagnóstico, mas trata cada paciente como um indivíduo único, com uma conceitualização de caso única, focando em emoções e pensamentos únicos daquele paciente.

Além do mais, frequentemente é difícil para nós (como terapeutas e seres humanos) entender como nosso próprio comportamento pode provocar uma reação em outras pessoas, em parte porque o comportamento dos outros "engolfa o campo" da nossa experiência, já que estamos observando a conduta alheia nesse momento no tempo (Heider, 1958; Jones & Davis, 1965). Raramente temos acesso à variabilidade de comportamentos dos outros ao longo do tempo e nas diferentes situações, e temos dificuldade em adotar uma perspectiva de nós mesmos interagindo com os outros. Depois que um traço ou esquema é ativado, ele conduz ao viés de confirmação; isto é, tendemos a seletivamente focar e lembrar de informações compatíveis com o esquema em questão. A relação terapêutica é interativa e iterativa, caracterizada por uma série de interações ao longo do tempo com um viés para profecias autocumpridas tanto pelo terapeuta quanto pelo paciente (Leahy, 2007b). Em consequência, a dupla pode ter dificuldades em ver o "quadro mais amplo"; o comportamento da pessoa pode ser atribuído a traços imutáveis; o comportamento da outra pessoa pode ser personalizado; é difícil para cada parte obter informações que vão contra suas expectativas; e os papéis encenados levam a maior viés de confirmação e mais profecias autorrealizadoras.

## Tipos de divergências entre paciente e terapeuta

O que acontece quando os esquemas de um paciente sobre si, sobre os outros e sobre as emoções estão em conflito com os esquemas e crenças centrais do terapeuta? Imagine o seguinte: um homem tem personalidade evitativa; seu objetivo é impedir que as pessoas o conheçam para que não possa ser rejeitado. Ele é cauteloso, já que não quer correr risco de ser rejeitado ou fracassar. Consequentemente, reluta em realizar tarefas de autoajuda, raramente tem um plano (já que não tem acesso direto a suas emoções – uma vez que tem emoções evitadas – ou não quer "se posicionar" na terapia). Em contraste com a personalidade evitativa desse homem, considere a possibilidade de que o terapeuta tenha padrões rígidos; que espere que o paciente se encaixe em sua agenda e planos de tratamento. Nessa interação, o profissional tem pouca tolerância para "queixas vagas", "procrastinação" ou falta de objetivos claros. O cliente com personalidade evitativa pode achar que não pode expressar suas emoções, que elas não serão ativadas e que suas emoções são diferentes daquelas dos demais, bem como se sentir com vergonha e culpado em relação a seus sentimentos. Junto com essas crenças negativas, o terapeuta com padrões rígidos acredita que emoções são uma perda de tempo, que a relutância do paciente em compartilhar abertamente pensamentos e sentimentos é um impedimento para o "sucesso da terapia" e que o paciente está impedindo que ele, o terapeuta, atinja seus objetivos.

Ambas as partes na díade coletam informações para confirmar suas crenças. Por exemplo, o cliente está tentando descobrir se pode confiar no profissional; assim, hesita, permanece vago e espera para ver como o terapeuta reage. O comportamento do terapeuta é atribuído a disposições ou traços que ele tem ("Ela é crítica") ou a defeitos do próprio cliente ("Eu sou um perdedor"). (O paciente não reconhece a qualidade similar a um jogo situacional: "Quando eu hesitar, algumas pessoas irão me sondar ou se afastar de mim".) Igualmente, o terapeuta com padrões exigentes ativará sondagens, controles, críticas e exortações se o paciente não estiver "aderindo". Ele atribuirá a seu próprio comportamento a "não adesão" do cliente, não reconhecendo que esse tipo de comportamento controlador e exigente cria uma profecia autorrealizadora: quando o terapeuta exige, o paciente se retrai. Isso confirma a percepção esquemática do cliente como não cooperador.

Podem ocorrer outros tipos de divergências esquemáticas, em que os terapeutas inadvertidamente confirmam as crenças negativas dos seus pacientes utilizando estratégias evitativas ou compensatórias. Por exemplo, um paciente dependente (com medo de abandono e crenças de desamparo) e um terapeuta que também é dependente e teme o abandono dos clientes estão presos em uma profecia autorrealizadora. Esse profissional, temendo a "perda" do paciente, pode usar estratégias evitativas. Não traz à tona temas difíceis, evita discutir o comportamento dependente do cliente, não estabelece limites e evita usar técnicas de exposição. Em consequência, o paciente pode interpretar essa hesitação ou esquiva como uma confirmação das seguintes crenças: "Minhas emoções devem ser opressoras para as outras pessoas. Fazer coisas novas será arriscado e aterrorizante. Meu terapeuta deve achar que eu sou incapaz de fazer as coisas por conta própria. Devo evitar o comportamento independente". Ou o profissional pode procurar compensar a dependência do paciente, tranquilizando-o constantemente, prolongando as sessões ou desculpando as ausências. O cliente pode, então, interpretar esses comportamentos como uma confirmação das suas crenças: "Eu preciso contar com os outros para resolver meus problemas, devo ser incompetente, não consigo melhorar por conta própria, a única maneira de melhorar é encontrar alguém que cuide de mim e me proteja".

Ou considere a divergência esquemática que ocorre com o paciente dependente cujo terapeuta tem padrões exigentes. O cliente dependente busca reafirmação, não tem uma lista de problemas a serem resolvidos, geralmente se queixa sobre "sentimentos", telefona com frequência entre as sessões, quer prolongá-las, acha que não consegue fazer a tarefa de casa ou acredita que esta não funcionará e fica perturbado quando o terapeuta tira férias. O profissional com padrões exigentes pode pensar: "Tenho de curar todos os meus pacientes; devo sempre atingir os mais altos padrões; meus clientes devem fazer um excelente trabalho; e nunca podemos perder tempo". Esse terapeuta pode encarar a falta de progresso do paciente como uma resistência "pessoal" e pode impor uma agenda mais exigente, insistir na adesão às tarefas, tornar-se crítico pela falta de progresso e rotular o cliente como "dependente". O paciente pode então concluir: "Não posso contar com meu terapeuta. Vou ser abandonado se não melhorar. As minhas emoções não são importantes para meu terapeuta. Eu sou um fracasso na terapia. Não consigo resolver os problemas". Ou então o profissional pode evitar as emoções e dependência do paciente, perdendo o interesse nele, não explorando a necessidade de validação e expressão emocional do indivíduo e dispensando-o por "não adesão" ("Você não está pronto para terapia"), dessa forma levando-o a concluir: "Eu devo ser maçante. Meu terapeuta não tem interesse em mim. Portanto, ele vai me abandonar". Essas duas versões desse tipo de discordância entre paciente e terapeuta estão ilustradas na Figura 13.3.

## Usando a contratransferência

O terapeuta não é um objeto neutro no qual a dinâmica interna é projetada. Ao contrário, ele é uma parte dinâmica do mundo interpessoal do paciente. Nos exemplos que acabamos de dar, o terapeuta com padrões exigentes pode reconhecer *sua própria resistência com o paciente* – em sua tendência a impor sua agenda ao cliente, coagi-lo a mudar ou afastar-se dele com indiferença (Leahy, 2001, 2009b). De fato, se o profissional age e se sente assim, então o paciente deve estar despertando essas respostas de outras pessoas "exigentes". Estas perguntas podem ser formuladas: (1) Como o paciente responde quando outras pessoas exigentes interagem com ele? (2) Quais são as características de personalidade típicas das pessoas na vida dele? (3) Qual é a história desenvolvimental de relacionamentos e estratégias disfuncionais do paciente?

Considere outro exemplo. Uma cliente era casada e tinha antigos problemas de relacionamento caracterizados por achar que não era ouvida, não se

**Ações do terapeuta:**
Encara a falta de progresso do paciente como "resistência" pessoal.
Exige o cumprimento da agenda e das tarefas.
Critica a falta de progresso.
Rotula o paciente como "dependente".

↓

**Experiência do paciente:**
"Não posso contar com o meu terapeuta."
"Vou ser abandonado se eu não melhorar."
"Minhas emoções não são importantes para meu terapeuta."
"Eu sou um fracasso na terapia."
"Não consigo resolver nenhum problema."

**Ações do terapeuta:**
Evita as emoções e dependência do paciente.
Perde o interesse no paciente.
Não explora a necessidade de validação e expressão emocional do paciente.
Dispensa o paciente por "não adesão".

↓

**Experiência do paciente:**
"Eu devo ser maçante."
"Meu terapeuta não tem interesse em mim."
"Portanto, meu terapeuta vai me abandonar."

**FIGURA 13.3** Duas versões de uma discordância esquemática entre um paciente dependente e um terapeuta com padrões exigentes.

sentir emocional ou fisicamente em contato com seu marido e se sentir culpada. Ela respondia às "demandas" da tarefa de casa da terapia com declarações sobre a sua impotência e inadequação, queixando-se de que seu problema residia no marido controlador e narcisista. Nesse contexto, reconheci meus próprios padrões de exigência vindo à tona. Eles me levaram a estabelecer agendas rígidas, "desafiar" seus pensamentos automáticos, sugerir alternativas e ajudar a planejar algumas estratégias para resolver determinados problemas. Quando me dei conta, isso infelizmente replicava as experiências dominadoras, desdenhosas e emocionalmente vazias que ela havia tido com outras pessoas em sua vida – desde seus pais até seu marido. Assim decidi recuar da imposição à paciente de tarefas de casa para examinar seu padrão de deferir para outras pessoas em suas relações íntimas. Na verdade, sua transferência para os outros – baseada em sua visão de que não conhecia as próprias necessidades e que não tinha o direito de ter necessidades – tinha como resultado que outros assumiam a responsabilidade ou tomavam a dianteira. Isso reforçava sua visão de que era secundária nos relacionamentos, embora tivesse esperança de que um homem forte e determinado, "que soubesse o que queria", conseguiria satisfazê-la e cuidar dela. Assim como ela transferia para mim em sua relação comigo na terapia, também transferia para os outros em suas relações familiares e íntimas.

Antes de vir consultar comigo, essa paciente havia consultado um terapeuta questionador "racional" que lhe dava sermões. Ele era altamente focado na discussão racional, aprofundando nas distorções cognitivas e "deveres" irracionais. A paciente mencionou que sua terapia anterior a fazia recordar de seu pai e sua mãe, que lhe diziam como se sentir e como agir, mas que nunca pareciam validar sua individualidade. Ela sentia o terapeuta anterior como desdenhoso, crítico e condescendente – do que também se queixava em relação a seu marido. Embora reconhecendo a importância da mudança, focamos em seus esquemas emocionais. Mencionei: "A coisa mais importante em nossa relação é que nós dois compreendamos e respeitemos suas emoções – o que mais importa é o que você sente". Quando ela começou a focar em suas emoções e tentou discuti-las, notou que tinha dificuldade em nomeá-las e também que com frequência começava a chorar de repente "sem nenhum motivo" (como dizia). Achava que suas emoções não faziam sentido; que ninguém conseguiria entendê-las; e que não tinha o direito de se sentir abalada, já que tinha um emprego lucrativo e um marido que a amava. Ela achava que precisava manter firmeza sobre suas emoções para impedir que saíssem de controle. As filosofias emocionais de seus pais eram de que suas emoções eram autoindulgentes, manipuladoras e injustificadas. De fato, ela observava que muito da sua vida em torno do seu pai era focada em tentar "apagar" as tiradas emocionais *dele*. Não havia espaço para suas emoções na vida de seus genitores – ou na de seu marido.

Decidimos encarar sua dor e sofrimento como uma janela que mostrava suas necessidades e valores e como um sinal de que suas emoções dolorosas precisavam ser ouvidas e respeitadas. Seus novos esquemas emocionais incluíam: "É importante reconhecer uma ampla gama das minhas emoções", "Minhas emoções provêm de necessidades humanas de amor, proximidade e sensualidade", "Tenho uma necessidade humana de validação, carinho e aceitação" e "Quero procurar isso em uma nova relação". Embora tivesse vindo em busca de "terapia cognitiva" (com ênfase na "racionalidade"), ela reconhecia que focar em seus direitos de ter emoções e necessidades – e desenvolver relações em que isso seja possível – era uma busca que valia a pena.

Examinemos os diferentes estilos terapêuticos que ela experimentara. Com o terapeuta anterior, didático, exigente e antiemocional, o estilo "coercivo" e "intelectual" refletia a crença de que ela estava se lamentando, tinha muitos "deveres" e tinha baixa tolerância à frustração. Na verdade, esses eram os próprios termos usados com ela. As mensagens eram "Supere isso" e "Isso não deveria ter tanta importância". O terapeuta aparecia para ela como condescendente, distante e crítico dos seus sentimentos. Isso confirmava sua crença de que seus sentimentos não faziam sentido, que era autoindulgente e que "Eu devo ser muito carente". Em contraste, ao adotar a abordagem focada no esquema emocional no tratamento comigo, ela pôde reconhecer e diferenciar suas várias emoções e obter validação; explorar como suas emoções estavam associadas a necessidades importantes que não estavam sendo atendidas; e reconhecer que, embora fosse boa em apoiar e validar os outros, precisaria direcionar essa mente protetora e compassiva para si mesma. O contraste entre um terapeuta com abordagem didática e excessivamente racional e um com abordagem focada no esquema emocional é apresentado na Figura 13.4.

## Respondendo à divergência esquemática

Um terapeuta pode dar vários passos produtivos para abordar uma divergência esquemática com um paciente. Os três primeiros passos já foram ilustrados, e os descrevo brevemente aqui.

Primeiro, conforme mencionado, é útil reconhecer as próprias vulnerabilidades. Você tem crenças negativas sobre emoções específicas na terapia – por exemplo, sobre a expressão e validação dessas emoções? Existem certas emoções (como raiva ou tristeza extrema) que o deixam desconfortável em geral? A sua abordagem é caracterizada por padrões rígidos, temores de ser abandonado, preocupações com desamparo ou outros esquemas pessoais? Todos nós temos nossas vulnerabilidades; a mais séria é não reconhecer quais são as suas.

Segundo, certos tipos de pacientes ou problemas o deixam mais desconfortável? Quais pensamentos automáticos ou pressupostos são desencadeados para você? Como usaria a terapia cognitiva para abordar essas crenças? Que estratégias evitativas ou compensatórias você usa e com quais pacientes?

```
┌─────────────────────────────────────┐
│  Terapeuta racional e didático      │
└─────────────────────────────────────┘
                  ▼
┌─────────────────────────────────────┐
│ Crença sobre emoções e necessidades:│
│ "Isso é lamúria, queixa             │
│ e autocompaixão. Ninguém 'precisa'  │
│ de nada".                           │
└─────────────────────────────────────┘
                  ▼
┌─────────────────────────────────────┐
│ Estilo interpessoal: Dar sermão,    │
│ desdenhar, minimizar                │
└─────────────────────────────────────┘
                  ▼
┌─────────────────────────────────────┐
│ Experiência do paciente: "Minhas    │
│ emoções não têm importância. Elas   │
│ não fazem sentido. Ninguém se       │
│ importa com meus sentimentos. Eu    │
│ sou muito carente".                 │
└─────────────────────────────────────┘


┌─────────────────────────────────────┐
│ Terapeuta focado no esquema emocional│
└─────────────────────────────────────┘
                  ▼
┌─────────────────────────────────────┐
│ Crença sobre emoções e necessidades:│
│ "Emoções dolorosas são importantes. │
│ As emoções refletem as necessidades │
│ humanas. É importante reforçar a    │
│ dignidade humana".                  │
└─────────────────────────────────────┘
                  ▼
┌─────────────────────────────────────┐
│ Estilo interpessoal: Explorar,      │
│ validar, mútuo.                     │
└─────────────────────────────────────┘
                  ▼
┌─────────────────────────────────────┐
│ Experiência do paciente: "Minhas    │
│ emoções fazem sentido. Elas têm     │
│ importância para outras pessoas.    │
│ Minhas necessidades são legítimas.  │
│ Talvez eu possa ter minhas          │
│ necessidades atendidas".            │
└─────────────────────────────────────┘
```

**FIGURA 13.4** Contrastando um terapeuta excessivamente racional com um focado no esquema emocional.

Terceiro, considerando os esquemas pessoais e emocionais de um paciente específico, como seu comportamento como terapeuta pode inadvertidamente levar à confirmação das crenças negativas dele? Qual seria a consequência para o paciente se você confirmar essas crenças? Como outras pessoas na vida do paciente confirmaram essas crenças?

Um quarto passo que você pode dar é este: em vez de compensar ou evitar os esquemas emocionais do paciente, foque nas crenças específicas que ele pode ter sobre regulação emocional. Isso é particularmente importante porque os clientes que têm crenças negativas sobre suas emoções podem ter consultado outros terapeutas que foram excessivamente racionais, exigentes e controladores (como em muitos exemplos anteriores). Tal abordagem pode ter reforçado seus esquemas emocionais negativos. A abordagem focada no esquema emocional pode ajudar a reverter isso.

Como terapeuta focado no esquema emocional, você pode abordar diretamente as crenças sobre emoções de um paciente evitativo, fazendo as seguintes perguntas:

"Existem temas ou sentimentos sobre os quais você acha difícil falar? Quais são eles?"
"O que você teme que aconteceria se falasse sobre essas coisas?"
"Você parece vago. Existe alguma vantagem em não especificar o que pensa ou sente?"
"É difícil para você identificar ou nomear suas emoções?"

Por exemplo, pacientes evitativos podem comentar que sentimentos de raiva e sexuais são difíceis de discutir, já que temem críticas e humilhação. Em um caso, isso levou a uma discussão de como sentimentos sexuais e de raiva não eram discutidos na família durante a infância e adolescência do cliente, e que havia uma formalidade rígida em casa, com os pais comendo separadamente e poucas vezes demonstrando atenção. Assim, os sentimentos sexuais se tornaram sigilosos e vergonhosos – e, na própria experiência do paciente, tinham sido direcionados para chamadas clandestinas para telessexo. Ele mencionou que ainda temia ser humilhado e visto como "menos do que um homem" devido às suas "preocupações" sexuais. Também temia perder o controle sobre esses sentimentos e que suas fantasias facilmente levassem a atuação sexual, muito embora isso nunca tivesse acontecido. Sua crença de que tinha de manter um controle rígido sobre suas fantasias o levou a se preocupar com esses pensamentos e imagens, o que só os intensificava. Temia que falar sobre eles só os tornaria mais reais. A mensagem emocional de sua infância era de que precisava controlar pensamentos, imagens e sentimentos sexuais agressivos para que eles não escalassem e destruíssem tudo. O terapeuta sugeriu que ele reestruturasse suas fantasias como uma indicação de que estava vivo e bem, que gostava de imagens sexuais sobre mulheres atraentes e que podia usar essas fantasias para enriquecer sua relação sexual com sua esposa. Em vez de tentar se desviar delas, o terapeuta sugeriu que ele "as recebesse como energia e enriquecimento" e "observasse que 'Eu estou vivo neste momento'". Seus temores foram reduzidos significativamente, e ele relatou menos culpa e mais desejo sexual por sua esposa.

Outro paciente caracterizado por uma personalidade evitativa mencionou que permanecer vago na discussão dos seus pensamentos e sentimentos lhe permitia renegá-los: "Se eu for vago, então você e eu não vamos realmente saber o que estou pensando e sentindo. E, se não soubermos, então não posso ser responsável". Seu medo era de que ser "claro" o comprometeria com certas responsabilidades por sua vida interior, e que ele faria com que elas mudassem para formas que seriam ameaçadoras. Na verdade, também observou que, com frequência, "se afastava", raramente com consciência do que era presente, e que tinha uma "rica vida de fantasia" de escape ou mesmo heroísmo. Também comentou que era difícil nomear suas emoções e que emoções eram raramente discutidas em sua família de origem: "A ênfase era em ser polido e fazer a coisa certa. Na verdade, eu era um excelente atleta quando criança, mas me lembro de não me esforçar tanto porque não queria fazer os outros meninos sentirem que não eram suficientemente bons". Em sua família, manter a imagem de respeitabilidade e não ameaçar os outros com as próprias habilidades era valorizado. Não é de causar surpresa que a raiva fosse uma emoção que ele tinha dificuldade em reconhecer e tolerar em si mesmo. O terapeuta sugeriu que uma das ideias mais enganadoras que as pessoas tendem a ter é que precisam ser boas em todos os aspectos e o tempo todo. "Essa ideia de ser bom, puro e gentil vai contra a natureza humana. Existem tantos sentimentos, impulsos, pensamentos, desejos e ressentimentos misturados em cada um de nós. Tê-los como parte da natureza humana pode ser um grande alívio". O profissional sugeriu: "Talvez você seja bom demais para o seu próprio bem".

Muitos pacientes evitativos também acreditam que o terapeuta irá criticá-los por não fazer a tarefa de casa corretamente e, em consequência, relutam em executar as tarefas de casa de exposição comportamental. Nesses casos, o profissional pode fazer ao paciente as seguintes perguntas:

"O que teme que eu possa pensar se você fizer a tarefa de casa e ela não for perfeita?"
"Esse medo de ser avaliado na terapia é o mesmo que você sente com outras pessoas?"
"Você tem medo de que fazer exposição ou a tarefa de casa o faça se sentir desconfortável?"
"O que vai acontecer se você se sentir desconfortável?"

Esses pacientes com frequência pensarão que o terapeuta será como outras pessoas (p. ex., seus pais) e irá criticá-los, humilhá-los e compará-los desfavoravelmente a outros com melhor desempenho. O profissional pode então investigar a história de ser criticado por não ter desempenho suficientemente bom e como se sentia por isso. Esse paciente descreveu as demandas contínuas de sua mãe por excelência acadêmica, com críticas frequentes porque, quando criança, não tirava nota A em tudo. Isso o fez se ressentir com sua mãe, mas ainda sentir necessidade de sua atenção e aprovação. Em seu trabalho atual, frequentemente interpretava o comportamento de outras pessoas como um reflexo da sua falta de respeito por ele, anulação das suas conquistas ou marginalização no grupo. No entanto, ao exame mais detalhado, o comportamento dos outros não era na verdade direcionado para ele, fazia parte da cultura da companhia. A "marginalização" que experimentava era principalmente decorrente de seu próprio afastamento, ruminação e amuamento em relação à exclusão imaginada.

O terapeuta também pode questionar diretamente as crenças do paciente sobre o desejo (ou necessidade) de evitar todo o desconforto. Por exemplo, tarefas de ativação comportamental e de exposição com frequência provocarão desconforto – e boa parte dele pode se originar de sua antecipação. Em vez de rotular tal paciente como não colaborador ou não pronto para terapia, o profissional pode investigar as predições do cliente sobre até onde o desconforto irá levar. Essas predições podem então ser testadas, conforme descrito em capítulos anteriores. Por exemplo, a predição "Eu vou desmoronar se fizer a exposição" pode ser examinada quanto aos custos e benefícios da crença e as evidências contra e a favor. Uma exposição na sessão que desperte desconforto pode ajudar a desconfirmar essas crenças. Além do mais, o terapeuta pode encorajar o paciente a redirecionar o foco do "conforto" para a "eficácia" e perceber que o desconforto no curto prazo pode ser um pequeno preço a pagar pela autoeficácia de longo prazo. Outras averiguações referentes a esquiva e dependência incluem as seguintes:

> "O que significaria se você não obtivesse reafirmação?"
> "Você precisa saber com certeza que as coisas ficarão bem? E se isso for incerto? Incerteza significa que as coisas vão ficar mal?"
> "Qual é a vantagem de não ter prioridade?"
> "A falta de prioridades é semelhante à sua falta de objetivos e planos da vida?"
> "Você deixa outras pessoas definirem suas prioridades?"
> "Você acredita que não consegue lidar com seus sentimentos por conta própria?"
> "O que você geralmente faz quando tem sentimentos desagradáveis? Consegue que outras pessoas tomem conta deles?"
> "Seus sentimentos fazem sentido para você? Outras pessoas sentem o mesmo? Seus sentimentos dolorosos desaparecerão por conta própria?"
> "Se não conseguisse entrar em contato comigo, você conseguiria usar algumas técnicas para lidar com seus pensamentos e sentimentos?"
> "O que significa para você quando a sessão termina antes que esteja pronto para encerrá-la? Sente-se abandonado? Sente-se com raiva? Isso o faz pensar que eu não me importo?"
> "Se eu prolongar a sessão, isso significa que me importo com você?"
> "Qual parte da tarefa de casa você acha que não consegue fazer?"
> "Quando começa a fazer alguma coisa para se ajudar, você desiste porque não tem certeza se vai conseguir?"
> "Qual seria a pior coisa sobre não fazer isso corretamente?"

"Quando eu desapareço, quais pensamentos e sentimentos são desencadeados? Você se sente abandonado? Acha que eu não me importo?"
"Você acha que é impotente, incapaz de cuidar dos seus sentimentos?"
"Quais são alguns dos planos de autoajuda que pode usar?"

Perguntas como essas abrem a porta para o compartilhamento de pensamentos e sentimentos, tolerando o desconforto, bem como focando na eficácia e no crescimento pessoal, em vez de na supressão e eliminação da emoção. Os terapeutas que simplesmente impõem um conjunto de regras na terapia ou que se engajam em terapia estereotipada – como impor uma agenda, rotular os pacientes como não colaboradores, fazer um diagnóstico exagerado em vez de empatizar ou tentar fazer os clientes serem racionais e felizes – descobrirão que os pacientes abandonarão o tratamento, farão menos progresso ou até mesmo se ressentirão com a terapia. Em contraste, desenvolver uma abordagem investigatória e validante para as dificuldades de um indivíduo pode fortalecer o conjunto colaborativo.

## RESUMO

A relação terapêutica pode ser tão importante quanto o modelo terapêutico. Existem abordagens eficazes e ineficazes de terapia, e existem relações terapêuticas produtivas e improdutivas. Neste capítulo, examinei alguns dos esquemas pessoais e interpessoais que paciente e terapeuta trazem para a relação terapêutica. A "resistência" ou "não adesão" pode ser encarada como uma oportunidade de aprender mais sobre a tolerância do cliente à frustração, a intensidade emocional, as crenças sobre o perigo e a durabilidade da emoção e a capacidade de confiar no terapeuta. Os terapeutas que continuam a se indagar sobre o que está acontecendo dentro de si mesmos (p. ex., "Por que eu estou tão incomodado com isso?") têm mais probabilidade de superar seus bloqueios em lidar com certos pacientes. Faço um alerta aos meus leitores: conhecer suas próprias vulnerabilidades como terapeuta e trabalhar para modificá-las – especialmente reconhecendo como suas respostas podem espelhar as respostas dos outros – pode ajudá-lo a transcender os limites dos seus esquemas pessoais e emocionais para auxiliar os clientes a enriquecer sua experiência na terapia.

Capítulo 14

# CONCLUSÕES

Assim como outras propostas cognitivo-comportamentais, o modelo focado no esquema emocional propõe que a emoção pode se originar de fatores situacionais, perda de recompensas, fatores aversivos, vieses cognitivos ou processos fisiológicos. Em outras palavras, a ativação da emoção em primeira instância pode se dever a fatores sugeridos por uma variedade de modelos cognitivos e comportamentais. Contudo, depois de despertada a emoção, o indivíduo ativa uma teoria sobre ela, bem como uma estratégia de regulação emocional. Essas avaliações e estratégias constituem os "esquemas emocionais". Dependendo das avaliações particulares, são utilizadas estratégias problemáticas (p. ex., preocupação, ruminação, culpa, esquiva, consumo excessivo de álcool) ou estratégias adaptativas (p. ex., reafirmação, resolução de problemas, ativação comportamental, aceitação). As teorias da emoção têm implicações para as estratégias de regulação. No modelo focado no esquema emocional, a própria emoção é objeto da cognição, e as interpretações, avaliações e estratégias que se seguem depois que surge a emoção terão implicações significativas para a psicopatologia.

O modelo focado no esquema emocional propõe que as emoções surgiram, em parte, como respostas modulares a ameaças que têm significado evolucionário, em parte como respostas fisiológicas e em parte como vieses cognitivos. Embora reconheça a importância de cada um dos principais modelos cognitivo-comportamentais no desenvolvimento de uma conceitualização de caso da emoção, o modelo focado no esquema emocional se soma a eles, sugerindo que as avaliações das emoções são singularmente importantes na manutenção, na escalada e no medo recorrentes da experiência emocional. A esquiva da experiência é vista como resultado dessas avaliações problemáticas; estratégias metacognitivas de preocupação e ruminação também são vistas como abordagens problemáticas para regulação da emoção; e passividade e isolamento são vistos em parte como consequências de crenças de que a ativação comportamental resultará em experiências emocionais intoleráveis. Em cada um desses casos, o modelo focado no esquema emocional se aprofunda e amplia o que uma terapia é capaz de atingir – ou seja, modificar a teoria da emoção e estratégias de engajamento e regulação de um paciente.

Conforme indicado no Capítulo 1, emoção e racionalidade vêm assumindo alternadamente uma posição privilegiada ao longo da história da filosofia e da sociedade ocidental. Diferenças culturais nas crenças sobre a emoção – e sua regulação – também atestam a construção social da experiência emocional. Ademais, certas emoções específicas, como ciúmes, também tiveram ascensão e queda em sua desejabilidade na sociedade humana; no início da sua história, o ciúme era mais valorizado porque estava associado à honra. O modelo focado no esquema emocional não privilegia nem a racionalidade nem a emoção; ambas são vistas como essenciais, dependendo do contexto e propósito pelos quais o indivíduo se empenha. Além do mais, todas as emoções são vistas com legitimidade na experiência humana, e não existe distinção entre mente "superior" e "inferior". As emoções fazem parte de ser humano.

O modelo focado no esquema emocional não considera que o objetivo da terapia seja livrar o paciente de tristeza, raiva, ansiedade ou medo, mas incorporar essas emoções a toda a complexidade da existência. Como Martha Nussbaum (2001) observou com eloquência após a morte de sua mãe, não sentir tristeza – não vivenciar as profundezas do luto – seria incoerente com a afirmação de seu amor pela mãe. Onde existe amor, existe pesar. O indivíduo sofre porque as coisas têm importância para ele. O objetivo que é defendido aqui é viver uma vida pela qual valha a pena sofrer. Em vez de "sentir-se bem", o objetivo é a capacidade de sentir de *tudo* dentro do contexto de uma vida significativa – que seja preenchida com sofrimento, alegria, confusão, dúvida, inveja, ciúmes, coragem e admiração. Embora alguns possam argumentar que nada pode ser verdadeiramente "terrível" se ainda houver a possibilidade de alguma experiência gratificante, somos lembrados de que o significado original da palavra "terrível" (*awful*) é "cheio de temor" (*filled with awe*). É o que Herman Melville queria dizer quando escreveu a Nathaniel Hawthorne, contando que havia escrito uma história "terrível": era *Moby Dick*, a história de um leviatã simbólico na forma de uma imensa baleia branca. O romance de Melville incluía todas as emoções de fúria, coragem, amor e vingança – e descrevia um homem desafiando e sendo derrotado pela natureza. Era um livro sobre temor.

O modelo focado no esquema emocional enfatiza a importância da capacidade de fazer o que os pacientes não querem fazer, de modo que consigam realizar o que de fato precisam. As emoções – e a capacidade de tolerar o desconforto – são colocadas no contexto de uma relação intencional entre os meios e os fins. O objetivo é aprender a capacidade de resistir, adotar a resiliência, sentir orgulho no desconforto quando ele está vinculado a objetivos valorizados. Assim, o terapeuta vai enfatizar o desconforto construtivo; o orgulho por resistir e tolerar o desconforto; o valor de superar obstáculos em vez de tornar a vida fácil e agradável o tempo todo; e o reconhecimento de que, embora a existência possa ser uma batalha, vale a pena lutar. Em vez de baixar as expectativas do paciente para que qualquer coisa se torne uma "conquista" e estabelecer padrões impossíveis que só irão desmoralizá-lo, o terapeuta focado no esquema emocional vai enfatizar a imperfeição bem-sucedida em todas as áreas da vida. Avançar com imperfeições, aceitar os contratempos e reconhecer que ninguém faz as coisas perfeitamente corretas são parte da jornada e também do desafio. O perfeccionismo está subjacente a uma grande confusão sobre a emoção, incluindo a tolerância à incerteza e à ambivalência, "mente pura", "emoção pura" e "perfeccionismo existencial" (em que o indivíduo procura algum ideal inatingível de pensar, sentir e ser). Em contraste, o modelo focado no esquema emocional auxilia o paciente a reconhecer que todas as experiências na vida são temporárias, às vezes cheias de ruído e contradição, e fazem parte da paisagem em mutação em que se viaja e onde se vive. O paciente que está procurando a realização ou felicidade completa vai ter de reconhecer que emoções desagradáveis, como tédio, frustração, raiva, ciúmes e inveja, fazem parte da paisagem. Essa "normalização do anormal" é frequentemente um grande alívio para indivíduos, que reconhecem que a vida é mais complexa do que eles imaginavam. Ela pode ser mais complexa, até decepcionante às vezes, mas vale a pena.

Um indivíduo que teme emoções dolorosas pode dizer: "Eu não quero me apaixonar de novo, pois posso me machucar". A consequência é uma vida sem amor, sem compromisso – uma vida sem significado. A verdadeira questão deve ser: "Valeu a pena ter passado pela dor?". Grandes compromissos envolvem grande dor; não há como obter coisas da vida sem enfrentar decepções, desilusões e, por fim, a morte. O modelo focado no esquema emocional ajuda os pacientes a perceber que as emoções desagradáveis podem tanto ser um meio para um fim (como com o tratamento com exposição) como levar a uma experiência longa, constante e monótona, como isolamento ou passividade. O terapeuta pode ajudar seus clientes a abandonar o perfeccionismo emocional e existencial, a questionar a ideia da "mente pura" e a reconhecer que a vida contém muitos ruídos que precisam ser afastados e seguir em frente. Ao ajudar os pacientes a esclarecer quais são seus valores e como estes afetam suas relações, seu trabalho e sua identidade, o profissional pode auxiliá-los a determinar pelo quê acham que vale a pena trabalhar. Auxiliando-os a aclarar o propósito, ele pode ajudá-los a resistir ao que é difícil e a aprender a dizer: "Eu sou uma pessoa que faz coisas difíceis". O objetivo não é tornar a vida mais fácil ou sempre ter experiências felizes. O objetivo é enriquecer a vida e fazer valer a pena lutar por ela.

A terapia focada no esquema emocional não vê as emoções como boas ou más, mas simplesmente como experiências que os humanos têm. Elas estão ligadas à adaptação evolucionária (como no caso do ciúme) e aos valores que importam para o paciente. Possibilitar que ele reconheça emoções indesejadas, como raiva, ressentimento, ciúmes, inveja, desejo de vingança, humilhação e falta de esperança, "traz à luz" essas emoções. Elas podem ser examinadas como respostas válidas e sensíveis no momento – a "vibração da alma" que Platão descreveu. Mas também podem ser vistas como um ponto a partir do qual o indivíduo pode decidir reconhecer se elas são "humanas" e "universais", se estão ligadas a valores importantes, se são temporárias e se precisam ditar as escolhas do sujeito. A questão final é sempre: "Agora que eu me sinto assim, qual é a melhor opção para mim, considerando os meus valores?". A visão clássica de virtude pode ajudar os indivíduos a decidir. Em particular, pode ajudá-los a escapar do aprisionamento de uma emoção negativa e escolher o autocontrole, a gentileza, o perdão ou a prudência acima da emoção do momento presente. Na verdade, essas escolhas podem modificar as emoções que se experimentam, mais uma vez demonstrando que estas vêm e vão, mas os valores do indivíduo permanecem.

A terapia focada no esquema emocional não é um modelo de catarse ou expressão. Ela sugere que simplesmente expressar uma emoção pode ser insuficiente se isso não estiver associado a validação e ação intencional. Além do mais, a expressão inábil, marcada por acusação, ruminação e escalada do afeto pode servir para afastar o apoio que vem dos valores. O modelo focado no esquema emocional reconhece que a validação pode abordar uma ampla gama de esquemas emocionais. Também pode ajudar os pacientes a universalizar e compreender a emoção; experimentar uma emoção, observá-la apaziguar e perceber que senti-la não precisa levar à perda do controle. Assim, a validação tem inúmeras implicações cognitivas, que a tornam um processo central no desenvolvimento de crenças e respostas mais adaptativas à experiência da emoção.

As emoções são frequentemente o elemento central nas relações íntimas. Não reconhecer a importância da emoção do próprio parceiro é viver vidas paralelas, que nunca se tocam verdadeiramente. Pensar nas emoções do parceiro como um "objetivo" ("Como eu quero que meu parceiro se sinta?") possibilita que os indivíduos se afastem de brigas infrutíferas por fatos, por poder ou para que sejam ouvidos antes de tudo. Isso pode conectar os parceiros em um exercício mútuo de "mentalização", em que ambos compreendem que a mente (pensamentos e sentimentos) de cada um deles é importante e pode ser afetada por como o outro responde. Em alguns casos, mesmo a natureza de uma conversa simples reflete essa falta de compreensão: algumas pessoas pensam que conversar é uma troca de informações, mas o que a maior parte da conversa implica é o revezamento, para que as pessoas possam ser ouvidas. Mudar a metáfora para a conversa de "apontar para os fatos como se eles estivessem em uma paisagem de informações" para "passar a bola um para o outro" pode ajudar a modificar disputas intermináveis sobre "esclarecer a verdade dos fatos". Pode ser menos importante quais são os fatos e mais importante que os parceiros estejam se revezando. Já vimos que um dos parceiros pode apresentar resistência considerável para validar o outro, marcada por crenças de que os "fatos" precisam ser estabelecidos, que as relações têm a ver com procurar a "verdade", que o parceiro resistente tem o monopólio da verdade e que a validação só vai resultar em queixas intermináveis. Uma alternativa é encarar a comunicação como uma tentativa de se conectar, e que, até que seja feita a conexão (e esta pareça ser segura), a queixa vai continuar – e escalar. Assim, o modelo focado no esquema emocional vê a comunicação e a emoção como parte de um contínuo sistema comportamental interativo que busca a completude – por vezes a um alto custo.

Igualmente, pacientes e terapeutas podem acabar atrelados a disputas sobre o significado e a regulação da emoção. Os terapeutas trazem para a terapia seus próprios esquemas sobre relações e sobre emoções. Se encaram a expressão emocional como uma perda de tempo e acham que o papel dos clientes requer adesão às agendas, os pacientes podem interpretar essas respostas como desdenhosas, condescendentes e críticas, provando ainda mais suas crenças negativas sobre suas emoções e como os outros as veem. Mesmo profissionais bem-intencionados, experientes e bem treinados terão crenças específicas sobre emoções que podem afetar a sua disposição para validar, encorajar a exposição "desagradável" ou suscitar temas que possam ser preocupantes para os pacientes. O conceito de "disparidade esquemática" permite que os terapeutas avaliem os esquemas emocionais e pessoais que pacientes e terapeutas podem ter e pode impedir que os profissinais sejam "levados" por vieses predeterminados. Na verdade, uma experiência de disparidade pode ser uma oportunidade única de investigar: "Quando isso aconteceu antes?". Esse modelo possibilita que os terapeutas cognitivo-comportamentais abordem as questões de "transferência" e "contratransferência" de novas maneiras, ao mesmo tempo reconhecendo que a terapia ainda pode encontrar um equilíbrio entre focar na experiência atual e, ao mesmo tempo, admitir a importância de tudo o que aconteceu antes. Além do mais, o terapeuta que com frequência se sente capturado pelas emoções de um paciente – especialmente por suas raiva ou ansiedade intensas – pode reconhecer que as fronteiras por ventura existentes entre a dupla terapêutica podem ser necessárias para que o tratamento efetivo prossiga, sem, no entanto, excluir empatia e compaixão. Pode ser difícil ter empatia e compaixão quando se está sendo criticado, mas essa pode ser a primeira vez que a raiva do paciente é confrontada com aceitação. Saber que a emoção existe na outra pessoa pode ajudar o cliente a evitar o "contágio". Recuar e ter uma aceitação distanciada e atenta pode auxiliá-lo a dar os passos seguintes para investigação, validação e aceitação.

Certamente você, leitor, perceberá a dívida que o modelo focado no esquema emocional tem com uma ampla gama de modelos cognitivo-comportamentais. Você pode identificar a influência da terapia cognitiva beckiana, da terapia metacognitiva, da terapia focada na emoção, da TAC, da TCD e da terapia de ativação comportamental. Você pode optar por abordar seus pacientes com um desses modelos e considerar a integração da proposta do esquema emocional ao(s) modelo(s) escolhido(s) ou pode abordar seus pacientes com o modelo do esquema emocional ao mesmo tempo em que usa uma ou todas as demais abordagens. Esse não é um modelo que substitui o que já foi conquistado por outros. Ele procura enriquecer, informar, ampliar e capacitar.

# REFERÊNCIAS

Abramson, L. Y., Metalsky, G. I., & Alloy, L. B. (1989). Hopelessness depression: A theory-based subtype of depression. *Psychological Review, 96*, 358-372.

Ahrens, A. H., & Alloy, L. B. (1997). Social comparison processes in depression. In B. Buunk & R. Gibbons (Eds.), *Health, coping, and well-being: Perspectives from social comparison theory* (pp. 389-410). Mahwah, NJ: Erlbaum.

Ainsworth, M. S., Blehar, M. C., Waters, E., & Wall, S. (1978). *Patterns of attachment: A psychological study of the Strange Situation*. Hillsdale, NJ: Erlbaum.

Aldao, A., & Nolen-Hoeksema, S. (2010). Specificity of cognitive emotion regulation strategies: A transdiagnostic examination. *Behaviour Research and Therapy, 48*(10), 974-983.

Aldao, A., & Nolen-Hoeksema, S. (2012a). The influence of context on the implementation of adaptive emotion regulation strategies. *Behaviour Research and Therapy, 50*, 493-501.

Aldao, A., & Nolen-Hoeksema, S. (2012b). When are adaptive strategies most predictive of psychopathology? *Journal of Abnormal Psychology, 121*(1), 276-281.

Alloy, L. B., Abramson, L. Y., Metalsky, G. I., & Hartledge, S. (1988). The hopelessness theory of depression. *British Journal of Clinical Psychology, 27*, 5-12.

Ameli, R. (2014). *25 lessons in mindfulness: Now time for healthy living*. Washington, DC: American Psychological Association.

Arend, R. A., Gove, F. L., & Sroufe, L. A. (1979). Continuity of individual adaptation from infancy to kindergarten: A predictive study of ego-resiliency and curiosity in preschoolers. *Child Development, 50*, 950-959.

Ariès, P. (1962). *Centuries of childhood: A social history of family life*. New York: Random House.

Aristotle. (1984). *The rhetoric and poetics of Aristotle*. New York: Random House.

Aristotle. (1995). *Aristotle: Selections* (T. Irwin & G. Fine, Eds.). Indianapolis, IN: Hackett.

Arntz, A., & Haaf, J. (2012). Social cognition in borderline personality disorder: Evidence for dichotomous thinking but no evidence for less complex attributions. *Behaviour Research and Therapy, 50*(11), 707-718.

Austin, J. L. (1975). *How to do things with words* (2nd ed.). Cambridge, MA: Harvard University Press.

Ayer, A. J. (1946). *Language, truth, and logic* (2nd ed.). London: Gollancz.

Baldwin, M. W., & Dandeneau, S. D. (2005). Understanding and modifying the relational schemas underlying insecurity. In M. W. Baldwin (Ed.), *Interpersonal cognition* (pp. 33-61). New York: Guilford Press.

Bar-Anan, Y., Wilson, T. D., & Gilbert, D. T. (2009). The feeling of uncertainty intensifies affective reactions. *Emotion, 9*(1), 123-127.

Bargh, J. A., & Morsella, E. (2008). The unconscious mind. *Perspectives on Psychological Science, 3*(1), 73-79.

Barlow, D. H. (2002). *Anxiety and its disorders: The nature and treatment of anxiety and panic* (2nd ed.). New York: Guilford Press.

Bateman, A., & Fonagy, P. (2004). *Psychotherapy for borderline personality disorder: Mentalization-based treatment.* Oxford, UK: Oxford University Press.

Bateman, A., & Fonagy, P. (2006). *Mentalization-based treatment for borderline personality disorder: A practical guide.* Oxford, UK: Oxford University Press.

Beck, A. T., Emery, G., & Greenberg, R. L. (1985). *Anxiety disorders and phobias: A cognitive perspective.* New York: Basic Books.

Beck, A. T., Freeman, A., & Davis, D. D. (2004). *Cognitive therapy of personality disorders* (2nd ed.). New York: Guilford Press.

Beck, A. T., Rush, A. J., Shaw, B. F., & Emery, G. (1979). *Cognitive therapy of depression.* New York: Guilford Press.

Beck, A. T., & Steer, R. A. (1993). *Beck Anxiety Inventory manual.* San Antonio, TX: Psychological Corporation.

Beck, A. T., Steer, R. A., & Brown, G. K. (1996). *Manual for the Beck Depression Inventory–II.* San Antonio, TX: Psychological Corporation.

Beck, J. S. (2011). *Cognitive therapy: Basics and beyond* (2nd ed.). New York: Guilford Press.

Becker, G. S. (1976). *The economic approach to human behavior.* Chicago: University of Chicago Press.

Becker, G. S. (1991). *A treatise on the family.* Cambridge, MA: Harvard University Press.

Bishay, N. R., Tarrier, N., Dolan, M., Beckett, R., & Harwood, S. (1996). Morbid jealousy: A cognitive outlook. *Journal of Cognitive Psychotherapy, 10,* 9–22.

Blackledge, J. T., & Hayes, S. C. (2001). Emotion regulation in acceptance and commitment therapy. *Journal of Clinical Psychology, 57*(2), 243–255.

Blanchard, D. C., & Blanchard, R. J. (1990). Behavioral correlates of chronic dominance-subordination relationships of male rats in a seminatural situation. *Neuroscience and Biobehavioral Reviews, 14,* 455–462.

Boehm, C. (2001). *Hierarchy in the forest: The evolution of egalitarian behavior.* Cambridge, MA: Harvard University Press.

Bonanno, G. A., & Burton, C. L. (2013). Regulatory flexibility: An individual differences perspective on coping and emotion regulation. *Perspectives on Psychological Science, 8*(6), 591–612.

Bonanno, G. A., & Gupta, S. (2009). Resilience after disaster. In Y. Neria, S. Galea, & F. Norris (Eds.), *Mental health consequences of disasters* (pp. 145–160). New York: Cambridge University Press.

Bond, F. W., Hayes, S. C., Baer, R. A., Carpenter, K. C., Guenole, N., Orcutt, H. K., et al. (2011). Preliminary psychometric properties of the Acceptance and Action Questionnaire–II: A revised measure of psychological flexibility and acceptance. *Behavior Therapy, 42,* 676–688.

Borkovec, T. D. (1994). The nature, functions, and origins of worry. In G. C. L. Davey & F. Tallis (Eds.), *Worrying: Perspectives on theory, assessment, and treatment* (pp. 5–33). Chichester, UK: Wiley.

Borkovec, T. D., Alcaine, O. M., & Behar, E. (2004). Avoidance theory of worry and generalized anxiety disorder. In R. G. Heimberg, C. L. Turk, & D. S. Mennin (Eds.), *Generalized anxiety disorder: Advances in research and practice* (pp. 77–108). New York: Guilford Press.

Borkovec, T. D., Lyonfields, J. D., Wiser, S. L., & Deihl, L. (1993). The role of worrisome thinking in the suppression of cardiovascular response to phobic imagery. *Behaviour Research and Therapy, 31,* 321–324.

Borkovec, T. D., Newman, M. G., & Castonguay, L. G. (2003). Cognitive-behavioral therapy for generalized anxiety disorder with integrations from interpersonal and experiential therapies. *CNS Spectrums, 8*(5), 382–389.

Borkovec, T. D., Ray, W. J., & Stoeber, J. (1998). Worry: A cognitive phenomenon intimately linked to affective, physiological, and interpersonal behavioral processes. *Cognitive Therapy and Research, 22,* 561–576.

Bowlby, J. (1969). *Attachment and loss: Vol. 1. Attachment.* London: Hogarth Press.

Bowlby, J. (1973). *Attachment and loss: Vol. 2. Separation.* London: Hogarth Press.

Bowlby, J. (1980). *Attachment and loss: Vol. 3. Sadness and depression*. London: Hogarth Press.

Brickman, P., & Campbell, D. T. (1971). Hedonic relativism and planning the good society. In M. H. Apley (Ed.), *Adaptation-level theory: A symposium* (pp. 287–302). New York: Academic Press.

Brigham, N. L., Kelso, K. A., Jackson, M. A., & Smith, R. H. (1997). The roles of invidious comparisons and deservingness in sympathy and *Schadenfreude*. *Basic and Applied Social Psychology, 19*, 363–380.

Brown, L. (Ed.). (2009). *Aristotle: The Nicomachean ethics* (D. Ross, Trans.). New York: Oxford University Press.

Buss, D. M. (1989). Conflict between the sexes: Strategic interference and the evocation of anger and upset. *Journal of Personality and Social Psychology, 56*, 735–747.

Buss, D. M. (2000). *Dangerous passion: Why jealousy is as necessary as love and sex*. New York: Free Press.

Buss, D. M., Larsen, R., Westen, D., & Semmelroth, J. (1992). Sex differences in jealousy: Evolution, physiology, and psychology. *Psychological Science, 3*, 251–255.

Buss, D. M., & Schmitt, D. P. (1993). Sexual strategies theory: An evolutionary perspective on human mating. *Psychological Review, 100*(2), 204–232.

Butler, R. (1963). The life review: An interpretation of reminiscence in the aged. *Psychiatry, 26*, 65–76.

Buunk, B. (1981). Jealousy in sexually open marriages. *Alternative Lifestyles, 4*, 357–372.

Carnap, R. (1967). *The logical structure of the world*. Berkeley: University of California Press.

Cassidy, J. (1995). Attachment and generalized anxiety disorder. In D. Cicchetti & S. L. Toth (Eds.), *Rochester Symposium on Developmental Psychopathology: Vol. 6. Emotion, cognition, and representation* (pp. 343–370). Rochester, NY: University of Rochester Press.

Castella, K. D., Goldin, P., Jazaieri, H., Ziv, M., Dweck, C. S., & Gross, J. J. (2013). Beliefs about emotion: Links to emotion regulation, well-being, and psychological distress. *Basic and Applied Social Psychology, 35*(6), 497–505.

Chesterfield, P. D. S. (2008). *Lord Chesterfield's letters*. Oxford, UK: Oxford University Press. (Original work published 1776)

Chiu, C.-Y., Hong, Y.-Y., & Dweck, C. S. (1997). Lay dispositionism and implicit theories of personality. *Journal of Personality and Social Psychology, 73*(1), 19–30.

Clark, D. A., & Beck, A. T. (2010). *Cognitive therapy of anxiety disorders: Science and practice*. New York: Guilford Press.

Clark, D. M. (1996). Panic disorder: From theory to therapy. In P. M. Salkovskis (Ed.), *Frontiers of cognitive therapy* (pp. 318–344). New York: Guilford Press.

Clark, D. M. (1999). Anxiety disorders: Why they persist and how to treat them. *Behaviour Research and Therapy, 37*, S5–S27.

Clark, D. M., Salkovskis, P. M., & Chalkley, A. (1985). Respiratory control as a treatment for panic attacks. *Journal of Behavior Therapy and Experimental Psychiatry, 16*(1), 23–30.

Clark, D. M., Salkovskis, P. M., Hackmann, A., Wells, A., Ludgate, J., & Gelder, M. (1999). Brief cognitive therapy for panic disorder: A randomized controlled trial. *Journal of Consulting and Clinical Psychology, 67*(4), 583–589.

Cosmides, L., & Tooby, J. (2002). Unraveling the enigma of human intelligence: Evolutionary psychology and the multimodular mind. In R. J. Sternberg & J. C. Kaufman (Eds.), *The evolution of intelligence* (pp. 145–198). Mahwah, NJ: Erlbaum.

Crusius, J., & Mussweiler, T. (2012). When people want what others have: The impulsive side of envious desire. *Emotion, 12*(1), 142–153.

Daly, M., & Wilson, M. (1988). *Homicide*. New York: Aldine de Gruyter.

Darwin, C. (1965). *The expression of the emotions in man and animals*. Chicago: University of Chicago Press. (Original work published 1872)

Davidson, R. J., & McEwen, B. S. (2012). Social influences on neuroplasticity: Stress and interventions to promote well-being. *Nature Neuroscience, 15*(5), 689–695.

De Botton, A. (2004). *Status anxiety*. New York: Vintage. de Unamuno, M. (1954). *Tragic sense of life* (J. E. Crawford Fitch, Trans.). Mineola, NY: Dover. (Original work published 1921)

De Wolff, M. S., & van IJzendoorn, M. H. (1997). Sensitivity and attachment: A meta-analysis on parental antecedents of infant attachment. *Child Development, 68*(4), 571–591.

Deutsch, H. (1944–1945). *The psychology of women: A psychoanalytic interpretation* (Vols. 1–2). New York: Grune & Stratton.

Dolan, M., & Bishay, N. (1996). The effectiveness of cognitive therapy in the treatment of non-psychotic morbid jealousy. *British Journal of Psychiatry, 168*(5), 588–593.

Dollard, J., & Miller, N. E. (1950). *Personality and psychotherapy: An analysis in terms of learning, thinking, and culture*. New York: McGraw-Hill.

Donnellan, M. B., Burt, S. A., Levendosky, A. A., & Klump, K. L. (2008). Genes, personality, and attachment in adults: A multivariate behavioral genetic analysis. *Personality and Social Psychology Bulletin, 34*(1), 3–16.

Dugas, M. J., Buhr, K., & Ladouceur, R. (2004). The role of intolerance of uncertainty in the etiology and maintenance of generalized anxiety disorder. In R. G. Heimberg, C. L. Turk, & D. S. Mennin (Eds.), *Generalized anxiety disorder: Advances in research and practice* (pp. 143–163). New York: Guilford Press.

Dugas, M. J., Freeston, M. H., & Ladouceur, R. (1997). Intolerance of uncertainty and problem orientation in worry. *Cognitive Therapy and Research, 21*(6), 593–606.

Dugas, M. J., Gosselin, P., & Ladouceur, R. (2001). Intolerance of uncertainty and worry: Investigating specificity in a nonclinical sample. *Cognitive Therapy and Research, 25*, 13–22.

Dunbar, R. I. M. (1998). *Grooming, gossip, and the evolution of language*. Cambridge, MA: Harvard University Press.

Dunbar, R. I. M. (2012). *The science of love and betrayal*. London: Faber & Faber.

Dunsmore, J. C., & Halberstadt, A. G. (1997). How does family emotional expressiveness affect children's schemas? In K. C. Barrett (Ed.), *New directions for child development: No. 77. The communication of emotion: Current research from diverse perspectives* (pp. 45–68). San Francisco: Jossey-Bass.

Dutton, D. G., van Ginkel, C., & Landolt, M. A. (1996). Jealousy, intimate abusiveness, and intrusiveness. *Journal of Family Violence, 11*(4), 411–423.

Dweck, C. S. (2000). *Self-theories: Their role in motivation, personality and development*. Philadelphia: Psychology Press.

Dweck, C. S. (2006). *Mindset: The new psychology of success*. New York: Random House.

Eibl-Eibesfeldt, I. (1972). *Love and hate: The natural history of behavior patterns*. New York: Holt.

Eisenberg, N., Cumberland, A., & Spinrad, T. L. (1998). Parental socialization of emotion. *Psychological Inquiry, 9*(4), 241–273.

Eisenberg, N., & Fabes, R. A. (1994). Mothers' reactions to children's negative emotions: Relations to children's temperament and anger behavior. *Merrill–Palmer Quarterly, 40*(1), 138–156.

Eisenberg, N., & Spinrad, T. L. (2004). Emotion-related regulation: Sharpening the definition. *Child Development, 75*(2), 334–339.

Elias, N. (2000). *The civilizing process: Sociogenetic and psychogenetic investigations* (rev. ed.). Oxford: Blackwell. (Original work published 1939)

Elicker, J., Englund, M., & Sroufe, L. A. (1992). Predicting peer competence and peer relationships in childhood from early parent–child relationships. In R. Parke & G. Ladd (Eds.), *Family–peer relationships: Modes of linkage* (pp. 77–106). Hillsdale, NJ: Erlbaum.

Ellis, A. (1994). *Reason and emotion in psychotherapy* (2nd ed.). Secaucus, NJ: Carol.

Ellis, A. (1996). The treatment of morbid jealousy: A rational emotive behavior therapy approach. *Journal of Cognitive Psychotherapy, 10*(1), 23–33.

Ellis, A., & Harper, R. A. (1975). *A new guide to rational living*. Englewood Cliffs, NJ: Prentice-Hall.

Emmons, R. A., & Mishra, A. (2011). Why gratitude enhances well-being: What we know, what we need to know. In K. Sheldon, T. B. Kashdan, & M. F. Steger (Eds.), *Designing positive psychology: Taking stock and moving forward* (pp. 248–262). New York: Oxford University Press.

Englund, M. M., Kuo, S. I., Puig, J., & Collins, W. A. (2012). Early roots of adult competence: The significance of close relationships from infancy to early adulthood. *International Journal of Behavioral Development, 35*, 490–496.

Epstein, S., & O'Brien, E. J. (1985). The person–situation debate in historical and current perspective. *Psychological Bulletin, 98*(3), 513–537.

Erickson, T. M., & Newman, M. G. (2007). Interpersonal and emotional processes in generalized anxiety disorder analogues during social interaction tasks. *Behavior Therapy, 38*(4), 364–377.

Ermer, E., Guerin, S. A., Cosmides, L., Tooby, J., & Miller, M. B. (2006). Theory of mind broad and narrow: Reasoning about social exchange engages ToM areas, precautionary reasoning does not. *Social Neuroscience, 1*(3–4), 196–219.

Euripides. (1920). *The Bacchae of Euripides*. New York: Longmans, Green.

Feeney, B. C., & Thrush, R. L. (2010). Relationship influences on exploration in adulthood: The characteristics and function of a secure base. *Journal of Personality and Social Psychology, 98*(1), 57–76.

Festinger, L. (1957). *A theory of cognitive dissonance*. Palo Alto, CA: Stanford University Press.

Field, T., Sandberg, D., Garcia, R., Vega-Lahr, N., Goldstein, S., & Guy, L. (1985). Pregnancy problems, postpartum depression, and early mother–infant interactions. *Developmental Psychology, 21*(6), 1152–1156.

Finucane, M., Alhakami, A., Slovic, P., & Johnson, S. (2000). The affect heuristic in judgments of risks and benefits. *Journal of Behavioral Decision Making, 13*, 1–13.

Fiske, S. T. (2010). Envy up, scorn down: How comparison divides us. *American Psychologist, 65*(8), 698–706.

Fleeson, W., & Noftle, E. E. (2009). The end of the person–situation debate: An emerging synthesis in the answer to the consistency question. *Social and Personality Psychology Compass, 2*(4), 1667–1684.

Foa, E. B., & Kozak, M. J. (1986). Emotional processing of fear: Exposure to corrective information. *Psychological Bulletin, 99*, 20–35.

Fonagy, P. (1989). On tolerating mental states: Theory of mind in borderline patients. *Bulletin of the Anna Freud Centre, 12*, 91–115.

Fonagy, P. (2002). *Affect regulation, mentalization, and the development of the self*. New York: Other Press.

Fonagy, P., & Target, M. (2006). The mentalization-focused approach to self pathology. *Journal of Personality Disorders, 20*(6), 544–576.

Forgas, J. P. (1995). Mood and judgment: The affect infusion model (AIM). *Psychological Bulletin, 117*(1), 39–66.

Fraley, R. C., Waller, N. G., & Brennan, K. A. (2000). An item-response theory analysis of self-report measures of adult attachment. *Journal of Personality and Social Psychology, 78*, 350–365.

Frankl, V. E. (1959). The spiritual dimension in existential analysis and logotherapy. *Journal of Individual Psychology, 15*, 157–165.

Frankl, V. E. (1963). *Man's search for meaning: An introduction to logotherapy*. Boston: Beacon Press.

Franklin, B. (1914). *Poor Richard's almanac*. Waterloo, IA: U.S.C. Publishing. (Original work published 1759)

Frederick, S., Loewenstein, G., & O'Donoghue, T. (2002). Time discounting and time preference: A critical review. *Journal of Economic Literature, 40*, 351–401.

Fredrickson, B. L. (1998). What good are positive emotions? *Review of General Psychology, 2*, 300–319.

Fredrickson, B. L. (2004). Gratitude (like other positive emotions) broadens and builds. In R. A. Emmons & M. E. McCullough (Eds.), *The psychology of gratitude* (pp. 145–166). New York: Oxford University Press.

Fredrickson, B. L. (2013). Positive emotions broaden and build. In P. G. Devine & E. A. Plant (Eds.), *Advances in experimental social psychology* (Vol. 47, pp. 1–53). Burlington, MA: Academic Press.

Fredrickson, B. L., Cohn, M. A., Coffey, K. A., Pek, J., & Finkel, S. M. (2008). Open hearts build lives: Positive emotions, induced through loving-kindness meditation, build consequential personal resources. *Journal of Personality and Social Psychology, 95*, 1045–1062.

Froh, J. J., Emmons, R. A., Card, N. A., Bono, G., & Wilson, J. A. (2011). Gratitude and the reduced costs of materialism in adolescents. *Journal of Happiness Studies, 12*(2), 289–302.

Fromm, E. (1976). *To have or to be?* New York: Harper & Row.

Funder, D. C., & Colvin, C. R. (1991). Explorations in behavioral consistency: Properties of persons, situations, and behaviors. *Journal of Personality and Social Psychology, 60*, 773–794.

Gay, P. (2013). *The Enlightenment: The science of freedom* (Vol. 2. Enlightenment: An interpretation). New York: Norton.

Gigerenzer, G., & Selten, R. (2001). *Bounded rationality: The adaptive toolbox*. Cambridge, MA: MIT Press.

Gilbert, D. T., Driver-Linn, E., & Wilson, T. D. (2002). The trouble with Vronsky: Impact bias in the forecasting of future affective states. In L. F. Barrett & P. Salovey (Eds.), *The wisdom in feeling: Psychological processes in emotional intelligence* (pp. 114–143). New York: Guilford Press.

Gilbert, D. T., Pinel, E. C., Wilson, T. D., Blumberg, S. J., & Wheatley, T. P. (1998). Immune neglect: A source of durability bias in affective forecasting. *Journal of Personality and Social Psychology, 75*(3), 617–638.

Gilbert, P. (1989). *Human nature and suffering*. Hove, UK: Erlbaum.

Gilbert, P. (1990). Changes: Rank, status and mood. In S. Fischer & C. L. Cooper (Eds.), *On the move: The psychology of change and transition* (pp. 33–52). New York: Wiley.

Gilbert, P. (1992). *Counselling for depression*. London: Sage.

Gilbert, P. (1992). *Depression: The evolution of powerlessness*. Hove, UK: Erlbaum.

Gilbert, P. (2000a). Social mentalities: Internal "social" conflict and the role of inner warmth and compassion in cognitive therapy. In P. Gilbert & K. G. Kent (Eds.), *Genes on the couch: Explorations in evolutionary psychotherapy* (pp. 118–150). Hove, UK: Brunner-Routledge.

Gilbert, P. (2000b). Varieties of submissive behavior as forms of social defense: Their evolution and role in depression. In L. Sloman & P. Gilbert (Eds.), *Subordination and defeat: An evolutionary approach to mood disorders and their therapy* (pp. 3–46). Mahwah, NJ: Erlbaum.

Gilbert, P. (2003). Evolution, social roles and the differences in shame and guilt. *Social Research, 70*, 401–426.

Gilbert, P. (Ed.). (2005). *Compassion: Conceptualisations, research and use in psychotherapy*. Hove, UK: Routledge.

Gilbert, P. (2007). Evolved minds and compassion in the therapeutic relationship. In P. Gilbert & R. L. Leahy (Eds.), *The therapeutic relationship in the cognitive behavioural psychotherapies* (pp. 106–142). Hove, UK: Routledge.

Gilbert, P. (2009). *The compassionate mind*. London: Constable.

Gilbert, P., & Allen, S. (1998). The role of defeat and entrapment (arrested flight) in depression: An exploration of an evolutionary view. *Psychological Medicine, 28*, 585–598.

Gilbert, P., & Irons, C. (2005). Focused therapies and compassionate mind training for shame and self-attacking. In P. Gilbert (Ed.), *Compassion: Conceptualisations, research and use in psychotherapy* (pp. 263–326). Hove, UK: Routledge.

Gottman, J. M., Katz, L. F., & Hooven, C. (1996). Parental meta-emotion philosophy and the emotional life of families: Theoretical models and preliminary data. *Journal of Family Psychology, 10*(3), 243–268.

Gottman, J. M., Katz, L. F., & Hooven, C. (1997). *Meta-emotion: How families communicate emotionally*. Mahwah, NJ: Erlbaum.

Gottman, J. M., & Krokoff, L. J. (1989). Marital interaction and satisfaction: A longitudinal view. *Journal of Consulting and Clinical Psychology, 57*(1), 47–52.

Greenberg, L. S. (2001). *Toward an integrated affective, behavioral, cognitive psychotherapy for the new millennium.* Paper presented at the meeting of the Society for the Exploration of Psychotherapy Integration, Washington, DC.

Greenberg, L. S. (2002). *Emotion-focused therapy: Coaching clients to work through their feelings.* Washington, DC: American Psychological Association.

Greenberg, L. S. (2007). Emotion in the therapeutic relationship in emotion-focused therapy. In P. L. Gilbert & R. L. Leahy (Eds.), *The therapeutic relationship in the cognitive behavioural psychotherapies* (pp. 43–62). Hove, UK: Routledge.

Greenberg, L. S., & Paivio, S. C. (1997). *Working with emotions in psychotherapy.* New York: Guilford Press.

Greenberg, L. S., & Safran, J. D. (1987). *Emotion in psychotherapy: Affect, cognition, and the process of change.* New York: Guilford Press.

Greenberg, L. S., & Safran, J. D. (1989). Emotion in psychotherapy. *American Psychologist, 44*(1), 19–29.

Greenberg, L. S., & Safran, J. D. (1990). Emotional-change processes in psychotherapy. In R. Plutchik & H. Kellerman (Eds.), *Emotion: Theory, research, and experience: Vol. 5. Emotion, psychopathology, and psychotherapy* (pp. 59–85). San Diego, CA: Academic Press.

Greenberg, L. S., & Watson, J. C. (2005). *Emotion-focused therapy for depression.* Washington, DC: American Psychological Association.

Gross, J. J. (1998). Antecedent- and response-focused emotion regulation: Divergent consequences for experience, expression, and physiology. *Journal of Personality and Social Psychology, 74*(1), 224–237.

Gross, J. J. (2002). Emotion regulation: Affective, cognitive, and social consequences. *Psychophysiology, 39*(3), 281–291.

Gross, J. J., & John, O. P. (1997). Revealing feelings: Facets of emotional expressivity in self-reports, peer ratings, and behavior. *Journal of Personality and Social Psychology, 72*(2), 435–448.

Gross, J. J., & John, O. P. (2003). Individual differences in two emotion regulation processes: Implications for affect, relationships, and well-being. *Journal of Personality and Social Psychology, 85*, 348–362.

Grossman, M., Chaloupka, F. J., & Sirtalan, I. (1998). An empirical analysis of alcohol addiction: Results from the Monitoring the Future panels. *Economic Inquiry, 36*(1), 39–48.

Guerrero, L. K., & Afifi, W. A. (1999). Toward a goal-oriented approach for understanding communicative responses to jealousy. *Western Journal of Communication, 63*(2), 216–249.

Hackmann, A. (2005). Compassionate imagery in the treatment of early memories in Axis I anxiety disorders. In P. Gilbert (Ed.), *Compassion: Conceptualisations, research and use in psychotherapy* (pp. 352–368). Hove, UK: Routledge.

Halberstadt, A. G., Dunsmore, J. C., Bryant, A., Jr., Parker, A. E., Beale, K. S., & Thompson, J. A. (2013). Development and validation of the Parents' Beliefs About Children's Emotions questionnaire. *Psychological Assessment, 25*(4), 1195–1210.

Hanish, L. D., Eisenberg, N., Fabes, R. A., Spinrad, T. L., Ryan, P., & Schmidt, S. (2004). The expression and regulation of negative emotions: Risk factors for young children's peer victimization. *Development and Psychopathology, 16*(2), 335–353.

Hansen, G. L. (1982). Reactions to hypothetical, jealousy producing events. *Family Relations, 31*, 513–518.

Hassin, R. R., Uleman, J. S., & Bargh, J. A. (2005). *The new unconscious.* New York: Oxford University Press.

Hawkley, L. C., & Cacioppo, J. T. (2010). Loneliness matters: A theoretical and empirical review of consequences and mechanisms. *Annals of Behavioral Medicine, 40*(2), 218–227.

Hayes, S. C. (2002). Acceptance, mindfulness, and science. *Clinical Psychology: Science and Practice, 9*(1), 101–106.

Hayes, S. C. (2004). Acceptance and commitment therapy, relational frame theory, and the third wave of behavioral and cognitive therapies. *Behavior Therapy, 35*, 639–665.

Hayes, S. C., Jacobson, N. S., & Follette, V. M. (Eds.). (1994). *Acceptance and change: Content and context in psychotherapy*. Reno, NV: Context Press.

Hayes, S. C., Levin, M., Plumb-Vilardaga, J., Villatte, J., & Pistorello, J. (2013). Acceptance and commitment therapy and contextual behavioral science: Examining the progress of a distinctive model of behavioral and cognitive therapy. *Behavior Therapy, 44*(2), 180–198.

Hayes, S. C., Luoma, J. B., Bond, F. W., Masuda, A., & Lillis, J. (2006). Acceptance and commitment therapy: Model, processes and outcomes. *Behaviour Research and Therapy, 44*(1), 1–25.

Hayes, S. C., Strosahl, K. D., & Wilson, K. G. (2003). *Acceptance and commitment therapy: An experiential approach to behavior change*. New York: Guilford Press.

Hayes, S. C., Strosahl, K. D., & Wilson, K. G. (2012). *Acceptance and commitment therapy: The process and practice of mindful change* (2nd ed.). New York: Guilford Press.

Hayes, S. C., Strosahl, K. D., Wilson, K. G., Bissett, R. T., Pistorello, J., Toarmino, D., et al. (2004). Measuring experiential avoidance: A preliminary test of a working model. *Psychological Record, 54*, 553–578.

Hayes, S. C., Wilson, K. G., Gifford, E. V., Follette, V. M., & Strosahl, K. (1996). Experiential avoidance and behavioral disorders: A functional approach to diagnosis and treatment. *Journal of Consulting and Clinical Psychology, 64*, 1152–1168.

Hazan, C., & Shaver, P. (1987). Romantic love conceptualized as an attachment process. *Journal of Personality and Social Psychology, 52*(3), 511–524.

Heidegger, M. (1962). *Being and time*. New York: Harper & Row. Heider, F. (1958). *The psychology of interpersonal relations*. New York: Wiley.

Heimberg, R. G., Turk, C. L., & Mennin, D. S. (Eds.). (2004). *Generalized anxiety disorder: Advances in research and practice*. New York: Guilford Press.

Hernandez-Reif, M., Field, T., Ironson, G., Beutler, J., Vera, Y., Hurley, J., et al. (2005). Natural killer cells and lymphocytes increase in women with breast cancer following massage therapy. *International Journal of Neuroscience, 115*(4), 495–510.

Hernandez-Reif, M., Field, T., Largie, S., Diego, M., Manigat, N., Seoanes, J., et al. (2005). Cerebral palsy symptoms in children decreased following massage therapy. *Early Child Development and Care, 175*(5), 445–456.

Hertenstein, M. J., Keltner, D., App, B., Bulleit, B. A., & Jaskolka, A. R. (2006). Touch communicates distinct emotions. *Emotion, 6*(3), 528–533.

Hill, S. E., & Buss, D. M. (2006). Envy and positional bias in the evolutionary psychology of management. *Managerial and Decision Economics, 27*, 131–143.

Hill, S. E., & Buss, D. M. (2008). The evolutionary psychology of envy. In R. H. Smith (Ed.), *Envy: Theory and research* (pp. 60–70). New York: Oxford University Press.

Hill, S. E., DelPriore, D. J., & Vaughan, P. W. (2011). The cognitive consequences of envy: Attention, memory, and self-regulatory depletion. *Journal of Personality and Social Psychology, 101*(4), 653–666.

Hofmann, S. G., Alpers, G. W., & Pauli, P. (2009). Phenomenology of panic and phobic disorders. In M. M. Antony & M. Stein (Eds.), *Oxford handbook of anxiety and related disorders* (pp. 34–46). New York: Oxford University Press.

Ingram, R. E., Atchley, R. A., & Segal, Z. V. (2011). *Vulnerability to depression: From cognitive neuroscience to prevention and treatment*. New York: Guilford Press.

Inwood, B. (Ed.). (2003). *The Cambridge companion to the Stoics*. Cambridge, UK: Cambridge University Press.

Ironson, G., Field, T., Scafidi, F., Hashimoto, M., Kumar, M., Kumar, A., et al. (1996). Massage therapy is associated with enhancement of the immune system's cytotoxic capacity. *International Journal of Neuroscience, 84*(1-4), 205-217.

Job, V., Dweck, C. S., & Walton, G. M. (2010). Ego depletion—is it all in your head?: Implicit theories about willpower affect self-regulation. *Psychological Science, 21*(11), 1686-1693.

Johnson, S. L., Leedom, L. J., & Muhtadie, L. (2012). The dominance behavioral system and psychopathology: Evidence from self-report, observational, and biological studies. *Psychological Bulletin, 138*(4), 692-743.

Joiner, T. E., Jr., Brown, J. S., & Kistner, J. (Eds.). (2006). *The interpersonal, cognitive, and social nature of depression*. Mahwah, NJ: Erlbaum.

Joiner, T. E., Jr., Van Orden, K. A., Witte, T. K., & Rudd, M. D. (2009). *The interpersonal theory of suicide: Guidance for working with suicidal clients*. Washington, DC: American Psychological Association.

Jones, E., & Davis, K. E. (1965). From acts to dispositions: The attribution process in person perception. In L. Berkowitz (Ed.), *Advances in experimental social psychology* (Vol. 2, pp. 219-266). New York: Academic Press.

Kahneman, D., Krueger, A. B., Schkade, D., Schwarz, N., & Stone, A. A. (2006). Would you be happier if you were richer?: A focusing illusion. *Science, 312*, 1908-1910.

Kahneman, D., & Tversky, A. (1984). Choices, values, and frames. *American Psychologist, 39*(4), 341-350.

Kar, H. L., & O'Leary, K. D. (2013). Patterns of psychological aggression, dominance, and jealousy within marriage. *Journal of Family Violence, 28*, 109-119.

Katz, L. F., Gottman, J. M., & Hooven, C. (1996). Meta-emotion philosophy and family functioning: Reply to Cowan (1996) and Eisenberg (1996). *Journal of Family Psychology, 10*(3), 284-291.

Katzow, A. W., & Safran, J. D. (2007). Recognizing and resolving ruptures in the therapeutic alliance. In P. Gilbert & R. L. Leahy (Eds.), *The therapeutic relationship in the cognitive-behavioural psychotherapies* (pp. 90-105). Hove, UK: Routledge.

Kelley, H. H. (1973). The processes of causal attribution. *American Psychologist, 28*(2), 107-128.

Kelly, G. A. (1955). *The psychology of personal constructs*. New York: Norton.

Kermer, D. A., Driver-Linn, E., Wilson, T. D., & Gilbert, D. T. (2006). Loss aversion is an affective forecasting error. *Psychological Science, 17*(8), 649-653.

Kerns, K. A. (1994). A longitudinal examination of links between mother-child attachment and children's friendships in early childhood. *Journal of Social and Personal Relationships, 11*, 379-381.

Kessen, W. (1965). *The child*. New York: Wiley.

Kierkegaard, S. (1941). *The sickness unto death*. Princeton, NJ: Princeton University Press.

Kierkegaard, S. (1992). *Either/or: A fragment of life* (A. Hannay, Trans.). New York: Penguin. (Original work published 1843)

Klerman, G., Weissman, M. M., Rounsaville, B. J., & Chevron, E. (1984). *Interpersonal psychotherapy of depression*. New York: Basic Books.

Knobloch, L. K., Solomon, D. H., & Cruz, M. G. (2001). The role of relationship development and attachment in the experience of romantic jealousy. *Personal Relationships, 8*, 205-224.

Kohut, H. (1977). *The restoration of the self*. New York: International Universities Press.

Kohut, H. (2009). *The analysis of the self: A systematic approach to the psychoanalytic treatment of narcissistic personality disorders*. Chicago: University of Chicago Press. (Original work published 1971)

Kuyken, W., Padesky, C. A., & Dudley, R. (2009). *Collaborative case conceptualization: Working effectively with clients in cognitive-behavioral therapy*. New York: Guilford Press.

Labott, S. M., & Teleha, M. K. (1996). Weeping propensity and the effects of laboratory expression or inhibition. *Motivation and Emotion, 20*, 273-284.

Ladouceur, R., Gosselin, P., & Dugas, M. J. (2000). Experimental manipulation of intolerance of uncertainty: A study of a theoretical model of worry. *Behaviour Research and Therapy, 38*(9), 933-941.

Lasch, C. (1977). *Haven in a heartless world*. New York: Basic Books.

Lazarus, R. S. (1999). *Stress and emotion: A new synthesis*. New York: Springer.

Lazarus, R. S., & Folkman, S. (1984). *Stress, appraisal, and coping*. New York: Springer.

Leahy, R. L. (2001). *Overcoming resistance in cognitive therapy*. New York: Guilford Press.

Leahy, R. L. (2002). A model of emotional schemas. *Cognitive and Behavioral Practice, 9*(3), 177-190.

Leahy, R. L. (2003a). *Cognitive therapy techniques: A practitioner's guide*. New York: Guilford Press.

Leahy, R. L. (2003b). Emotional schemas and resistance. In R. L. Leahy (Ed.), *Roadblocks in cognitive-behavioral therapy: Transforming challenges into opportunities for change* (pp. 91-115). New York: Guilford Press.

Leahy, R. L. (2005a, November). *Integrating the meta-cognitive and meta-emotional models of worry*. Paper presented at the Association for the Advancement of Cognitive and Behavioral Therapy, Washington, DC.

Leahy, R. L. (2005b, September). *Overcoming resistance in cognitive therapy*. Paper presented at the meeting of the European Association for Behavioral and Cognitive Therapy, Thessaloniki, Greece.

Leahy, R. L. (2005c). A social cognitive model of validation. In P. Gilbert (Ed.), *Compassion: Conceptualisations, research and use in psychotherapy* (pp. 195-217). Hove, UK: Routledge.

Leahy, R. L. (2005d). *The worry cure: Seven steps to stop worry from stopping you*. New York: Harmony/Random House.

Leahy, R. L. (2007a). Emotional schemas and resistance to change in anxiety disorders. *Cognitive and Behavioral Practice, 14*(1), 36-45.

Leahy, R. L. (2007b). Schematic mismatch in the therapeutic relationship: A social-cognitive model. In P. Gilbert & R. L. Leahy (Eds.), *The therapeutic relationship in the cognitive behavioural psychotherapies* (pp. 229-254). Hove, UK: Routledge.

Leahy, R. L. (2009a). *Anxiety free: Unravel your fears before they unravel you*. Carlsbad, CA: Hay House.

Leahy, R. L. (2009b). Resistance: An emotional schema therapy (EST) approach. In G. Simos (Ed.), *Cognitive behaviour therapy: A guide for the practising clinician* (Vol. 2, pp. 187-204). Hove, UK: Routledge.

Leahy, R. L. (2010b). *Beat the blues before they beat you: How to overcome depression*. Carlsbad, CA: Hay House.

Leahy, R. L. (2010a, October). *Keynote: Emotional schemas and cognitive therapy*. Paper presented at the meeting of the European Association for Behavioral and Cognitive Therapies, Milan, Italy.

Leahy, R. L. (2010b). *Relationship Emotional Schema Scale (RESS)*. Unpublished manuscript, American Institute for Cognitive Therapy, New York.

Leahy, R. L. (2011a, June). *Keynote: Emotional intelligence and cognitive therapy: A bridge over troubled waters*. Paper presented at the International Congress of Cognitive Psychotherapy, Istanbul, Turkey.

Leahy, R. L. (2011b). *Keynote: Emotional schemas and implicit theory of emotion: Overcoming fear of feeling*. Paper presented at the International Conference of Metacognitive Therapy, Manchester, UK.

Leahy, R. L. (2012a). *Emotional schemas as predictors of relationship dissatisfaction*. Unpublished manuscript, American Institute for Cognitive Therapy, New York.

Leahy, R. L. (2012b). *Leahy Emotional Schema Scale II (LESS II)*. Unpublished manuscript, American Institute for Cognitive Therapy, New York.

Leahy, R. L. (2013). *Keeping your head after losing your job: How to cope with unemployment*. London: Piatkus.

Leahy, R. L. (in press). Emotional schema therapy. In J. Livesley, G. Dimmagio, & J. Clarkin (Eds.), *Integrated treatment for personality disorders*. New York: Guilford Press.

Leahy, R. L., Beck, A. T., & Beck, J. S. (2005). Cognitive therapy of personality disorders. In S. Strack (Ed.), *Handbook of personology and psychopathology: Essays in honor of Theodore Millon* (pp. 442-461). New York: Wiley.

Leahy, R. L., Holland, S. J. F., & McGinn, L. K. (2012). *Treatment plans and interventions for depression and anxiety disorders* (2nd ed.). New York: Guilford Press.

Leahy, R. L., & Tirch, D. (2008). Cognitive behavioral therapy for jealousy. *International Journal of Cognitive Therapy, 1,* 18–32.

Leahy, R. L., Tirch, D. D., & Melwani, P. S. (2012). Processes underlying depression: Risk aversion, emotional schemas, and psychological flexibility. *International Journal of Cognitive Therapy, 5*(4), 362–379.

Leahy, R. L., Tirch, D., & Napolitano, L. A. (2011). *Emotion regulation in psychotherapy: A practitioner's guide.* New York: Guilford Press.

LeDoux, J. (2007). The amygdala. *Current Biology, 17*(20), R868–R874.

Linehan, M. M. (1993). *Cognitive-behavioral treatment of borderline personality disorder.* New York: Guilford Press.

Linehan, M. M. (2015). *DBT® skills training manual* (2nd ed.). New York: Guilford Press.

Linehan, M. M., Bohus, M., & Lynch, T. R. (2007). Dialectical behavior therapy for pervasive emotion dysregulation: Theoretical and practical underpinnings. In J. J. Gross (Ed.), *Handbook of emotion regulation* (pp. 581–605). New York: Guilford Press.

Loevinger, J. (1976). *Ego development.* San Francisco: Jossey-Bass.

Love, T. M. (2014). Oxytocin, motivation and the role of dopamine. *Pharmacology, Biochemistry and Behavior, 119,* 49–60.

Lundh, L.-G., Johnsson, A., Sundqvist, K., & Olsson, H. (2002). Alexithymia, memory of emotion, emotional awareness, and perfectionism. *Emotion, 2*(4), 361–379.

Mancini, A. D., Bonanno, G. A., & Clark, A. E. (2011). Stepping off the hedonic treadmill: Individual differences in response to major life events. *Journal of Individual Differences, 32*(3), 144–152.

Marazziti, D., Rucci, P., Nasso, E. D., Masala, I., Baroni, S., Rossi, A., et al. (2003). Jealousy and subthreshold psychopathology: A serotonergic link. *Neuropsychobiology, 47,* 12–16.

Marcus Aurelius. (2002). *Meditations.* New York: Modern Library.

Martell, C. R., Dimidjian, S., & Herman-Dunn, R. (2010). *Behavioral activation for depression: A clinician's guide.* New York: Guilford Press.

Mathes, E. W., & Severa, N. (1981). Jealousy, romantic love, and liking: Theoretical considerations and preliminary scale development. *Psychological Reports, 49*(1), 23–31.

Mayer, J. D., & Salovey, P. (1997). What is emotional intelligence? In P. Salovey & D. J. Sluyter (Eds.), *Emotional development and emotional intelligence: Educational implications* (pp. 3–34). New York: Basic Books.

McClure, S. M., Ericson, K. M., Laibson, D. I., Loewenstein, G., & Cohen, J. D. (2007). Time discounting for primary rewards. *Journal of Neuroscience, 27*(21), 5796–5804.

McFarland, C., & Miller, D. T. (1994). The framing of relative performance feedback: Seeing the glass as half empty or half full. *Journal of Personality and Social Psychology, 66,* 1061–1073.

McGillicuddy-De Lisi, A. V., & Sigel, I. E. (1995). Parental beliefs. In M. H. Bornstein (Ed.), *Handbook of parenting: Vol. 3. Status and social conditions of parenting* (pp. 333–358). Mahwah, NJ: Erlbaum.

McGregor, I. S., & Bowen, M. T. (2012). Breaking the loop: Oxytocin as a potential treatment for drug addiction. *Hormones and Behavior, 61*(3), 331–339.

McGuire, M. T., Raleigh, M. J., & Johnson, C. (1983). Social dominance in adult male vervet monkeys: Behavior–biochemical relationships. *Social Science Information, 22*(2), 311–328.

McIntosh, E. G. (1989). An investigation of romantic jealousy among black undergraduates. *Social Behavior and Personality, 17*(2), 135–141.

Meehl, P. E. (1996). *Clinical versus statistical prediction: A theoretical analysis and a review of the evidence.* Northvale, NJ: Jason Aronson. (Original work published 1954)

Mennin, D. S., Heimberg, R. G., Turk, C. L., & Fresco, D. M. (2002). Applying an emotion regulation framework to integrative approaches to generalized anxiety disorder. *Clinical Psychology: Science and Practice, 9*(1), 85–90.

Mennin, D. S., Heimberg, R. G., Turk, C. L., & Fresco, D. M. (2005). Preliminary evidence for an emotion dysregulation model of generalized anxiety disorder. *Behaviour Research and Therapy, 43*(10), 1281–1310.

Menninger, K. A., & Holzman, P. S. (1973). *Theory of psychoanalytic technique* (2nd ed.). New York: Basic Books.

Michalik, N. M., Eisenberg, N., Spinrad, T. L., Ladd, B., Thompson, M., & Valiente, C. (2007). Longitudinal relations among parental emotional expressivity and sympathy and prosocial behavior in adolescence. *Social Development, 16*(2), 286–309.

Mikulincer, M., Gillath, O., Halevy, V., Avihou, N., Avidan, S., & Eshkoli, N. (2001). Attachment theory and reactions to others' needs: Evidence that activation of the sense of attachment security promotes empathic responses. *Journal of Personality and Social Psychology, 81*(6), 1205–1224.

Millon, T., Millon, C., Davis, R., & Grossman, S. (1994). *Millon Clinical Multiaxial Inventory–III (MCMI-III)*. Minneapolis, MN: Pearson Education.

Morrison, J. (2014). *The first interview* (4th ed.). New York: Guilford Press.

Muran, J. C., & Safran, J. D. (1993). Emotional and interpersonal considerations in cognitive therapy. In K. T. Kuehlwein & H. Rosen (Eds.), *Cognitive therapies in action: Evolving innovative practice* (pp. 185–212). San Francisco: Jossey-Bass.

Muran, J. C., & Safran, J. D. (1998). Negotiating the therapeutic alliance in brief psychotherapy: An introduction. In J. D. Safran & J. C. Muran (Eds.), *The therapeutic alliance in brief psychotherapy* (pp. 3–14). Washington, DC: American Psychological Association.

Needleman, L. D. (1999). *Cognitive case conceptualization: A guidebook for practitioners*. Mahwah, NJ: Erlbaum.

Neff, K. D. (2009). Self-compassion. In M. R. Leary & R. H. Hoyle (Eds.), *Handbook of individual differences in social behavior* (pp. 561–573). New York: Guilford Press.

Neff, K. D. (2012). The science of self-compassion. In C. Germer & R. D. Siegel (Eds.), *Wisdom and compassion in psychotherapy* (pp. 79–92). New York: Guilford Press.

Nesse, R. M. (1994). An evolutionary perspective on substance abuse. *Ethology and Sociobiology, 15*, 339–348.

Nesse, R. M., & Ellsworth, P. C. (2009). Evolution, emotions, and emotional disorders. *American Psychologist, 64*(2), 129–139.

Nietzsche, F. (1956). *The birth of tragedy* and *The genealogy of morals*. Garden City, NY: Doubleday.

Nolen-Hoeksema, S. (1991). Responses to depression and their effects on the duration of depressive episodes. *Journal of Abnormal Psychology, 100*(4), 569–582.

Nolen-Hoeksema, S. (2000). The role of rumination in depressive disorders and mixed anxiety/depressive symptoms. *Journal of Abnormal Psychology, 109*, 504–511.

Nussbaum, M. C. (2001). *Upheavals of thought: The intelligence of emotions*. Cambridge, UK: Cambridge University Press.

Nussbaum, M. C. (2005). *Frontiers of justice: Disability, nationality, species membership*. Cambridge, MA: Belknap Press.

O'Donoghue, T., & Rabin, M. (1999). Doing it now or later. *American Economic Review, 89*(1), 103–124.

O'Leary, K. D., Smith Slep, A. M., & O'Leary, S. G. (2007). Multivariate models of men's and women's partner aggression. *Journal of Consulting and Clinical Psychology, 75*, 752–764.

Olff, M., Frijling, J. L., Kubzansky, L. D., Bradley, B., Ellenbogen, M. A., Cardoso, C., et al. (2013). The role of oxytocin in social bonding, stress regulation and mental health: An update on the moderating effects of context and interindividual differences. *Psychoneuroendocrinology, 38*, 1883–1894.

Paivio, S. C., & McCulloch, C. R. (2004). Alexithymia as a mediator between childhood trauma and self-injurious behaviors. *Child Abuse and Neglect, 28*(3), 339-354.

Panzarella, C., Alloy, L. B., & Whitehouse, W. G. (2006). Expanded hopelessness theory of depression: On the mechanisms by which social support protects against depression. *Cognitive Therapy and Research, 30*(3), 307-333.

Papageorgiou, C. (2006). Worry and its psychological disorders: Theory, assessment, and treatment. In G. C. L. Davey & A. Wells (Eds.), *Worry and rumination: Styles of persistent negative thinking in anxiety and depression* (pp. 21-40). Hoboken, NJ: Wiley.

Papageorgiou, C., & Wells, A. (2001a). Metacognitive beliefs about rumination in major depression. *Cognitive and Behavioral Practice, 8,* 160-163.

Papageorgiou, C., & Wells, A. (2001b). Positive beliefs about depressive rumination: Development and preliminary validation of a self-report scale. *Behavior Therapy, 32*(1), 13-26.

Papageorgiou, C., & Wells, A. (2004). *Depressive rumination: Nature, theory, and treatment.* Chichester, UK: Wiley.

Papageorgiou, C., & Wells, A. (2009). A prospective test of the clinical metacognitive model of rumination and depression. *International Journal of Cognitive Therapy, 2,* 123-131.

Parker, G., Roussos, J., Hadzi-Pavlovic, D., Mitchell, P., Wilhelm, K., & Austin, M.-P. (1997). The development of a refined measure of dysfunctional parenting and assessment of its relevance in patients with affective disorders. *Psychological Medicine, 27,* 1193-1203.

Parsons, T. (1951). *The social system.* New York: Free Press.

Parsons, T. (1967). *Sociological theory and modern society.* New York: Free Press.

Parsons, T., & Bales, R. F. (1955). *Family, socialization and interaction process.* Glencoe, IL: Free Press.

Pennebaker, J. W., & Chung, C. K. (2011). Expressive writing: Connections to mental and physical health. In H. S. Friedman (Ed.), *The Oxford handbook of health psychology* (pp. 417-437). New York: Oxford University Press.

Persons, J. B. (1993). Case conceptualization in cognitive-behavior therapy. In K. T. Kuehlwein & H. Rosen (Eds.), *Cognitive therapies in action: Evolving innovative practice* (pp. 33-53). San Francisco: Jossey-Bass.

Pinker, S. (2002). *The blank slate: The modern denial of human nature.* New York: Viking.

Pirie, D. (1994). *The Romantic period.* New York: Viking Penguin.

Plato. (1991). *The republic of Plato* (A. D. Bloom, Trans.). New York: Basic Books.

Price, J. (1967). The dominance hierarchy and the evolution of mental illness. *Lancet, 290,* 243-246.

Purdon, C., & Clark, D. A. (1994). Obsessive intrusive thoughts in nonclinical subjects: II. Cognitive appraisal, emotional response and thought control strategies. *Behaviour Research and Therapy, 32,* 403-410.

Purdon, C., Rowa, K., & Antony, M. M. (2005). Thought suppression and its effects on thought frequency, appraisal and mood state in individuals with obsessive-compulsive disorder. *Behaviour Research and Therapy, 43*(1), 93-108.

Rachman, S. J. (1997). A cognitive theory of obsessions. *Behaviour Research and Therapy, 35,* 793-802.

Raes, F., Pommier, E., Neff, K. D., & Van Gucht, D. (2011). Construction and factorial validation of a short form of the Self-Compassion Scale. *Clinical Psychology and Psychotherapy, 18,* 250-255.

Raleigh, M. J., McGuire, M. T., Brammer, G. L., Pollack, D. B., & Yuwiler, A. (1991). Serotonergic mechanisms promote dominance acquisition in adult male vervet monkeys. *Brain Research, 559*(2), 181-190.

Rapee, R. M., & Heimberg, R. G. (1997). A cognitive-behavioral model of anxiety in social phobia. *Behaviour Research and Therapy, 35*(8), 741-756.

Rawls, J. (1971). *A theory of justice.* Cambridge, MA: Belknap Press.

Read, D., & Read, N. L. (2004). Time discounting over the lifespan. *Organizational Behavior and Human Decision Processes, 94*(1), 22-32.

Ridley, C. R., Mollen, D., & Kelly, S. M. (2011a). Beyond microskills: Toward a model of counseling competence. *The Counseling Psychologist, 39*(6), 825–864.

Ridley, C. R., Mollen, D., & Kelly, S. M. (2011b). Counseling competence: Application and implications of a model. *The Counseling Psychologist, 39*(6), 865–886.

Riskind, J. H. (1997). Looming vulnerability to threat: A cognitive paradigm for anxiety. *Behaviour Research and Therapy, 35*(8), 685–702.

Riskind, J. H., & Kleiman, E. M. (2012). Looming cognitive style, emotion schemas, and fears of loss of emotional control: Two studies. *International Journal of Cognitive Therapy, 5*(4), 392–405.

Riskind, J. H., Tzur, D., Williams, N. L., Mann, B., & Shahar, G. (2007). Shortterm predictive effects of the looming cognitive style on anxiety disorder symptoms under restrictive methodological conditions. *Behaviour Research and Therapy, 45*(8), 1765–1777.

Roemer, E., & Orsillo, S. M. (2002). Expanding our conceptualization of and treatment for generalized anxiety disorder: Integrating mindfulness/acceptance-based approaches with existing cognitive-behavioral models. *Clinical Psychology: Science and Practice, 9*(1), 54–68.

Roemer, L., & Orsillo, S. M. (2009). *Mindfulness- and acceptance-based behavioral therapies in practice.* New York: Guilford Press.

Rogers, C. R. (1951). *Client-centered therapy: Its current practice, implications, and theory.* Boston: Houghton Mifflin.

Rogers, C. R., & American Psychological Association. (1985). *Client-centered therapy* [Sound recording]. Washington, DC: American Psychological Association.

Ross, L., & Nisbett, R. E. (1991). *The person and the situation: Perspectives of social psychology.* New York: McGraw-Hill.

Rotenberg, K. J., & Eisenberg, N. (1997). Developmental differences in the understanding of and reaction to others' inhibition of emotional expression. *Developmental Psychology, 33*(3), 526–537.

Rumi, J. A.-D. (1997). *The illuminated Rumi* (C. Barks, Trans.). New York: Random House.

Ryle, G. (1949). *The concept of mind.* London: Hutchinson.

Saarni, C. (1999). *The development of emotional competence.* New York: Guilford Press.

Saarni, C. (2007). The development of emotional competence: Pathways for helping children to become emotionally intelligent. In R. Bar-On & M. J. Elias (Eds.), *Educating people to be emotionally intelligent* (pp. 15–35). Westport, CT: Praeger.

Safran, J. D. (1998). *Widening the scope of cognitive therapy: The therapeutic relationship, emotion and the process of change.* Northvale, NJ: Jason Aronson.

Safran, J. D., & Greenberg, L. S. (1988). Feeling, thinking, and acting: A cognitive framework for psychotherapy integration. *Journal of Cognitive Psychotherapy, 2*(2), 109–131.

Safran, J. D., & Greenberg, L. S. (Eds.). (1989). The treatment of anxiety and depression: The process of affective change. In P. C. Kendall & D. Watson (Eds.), *Anxiety and depression: Distinctive and overlapping features* (pp. 455–489). San Diego, CA: Academic Press.

Safran, J. D., & Greenberg, L. S. (Eds.). (1991). *Emotion, psychotherapy, and change.* New York: Guilford Press.

Safran, J. D., & Muran, J. C. (2000). Resolving therapeutic alliance ruptures: Diversity and integration. *Journal of Clinical Psychology, 56*(2), 233–243.

Sale, E., Sambrano, S., Springer, J. F., & Turner, C. W. (2003). Risk, protection, and substance use in adolescents: A multi-site model. *Journal of Drug Education, 33*(1), 91–105.

Salkovskis, P. M. (1989). Cognitive-behavioural factors and the persistence of intrusive thoughts in obsessional problems. *Behaviour Research and Therapy, 27*(6), 677–682.

Salkovskis, P. M., & Campbell, P. (1994). Thought suppression induces intrusion in naturally occurring negative intrusive thoughts. *Behaviour Research and Therapy, 32*(1), 1–8.

Salkovskis, P. M., Clark, D. M., & Gelder, M. G. (1996). Cognition–behaviour links in the persistence of panic. *Behaviour Research and Therapy, 34,* 453–458.

Salkovskis, P. M., & Kirk, J. (1997). Obsessive–compulsive disorder. In D. M. Clark & C. G. Fairburn (Eds.), *Science and practice of cognitive behaviour therapy* (pp. 179–208). New York: Oxford University Press.

Sallquist, J. V., Eisenberg, N., Spinrad, T. L., Reiser, M., Hofer, C., Zhou, Q., et al. (2009). Positive and negative emotionality: Trajectories across six years and relations with social competence. *Emotion, 9*(1), 15–28.

Salovey, P., & Rodin, J. (1991). Provoking jealousy and envy: Domain relevance and self-esteem threat. *Journal of Social and Clinical Psychology, 10*(4), 395–413.

Sartre, J.-P. (1956). *Being and nothingness* (H. Barnes, Trans.). New York: Gallimard.

Scafidi, F., Field, T., Schanberg, S., Bauer, C., Tucci, K., Roberts, J., et al. (1990). Massage stimulates growth in preterm infants: A replication. *Infant Behavior and Development, 13,* 167–188.

Segal, Z. V., Williams, J. M. G., & Teasdale, J. D. (2002). *Mindfulness-based cognitive therapy for depression: A new approach to preventing relapse.* New York: Guilford Press.

Seligman, M. E. (2002). *Authentic happiness: Using the new positive psychology to realize your potential for lasting fulfillment.* New York: Free Press.

Sennett, R. (1996). *The fall of public man.* New York: Norton.

Sheets, V. L., Fredendall, L. L., & Claypool, H. M. (1997). Jealousy evocation, partner reassurance, and relationship stability: An exploration of the potential benefits of jealousy. *Evolution and Human Behavior, 18*(6), 387–402.

Simon, H. A. (1956). Rational choice and the structure of the environment. *Psychological Review, 63*(2), 129–138.

Simon, H. A. (1979). Rational decision making in business organizations. *American Economic Review, 69,* 493–513.

Simpson, C., & Papageorgiou, C. (2003). Metacognitive beliefs about rumination in anger. *Cognitive and Behavioral Practice, 10*(1), 91–94.

Sloman, L., Price, J., Gilbert, P., & Gardner, R. (1994). Adaptive function of depression: Psychotherapeutic implications. *American Journal of Psychotherapy, 48,* 401–414.

Slovic, P. (2000). Trust, emotion, sex, politics, and science: Surveying the risk-assessment battlefield. In P. Slovic (Ed.), *The perception of risk* (pp. 277–313). Sterling, VA: Earthscan.

Slovic, P., Finucane, M., Peters, E., & MacGregor, D. (2004). Risk as analysis and risk as feelings: Some thoughts about affect, reason, risk, and rationality. *Risk Analysis, 24*(2), 311–322.

Smith, R. H., & Kim, S. H. (2007). Comprehending envy. *Psychological Bulletin, 133*(1), 46–64.

Smith, R. H., Turner, T. J., Garonzik, R., Leach, C. W., Urch-Druskat, V., & Weston, C. M. (1996). Envy and Schadenfreude. *Personality and Social Psychology Bulletin, 22,* 158–168.

Smucker, M. R., & Dancu, C. V. (1999). *Cognitive-behavioral treatment for adult survivors of childhood trauma: Imagery rescripting and reprocessing.* Northvale, NJ: Jason Aronson.

Sookman, D., & Pinard, G. (2002). Overestimation of threat and intolerance of uncertainty in obsessive compulsive disorder. In R. O. Frost & G. Steketee (Eds.), *Cognitive approaches to obsessions and compulsions: Theory, assessment, and treatment* (pp. 63–89). Amsterdam: Pergamon/Elsevier.

Sorabji, R. (2000). *Emotion and peace of mind: From Stoic agitation to Christian temptation.* Oxford, UK: Oxford University Press.

Spanier, G. B. (1976). Measuring dyadic adjustment: New scales for assessing the quality of marriage and similar dyads. *Journal of Marriage and the Family, 38,* 15–28.

Spock, B. (1957). *Baby and child care* (2nd ed.). New York: Pocket Books.

Sroufe, L., & Waters, E. (1977). Heart rate as a convergent measure in clinical and developmental research. *Merrill–Palmer Quarterly, 23*(1), 3–27.

Stearns, P. N. (1994). *American cool: Constructing a twentieth-century emotional style.* New York: New York University Press.

Steinbeis, N., & Singer, T. (2013). The effects of social comparison on social emotions and behavior during childhood: The ontogeny of envy and *Schadenfreude* predicts developmental changes in equity-related decisions. *Journal of Experimental Child Psychology, 115*(1), 198–209.

Stevens, A., & Price, J. (1996). *Evolutionary psychiatry: A new beginning.* London: Routledge.

Strauss, J. L., Hayes, A. M., Johnson, S. L., Newman, C. F., Brown, G. K., Barber, J. P., et al. (2006). Early alliance, alliance ruptures, and symptom change in a nonrandomized trial of cognitive therapy for avoidant and obsessive–compulsive personality disorders. *Journal of Consulting and Clinical Psychology, 74*(2), 337–345.

Suls, J., & Wheeler, L. (2000). A selective history of classic and neo-social comparison theory. In J. Suls & L. Wheeler (Eds.), *Handbook of social comparison* (pp. 3–19). New York: Kluwer Academic/Plenum Press.

Tangney, J. P., Stuewig, J., & Mashek, D. J. (2007). Moral emotions and moral behavior. *Annual Review of Psychology, 58,* 345–372.

Tannen, D. (1986). *That's not what I meant!: How conversational style makes or breaks your relations with others.* New York: Morrow.

Tannen, D. (1990). *You just don't understand: Women and men in conversation.* New York: Morrow.

Tannen, D. (1993). *Gender and conversational interaction.* New York: Oxford University Press.

Taylor, G. J., Bagby, R. M., & Parker, J. D. (1991). The alexithymia construct: A potential paradigm for psychosomatic medicine. *Psychosomatics, 32,* 153–164.

Teasdale, J. D. (1999). Multi-level theories of cognition–emotion relations. In T. Dalgleish & M. J. Power (Eds.), *Handbook of cognition and emotion* (pp. 665–681). Chichester, UK: Wiley.

Thaler, R. H., & Shefrin, H. M. (1981). An economic theory of self-control. *Journal of Political Economy, 89*(2), 392–406.

Tirch, D. D., Leahy, R. L., Silberstein, L. R., & Melwani, P. S. (2012). Emotional schemas, psychological flexibility, and anxiety: The role of flexible response patterns to anxious arousal. *International Journal of Cognitive Therapy, 5*(4), 380–391.

Tolstoy, L. (1981). *The death of Ivan Ilyich.* New York: Bantam. (Original work published 1886)

Tooby, J., & Cosmides, L. (1992). The psychological foundations of culture. In J. H. Barkow & L. Cosmides (Eds.), *The adapted mind: Evolutionary psychology and the generation of culture* (pp. 19–136). New York: Oxford University Press.

Trivers, R. L. (1971). The evolution of reciprocal altruism. *Quarterly Review of Biology, 46,* 35–57.

Trivers, R. L. (1972). Parental investment and sexual selection. In B. Campbell (Ed.), *Sexual selection and the descent of man, 1871–1971* (pp. 136–179). Chicago: Aldine.

Troy, M., & Sroufe, L. (1987). Victimization among preschoolers: Role of attachment relationship history. *Journal of the American Academy of Child and Adolescent Psychiatry, 26*(2), 166–172.

Tse, W. S., & Bond, A. J. (2002). Serotonergic intervention affects both social dominance and affiliative behaviour. *Psychopharmacology, 161,* 324–330.

Tybur, J. M., Lieberman, D., Kurzban, R., & DeScioli, P. (2013). Disgust: Evolved function and structure. *Psychological Review, 120*(1), 65–84.

Urban, J., Carlson, E., Egeland, B., & Sroufe, L. (1991). Patterns of individual adaptation across childhood. *Development and Psychopathology, 3*(4), 445–460.

van de Ven, N., Zeelenberg, M., & Pieters, R. (2009). Leveling up and down: The experiences of benign and malicious envy. *Emotion, 9,* 419–429.

van de Ven, N., Zeelenberg, M., & Pieters, R. (2011). Why envy outperforms admiration. *Personality and Social Psychology Bulletin, 37*(6), 784–795.

van de Ven, N., Zeelenberg, M., & Pieters, R. (2012). Appraisal patterns of envy and related emotions. *Motivation and Emotion, 36*(2), 195–204.

van Dijk, W. W., Ouwerkerk, J. W., Goslinga, S., Nieweg, M., & Gallucci, M. (2006). When people fall from grace: Reconsidering the role of envy in Schadenfreude. *Emotion, 6*(1), 156–160.

Veen, G., & Arntz, A. (2000). Multidimensional dichotomous thinking characterizes borderline personality disorder. *Cognitive Therapy and Research, 24*(1), 23–45.

Watson, D., Clark, L. A., & Tellegen, A. (1988). Development and validation of brief measures of positive and negative affect: The PANAS scales. *Journal of Personality and Social Psychology, 54*(6), 1063–1070.

Watson, J. B. (1919). *Psychology from the standpoint of a behaviorist*. Philadelphia: Lippincott.

Weber, M. (1930). *The Protestant ethic and the spirit of capitalism*. London: Unwin Hyman.

Wegner, D. M. (1994). Ironic processes of mental control. *Psychological Review, 101*, 34–52.

Wegner, D. M., Schneider, D. J., Carter, S., & White, T. (1987). Paradoxical effects of thought suppression. *Journal of Personality and Social Psychology, 53*, 5–13.

Wegner, D. M., & Zanakos, S. (1994). Chronic thought suppression. *Journal of Personality, 62*, 615–640.

Weinberger, D. A. (1995). The construct validity of the repressive coping style. In J. L. Singer (Ed.), *Repression and dissociation: Implications for personality theory, psychopathology, and health* (pp. 337–386). Chicago: University of Chicago Press.

Weiner, B. (1974). *Achievement motivation and attribution theory*. Morristown, NJ: General Learning Press.

Weiner, B. (1986). *An attributional theory of motivation and emotion*. New York: Springer-Verlag.

Wells, A. (1995). An issue of intrusions [Editorial]. *Behavioural and Cognitive Psychotherapy, 23*(3), 202.

Wells, A. (2000). *Emotional disorders and metacognition: Innovative cognitive therapy*. New York: Wiley.

Wells, A. (2004). A cognitive model of GAD: Metacognitions and pathological worry. In R. G. Heimberg, C. L. Turk, & D. S. Mennin (Eds.), *Generalized anxiety disorder: Advances in research and practice* (pp. 164–186). New York: Guilford Press.

Wells, A. (2005a). Detached mindfulness in cognitive therapy: A metacognitive analysis and ten techniques. *Journal of Rational-Emotive and Cognitive-Behavior Therapy, 23*, 337–355.

Wells, A. (2005b). The metacognitive model of GAD: Assessment of meta-worry and relationship with DSM-IV generalized anxiety disorder. *Cognitive Therapy and Research, 29*, 107–121.

Wells, A. (2005c). Worry, intrusive thoughts, and generalized anxiety disorder: The metacognitive theory and treatment. In D. A. Clark (Ed.), *Intrusive thoughts in clinical disorders: Theory, research, and treatment* (pp. 119–144). New York: Guilford Press.

Wells, A. (2009). *Metacognitive therapy for anxiety and depression*. New York: Guilford Press.

Wells, A., & Carter, K. (2001). Further tests of a cognitive model of generalized anxiety disorder: Metacognitions and worry in GAD, panic disorder, social phobia, depression, and nonpatients. *Behavior Therapy, 32*(1), 85–102.

Wells, A., & Cartwright-Hatton, S. (2004). A short form of the Meta-Cognitions Questionnaire: Properties of the MCQ-30. *Behaviour Research and Therapy, 42*, 385–396.

Wells, A., & Papageorgiou, C. (1998). Relationships between worry, obsessive–compulsive symptoms and meta-cognitive beliefs. *Behaviour Research and Therapy, 36*, 899–913.

Wells, A., & Papageorgiou, C. (2001). Social phobic interoception: Effects of bodily information on anxiety, beliefs and self-processing. *Behaviour Research and Therapy, 39*, 1–11.

Wells, A., & Papageorgiou, C. (2004). Metacognitive therapy for depressive rumination. In C. Papageorgiou & A. Wells (Eds.), *Depressive rumination: Nature, theory, and treatment* (pp. 259–273). Chichester, UK: Wiley.

Wenzlaff, R. M., & Wegner, D. M. (2000). Thought suppression. *Annual Review of Psychology, 51*, 59–91.

White, G. L. (1980). Inducing jealousy: A power perspective. *Personality and Social Psychology Bulletin, 6*, 222–227.

White, G. L. (1981). A model of romantic jealousy. *Motivation and Emotion, 5*, 295–310.

White, G. L., & Mullen, P. E. (1989). *Jealousy: Theory, research, and clinical strategies*. New York: Guilford Press.

Whitman, W. (1959). Song of myself. In J. E. Miller, Jr. (Ed.), *Complete poetry and selected prose by Walt Whitman* (pp. 25–68). Boston: Houghton Mifflin. Wilson, K. A., & Chambless, D. L. (1999). Inflated perceptions of responsibility and obsessive–compulsive symptoms. *Behaviour Research and Therapy, 37*(4), 325–335.

Wilson, K. G., & Murrell, A. R. (2004). Values work in acceptance and commitment therapy: Setting a course for behavioral treatment. In S. C. Hayes, V. M. Follette, & M. M. Linehan (Eds.), *Mindfulness and acceptance: Expanding the cognitive-behavioral tradition* (pp. 120–151). New York: Guilford Press.

Wilson, K. G., & Sandoz, E. K. (2008). Mindfulness, values, and the therapeutic relationship in acceptance and commitment therapy. In S. F. Hick & T. Bein (Eds.), *Mindfulness and the therapeutic relationship* (pp. 89–106). New York: Guilford Press.

Wilson, T. D., & Gilbert, D. T. (2003). Affective forecasting. In M. P. Zanna (Ed.), *Advances in experimental social psychology* (Vol. 35, pp. 345–411). San Diego, CA: Academic Press.

Wilson, T. D., & Gilbert, D. T. (2005). Affective forecasting: Knowing what to want. *Current Directions in Psychological Science, 14*(3), 131–134.

Wilson, T. D., Gilbert, D. T., & Centerbar, D. B. (2003). Making sense: The causes of emotional evanescence. In I. Brocas & J. D. Carrillo (Eds.), *The psychology of economic decisions: Vol. 1. Rationality and well being* (pp. 209–233). New York: Oxford University Press.

Wilson, T. D., Wheatley, T., Meyers, J. M., Gilbert, D. T., & Axsom, D. (2000). Focalism: A source of durability bias in affective forecasting. *Journal of Personality and Social Psychology, 78*(5), 821–836.

Wittgenstein, L. (2001). *Tractatus logico-philosophicus*. New York: Routledge. (Original work published 1922)

Wood, J. V. (1989). Theory and research concerning social comparisons of personal attributes. *Psychological Bulletin, 106*(2), 231–248.

Young, J. E., Klosko, J., & Weishaar, M. (2003). *Schema therapy: A practitioner's guide*. New York: Guilford Press.

Zajonc, R. B. (1980). Feeling and thinking: Preferences need no inferences. *American Psychologist, 35*(2), 151–175.

Zauberman, G. (2003). The intertemporal dynamics of consumer lock-in. *Journal of Consumer Research, 30*(3), 405–419.

# ÍNDICE

Os números de páginas seguidos por *f* indicam figura, por *t* indicam tabela.

## A

Abandono, 328*t*, 331-332
Abordagens construtivas das emoções, 3-4
Abuso de substância
   ciúmes e, 225-226, 235-236
   controle e, 161-164
   duração das emoções e, 151
   invalidação e, 117-118, 125-126
   inveja e, 251
   mudando esquemas emocionas e, 101-102
Aceitação das emoções. *Veja também* Normalização da emoção
   ambientes invalidantes passados e atuais do paciente e, 127-128
   ciúmes e, 230-231
   *coaching* emocional, 117
   controle e, 163*f*
   culpa e vergonha e, 166-169, 168*f*
   entrevista inicial e, 82-83
   Escala de Esquemas Emocionais de Leahy (LESS) e, 66*f*
   Escala de Esquemas Emocionais no relacionamento (RESS) e, 68*f*
   estratégias de controle emocional e, 30-32
   intolerância à ambivalência e, 180-181, 184-186, 195-199
   invalidação e, 128-129
   inveja e, 251
   mudando esquemas emocionais e, 103-105
   relações de casal e, 281-282, 289-290
   terapia focada no esquema emocional e, 171-176
   torpor e, 54-55
   universalidade das emoções e, 24-26
   visão geral, 51-52
Aceitação incondicional positiva, 117

Adaptabilidade das emoções, 25-29, 242-245, 343-344
Adiamento da gratificação, 15-17
Adivinhação
   estilos disfuncionais de relação e, 277
   intolerância à ambivalência e, 187-188
   visão geral, 30-32
Admiração, 263-265
Admissão. *Veja* Avaliação; Conceitualização de caso; Entrevista inicial
Afastamento, 328*t*
Afastamento consciente, 172-173, 238-241
Afirmações do tipo "deveria", 188-189, 277
Agressão, 250
Alexitimia, 54-55
Alívio, 150-151
Amargura, 271
Ambiente familiar, 119-130, 148-149. *Veja também* Família de origem
Ambivalência. *Veja também* Intolerância à ambivalência
   aceitação das emoções e, 184-186
   normalização, 185-187
   reestruturação, 192-195
   tolerância à, 180-199
   visão geral, 177-181, 198-199
Ameaças, 235-236
Análise do custo-benefício
   ciúmes e, 232, 237-238, 242
   culpa e vergonha e, 167-169
   duração das emoções e, 151-152
   intolerância à ambivalência e, 182-185, 190-191
   *scripts* do tipo vencedor-perdedor, 292-293
   significado da validação e invalidação, 138-140
Ansiedade
   aceitação das emoções e, 173-176
   ciúmes e, 225

controle e, 159-161
crenças e estratégias sobre emoções e, 28-30
culpa e vergonha e, 163-166
divergência esquemática entre paciente e terapeuta e, 335-338
duração das emoções e, 150-151
exemplos que ilustram, 43-48, 45f, 46f, 47f
inveja e, 251-255, 252f, 258
modelo evolucionário e, 26-29
modelos cognitivos da, 19-20
objetivos da terapia focada no esquema emocional e, 23-25
papel dos esquemas emocionais na, 57-60
ruminação e, 54-55
Apaziguamento, 250
Apego
ambivalente, 114-116
ansioso, 114-116
desorganizado, 114-116
evitativo, 114-116
inseguro, 114-116
seguro, 114-116
Apoio social, 126-128, 163f
*A República* (Platão), 6-7
Aristóteles, 6-7
Atacando o parceiro, 235-236, 302f
Ativação comportamental, 163f
Atribuições, 20, 41
Atrito conjugal, 117-118
Autoavaliação, 259-261
Autoconceito, 266-268
Autoconsciência, 238-239
Autoconsciência cognitiva, 20-21
Autocrítica, 33-34, 253-255
Autocuidado, 244-245
Autoeficácia, 23-24
Autoestima, 225-226, 256-257
Automonitoramento, 20-21
Autonomia, 328t
Autorregulação, 117
Autossacrifício, 328t
Autovalidação, 139-142. *Veja também* Validação
Autovalorização, 258
Avaliação
avaliação por autorrelato, 63-70, 66f, 68f
conceitualização de caso e, 83-86, 84f
entrevista inicial e, 69-84
visão geral, 63-65, 86-87
visão geral de medidas na admissão, 86-89
Avaliações. *Veja também* Avaliações cognitivas
ciúmes e, 225-226, 241-243
modelo de avaliação do estresse e, 39-40, 40f
modelo focado no esquema emocional, 20
visão geral, 13-17, 341-342

Avaliações cognitivas, 13-17, 220-223, 225-226. *Veja também* Avaliações
Avaliações das emoções, 40f. *Veja também* Avaliações
Avaliações do enfrentamento, 40f. *Veja também* Avaliações
Avaliações dos estressores, 39-40, 40f. *Veja também* Avaliações
Aversão à perda, 15

B

Baseando as predições, 149-150
Bondade, 269-271
Bondade amorosa, 269-271
Busca de reafirmação
ambivalência e, 179
ciúmes e, 225, 235-237
divergência esquemática entre paciente e terapeuta e, 338-340
inveja e, 253-255
transferência e, 324-325

C

Catastrofizando uma emoção
compartilhando sentimentos e, 302f
controle e, 159-160
estilos disfuncionais de relação e, 277
intolerância à ambivalência e, 187-188
visão geral, 23-24, 30-32
Choro, 207-211, 312-313
Ciúmes
acalmando, 238-241
aceitação das emoções e, 174-176
autocuidado e, 244-245
caracterizando como uma forma de preocupação ou ruminação, 236-239
comparado à inveja, 225-227
conceitualização de caso e, 232-234, 233f
crenças e, 230-232
descatastrofizando a perda potencial, 241-243
estratégias de enfrentamento e, 235-236
modelo evolucionário e, 27-29
modelo focado no esquema emocional e, 229-231
modificando esquemas emocionais do, 227-245, 233f
normalizando, 227-230
pensamentos e sentimentos e, 238-241
pressupostos e, 230-232
processamento esquemático e, 230-232
validação e, 229-230

valores e, 234-235
visão geral, 225-227, 245
Classificando as distorções, 232
*Coaching* emocional
   como os esquemas emocionais foram aprendidos na família, 97-98
   entrevista inicial e, 75
   metaemoção e, 117
   visão geral, 40-41
Cognição, 20
Cognição social, 4-5. *Veja também* Teoria da mente
Compaixão
   autovalidação, 139-142
   focada, 283-285
   inveja e, 269-271
   relações de casal e, 283-285
   técnicas de terapia e, 139-141
   validação e, 112-111
   visão geral, 345
Comparação social
   conceitualização de caso e, 257-260, 257*f*
   inveja e, 251, 252*f*, 255-257
Comparações, 255-257. *Veja também* Comparação social
Compensações
   divergência esquemática entre paciente e terapeuta e, 331-332, 335-337
   invalidação e, 120-127
Comportamento
   aceitação das emoções e, 173-174
   busca de validação, 120-127
   ciúmes e, 225-226, 235-236, 242-245
   compreensão do paciente do, 90-95
   controle e, 160-162
   culpa e vergonha, 163-164
   de segurança, 20-21, 158-159
   estilos disfuncionais de relação e, 272-279
   intolerância à ambivalência e, 188-193
   inveja e, 251, 253-255, 271
   não verbal, 130-133
   sexual, 123-125, 131-132
   terapia de aceitação e compromisso (TAC) e, 21-22
Compreendendo, 54-55, 298-300
Compreensibilidade das emoções
   compreensão do paciente da, 91-92
   crenças e estratégias sobre emoções e, 28-31
   entrevista inicial e, 81
   Escala de Esquemas Emocionais de Leahy (LESS) e, 64-65, 66*f*
   Escala de Esquemas Emocionais no relacionamento (RESS) e, 68*f*
   estilos disfuncionais de relação e, 275-276
   invalidação e, 118, 128-129

relações de casal e, 286-287
terapia focada no esquema emocional e, 144-149
validação e, 58-59
visão geral, 49-50
Compromisso, 228-229
Comunicação
   compartilhando emoções e, 300-308, 302*f*-303*f*
   estilos disfuncionais de relação e, 278, 279
   informal, 278
   *scripts* do tipo vencedor-perdedor e, 291-301
   toque e, 279
   visão geral, 344-345
Conceitualização de caso
   ciúmes e, 232-234, 233*f*
   compreensão do paciente da, 93-94
   inveja e, 257-260, 257*f*
   plano de tratamento e, 104-107, 106*f*
   visão geral, 83-87, 84*f*
Concordância
   compartilhando sentimentos e, 303*f*
   conflitos e, 291-301
   *scripts* do tipo vencedor-perdedor e, 299-301
Confiança, 331-332
Conflitos, 291-301
Confrontação, 130-133
Confusão, 150-151
Consciência, 260-261
   atenta, 280-282
   metacognitiva, 54-55
Conselho, 138-140
Consenso
   ciúmes e, 230-231
   entrevista inicial e, 82-83
   Escala de Esquemas Emocionais de Leahy (LESS) e, 65, 69, 65*f*
   Escala de Esquemas Emocionais no Relacionamento (RESS) e, 68*f*
   estilos disfuncionais de relação e, 276
   invalidação e, 128-129
   relações de casal e, 287-288
   visão geral, 49-50
Consequências interpessoais, 85-86
Consumo excessivo
   controle e, 161-162
   duração das emoções e, 151
   inveja e, 251
   mudando esquemas emocionais e, 101-102
Contexto das emoções, 29-31
Contratransferência. *Veja também* Transferência
   divergência esquemática entre paciente e terapeuta e, 333-335, 336*f*

modelo focado no esquema emocional da, 324-330, 325*t*, 328*t*
visão geral, 345
Controlando o parceiro, 235-236
Controle
  ciúmes e, 230-231
  compreensão do paciente do, 91-92
  contratransferência e, 328*t*
  crenças e estratégias sobre emoções e, 28-31
  entrevista inicial e, 80
  Escala de Esquemas Emocionais de Leahy (LESS) e, 66*f*, 65, 67
  Escala de Esquemas Emocionais no Relacionamento (RESS) e, 68*f*
  esquemas emocionais negativos dos pacientes e, 312-313
  estilos disfuncionais de relação e, 275-276
  estilos disfuncionais e, 285-287
  invalidação e, 128-129
  psicopatologia e, 57-60
  relações de casal e, 285-287
  terapia focada no esquema emocional e, 154, 157-164, 155*f*-156*f*, 157*f*, 163*f*
  visão geral, 23-24, 49-50
Controle coercivo
  ciúmes e, 242-245
  divergência esquemática entre paciente e terapeuta e, 334-335
Crenças
  aceitação das emoções e, 171-176
  associando a estratégias de enfrentamento problemáticas, 95-97
  ciúmes e, 230-233
  compreensão do paciente das, 91-95
  compreensibilidade e, 144-145
  conceitualização de caso e, 85-86
  divergência esquemática entre paciente e terapeuta e, 331-332
  entrevista inicial e, 71-74
  estilos disfuncionais de relação e, 275-276
  incrementais, 189-191
  intolerância à ambivalência e, 186-189
  inveja e, 254-255
  modelo evolucionário e, 27-29
  modelo metacognitivo e, 20-21
  modelos cognitivos e, 19-20
  na identidade, 189-191
  parentalidade e, 41
  psicopatologia e, 58-60
  reestruturando a ambivalência e, 192-195
  relações de casal e, 284-292
  terapia de aceitação e compromisso (TAC) e, 22-23
  terapia focada no esquema emocional e, 20
  visão geral, 23-24, 28-31

Crianças, 249
Crises de birra, 121-123
Cronograma de atividades, 153, 155*f*-156*f*
Cuidados compulsivos, 125-127
Culpa
  entrevista inicial e, 82-83
  Escala de Esquemas Emocionais de Leahy (LESS) e, 65*f*
  Escala de Esquemas Emocionais no Relacionamento (RESS) e, 68*f*
  invalidação e, 118
  relações de casal e, 288-289
  validação e, 58-59
  visão geral, 51-55
Culpa/Vergonha
  ciúmes e, 226-227
  compreensibilidade e, 147
  entrevista inicial e, 80-81
  Escala de Esquemas Emocionais de Leahy (LESS) e, 64-65, 66*f*
  Escala de Esquemas Emocionais no Relacionamento (RESS) e, 68*f*
  invalidação e, 128-129
  inveja e, 250, 253-255
  modelo evolucionário e, 28-29
  psicopatologia e, 57-58
  terapia focada no esquema emocional e, 163-172, 164*f*-165*f*, 168*f*
  visão geral, 49-51
Custo de oportunidade, 177

# D

Dando atenção, 130-133
Dependência
  ciúmes e, 225-226
  contratransferência e, 325*t*
  divergência esquemática entre paciente e terapeuta e, 331-333, 333*f*
  transferência e, 324-325
Depressão. *Veja também* Tristeza
  compreensão do paciente da, 94-95
  invalidação e, 117-118
  inveja e, 250
  modelos cognitivos de, 19-20
  papel dos esquemas emocionais na, 57-60
  ruminação e, 54-55
  técnica da ação em oposição, 269-271
Desafios, 193-195
Desaprovando estratégias de socialização emocional, 97-98
Descatastrofizando, 241-243, 245
Desconforto construtivo, 35-36
Desconsiderando os aspectos positivos
  ambivalência e, 179

estilos disfuncionais de relação e, 277
intolerância à ambivalência e, 186-187
Desconstruindo conceitos de traços,
188-193
Desdém, 276, 304-305
Desejo de retaliação, 271
Desencadeantes, 251, 252f, 258-260,
281-282
Desregulação, 305-307
Desvalorização. *Veja também* Valores
Escala de Esquemas Emocionais de Leahy
(LESS) e, 64-65, 66f
inveja e, 251, 252f, 256-257
transferência e, 324-325
Detecção de ameaça, 236-237
Diagnóstico. *Veja também* Avaliação
conceitualização de caso e, 83-86, 84f
divergência esquemática entre paciente e
terapeuta e, 329-331
Dialética, 309-312
Diátese biológica, 145
Diferenciação, 68f
Discordância, 291-301
Discussões, 291-301
Disforia, 54-55
Distorções cognitivas. *Veja também*
Pensamentos automáticos
ambivalência e, 179-181
intolerância à ambivalência e, 186-189
validação e, 111
Distração, 163f
Divergências esquemáticas entre paciente e
terapeuta. *Veja também* Fatores
do paciente; Fatores do terapeuta;
Relação terapêutica
contratransferência e, 333-335, 336f
respondendo às, 335-339-340
tipos de, 330-333, 333f
visão geral, 329-331, 345
Dor e sofrimento. *Veja* Sofrimento
Dramatização, 167-169, 232
Duração das emoções
ciúmes e, 230-231
crenças e estratégias sobre emoções e,
28-31
culpa e, 53-55
entrevista inicial e, 80
Escala de Esquemas Emocionais de Leahy
(LESS) e, 66f, 65, 67
Escala de Esquemas Emocionais no
Relacionamento (RESS) e, 68f
estilos disfuncionais de relação e, 275-276
invalidação e, 118, 128-129
psicopatologia e, 58-60
relações de casal e, 285-286

terapia focada no esquema emocional e,
149-154, 154f-156f, 157-158
validação e, 58-59
visão geral, 48-50

# E

Efeito de durabilidade
compreensão do paciente do, 91-92
estilos disfuncionais de relação e, 275-276
previsão afetiva e, 14
Efeito Zeigarnik, 179
Efeitos serotonérgicos, 225-226
Emocionologia, 10-11
Emoções
ciúmes e, 225-226, 238-241
como experiências universais, 23-26
como objetos de cognição, 20
compartilhando, 300-308, 302f-303f
comportamentos construtivos do terapeuta e,
317-323
compreensão do paciente das, 90-95
estilos problemáticos do terapeuta e, 313-318
respondendo às emoções do parceiro,
280-285
sociais, 27-29
universais, 23-26, 49-50
visão geral, 3-13, 17-18, 341-345
Empatia
contratransferência e, 327, 329
estilos disfuncionais de relação e, 272-274
inveja e, 269-271
validação e, 112-111, 129-131
visão geral, 345
Empoderamento, 34-36, 37f
Encontrando a verdade
esquemas emocionais negativos do paciente e,
312-313
*scripts* do tipo vencedor-perdedor e, 296-298
validação e, 129-131
Entrevista inicial. *Veja também* Avaliação
conceitualização de caso e, 83-86, 84f
crenças sobre emoções e, 71-74
dimensões dos esquemas emocionais e,
80-84
estratégias problemáticas de regulação
emocional, 76-79
expressão da emoção, 70-72
preocupação emocional primária, 69-71
socialização emocional, 74-76
visão geral, 69-84, 86-87
Entrevistas, 69-84
Entrevistas clínicas, 69-84
Escala de Afeto Positivo e Negativo (PANAS),
63-64, 67-69, 86-88

Escala de Ajustamento Diádico (DAS)
  avaliação e, 63-64, 67-69
  modelo focado no esquema emocional e, 56-57
  visão geral, 87-88
Escala de Autocompaixão – Forma Curta (SCS-SF), 63-64, 88-89
Escala de Esquemas Emocionais de Leahy (LESS)
  ambientes invalidantes passados e atuais do paciente e, 128-131
  avaliação e, 63-69, 66f-65f
  crenças sobre emoções e, 55-58
  exemplo de, 91-92
  intolerância à ambivalência e, 180-181
  valores e, 201-202
Escala de Esquemas Emocionais do Terapeuta, 309-312, 310f-311f
Escala de Esquemas Emocionais no Relacionamento (RESS)
  avaliação e, 63-64, 67-70, 68f
  modelo focado no esquema emocional e, 56-57
  validação e, 289-291
  visão geral, 272-273
Escolha, 177-179
Escuta
  ativa, 130-133
  compartilhando emoções e, 300-308, 302f-303f
  empática, 117
  micro-habilidades, 130-133
  reflexiva, 117, 130-133
  relações de casal e, 281-282
  *scripts* do tipo vencedor-perdedor e, 295-297
  validação e, 129-131
Esquema do medo, 54-55
Esquemas
  ambientes invalidantes passados e atuais do paciente e, 128-130
  compreensibilidade e, 148-149
  dimensões dos, 48-55
  divergência esquemática entre paciente e terapeuta, 329-340, 333f, 336f
  entrevista inicial e, 80-84
  glamorosos, 325t
  pessoais, 20, 148-149
  transferência e, 323-325
  visão geral, 20, 23-24, 28-31, 341
Esquemas emocionais
  ambientes invalidantes passados e atuais do paciente e, 128-130
  associando a estratégias de enfrentamento problemáticas, 95-97
  como a mudança pode afetar a psicopatologia, 101-105, 103f
  compreensão do paciente dos, 90-95
  compreensibilidade e, 149
  conceitualização de caso e, 84-86
  controle e, 163f
  dimensões dos, 48-55
  divergência esquemática do paciente e terapeuta, 329-340, 333f, 336f
  entrevista inicial e, 80-84
  estilos disfuncionais de relação e, 272-279
  exemplos de, 3-4
  papel na psicopatologia, 57-60
  pesquisa sobre, 55-58
  relações de casal e, 284-292
  transferência e, 323-325
  visão geral, 3-6, 341
Esquemas emocionais interpessoais
  contratransferência e, 324-330, 325t, 328t
  divergência esquemática entre paciente e terapeuta, 329-340, 333f, 336f
  estilos disfuncionais de relação e, 272-279
Esquiva
  aceitação das emoções e, 173-174
  ambivalência e, 179
  contratransferência e, 325t
  controle e, 158-159, 161-164, 163f
  divergência esquemática entre paciente e terapeuta, 330-332, 335-340
  duração das emoções e, 151, 152
  emocional, 54-55
  inveja e, 251, 253-245, 271
  mudando esquemas emocionais e, 101-104
  visão geral, 341-342
Esquiva da experiência
  ruminação e, 54-55
  terapia de aceitação e compromisso (TAC) e, 22-23
  torpor e, 54-55
  visão geral, 54-55, 341-342
Estilo de enfrentamento repressivo, 54-55
Estoicos, 7
Estratégias. *Veja* Esquemas
Estratégias adaptativas, 85-86, 120-127, 242-245
Estratégias de controle emocional, 20, 23-24, 30-32
Estratégias de enfrentamento
  associando esquemas emocionais a, 95-97
  ciúmes e, 226-227, 235-237
  controle e, 161-164, 163f
  culpa e vergonha e, 170-172
  duração das emoções e, 151
  intolerância à ambivalência e, 184-185
  inveja e, 251
  modelo focado no esquema emocional e, 20
  mudando esquemas emocionais e, 101-102

planejando o tratamento e, 104-107, 106f
Estratégias de regulação emocional focadas nos antecedentes, 38-39. *Veja também* Regulação emocional
Estratégias de regulação emocional focadas na resposta, 38-39. *Veja também* Regulação emocional
Estratégias de supressão do pensamento, 20-21
Estratégias desdenhosas de socialização emocional, 97-98
Estratégias desreguladas de socialização emocional, 97-98, 147
Evidências a favor e contra
　ciúmes e, 232, 242
　culpa e vergonha e, 167-169
　*scripts* do tipo vencedor-perdedor, 294-295
　significado da validação e invalidação, 138-140
Excitação, 163f
Exercícios de exposição, 152-153, 338-339
Existencialismo, 9
Experiência, 265-267
Experiência de emoção
　modelo focado no esquema emocional e, 4-6
　universalidade das emoções e, 24-26
　visão geral, 343-344
Experiências em Relações de Proximidade – Revisado (ECR-R), 63-64, 88-89
Experiências precoces. *Veja também* Família de origem; Parentalidade
　ambientes invalidantes passados e atuais do paciente, 119-121, 127-130
　compreensibilidade e, 147-149
Exploração, 117, 129-131
Expressão
　ambientes invalidantes passados e atuais do paciente e, 127-128
　comportamentos construtivos do terapeuta e, 317-323
　entrevista inicial e, 70-72, 81
　Escala de Esquemas Emocionais de Leahy (LESS) e, 65f
　Escala de Esquemas Emocionais no Relacionamento (RESS) e, 68f
　esquemas emocionais negativos dos pacientes e, 312-313
　estilos problemáticos do terapeuta e, 313-318
　invalidação e, 121-123
　relações de casal e, 290-292
　visão geral, 23-24, 31-34, 51-52, 344

## F

Falhas empáticas, 135-138
Falta de esperança
　compreensão do paciente da, 91-92
　duração das emoções e, 150
　estilos disfuncionais de relação e, 275-276
　inveja e, 253-255
　papel dos esquemas emocionais na, 57-59
Família de origem, 97-102. *Veja também* Ambiente familiar; Parentalidade
Fantasias, 123-124, 173-174
Fatores
　culturais, 10-13, 342
　desenvolvimentais, 148
　genéticos, 115
　históricos, 10-13, 342
Fatores do paciente. *Veja também* Relação terapêutica
　divergência esquemática entre paciente e terapeuta e, 329-340, 333f, 336f
　esquemas emocionais negativos dos pacientes e, 311-314
　visão geral, 345
Fatores do terapeuta
　comportamentos construtivos do terapeuta, 317-323
　divergência esquemática entre paciente e terapeuta e, 329-340, 333f, 336f
　estilos problemáticos do terapeuta e, 313-318
　visão geral, 345
*Feedback*, 129-131, 302f
Felicidade, 23-25, 294-295
Figuras de apego, 121-122, 225-226
Filtragem negativa, 179-181, 187-188
Flexibilidade
　duração das emoções e, 150
　psicopatologia e, 58-60
　regulatória, 16-17
　relações de casal e, 284-285
　terapia de aceitação e compromisso (TAC) e, 22-23
Fobia, 152-153
Fobia específica, 152-153
"Focalismo", 14
Focando, 130-133
Força de vontade, 189-190
Fracasso, 260-262
Fusão emoção-ação, 242-245
Fusão pensamento-ação, 20-21, 160-162

## G

Gênero
　ciúmes e, 225-226
　história da emoção e, 12
　relações de casal e, 304-306
Gratidão, 213-215, 268-269
Gritos, 122-123

## H

Habilidades na terapia
  emoções do terapeuta e, 132-134
  micro-habilidades, 130-133
  trabalhando com falhas na validação, 135-142
Heurística, 14
Heurística do afeto, 15. *Veja também* Raciocínio emocional
Hierarquia, 264-268
Hierarquia de dominância, 41-42
Humanidade, 267-269
Humilhação, 27-29

## I

Ideação ou comportamento suicida, 9, 253-255
Identificando o conteúdo do pensamento, 232
Ignorar o tempo, 15-17
Iluminismo europeu, 7-8
Impacto de uma emoção, 28-31
Imperfeição, 343
Imperfeição bem-sucedida, 35-37
Impotência
  ciúmes e, 225
  contratransferência e, 325t, 328t
  estilos disfuncionais de relação e, 275-276
  inveja e, 253-255, 271
  papel dos esquemas emocionais na, 57-59
Inatividade, 151
Incentivo, 263-265
Incerteza, intolerância à
  ambivalência e, 179
  ciúmes e, 236-237
  modelo metacognitivo e, 21
  mudando esquemas emocionais e, 103-105
  visão geral, 15
Incompetência, 325t
Incompreensibilidade. *Veja também* Compreensibilidade das emoções
  Escala de Esquemas Emocionais de Leahy (LESS) e, 64-65, 66f
  estilos disfuncionais de relação e, 275-276
  invalidação e, 118, 128-129
  relações de casal e, 286-287
Indecisão, 177-179
Infidelidade, 235-236
Inflexibilidade, 54-55
Inibição, 328t
Inibição dos objetivos, 328t
Inibição emocional 328t
Insensatez de uma emoção, 23-24
Intelectualizando as necessidades emocionais, 124-126, 334-335

Intensidade da expressão, 121-123. *Veja também* Expressão
Interpretação da emoção
  crenças e estratégias sobre emoções e, 28-31
  modelo focado no esquema emocional e, 4-6
  significado da validação e invalidação, 138-140
  validação e, 130-131
Intolerância à ambivalência. *Veja também* Ambivalência
  análise do custo-benefício, 182-185
  desconstruindo conceitos de traços, 188-193
  distorções cognitivas e, 186-189
  estratégias de enfrentamento, 184-185
  modificando, 180-199
  normalizando a ambivalência, 185-187
  reestruturando a ambivalência, 192-195
  visão geral, 177-181, 198-199
  visão simplista das emoções e, 180-183
Intolerância à incerteza
  ambivalência e, 179
  ciúmes e, 236-237
  modelo metacognitivo e, 21
  mudando esquemas emocionais e, 103-105
  visão geral, 15
Invalidação. *Veja também* Validação
  ambientes invalidantes passados e atuais do paciente, 119-130
  autoinvalidação, 139-142
  comportamentos construtivos do terapeuta e, 319-320
  depressão e, 117-118
  emoções do terapeuta e, 132-134
  entrevista inicial e, 73-74
  Escala de Esquemas Emocionais de Leahy (LESS) e, 64-65, 66f
  micro-habilidades, 130-133
  significado da, 137-140
  trabalhando com falhas de validação, 135-142
  visão geral, 33-34, 141-142
Inveja
  aceitação das emoções e, 174-176
  autoconceito e, 266-268
  benigna, 248, 263-265, 271
  comparada ao ciúme, 225-227
  comparando e julgando e, 255-257
  comportamento e, 253-255
  conceitualização de caso e, 257-260, 257f
  construção social da emoção e, 41-42
  crenças, pressupostos e processamento esquemático e, 254-255
  depressiva, 254-255
  desconstruindo sucesso e fracasso e, 260-262
  experiência e, 265-267
  hostil, 254-255
  humanidade e, 267-269

maliciosa, 248, 271
modelo evolucionário e, 27-29
modificando os esquemas emocionais da, 249-271, 252f, 257f
natureza da, 247-249
normalizando, 250-251, 252f
reconhecimento e gratidão e, 268-269
resistência em renunciar, 270-271
ruminação depressiva ou raivosa e, 261-264
*status* e, 264-268
técnica da ação em oposição, 269-271
transformando em admiração e incentivo, 263-265
validação e, 252-254
valores e, 259-261
visão geral, 246-247, 271
Inventário Clínico Multiaxial de Millon-III (MCMI-III)
avaliação e, 63-64, 69-70
modelo focado no esquema emocional e, 56-58
visão geral, 88-89
Inventário de Ansiedade de Beck (BAI), 55-56, 63-64
Inventário de Depressão de Beck-II (BDI-II), 55-56, 63-64
Isolamento
compreensibilidade e, 147
duração das emoções e, 151
visão geral, 341-343

## J

Julgamento, 28-31, 255-257, 328t
Justiça, 216-218, 221, 219f-220f, 249

## L

Lamento, 179, 253-255
Lamúria, 306-307. *Veja também* Queixas
Leitura da mente, 232
Lógica, 6-8
Logoterapia, 200-201

## M

Maleabilidade do comportamento, 189-190
Medida dos Estilos Parentais (MOPS), 63-64, 69-70, 87-89
Medo
aceitação das emoções e, 174-176
duração das emoções e, 152-153
esquemas emocionais negativos dos pacientes e, 312-313
Mente compassiva, 283-285
Mente pura, 41-43, 343

Metaemoção
compreensibilidade e, 147
validação e, 116-117
visão geral, 40
Métodos para se autoacalmar
autovalidação, 139-141
esquemas emocionais negativos dos pacientes e, 312-313
invalidação e, 125-126
Micro-habilidades, 130-133. *Veja também* Validação
Modelo de catarse, 54-55
Modelo evolucionário das emoções
ciúmes e, 228-229, 232-233
inveja e, 248-251
visão geral, 23-29, 41-42, 341, 343-344
Modelo focado no esquema emocional. *Veja também* Terapia focada no esquema emocional
ciúmes e, 229-231, 245
comparado a outras teorias das emoções, 38-43, 40f
compreensão do paciente do, 90-95
contratransferência e, 324-330, 325t, 328t
exemplos que ilustram, 43-48, 45f, 46f, 47f
pesquisa sobre, 55-58
psicopatologia e, 57-60
temas de, 22-36, 37f
visão geral, 4-5, 20-21, 59-60, 341-345
Modelo interno, 114
Modelo metacognitivo, 20-21
Modelo social-cognitivo, 54-55
Modelos biológicos, 41-42, 148-149. *Veja também* Modelo evolucionário das emoções
Modelos cognitivo-comportamentais e, 319-320
ciúmes e, 225-226
visão geral, 52-55, 341, 345
Modelos cognitivos, 19-20
Modelos de ativação comportamental, 22-23, 345
Modelos sociais-construtivos, 41-43
Moralidade, 216-218, 219f-220f, 221
Motivação para mudança
aceitação das emoções e, 172-174
duração das emoções e, 151-152
mudando esquemas emocionais e, 101-105, 103f
Movimento romântico, 9
Mudança, motivação para
aceitação das emoções e, 172-174
duração das emoções e, 151-152
mudando esquemas emocionais e, 101-105, 103f

## N

Não aceitação dos sentimentos, 65f. *Veja também* Aceitação das emoções
Não adesão, 339-340. *Veja também* Resistência
Natureza automática das emoções, 26-29
Natureza reflexiva das emoções, 26-29
Necessidade de aprovação, 328t
Necessidade de gostar de outros, 328t
Negando as necessidades emocionais, 124-126
"Negligência imune", 14-15
Níveis de serotonina, 250-251
Normalização da emoção. *Veja também* Aceitação das emoções
    ciúmes e, 227-230, 245
    compreensibilidade e, 147
    crenças e estratégias sobre emoções e, 28-31
    intolerância à ambivalência e, 185-187
    inveja e, 250-251, 252f
    universalidade das emoções e, 24-26
    visão geral, 23-24
Notando, 256-257

## O

Objetivos
    ignorando o tempo e, 15-17
    relações de casal e, 280-281
    *scripts* do tipo vencedor-perdedor e, 292-294
Objetivos da terapia focada no esquema emocional
    empoderamento pessoal como, 34-36, 37f
    universalidade das emoções e, 23-25
    visão geral, 342
Observando, 256-257
Obsessão-compulsão, 325t
Oportunidades, 193-195

## P

Pacientes histriônicos, 325t
Pacientes narcisistas, 324-327, 325t
Padrões de exigência
    contratransferência e, 328t
    divergência esquemática entre paciente e terapeuta, 330-333, 333f
Padrões perfeccionistas
    ambivalência e, 179
    modelo metacognitivo e, 21
    *scripts* do tipo vencedor-perdedor e, 297-299
Parentalidade. *Veja também* Família de origem
    ambientes invalidantes passados e atuais, 119-130
    compaixão e, 283-285
    crítica, 40-41, 117
    desdenhosa, 40-41, 116-117
    desdenhosa/crítica, 40-41, 117
    esquemas emocionais e, 97-102
    estratégias problemáticas de regulação emocional, 77-78
    inversa, 98-100, 125-127
    metaemoção e, 116-117
    modelo focado na emoção e, 40-41
    sobrecarregada, 40-41, 117
    socialização emocional e, 74-76
    teoria do apego e, 114-116
Passividade, 101-104, 341-343
Passividade-agressividade, 325t
Pensamento dicotômico
    ambivalência e, 179
    intolerância à ambivalência e, 180-181, 186-187
    reestruturando a ambivalência, 192-194
Pensamento do tipo tudo ou nada, 277
Pensamento supergeneralizado
    estilos disfuncionais de relação e, 277
    intolerância à ambivalência e, 189-190
    visão geral, 30-32
Pensamentos. *Veja também* Pensamentos automáticos
    avaliações cognitivas e, 20-21
    ciúmes e, 230-232, 238-241
    compreensão do paciente dos, 90-95
    compreensibilidade em, 144-145
    controle e, 161-162
    culpa e vergonha, 163-164
    inveja e, 254-255
Pensamentos automáticos. *Veja também* Distorções cognitivas; Pensamentos
    ambivalência e, 179
    ciúmes e, 230-232
    compreensibilidade e, 144-145, 148-149
    estilos disfuncionais de relação e, 277
    estilos problemáticos do terapeuta e, 315-316
    inveja e, 254-255
Pensamentos distorcidos. *Veja também* Pensamentos automáticos
    ambivalência e, 179-181
    intolerância à ambivalência e, 186-189
    validação e, 111
Pensamentos intrusivos, 20-21. *Veja também* Pensamentos; Pensamentos automáticos
Perda
    ciúmes e, 241-243
    descatastrofizando, 241-243
    técnica de viver uma vida pela qual valha a pena sofrer, 211-213

valores e, 205-208, 221
Perfeccionismo emocional
  aceitação das emoções e, 173-174
  intolerância à ambivalência e, 181
  visão geral, 41-43
Perfeccionismo do *insight*, 149
Perfeccionismo existencial, 41-43
Permanência das emoções, 23-24
Perseguição, 328*t*
Personalidade *borderline*, 118
Personalizando, 232, 277
Planejamento do tratamento, 93-94, 104-107, 106*f*
Platão, 6-7
Postura apoiadora, 327, 329
Praticando a concordância, 299-301
Predições, 149-150, 338-339
Preocupação
  ciúmes e, 225, 236-239
  controle e, 162-164, 163*f*
  duração das emoções e, 151
  intolerância à ambivalência e, 182-183
  inveja e, 253-255, 261-264
  modelo do esquema emocional e, 55-56
  modelo evolucionário e, 26-27
  visão geral, 54-55
Pressupostos
  ciúmes e, 230-232
  compreensibilidade e, 144-145
  inveja e, 254-255
  *scripts* do tipo vencedor-perdedor e, 291-293
Previsão afetiva, 13-15
Previsão do afeto
  ciúmes e, 242-243
  duração das emoções e, 149-150, 153-154, 157-158
Problemas apresentados, 69-71, 84-85
Processamento esquemático, 230-232, 254-255
Propósito. *Veja* Significado na vida; Valores
"Psicologia do senso comum", 4-5
Psicopatologia
  como a mudança dos esquemas emocionais pode afetar, 101-105, 103*f*
  invalidação e, 120-127
  papel dos esquemas emocionais na, 57-60

## Q

Queixas
  estilos disfuncionais de relação e, 275-276
  inveja e, 251, 253-255
  relações de casal e, 304-307
Querendo mais, 298-300
Questionamento com final em aberto, 130-133

Questionando
  culpa e vergonha, 165-166
  divergência esquemática entre paciente e terapeuta e, 338-340
  intolerância à ambivalência e, 183-184
  micro-habilidades, 130-133
Questionário de Aceitação e Ação-II (AAQ-II), 63-64, 67-69, 87-88
Questionário de Estratégias de Regulação Emocional (ERSQ), 63-64, 67-69, 87-88, 101-103, 103*f*
Questionário de Metacognições-30 (MCQ-30)
  avaliação e, 63-64, 67-69
  modelo focado no esquema emocional e, 55-56
  visão geral, 87-88

## R

Raciocínio emocional, 15, 150-151
Racionalidade
  aceitação das emoções e, 175-176
  compreensibilidade e, 174-175
  divergência esquemática entre paciente e terapeuta e, 333-335, 336*f*
  entrevista inicial e, 82-83
  Escala de Esquemas Emocionais de Leahy (LESS) e, 66*f*, 65, 67
  Escala de Esquemas Emocionais no Relacionamento (RESS) e, 68*f*
  estilos disfuncionais de relação e, 272-276
  estilos problemáticos do terapeuta e, 314-315
  história da emoção, 6-8
  relações de casal e, 288
  *scripts* do tipo vencedor-perdedor e, 291-295
  visão geral, 50-51
Raiva
  ciúmes e, 225
  contratransferência e, 326-327, 329
  controle e, 159-161
  crenças e estratégias sobre emoções e, 29-31
  duração das emoções e, 150-151
  inveja e, 251-254, 252*f*, 253-255
  técnica da ação em oposição, 269-271
Recompensas, 15-17
Reconhecimento, 268-269
Reconhecimento das emoções
  estratégias e controle emocional e, 30-32
  universalidade das emoções e, 24-26
  visão geral, 23-24
Redução da dissonância, 179
Reestruturação cognitiva, 39, 163*f*
Refletir, 130-133
Reformulando, 129-131, 298-300
Regulação emocional
  *coaching* das emoções e, 117

conceitualização de caso e, 84-86
entrevista inicial e, 76-79
mudando esquemas emocionais e, 101-105, 103*f*
relações de casal e, 305-307
visão geral, 17-18, 38-39, 341-342
Relação pai-filho, 283-285
Relação terapêutica. *Veja também* Relações
  comportamentos construtivos do terapeuta e, 317-318-323
  contratransferência e, 324-330, 325t, 328*t*
  divergência esquemática entre paciente e terapeuta e, 329-340, 333*f*, 336*f*
  esquemas emocionais negativos dos pacientes e, 311-314
  estilos problemáticos do terapeuta e, 313-318
  micro-habilidades, 130-133
  transferência e, 323-325
  validação e, 135-138
  visão geral, 309-312, 310*f*-311*f*, 339-340, 345
Relações. *Veja também* Relação terapêutica; Relações de casal
  ambientes invalidantes passados e atuais do paciente e, 126-128
  ciúmes e, 225-226, 229-230, 241-245
  culpa e vergonha e, 169-171
  estilos disfuncionais de relação e, 272-279
  estratégias problemáticas de regulação emocional, 79
  habilidades adaptativas de relacionamento e, 242-245
  invalidação e, 121-122
  modelo focado no esquema emocional e, 55-57
  visão geral, 344-345
Relações de casal. *Veja também* Relações
  compartilhando emoções e, 300-308, 302f-303*f*
  esquemas emocionais e, 284-292
  estilos disfuncionais de relação e, 272-279
  modificando esquemas interpessoais e, 279-308, 302*f*-303*f*
  respondendo às emoções do parceiro, 280-285
  *scripts* do tipo vencedor-perdedor e, 291-301
  visão geral, 272-273, 307-308, 344-345
Relações íntimas. *Veja* Relações; Relações de casal
Representações mentais, 115-116
Resistência
  aceitando a ambivalência e, 195-199

compartilhando sentimentos e, 301, 303-308
divergência esquemática entre paciente e terapeuta e, 333-334
inveja e, 270-271
transferência e, 324-325
visão geral, 339-340
Respeito, 295-297, 303*f*
Responsabilidade, 325*t*
Responsividade, 114
Retardo nas decisões, 179
Ritmo
  estilos problemáticos do terapeuta e, 314-316
  micro-habilidades, 130-133
Rotulagem
  controle e, 159-161
  estilos disfuncionais de relação e, 277
  intolerância à ambivalência e, 183-193
  visão geral, 30-32
Ruminação
  ambivalência e, 179
  ciúmes e, 225, 236-239
  compreensão do paciente da, 91-92
  compreensibilidade e, 144, 147
  controle e, 161-164, 163*f*
  culpa e, 53-55
  culpa e vergonha e, 170-172
  da raiva, 261-264
  depressiva, 261-264
  duração das emoções e, 151
  entrevista inicial e, 82-83
  Escala de Esquemas Emocionais de Leahy (LESS) e, 65*f*, 67-69
  Escala de Esquemas Emocionais no Relacionamento (RESS) e, 68*f*
  intolerância à ambivalência e, 180-183
  inveja e, 249, 251-255, 261-264, 271
  mudando esquemas emocionais e, 101-105
  psicopatologia e, 57-58
  visão geral, 52-55

## S

Sabotagem, 271
Sarcasmo, 304-305
Satisfatório, desejo, 121-122
*Schadenfreude*, 203-204, 247-248, 271. *Veja também* Inveja
*Scripts* do tipo vencedor-perdedor, 291-301
Sensações, 163-164
Sensibilidade à rejeição, 328*t*
Sentimentos contraditórios, 183-185, 192-196

Sentimentos sexuais
  controle e, 159-161
  culpa e vergonha e, 163-166
  divergência esquemática entre paciente e
    terapeuta e, 335-338
Si, conceitos de, 20
Significado na vida. *Veja também* Valores
  técnica: "esta é uma vida maravilhosa", 214-217
  técnica: subindo uma escada de maior
    significado, 210-212
  visão geral, 200-201, 221, 343
Silêncio na terapia, 314-316
Síndrome atencional cognitiva, 55-56
Sistema da oxitocina, 283-284
Socialização
  conceitualização de caso e, 84-85
  das emoções, 12-13, 97-102
  entrevista inicial e, 74-76
  história da emoção e, 12-13
Socialização emocional. *Veja também*
  Socialização
  compreensibilidade e, 148-149
  conceitualização de caso e, 84-85
  entrevista inicial e, 74-76
Sofrimento
  respeitando na terapia, 133-136
  valores e, 211-213
  visão geral, 343
Solidão, 159-161, 174-176
Solução de problemas
  ciúmes e, 242-243
  compartilhando sentimentos e, 303f
  controle e, 163f
  estilos disfuncionais de relação e, 272-274
  estilos problemáticos do terapeuta e,
    314-318
  relações de casal e, 306-308
  *scripts* do tipo vencedor-perdedor e,
    295-297
  visão geral, 39
Somatização, 54-55, 123-124
Status
  conceitualização de caso e, 257-260, 257f
  experiência e, 265-267
  inveja e, 248-251, 264-268
  modelo evolucionário e, 27-28
Submetendo-se, 235-236
Subordinação, 250-251
Sucesso, 260-262
Superioridade, 325t, 328t
Supervisão, 235-236
Supressão das emoções e, 173-174
  aceitação das emoções e, 173-174

ambientes invalidantes passados e atuais do
  paciente e, 127-128
controle e, 162-164, 163f

# T

Tarefa de casa, 337-339
Taxas de desconto, 149-150
Técnica da ação oposta, 269-271, 316-317
Técnica da seta descendente, 210-212
Técnica de exemplificação negativa, 203-204
Técnica de exemplificação positiva, 204-206
Técnica de visualização negativa, 201-203
Técnica de viver uma vida pela qual valha a pena
  sofrer, 211-213
Técnica descida vertical, 210-212
Técnica do duplo padrão, 138-140, 167-169
Técnica: "esta é uma vida maravilhosa",
  214-217
Técnica: explicando as lágrimas, 207-211
Técnica: mês de gratidão, 213-215
Técnica: subindo uma escada de maior
  significado, 210-212
Técnica: "tudo lhe foi tirado", 205-208
Técnicas de terapia. *Veja também técnicas*
  *individuais*
  aceitação das emoções e, 171-176
  compreensibilidade e, 144-149
  controle e, 154, 157-164, 155f-157f, 163f
  culpa e vergonha, 163-172, 164f-165f, 168f
  duração das emoções e, 149-154, 157-158,
    154f-156f
  intolerância à ambivalência e, 180-199
  técnica de exemplificação negativa, 203-204
  técnica de exemplificação positiva, 204-206
  técnica de visualização negativa, 201-203
  técnica: "esta é uma vida maravilhosa",
    214-217
  técnica: explicando as lágrimas, 207-211
  técnica: mês da gratidão, 213-215
  técnica: subindo uma escada de maior
    significado, 210-212
  técnica: "tudo lhe foi tirado", 214-217
  técnica: vivendo uma vida pela qual valha a
    pena sofrer, 211-213
  visão geral, 143-144
Teoria da mente, 4-5, 41-43
Teoria do apego, 114-116
Teoria do investimento parental, 228-229
Teoria do nível social, 250-251, 252f. *Veja*
  *também Status*
Teoria metacognitiva
  inveja e, 271

modelo focado no esquema emocional e,
    55-56
visão geral, 345
Teoria motivacional negativa, 172-174
Teoria negativa das emoções, 3-4
Teorias da emoção, 38-43, 40f
Teorias meta-experienciais das emoções, 20-21
Terapeutas didáticos, 334-335, 336f
Terapia centrada no cliente, 58-59, 117
Terapia cognitiva
    ciúmes e, 232
    compreensibilidade e, 144-145
    culpa e vergonha e, 167-169
    estilos disfuncionais de relação e, 275-276
    estilos problemáticos do terapeuta e,
        314-315
    estratégias de regulação emocional e, 39
    inveja e, 271
    significado da validação e invalidação,
        138-140
    visão geral, 345
Terapia comportamental dialética (TCD)
    inveja e, 271
    técnica da ação em oposição, 269-271
    validação e, 58-59
    valores e, 200-201
    visão geral, 53-54, 345
Terapia de Aceitação e Compromisso (TAC)
    inveja e, 271
    valores e, 200-201
    visão geral, 21-23, 53-54, 171-172, 221, 345
Terapia focada na emoção, 21, 345
Terapia focada no esquema, 20
Terapia focada no esquema emocional. *Veja
        também* Esquemas emocionais;
        Modelo focado no esquema
        emocional
    aceitação das emoções e, 171-176
    ciúmes e, 238-239, 241
    comparação e integração com outras
        abordagens, 19-23
    comparada à terapia focada no esquema, 20
    comportamentos construtivos do terapeuta e,
        317-323
    compreensão do paciente da, 90, 107
    compreensibilidade e, 144-149
    controle e, 154, 157-164, 155f-157f, 163f
    crenças e estratégias sobre emoções e, 28-31
    culpa e vergonha, 163-172, 164f-165f, 168f
    divergência esquemática entre paciente e
        terapeuta, 329-340, 333f, 336f
    duração das emoções e, 149-154, 157-158,
        154f, 155f-156f

empoderamento e, 34-36
esquemas emocionais negativos dos pacientes
    e, 311-314
estilos problemáticos do terapeuta e, 313-318
estratégias de controle emocional e, 30-32
modelo evolucionário e, 25-29
modelo metacognitivo e, 20-21
objetivo da, 23-25
planejamento do tratamento e, 104-107, 106f
temas de, 22-36, 37f
terapia de aceitação e compromisso (TAC) e,
    21-23
terapia focada na emoção e, 21
transferência e, 323-325
universalidade das emoções e, 23-26
validação e, 31-34
valores e, 216-218
visão geral, 3-4, 37, 143-144
Terminação, 327, 329
Tolerância, 28-31, 35-36
Tolerância à frustração, 23-24
Tolerância ao afeto, 13-15
Tomada de decisão, 177-179
Toque, 278-279
Torpor
    entrevista inicial e, 81
    Escala de Esquemas Emocionais de Leahy
        (LESS) e, 66f, 65, 67
    Escala de Esquemas Emocionais no
        Relacionamento (RESS) e, 68f
    visão geral, 52-55
Traços, 188-193
Traços de personalidade
    divergência esquemática entre paciente e
        terapeuta, 330-331
    estilo de apego e, 115
    intolerância à ambivalência e, 180-181, 188-
        193
Transferência, 323-325, 345. *Veja também*
        Contratransferência
Transtorno da personalidade *borderline*, 79
Transtorno de ansiedade generalizada, 173-174
Transtorno de ansiedade social, 152-153. *Veja
        também* Ansiedade
Transtorno de estresse pós-traumático (TEPT)
    duração das emoções e, 152-153
    empoderamento e, 34-35
    papel dos esquemas emocionais no, 58-60
Transtorno de pânico, 58-59
Transtorno obsessivo-compulsivo (TOC)
    duração das emoções e, 152-153
    empoderamento e, 34-35
    intolerância à incerteza e, 15

modelo evolucionário e, 28-29
psicopatologia e, 57-58
terapia focada no esquema emocional e, 163-172, 164*f*-165*f*, 168*f*
validação e, 33-34
visão geral, 23-24, 49-51
Viés de confirmação, 179-181
Viés do impacto, 14
Viés posicional, 248-249
Vieses
  ambivalência e, 179-181
  inveja e, 248-249
  previsão afetiva e, 14
  validação e, 111
Violência, 225-226

Virtudes, 200-202, 216-218, 221, 219*f*-220*f*. *Veja também* Valores
Visão simplista da emoção
  entrevista inicial e, 81
  Escala de Esquemas Emocionais de Leahy (LESS) e, 64-65, 66*f*
  intolerância à ambivalência e, 182-183
  visão geral, 50-51
Visualizações, negativas, 201-203
Vulnerabilidade
  compreensibilidade e, 148
  contratransferência e, 324*f*
  divergência esquemática entre paciente e terapeuta e, 335-337

modelo evolucionário e, 26-27
modelo metacognitivo e, 20-21
modelos cognitivos do, 19-20
Transtornos alimentares, 26-28, 54-55
Transtornos da personalidade, 19-20, 324-325
Tristeza. *Veja também* Depressão
   aceitação das emoções e, 174-176
   ciúmes e, 225
   compreensão do paciente da, 91-92
   compreensibilidade e, 144-145
   contratransferência e, 327, 329
   controle e, 159-161
   culpa e vergonha e, 163-166
   duração das emoções e, 150-151
   exemplos que ilustram, 43-48, 45*f*, 46*f*, 47*f*
   inveja e, 251-255, 252*f*
   modelo evolucionário e, 28-29
   objetivos da terapia focada no esquema emocional e, 23-25

# U

Urgência de tempo, 82-84, 154, 157-158
Uso de álcool. *Veja também* Abuso de substância
   ciúmes e, 225-226
   invalidação e, 125-126
   inveja e, 251
Uso de droga, 125-126. *Veja também* Abuso de substância

# V

Validação
   ambientes invalidantes passados e atuais do paciente, 119-130
   antecipatória, 136-137
   autovalidação, 139-142
   ciúmes e, 229-230, 233
   compartilhando sentimentos e, 303*f*
   comportamentos construtivos do terapeuta e, 319-320
   culpa e, 54-55
   divergência esquemática entre paciente e terapeuta e, 330-332
   emoções do terapeuta e, 132-134
   entrevista inicial e, 73-74, 80
   Escala de Esquemas Emocionais de Leahy (LESS) e, 64-65, 66*f*
   Escala de Esquemas Emocionais no Relacionamento (RESS) e, 68*f*
   estilos disfuncionais de relação e, 275-276
   estilos problemáticos do terapeuta e, 316-317

importância da, 117-120
inveja e, 252-254
metaemoção e, 116-117
micro-habilidades, 130-133
passos na, 129-131
psicopatologia e, 57-59
relações de casal e, 289-291
*scripts* do tipo vencedor-perdedor e, 297-300
significado da, 137-140
sofrimento e, 133-136
teoria do apego e, 114-116
trabalhando com falhas na validação, 135-142
visão geral, 23-24, 31-34, 51-52, 54-55, 111-114, 141-142, 344
Valores
   ciúmes e, 234-235
   entrevista inicial e, 81
   Escala de Esquemas Emocionais de Leahy (LESS) e, 64-65, 66*f*
   Escala de Esquemas Emocionais no Relacionamento (RESS) e, 68*f*
   inveja e, 259-261, 268-269
   perda e, 205-208
   reconhecimento e gratidão e, 268-269
   relações de casal e, 280-281
   técnica de exemplificação negativa, 203-204
   técnica de exemplificação positiva, 204-206
   técnica de visualização negativa, 201-203
   técnica do mês da gratidão, 213-215
   técnica: "esta é uma vida maravilhosa", 214-217
   técnica: explicando as lágrimas, 207-211
   técnica: subindo um escada de maior significado, 210-212
   técnica: "tudo lhe foi tirado", 205-208
   técnica: vivendo uma vida pela qual valha a pena sofrer, 211-213
   virtudes e justiça, 216-218, 221, 219*f*-220*f*
   visão geral, 50-52, 54-55, 200-202, 221, 343-344
Variabilidade, 190-193
Vergonha
   ciúmes e, 226-227
   compreensibilidade e, 144-145
   construção social da emoção e, 41-42
   entrevista inicial e, 80-81
   Escala de Esquemas Emocionais de Leahy (LESS) e, 64-65, 66*f*
   Escala de Esquemas Emocionais no Relacionamento (RESS) e, 68*f*
   esquemas emocionais negativos dos pacientes e, 312-313
   invalidação e, 128-129
   inveja e, 250, 252-254